CURSO DE EXECUÇÃO PENAL

www.editorasaraiva.com.br/direito
Visite nossa página

Outros livros publicados pelo Autor

1) *Código de Processo Penal comentado*, 1. ed., Saraiva, 2016;
2) *Crimes ambientais*, 4. ed., Saraiva, 2017;
3) *Crimes contra a dignidade sexual*, 3. ed., Saraiva, 2018;
4) *Crimes contra a ordem tributária, econômica e relações de consumo*, 2. ed., Saraiva, 2018;
5) *Crimes de trânsito*, 6. ed., Saraiva, 2017;
6) *Curso de Processo Penal*, 5. ed., Saraiva, 2019;
7) *Estatuto do Desarmamento*, 4. ed., Saraiva, 2012;
8) *Execução penal – Coleção Saberes do Direito*, 1. ed., Saraiva, 2012;
9) *Lei de Execução Penal anotada*, 6. ed., Saraiva, 2017;
10) *Prisões cautelares*, 2. ed., Saraiva, 2012;
11) *Tóxicos*, 11. ed., Saraiva, 2017.

Renato Marcão

Advogado. Membro do Ministério Público do Estado de São Paulo aposentado. Doutorando em Ciências Jurídico-Criminais pela Universidade de Coimbra. Mestre em Direito Penal, Político e Econômico. Professor convidado no curso de pós-graduação em Ciências Criminais da Estácio/CERS; e em cursos de pós-graduação promovidos por diversas Escolas Superiores do Ministério Público e da Magistratura Nacional. Membro da *Association Internationale de Droit Pénal* (AIDP), do Instituto Brasileiro de Ciências Criminais (IBCCrim), do Instituto de Ciências Penais (ICP) e do Instituto Brasileiro de Execução Penal (IBEP).

E-mail: rmarcao@terra.com.br

CURSO DE EXECUÇÃO PENAL

18ª edição
Revista, ampliada e atualizada

2021

saraiva jur

saraiva EDUCAÇÃO | saraiva jur

Av. Paulista, 901, 3º andar
Bela Vista – São Paulo – SP – CEP: 01311-100

SAC | sac.sets@somoseducacao.com.br

Diretoria executiva	Flávia Alves Bravin
Diretoria editorial	Renata Pascual Müller
Gerência de projetos e produção editorial	Fernando Penteado
Planejamento	Josiane de Araujo Rodrigues
Novos projetos	Sérgio Lopes de Carvalho Dalila Costa de Oliveira
Edição	Marisa Amaro dos Reis
Produção editorial	Daniele Debora de Souza (coord.) Luciana Cordeiro Shirakawa Estela Janiski Zumbano
Arte e digital	Mônica Landi (coord.) Camilla Felix Cianelli Chaves Claudirene de Moura Santos Silva Deborah Mattos Guilherme H. M. Salvador Tiago Dela Rosa
Projetos e serviços editoriais	Daniela Maria Chaves Carvalho Kelli Priscila Pinto Laura Paraíso Buldrini Filogônio Marília Cordeiro Nicoly Wasconcelos Razuk
Diagramação	Markelangelo Design
Revisão	Ana Cortazzo
Capa	Tiago Dela Rosa
Produção gráfica	Marli Rampim Sergio Luiz Pereira Lopes
Impressão e acabamento	Bartira

DADOS INTERNACIONAIS DE CATALOGAÇÃO NA PUBLICAÇÃO (CIP)
ANGÉLICA ILACQUA CRB-8/7057

Marcão, Renato
Curso de execução penal / Renato Marcão. – 18. ed. – São Paulo: Saraiva Educação, 2021.
368 p.

Bibliografia
ISBN 978-65-5559-444-7 (impresso)

1. Direito processual penal - Brasil. I. Título.

20-0757 CDD 341.43
CDU 342.2(81)

Índice para catálogo sistemático:

1. Brasil : Direito processual penal

Data de fechamento da edição: 13-12-2020

Dúvidas? Acesse www.editorasaraiva.com.br/direito

CL 606887 CAE 749258

"Desgraçadamente, todavia, os medíocres costumam olvidar sua hierarquia inferior e pretender tocar a marcha, com a irrisória pretensão de que outros marquem o compasso de seus desafinamentos. Tornam-se, então, perigosos e nocivos. Detestam os que não podem igualar, como se, apenas com existirem, os ofendessem. Sem asas para se elevarem até eles, decidem rebaixá-los: a exiguidade do próprio valor os induz a roer o mérito alheio. Cravam seus dentes em toda reputação que os humilha, sem suspeitar que nunca é mais vil tal conduta humana. Basta esta característica para distinguir o doméstico do digno, o ignorante do sábio, o hipócrita do virtuoso, o vilão do cavalheiro. Os lacaios podem fuçar a fama; os homens excelentes não sabem envenenar a vida alheia."

(José Ingenieros, *O homem medíocre*)

Abreviaturas

AC — Acórdão
AE — Agravo em Execução
Ag. — Agravo
AgRg em Pet. — Agravo Regimental em Petição
AI — Agravo de Instrumento
AIDP — *Association Internationale de Droit Pénal*
Ap. — Apelação
ApCrim. — Apelação Criminal
art. — artigo
arts. — artigos
BMJ — *Boletim Mensal de Jurisprudência*
Boletim IBCCrim — *Boletim do Instituto Brasileiro de Ciências Criminais*
Câm. — Câmara
Câm. Crim — Câmara Criminal
Câm. Esp. Criminal — Câmara Especial Criminal
Caocriminal — Centro de Apoio Operacional Criminal
CComp — Conflito de Competência
CCrim — Câmara Criminal
CCrim Extr. — Câmara Criminal Extraordinária
CEAF — Centro de Estudos e Aperfeiçoamento Funcional
CEsp — Câmara Especial
CF — Constituição Federal
CGJ-SP — Corregedoria-Geral de Justiça de São Paulo
CGJ-SP — Corregedoria-Geral de Justiça de São Paulo
CJ — Conflito de Jurisdição
CNComp — Conflito Negativo de Competência
CNPCP — Conselho Nacional de Política Criminal e Penitenciária
CP — Código Penal

CPar. — Correição Parcial
CPP — Código de Processo Penal
C. STF — Colendo Supremo Tribunal Federal
Dec. — Decreto
Des. — Desembargador
Desa. — Desembargadora
DJ — Diário da Justiça
DJU — Diário da Justiça da União
DO — Diário Oficial
DOE — Diário Oficial do Estado
DOMG — Diário Oficial de Minas Gerais
DORJ — Diário Oficial do Rio de Janeiro
DOU — Diário Oficial da União
Dr. — Doutor
ED — Embargos de Declaração
EDcl — Embargos de Declaração
EDiv — Embargos de Divergência
EI — Exceção de Incompetência
Einfrs. — Embargos Infringentes
FUNCAB — Fundo de Prevenção, Recuperação e de Combate às Drogas de Abuso
g — grama(s)
Gr.C.Crim. — Grupo de Câmara Criminal
Gr. Cs. — Grupo de Câmaras
Grupo de CCrim — Grupo de Câmara Criminal
HC — *Habeas Corpus*
IBCCrim — Instituto Brasileiro de Ciências Criminais
IBEP — Instituto Brasileiro de Execução Penal
ICP — Instituto de Ciências Penais
inc. — inciso
incs. — incisos
Inq. — Inquérito
IP — Inquérito Policial
j. — julgado
JC — Jurisprudência Catarinense
JM — Jurisprudência Mineira

JSTF — *Julgados do Supremo Tribunal Federal*
JSTJ — *Jurisprudência do Superior Tribunal de Justiça*
JTACrimSP — *Julgados do Tribunal de Alçada Criminal de São Paulo*
JTACrSP — *Jurisprudência do Tribunal de Alçada Criminal de São Paulo*
JTACSP — *Jurisprudência do Tribunal de Alçada Criminal de São Paulo*
JTAMG — *Julgados do Tribunal de Alçada de Minas Gerais*
JTARS — *Julgados do Tribunal de Alçada do Rio Grande do Sul*
JTASP — *Julgados do Tribunal de Alçada de São Paulo*
JTFR — *Julgados do Tribunal Federal de Recursos*
JTJ — *Jurisprudência do Tribunal de Justiça*
JTRF — *Jurisprudência do Tribunal Regional Federal*
Julgados — *Julgados do Tribunal de Alçada Criminal de São Paulo*
LCP — Lei das Contravenções Penais
LEP — Lei de Execução Penal
LINDB — Lei de Introdução às Normas do Direito Brasileiro
LICPP — Lei de Introdução ao Código de Processo Penal
LOMN — Lei Orgânica da Magistratura Nacional
LONMP — Lei Orgânica Nacional do Ministério Público
Ltda. — limitada
Min. — Ministro
Mina. — Ministra
MP — Ministério Público
MS — Mandado de Segurança
m.v. — maioria de votos
n. — número
OAB — Ordem dos Advogados do Brasil
p. — página(s)
Pet. — Petição
Pet. RHC — Petição em *Habeas Corpus*
Prof. — Professor
RAg — Recurso de Agravo
RAgCrim — Recurso de Agravo Criminal
RBCCrim — *Revista Brasileira de Ciências Criminais*
Rcl — Reclamação
RCNPCP — *Revista do Conselho Nacional de Política Criminal e Penitenciária*
RCrim — Recurso Criminal

RDD — Regime Disciplinar Diferenciado
RE — Recurso Extraordinário
Rec. — Recurso
Rec. de Ag. — Recurso de Agravo
RecMS — Recurso em Mandado de Segurança
RECrim — Recurso Extraordinário Criminal
reg. — Regimento
rel. — Relator
rela. — Relatora
Rep. — Representação
REPM — Revista da Escola Paulista da Magistratura
Res. Normativa — Resolução Normativa
REsp — Recurso Especial
Rev. — Revisão
Rev.Crim. — Revisão Criminal
Revista Ajuris — Revista da Associação dos Juízes do Rio Grande do Sul
Revista APMP — Revista da Associação Paulista do Ministério Público
RF — Revista Forense
RG — Registro Geral
RHC — Recurso em *Habeas Corpus*
RI — Regimento Interno
RJ — Revista Jurídica
RJDTACrimSP — Revista de Jurisprudência e Doutrina do Tribunal de Alçada Criminal de São Paulo
RJTAMG — Revista de Julgados do Tribunal de Alçada de Minas Gerais
RJTJESP — Revista de Jurisprudência do Tribunal de Justiça do Estado de São Paulo
RJTJSP — Revista de Jurisprudência do Tribunal de Justiça de São Paulo
RMS — Recurso em Mandado de Segurança
RO — Recurso Oficial
ROHC — Recurso Ordinário em *Habeas Corpus*
ROMS — Recurso Ordinário em Mandado de Segurança
RSE — Recurso em Sentido Estrito
RSent — Reexame de Sentença
RSTJ — Revista do Superior Tribunal de Justiça
RT — Revista dos Tribunais
RTJ — Revista Trimestral de Jurisprudência

RTJE — *Revista Trimestral de Jurisprudência dos Estados*
RTJRS — *Revista Trimestral de Jurisprudência do Rio Grande do Sul*
RvCr — Revisão Criminal
RvCrim — Revisão Criminal
S. Crim. — Seção Criminal
Seç. — Seção
STF — Supremo Tribunal Federal
STJ — Superior Tribunal de Justiça
T. — Turma
TA — Tribunal de Alçada
TACrimMG — Tribunal de Alçada Criminal de Minas Gerais
TACrimSP — Tribunal de Alçada Criminal de São Paulo
TAMG — Tribunal de Alçada de Minas Gerais
TAPR — Tribunal de Alçada do Paraná
TARJ — Tribunal de Alçada do Rio de Janeiro
TARS — Tribunal de Alçada do Rio Grande do Sul
TASC — Tribunal de Alçada de Santa Catarina
TASP — Tribunal de Alçada de São Paulo
TC — Tribunal Criminal
TEsp — Tribunal Especial
TFR — Tribunal Federal de Recursos
TJ — Tribunal de Justiça
TJAC — Tribunal de Justiça do Acre
TJAL — Tribunal de Justiça de Alagoas
TJAP — Tribunal de Justiça do Amapá
TJBA — Tribunal de Justiça da Bahia
TJCE — Tribunal de Justiça do Ceará
TJDF — Tribunal de Justiça do Distrito Federal
TJES — Tribunal de Justiça do Espírito Santo
TJGO — Tribunal de Justiça de Goiás
TJMA — Tribunal de Justiça do Maranhão
TJMG — Tribunal de Justiça de Minas Gerais
TJMS — Tribunal de Justiça do Mato Grosso do Sul
TJMT — Tribunal de Justiça de Mato Grosso
TJPA — Tribunal de Justiça da Paraíba

TJPE — Tribunal de Justiça de Pernambuco
TJPR — Tribunal de Justiça do Paraná
TJRJ — Tribunal de Justiça do Rio de Janeiro
TJRN — Tribunal de Justiça do Rio Grande do Norte
TJRO — Tribunal de Justiça de Rondônia
TJRR — Tribunal de Justiça de Roraima
TJRS — Tribunal de Justiça do Rio Grande do Sul
TJSC — Tribunal de Justiça de Santa Catarina
TJSE — Tribunal de Justiça de Sergipe
TJSP — Tribunal de Justiça de São Paulo
TP — Tribunal Pleno
T. Pleno — Tribunal Pleno
TRF — Tribunal Regional Federal
v. — voto
VEP — Vara das Execuções Penais
v.u. — votação unânime
v.un. — votação unânime
v.v. — voto vencido
vol. — volume

Índice

Capítulo III
Da Assistência

Capítulo IV
Do Trabalho

Capítulo V
Dos Deveres, dos Direitos e da Disciplina

Capítulo VI
Dos Órgãos da Execução Penal

Capítulo VII
Dos Estabelecimentos Penais

Capítulo VIII
Da Execução das Penas em Espécie

Capítulo IX
Dos Regimes

Capítulo X
Da Progressão de Regime

Capítulo XI
Da Regressão de Regime

Capítulo XII
Das Autorizações de Saída

Capítulo XIII
Da Remição

Capítulo XIV
Do Livramento Condicional

Capítulo XV
Do Monitoramento Eletrônico

Capítulo XVI
Das Penas Restritivas de Direitos

Capítulo XVII
Da Suspensão Condicional da Pena

Capítulo XVIII
Da Pena de Multa

Capítulo XIX
Da Execução das Medidas de Segurança

Capítulo XX
Dos Incidentes de Execução

Capítulo XXI
Do Procedimento Judicial

Capítulo XXII
Disposições Finais e Transitórias

Prefácio

Em boa hora Renato Marcão resolveu dar à estampa mais esta obra sobre Execução Penal, tema que já havia sido objeto de suas considerações em seu *Lei de Execução Penal anotada*.

Desta vez, oferece ao público sua colaboração pessoal a essa disciplina jurídica na forma de *Curso de Execução Penal*, direcionado a estudantes e aplicadores do direito criminal.

Este livro apresenta uma análise dogmática dos institutos e conceitos pertinentes à matéria. A forma analítica pela qual desenvolve cada um dos temas nos relembra a complexidade e a engenhosidade do Sistema de Execução Penal e o espírito do legislador brasileiro, animado pelos mais nobres ideais de justiça e inspirado por modernas técnicas de ressocialização do indivíduo preso. Ao mesmo tempo, nos faz refletir sobre o contraste entre esse Sistema e a realidade de sua aplicação.

A legislação sobre execução penal no Brasil observa as linhas mestras dos principais documentos internacionais sobre a matéria, como as *Regras Mínimas das Nações Unidas para o Tratamento de Presos*, adotadas pela Assembleia Geral das Nações Unidas, a Resolução n. 45/110 da Assembleia Geral das Nações Unidas, de 14-12-1990, que aprovou as Regras Mínimas para a Elaboração de Medidas Não Privativas de Liberdade (Regras de Tóquio), e a *Convenção Americana sobre Direitos Humanos* (Pacto de San José da Costa Rica), de 1969. Sua aplicação, contudo, como é público, desvirtua boa parte dos institutos nela contidos e coloca o Brasil como alvo de denúncias reiteradas de violação de direitos humanos. Seu problema, portanto, é de eficácia social.

Sem se distanciar dessa realidade, o Autor, em capítulos, analisa os temas da execução penal.

Numa primeira ordem de considerações, desenvolve conceitos básicos sobre os objetivos da execução penal, sua natureza jurídica, direitos e deveres dos presos e dos egressos e sobre os órgãos da execução penal.

Em seguida, valendo-se de adequada jurisprudência, discorre sobre a execução das penas em espécie, comentando sobre penas privativas de liberdade, regimes de cumprimento das penas privativas de liberdade, progressão e regressão de regimes, autorizações de saída, remição, livramento condicional, penas restritivas de direitos, *sursis*, penas pecuniárias e execução das medidas de segurança.

Nos três últimos capítulos, desenvolve considerações sobre os incidentes da execução (conversões, anistia e indulto), procedimento judicial e disposições finais.

As ponderações feitas pelo Autor partem da sensibilidade de quem se vê por diversas vezes angustiado por estar constantemente diante do dilema de ter de interpretar e aplicar uma lei que não é adequada à realidade cotidiana. Como fazer se não há Casas de Albergado para o cumprimento de penas privativas de liberdade em regime aberto? Determinar prisão domiciliar ou mandar o preso à penitenciária? Que fazer com os inimputáveis, diante da inexistência de Hospital de Custódia e Tratamento Psiquiátrico ou estabelecimento adequado? Como se resolve, na prática, a questão do preso que cumpre os requisitos para progressão do regime de cumprimento da pena mas não pode ser beneficiado, pela ausência de vagas nos estabelecimentos penais intermediários (colônia agrícola, industrial ou similar)?

O Autor procura dar sua colaboração pessoal a essas e outras questões, revelando também a postura da jurisprudência. Faz tudo isso em linguagem simples e objetiva, o que acresce méritos ao seu trabalho, pois assim se torna acessível, a um só tempo, a estudantes e aplicadores do direito.

Com exposição clara e objetiva, de conteúdo técnico indiscutível, Renato Marcão presenteia a comunidade jurídica nacional com uma contribuição de excelentes méritos, trabalho que certamente deverá estar na estante de todos os estudiosos do sistema criminal brasileiro.

Trata-se de obra de notáveis méritos cuja leitura recomendamos, por ser realizada por profissional militante do Direito Penal, que reúne formação acadêmica e visão pragmática sobre o tema.

São Paulo, março de 2004.

Damásio E. de Jesus

Apresentação

A Lei n. 7.210, de 11 de julho de 1984, Lei de Execução Penal, desde os bancos acadêmicos sempre nos despertou a atenção.

De início víamos seu texto como um instrumento complexo, sobre o qual pouco ou quase nada se dizia nos ensinamentos de graduação.

No exercício da advocacia constatamos que o seu conhecimento era pouco difundido, não despertando, no mais das vezes, a atenção de muitos que militavam na área criminal, embora tal possa parecer estranho, como de fato o é.

Enfrentando o concurso de ingresso para a carreira do Ministério Público do Estado de São Paulo, constatamos que muito pouco se questionou a respeito de tão valioso diploma legal, ao menos no certame do qual participamos e que nos permitiu o acesso à carreira de promotor de justiça.

Já acostumado ao descaso com que se tratava a Lei de Execução Penal, no exercício das funções de promotor de justiça defrontamo-nos com situações as mais variadas, detectando, sempre, as dificuldades com que os profissionais que militam na área esbarram.

Das dificuldades experimentadas, das realidades constatadas e do desejo de contribuir para melhor interpretação da lei, lançamos inicialmente uma *Lei de Execução Penal anotada*. Persistia, entretanto, a necessidade de apresentar à comunidade jurídica, em forma de *Curso*, nossa visão doutrinária a respeito da lei, em linguagem acessível para os estudantes de graduação, bacharéis, para aqueles que se preparam para o Exame da Ordem dos Advogados do Brasil, a concursos de ingresso nas diversas carreiras jurídicas, e para os profissionais que militam na área, sejam juízes, advogados, defensores públicos, procuradores do Estado, delegados de Polícia e membros do Ministério Público, os quais necessitam de um ferramental eficiente para as consultas diárias.

A presente obra, em sua composição atual, é fruto de experiência decorrente do exercício das funções de promotor de justiça junto a diversas Varas de Execução Criminal, na Capital e no interior do Estado, por cerca de três décadas, e da advocacia reiniciada em julho de 2019, além de ser produto de intensas pesquisas doutrinárias e jurisprudenciais, e reflexões feitas e colhidas em centenas de congressos e outros eventos jurídicos, bem como dentro e fora das salas de aula em que lecionamos a matéria em cursos de graduação e pós-graduação.

Seu conteúdo, pois, decorre de experiências e estudos contínuos, contendo análise criteriosa de todos os capítulos da Lei de Execução Penal, de maneira a permitir fácil leitura e compreensão de todos os instigantes temas que a envolvem.

Vencida a fase do anonimato, as discussões em torno da Lei de Execução, hoje, ocorrem em diversos cenários jurídicos e da vida cotidiana. Debates, congressos, programas de televisão, mídia em geral, além, é claro, da grande maioria da comunidade jurídica, discutem os mais variados temas ligados à execução das penas.

Diversos cursos de graduação *já* incluem a execução penal no conteúdo programático. Os exames da Ordem dos Advogados do Brasil seguidas vezes têm formulado questões a respeito do tema. Os concursos de ingresso às carreiras jurídicas públicas aumentaram consideravelmente os questionamentos sobre a lei. Por fim, na vivência das atividades jurídicas relacionadas com a área criminal *já* se sabe ser imprescindível um razoável trânsito pelos diversos dispositivos da Lei de Execução.

Ultrapassado o tempo de considerar a execução penal como "o primo pobre do processo penal", é preciso buscar a compreensão e o aprimoramento das regras que permeiam o processo execucional, e não é outro o objetivo do livro que ora se apresenta à comunidade jurídica.

Capítulo I

DOS OBJETIVOS E DA APLICAÇÃO DA LEI DE EXECUÇÃO PENAL

1. PRESSUPOSTO E OBJETIVOS DA EXECUÇÃO PENAL

Adotado o sistema vicariante pelo legislador penal, e considerando que a execução penal tem por objetivo efetivar as disposições de sentença ou decisão criminal, **constitui pressuposto da execução a existência de sentença criminal** que tenha aplicado pena, privativa de liberdade ou não, ou medida de segurança, consistente em tratamento ambulatorial ou internação em hospital de custódia e tratamento psiquiátrico.

Visa-se pela execução fazer cumprir o comando emergente da sentença penal condenatória ou absolutória imprópria[1].

A nosso ver, também estão sujeitas à execução as **decisões que homologam transação penal** em sede de Juizado Especial Criminal, mas prevalece entendimento diverso no Supremo Tribunal Federal e no Superior Tribunal de Justiça, onde se tem decidido ser cabível o ajuizamento de ação penal caso a transação homologada não seja cumprida[2].

---

1. Renato Marcão, *Lei de Execução Penal anotada*, p. 2.

2. STF, RE 602.072 QO-RG/RS, Tribunal Pleno, rel. Min. Cezar Peluso, j. 19-11-2009, *DJe* n. 035, de 26-2-2010, *LEXSTF* 375/451, *RJTJRS* 277/33; STJ, Rcl 7.014-DF, Terceira Seção, rel. Min. Sebastião Reis Júnior, j. 28-3-2012, *DJe* de 18-4-2012.

A propósito desse tema, foi editada a **Súmula Vinculante 35**, que tem o seguinte enunciado: "A homologação da transação penal prevista no art. 76 da Lei n. 9.099/1995 não faz coisa julgada material e, descumpridas suas cláusulas, retoma-se a situação anterior, possibilitando-se ao Ministério Público a continuidade da persecução penal mediante oferecimento de denúncia ou requisição de inquérito policial".

Considerando a pretensão expressa no art. 1º da LEP, a execução deve objetivar a integração social do condenado ou do internado, porquanto adotada a teoria *mista* ou *eclética*, segundo a qual a natureza retributiva da pena não busca apenas a prevenção, mas também a humanização. Objetiva-se, por meio da execução, **punir e humanizar**.

Tal como advertiu Adolphe Prins, "En una sociedad civilizada el vasto depósito de las fuerzas criminales se extiende en todas direcciones y a medida que se vacía recibe de un modo continuo nuevas corrientes; si los diques que se les han opuesto han sido impotentes es porque no se ha pensado en preparar mejor el suelo en que esas corrientes habían formado su cauce, y de este modo no han podido resistir la inundación"[3].

2. NATUREZA JURÍDICA

Doutrina e jurisprudência apontam divergências sobre a natureza jurídica da execução penal.

Conforme Ada Pellegrini Grinover: "Na verdade, não se nega que a execução penal é atividade complexa, que se desenvolve, entrosadamente, nos planos jurisdicional e administrativo. Nem se desconhece que dessa atividade participam dois Poderes estaduais: o Judiciário e o Executivo, por intermédio, respectivamente, dos órgãos jurisdicionais e dos estabelecimentos penais"[4].

Idêntica percepção levou Paulo Lúcio Nogueira a afirmar que "a execução penal é de natureza *mista, complexa e eclética*, no sentido de que certas normas da execução pertencem ao direito processual, como a solução de incidentes, enquanto outras que regulam a execução propriamente dita pertencem ao direito administrativo"[5].

Julio F. Mirabete defendeu a jurisdicionalidade da execução, e advertiu: "... afirma-se na exposição de motivos do projeto que se transformou na Lei de Execução Penal: 'Vencida a crença histórica de que o direito regulador da execução é de índole predominantemente administrativa, deve-se reconhecer, em nome de sua própria autonomia, a impossibilidade de sua inteira submissão aos domínios do Direito Penal e do Direito Processual Penal'"[6].

Temos que **a execução penal é de natureza jurisdicional**, não obstante a intensa atividade administrativa que a envolve.

---

3. Adolphe Prins. *La défense sociale et les transformations du droit penal*. Bruxelles: Misch et Thron, 1910, p. 141.

4. Ada Pellegrini Grinover, *Execução penal*, p. 7.

5. Paulo Lúcio Nogueira, *Comentários à Lei de Execução Penal*, p. 5-6.

6. Julio F. Mirabete, *Execução penal*, p. 18.

O título em que se funda a execução decorre da atividade jurisdicional no processo de conhecimento, e, como qualquer outra *execução forçada*, a decorrente de sentença penal condenatória ou absolutória imprópria só poderá ser feita pelo Poder Judiciário, o mesmo se verificando em relação a execução de decisão homologatória de transação penal[7]. De tal conclusão segue que, também na execução penal, devem ser observados, entre outros, os princípios do contraditório, da ampla defesa, da legalidade[8], da imparcialidade do juiz, da fundamentação das decisões[9] da proporcionalidade, da razoabilidade e do *due process of law*.

Embora não se possa negar tratar-se de atividade complexa, não é pelo fato de não prescindir de certo rol de atividades administrativas que sua natureza se transmuda; prevalece a atividade jurisdicional, não só na solução dos incidentes da execução.

Envolvida intensamente no plano administrativo, não se desnatura, até porque todo e qualquer incidente ocorrido na execução pode ser submetido à apreciação judicial, por imperativo constitucional (art. 5º, XXXV, da CF), o que acarreta dizer, inclusive, que o rol do art. 66 da LEP é meramente exemplificativo.

As decisões que determinam efetivamente os rumos da execução são jurisdicionais, e isso está claro na redação do art. 194 da LEP, onde se lê que "o procedimento correspondente às situações previstas nesta Lei será judicial, desenvolvendo-se perante o Juízo da Execução", e também na dos arts. 2º e 65 dessa mesma lei. "Ao passar em julgado a sentença condenatória, surge entre o condenado e o Estado uma complexa relação jurídica, com direitos, expectativas de direitos e legítimos interesses, de parte a parte, inclusive no que se refere aos incidentes da execução e, como em qualquer relação jurídica, os conflitos, para serem dirimidos, demandam a intervenção jurisdicional."[10]

A execução penal se materializa em processo judicial contraditório. É inegável sua exuberante natureza jurisdicional.

---

7. Em sentido contrário, foi editada a Súmula Vinculante 35, que tem o seguinte teor: "A homologação da transação penal prevista no art. 76 da Lei n. 9.099/1995 não faz coisa julgada material e, descumpridas suas cláusulas, retoma-se a situação anterior, possibilitando-se ao Ministério Público a continuidade da persecução penal mediante oferecimento de denúncia ou requisição de inquérito policial".

8. "La garantía penal, asegurada por el principio de legalidad de las penas, quedaría incompleta en gran parte sin la *garantía ejecutiva* que protege la legalidad de la ejecución penal" (Eugenio Cuello Calon, *La moderna penología*, Barcelona: Bosch, Casa Editorial, 1958, reimp. 1974, p. 10).

9. "A exigência de motivação dos atos jurisdicionais constitui, hoje, postulado constitucional inafastável, que traduz poderoso fator de limitação ao exercício do próprio poder estatal, além de configurar instrumento essencial de respeito e proteção às liberdades públicas. Com a constitucionalização desse dever jurídico imposto aos magistrados — e que antes era de extração meramente legal — dispensou-se aos jurisdicionados uma tutela processual significativamente mais intensa, não obstante idênticos os efeitos decorrentes de seu descumprimento: a nulidade insuperável e insanável da própria decisão. A importância jurídico-política do dever estatal de motivar as decisões judiciais constitui inquestionável garantia inerente à própria noção do Estado Democrático de Direito. Fator condicionante da própria validade dos atos decisórios, a exigência de fundamentação dos pronunciamentos jurisdicionais reflete uma expressiva prerrogativa individual contra abusos eventualmente cometidos pelos órgãos do Poder Judiciário" (STF, HC 69.013/PI, 1ª T., rel. Min. Celso de Mello, *RTJ* 140/870).

10. Armida Bergamini Miotto, *Curso de ciência penitenciária*, São Paulo, Saraiva, 1975, v. 1, p. 59, apud Julio F. Mirabete, *Execução penal*, p. 19.

Com sua incontestável autoridade, afirmou EUGENIO CUELLO CALON que "Desde el momento en que se reconocen derechos al penado, los mismos derechos que a los hombres en libertad, salvo los perdidos o restringidos por la condena, tales derechos deben ser respetados, exigencia que da un fuerte sentido de juridicidad a la ejecución penal"[11].

3. PRINCÍPIOS E GARANTIAS CONSTITUCIONAIS

Afirmar a natureza jurisdicional da execução penal implica admitir sua sujeição aos princípios e garantias constitucionais incidentes.

Bem por isso o acerto das observações de PAULO LÚCIO NOGUEIRA quando diz que "é indispensável a existência de um *processo*, como instrumento viabilizador da própria execução, onde devem ser observados os princípios e as garantias constitucionais a saber: legalidade, jurisdicionalidade, devido processo legal, verdade real, imparcialidade do juiz, igualdade das partes, persuasão racional ou livre convencimento, contraditório e ampla defesa, iniciativa das partes, publicidade, oficialidade e duplo grau de jurisdição, entre outros. Em particular, deve-se observar o princípio da *humanização da pena*, pelo qual deve-se entender que o condenado é sujeito de *direitos* e *deveres*, que devem ser respeitados, sem que haja excesso de regalias, o que tornaria a punição desprovida da sua finalidade"[12].

De fundamental relevância, ainda, o *princípio da personalidade*[13], também denominado *princípio da intranscendência*, segundo o qual o processo e a pena, bem como a medida de segurança, não podem ir além da pessoa do autor da infração (art. 5º, XLV, da CF).

4. EXEQUENTE

Não obstante a possibilidade de verificação, no processo de conhecimento, do fenômeno denominado substituição processual, no caso das ações penais privadas, em que o ofendido, ou seu representante legal, em sendo o caso, atuam em juízo, em nome próprio, para fazer valer um direito subjetivo do Estado, que é o "direito de punir"[14], **o monopólio da administração da justiça é estatal**. Assim, no caso das ações penais privadas o legitimado tem o direito de dispor da relação jurídico-penal, enquanto não se verificar o trânsito em julgado da sentença penal condenatória, a teor do disposto no art. 106, § 2º, do CP. Depois, já em sede de execução penal, não há atuação do particular na condição de titular do direito de fazer cumprir o comando emergente da sentença, pois somente o Estado é que pode tornar efetiva a sanção penal, ainda que decorrente de condenação imposta em ação penal privada, inexistindo outro titular do direito de fazer cumprir, executar, o título que se formou com o trânsito em julgado da sentença penal condenatória, ou absolutória imprópria.

---

11. Eugenio Cuello Callon, *La moderna penología*, Barcelona: Bosch, Casa Editorial, 1958, reimp. 1974, p. 11.
12. Paulo Lúcio Nogueira, *Comentários à Lei de Execução Penal*, p. 7.
13. José Eduardo Goulart, *Princípios informadores do direito da execução penal*, p. 95.
14. José Frederico Marques, *Elementos de direito processual penal*, v. 2, p. 40-41.

Decorrendo de sentença ou decisão criminal proferida em sede de ação penal pública, condicionada ou incondicionada, ou mesmo de ação penal privada, em qualquer de suas modalidades, a execução será sempre de natureza pública. **Exequente será sempre o Estado**, procedendo o juiz *ex officio*, após a formação do título, determinando a expedição da guia para o cumprimento da pena ou da medida de segurança, nos termos em que está expresso nos arts. 105, 147 e 171 da LEP. Há particularidades no tocante à execução da pena de multa, e sobre esse tema trataremos no capítulo destinado ao estudo dessa matéria.

Embora compreensível a pretensão do legislador em dar celeridade ao início do processo — e por isso a iniciativa judicial *ex officio* — em razão do princípio da imparcialidade do juiz, que remete ao princípio da iniciativa das partes, o ideal é que a deflagração do processo execucional fosse conferida *ex lege* ao Ministério Público, e não à atividade jurisdicional. Poderia decorrer, ainda, de pedido da defesa. Há, por aqui, evidente desarmonia sistêmica — que está por merecer reparo do legislador —, mas disso não é possível retirar fundamento para afirmar a inconstitucionalidade dos dispositivos que remetem à iniciativa judicial *ex officio*, no que diz respeito à deflagração do processo execucional.

5. EXECUTADO

Dispõe o art. 5º, XLV, da Constituição Federal que "nenhuma pena passará da pessoa do condenado...".

Observado o *princípio da personalidade ou intranscendência*, segundo o qual o processo e a pena, bem como a medida de segurança, não podem ir além do autor do fato, executado será sempre aquele em desfavor de quem se proferiu sentença condenatória ou de absolvição imprópria.

Executado poderá ser tanto o preso definitivo quanto o provisório, em se tratando de pena privativa de liberdade; aquele que estiver submetido ao cumprimento de pena restritiva de direitos, *sursis* ou livramento condicional; o condenado ao pagamento de pena de multa; o internado ou o submetido a tratamento ambulatorial, nas hipóteses de medida de segurança.

Também poderá ser *executado* o autor do fato que deixar de cumprir transação penal levada a efeito e homologada em juízo (Leis n. 9.099/1995 e 10.259/2001), mas, em relação a esse tema, como já afirmamos, prevalece entendimento diverso, e o Supremo Tribunal Federal editou a **Súmula Vinculante 35**, para determinar o retorno à situação anterior, caso ocorra o descumprimento da transação homologada, de modo a possibilitar ao Ministério Público a continuidade da persecução penal mediante oferecimento de denúncia ou requisição de inquérito policial.

Executado é, em síntese, todo **aquele contra quem se promove a execução de pena criminal ou medida de segurança**, seja de que natureza for.

No que diz respeito ao **acordo de não persecução penal**, é certo que o § 6º do art. 28-A do CPP determina que o Ministério Público promova sua execução no juízo da execução penal, todavia, essa regra legal é produto de percepção desastrada e injurídica[15], posto que o acordo não tem cariz de condenação, e, portanto, competente deveria ser o juízo de conhecimento.

Mesmo que admitida a competência do juízo da execução, é força convir que, *in casu*, não estamos diante de matéria executional em sentido técnico. Por consequência, não é correto definir como "executado" o investigado ou réu que firmar acordo de não persecução penal com o titular da ação penal.

6. JURISDIÇÃO ESPECIALIZADA

Conforme expresso nos itens 15 a 22 da Exposição de Motivos da Lei de Execução Penal, "À autonomia do Direito de Execução Penal corresponde o exercício de uma jurisdição especializada, razão pela qual, no art. 2º, se estabelece que a 'jurisdição penal dos juízes ou tribunais da justiça ordinária, em todo o território nacional, será exercida, no processo de execução, na conformidade desta lei e do Código de Processo Penal".

A aplicação dos princípios e regras do direito processual penal constitui corolário lógico da integração existente entre o *direito de execução das penas e das medidas de segurança* e os demais ramos do ordenamento jurídico, principalmente os que regulam em caráter fundamental ou complementar os problemas postos pela execução.

A igualdade da aplicação da lei ao preso provisório e ao condenado pela Justiça Federal, Eleitoral ou Militar, quando recolhidos a estabelecimento sujeito à jurisdição ordinária, assegurada no parágrafo único do art. 2º, visa a impedir o tratamento discriminatório de presos ou internados submetidos a jurisdições diversas.

Como reconhece Hilde Kaufman, "la ejecución penal humanizada no sólo no pone en peligro la seguridad y el orden estatal, sino todo lo contrario. Mientras la ejecución penal humanizada es un apoyo del orden y la seguridad estatal, una ejecución penal deshumanizada atenta precisamente contra la seguridad estatal"[16].

Na lição do saudoso Luiz Flávio Gomes, o art. 2º da LEP estabelece o *princípio da legalidade execucional*[17].

7. EXECUÇÃO PROVISÓRIA

A única modalidade de prisão cautelar capaz de sujeitar o réu à execução provisória é a prisão preventiva, que poderá ter sido decretada durante a investigação ou no curso do processo (arts. 311 a 316 e 413, § 3º, todos do CPP), desde que mantida por ocasião da sentença condenatória, ou a originariamente decretada neste momento (arts. 387, § 1º, do CPP e 59, da Lei n. 11.343/2006 — Lei de Drogas).

Incogitável a execução provisória por encarceramento resultante de prisão temporária (Lei n. 7.960/89), dada sua exígua limitação.

15 Renato Marcão. *Curso de processo penal*, 2020, p. 250.

16. *Principios para la reforma de la ejecución penal*, 1977, p. 55.

17. Luiz Flávio Gomes, *Direito penal — parte geral — introdução*, v. 1, p. 127.

Não obstante a literalidade da redação que se verifica na primeira parte do parágrafo único do art. 2º da LEP, a execução provisória da sentença criminal sempre despertou controvérsias na doutrina e na jurisprudência.

É possível a execução provisória em relação ao preso cautelar, assim entendido aquele **contra quem foi decretada a prisão preventiva**, inclusive com a progressão de regime prisional.

Conforme decidiu o Pleno do Supremo Tribunal Federal: "Ofende o princípio da não culpabilidade a execução da pena privativa de liberdade antes do trânsito em julgado da sentença condenatória, ressalvada a hipótese de prisão cautelar do réu"[18].

A execução provisória pressupõe, nesses termos, o encarceramento cautelar decorrente da decretação de **prisão preventiva** e a existência de **sentença penal condenatória, sem trânsito em julgado definitivo**.

A esse respeito, o Supremo Tribunal Federal editou a **Súmula 716**, *verbis*: "Admite-se a progressão de regime de cumprimento de pena ou a aplicação imediata de regime menos severo nela determinada, antes do trânsito em julgado da sentença condenatória".

A Suprema Corte também editou a **Súmula 717** nos seguintes termos: "Não impede a progressão de regime de execução da pena, fixada em sentença não transitada em julgado, o fato de o réu se encontrar em prisão especial".

A Lei n. 10.792/2003 estabelece em seu art. 8º que "a União priorizará, quando da construção de presídios federais, os estabelecimentos que se destinem a abrigar presos provisórios ou condenados sujeitos a regime disciplinar diferenciado".

No que diz respeito aos presos sob custódia ou aguardando julgamento, as Regras Mínimas das Nações Unidas para o Tratamento de Presos (Regras de Mandela) determinam:

Regra 111

1. Indivíduos presos ou detidos sob acusação criminal que estejam sob custódia policial ou prisional, mas que aguardem julgamento e sentença, devem ser tratados como "presos não julgados" doravante nestas Regras.

2. Presos não condenados têm presunção de inocência e devem ser tratados como inocentes.

3. Sem prejuízo das previsões legais para a proteção da liberdade individual ou do procedimento a ser observado com relação a presos não julgados, estes presos devem ser beneficiados com um regime especial descrito nas Regras a seguir somente em seus requisitos essenciais.

---

18. STF, HC 84.078/MG, Tribunal Pleno, rel. Min. Eros Grau, j. 5-2-2009, *DJe* n. 35, de 26-2-2010, *Informativo* n. 534. *No mesmo sentido*: STF, HC 91.676/RJ, Tribunal Pleno, rel. Min. Ricardo Lewandowski, j. 12-2-2009, *DJe* n. 75, de 24-4-2009, *LEXSTF* v. 31, n. 367, p. 311-354; STF, HC 123.235/MT, 1ª T., rel. Min. Dias Toffoli, j. 21-1-2014, *DJe* n. 238, de 4-12-2014; STJ, RHC 41.114/MT, 6ª T., rel. Min. Rogério Schietti Júnior, j. 20-5-2014, *DJe* de 19-5-2014.

Regra 112

1. Presos não julgados deverão ser mantidos separados dos presos condenados.

2. Jovens presos não julgados devem ser mantidos separados dos adultos e, em princípio, ser detidos em unidades separadas.

Regra 113

Presos não julgados devem dormir sozinhos em quartos separados, com ressalva dos diferentes hábitos locais relacionados ao clima.

Regra 114

Dentro dos limites compatíveis com o bom andamento da unidade prisional, os presos não julgados poderão, se assim desejarem, ter a sua alimentação vinda do meio externo, por intermédio da administração, com seus próprios recursos, de suas famílias ou de amigos. Caso contrário, a administração deve providenciar a alimentação.

Regra 115

Um preso não julgado deve ter permissão para vestir suas próprias roupas se estiverem limpas e forem apropriadas. Se usar roupa do estabelecimento prisional, esta será diferente da fornecida aos condenados.

Regra 116

Um prisioneiro não julgado deve ter a oportunidade de trabalhar, mas não será obrigado a fazê-lo. Caso opte por trabalhar, será remunerado pelos seus serviços.

Regra 117

Um preso não julgado deve ter permissão para obter, a suas expensas ou a de terceiros, livros, jornais, artigos de papelaria e de outros meios de ocupação que sejam compatíveis com os interesses da administração judicial e com a segurança e boa ordem da unidade prisional.

Regra 118

Um preso não julgado tem o direito de receber visitas, ser tratado por seu próprio médico ou dentista, desde que haja razão suficiente para isso e desde que custeie as despesas advindas do tratamento.

Regra 119

1. Todo preso tem o direito de ser imediatamente informado das razões de sua detenção e sobre quaisquer acusações que pesem contra ele.

2. Se um preso não julgado não tiver advogado de sua escolha, ser-lhe-á designado um defensor pela autoridade judicial, ou outra autoridade, em todos os casos em que os interesses da justiça o requeiram e sem custos para o preso não julgado, caso não tenha os meios suficientes para pagar. A denegação de acesso a assistente jurídico deve ser objeto de uma revisão independente, sem demora.

Regra 120

1. As premissas e modalidades que regem o acesso de um preso não julgado ao seu advogado ou defensor público, para os propósitos de sua defesa, serão reguladas pelos mesmos princípios estabelecidos na Regra 61.

2. O preso não julgado deve ter à sua disposição, quando solicitar, material para escrever, a fim de preparar os documentos relacionados à sua defesa, inclusive instruções confidenciais para seu advogado ou defensor público.

7.1. Execução provisória quando pendente de julgamento Recurso Especial ou Extraordinário

Durante longo período a jurisprudência do Superior Tribunal de Justiça e do Supremo Tribunal Federal admitiu a execução provisória da pena quando pendente de julgamento recurso especial ou extraordinário, porquanto desprovidos de efeito suspensivo[19].

A propósito desse tema foi editada a **Súmula 267 do STJ** com o seguinte enunciado: "A interposição de recurso, sem efeito suspensivo, contra decisão condenatória não obsta a expedição de mandado de prisão".

Entretanto, quando do julgamento do *Habeas Corpus* 84.078/MG, o Plenário do Supremo Tribunal Federal mudou de posicionamento e deixou de admitir execução provisória em tais casos, ressalvada a hipótese de encontrar-se preso o recorrente em razão de prisão preventiva regularmente decretada.

Conforme decidiu a Excelsa Corte naquela ocasião: "O art. 637 do CPP estabelece que 'o recurso extraordinário não tem efeito suspensivo, e uma vez arrazoados pelo recorrido os autos do traslado, os originais baixarão à primeira instância para a execução da sentença'. A Lei de Execução Penal condicionou a execução da pena privativa de liberdade ao trânsito em julgado da sentença condenatória. A Constituição do Brasil de 1988 definiu, em seu art. 5º, inciso LVII, que 'ninguém será considerado culpado até o trânsito em julgado de sentença penal condenatória'. Daí que os preceitos veiculados pela Lei n. 7.210/84, além de adequados à ordem constitucional vigente, sobrepõem-se, temporal e materialmente, ao disposto no art. 637 do CPP. A prisão antes do trânsito em julgado da condenação somente pode ser decretada a título cautelar. A ampla defesa, não se a pode visualizar de modo restrito. Engloba todas as fases processuais, inclusive as recursais de natureza extraordinária. Por isso a execução da sentença após o julgamento do recurso de apelação significa, também, restrição do direito de defesa, caracterizando desequilíbrio entre a pretensão estatal de aplicar a pena e o direito, do acusado, de elidir essa pretensão"[20].

De forma objetiva, e da maneira como destacou o Min. Roberto Barroso, "A partir do julgamento pelo Plenário do HC nº 84.078, deixou-se de se admitir a execução provisória da pena, na pendência de Recurso Extraordinário"[21].

---

19. Nesse sentido: STF, HC 71.959/RS, 2ª T., rel. Min. Marco Aurélio, rel. p/ o acórdão Min. Francisco Rezek, j. 3-2-1995, *DJ* de 2-5-1995; STF, HC 72.102/MG, 1ª T., rel. Min. Celso de Mello, j. 14-2-1995, *DJ* de 20-4-1995, p. 9948; STF, HC 75.152-1/SP, 2ª T., rel. Min. Maurício Corrêa, j. 10-2-1998, *DJU* de 13-3-1998, *RT* 753/511; STF, HC 85.886-4/RJ, 2ª T., rela. Mina. Ellen Gracie, j. 6-9-2005, *DJ* de 28-10-2005, *RT* 845/508; STF, HC 84.029/SP, 2ª T., rel. Min. Gilmar Mendes, j. 26-6-2007, *DJe* n. 96, de 6-9-2007.

20. STF, HC 84.078/MG, Tribunal Pleno, rel. Min. Eros Grau, j. 5-2-2009, *DJe* n. 035, de 26-2-2010, *Informativo STF* n. 534.

21. STF, HC 107.710 AgR/SC, 1ª T., rel. Min. Roberto Barroso, j. 9-6-2015, *DJe* 128, 1º-7-2015.

Pelas mesmas razões, semelhante compreensão se impôs quando pendente de apreciação e julgamento Recurso Especial, que é de competência do Superior Tribunal de Justiça.

Sob a força de tal entendimento, só se afigurava viável execução provisória quando pendente de julgamento Recurso Especial (STJ) ou Extraordinário (STF), **se o acusado-recorrente estivesse preso em razão de prisão preventiva**, acertada e fundamentadamente decretada[22].

Essa maneira de pensar é compatível com o vigente Estado de Direito, e encontra amparo no art. 5º, LVII, da CF, de onde se extrai que ninguém será considerado culpado até que ocorra o trânsito em julgado definitivo de sentença ou acórdão penal condenatório proferido em seu desfavor.

Se a presunção de inocência só é destruída pelo trânsito em julgado de condenação criminal, não há como admitir execução provisória da pena enquanto pendente de julgamento recurso especial ou extraordinário, salvo quando decretada prisão preventiva, e a razão é simples: não ocorreu o trânsito em julgado e, portanto, persiste a presunção de inocência.

É o que também se extrai do art. 105 da LEP e do art. 283 do CPP, que não foram e não podem ser declarados inconstitucionais, por se encontrarem em absoluta consonância com o art. 5º, LVII, da CF.

Mesmo assim, no dia 17 de fevereiro de 2016, por ocasião do julgamento do *Habeas Corpus* 126.292/SP, o Plenário da Suprema Corte retomou seu anterior entendimento, e novamente passou a admitir a execução provisória da pena na pendência de recurso especial ou extraordinário. De acordo com o posicionamento exposto, decretada ou mantida condenação criminal em segunda instância, é cabível a execução da pena, ainda que pendente de apreciação recurso especial ou extraordinário e ausentes os requisitos para a decretação de prisão preventiva.

Logo depois, o Superior Tribunal de Justiça também retrocedeu ao entendimento que havia abandonado[23].

---

22. "A exigência de motivação dos atos jurisdicionais constitui, hoje, postulado constitucional inafastável, que traduz poderoso fator de limitação ao exercício do próprio poder estatal, além de configurar instrumento essencial de respeito e proteção às liberdades públicas. Com a constitucionalização desse dever jurídico imposto aos magistrados — e que antes era de extração meramente legal — dispensou-se aos jurisdicionados uma tutela processual significativamente mais intensa, não obstante idênticos os efeitos decorrentes de seu descumprimento: a nulidade insuperável e insanável da própria decisão. A importância jurídico-política do dever estatal de motivar as decisões judiciais constitui inquestionável garantia inerente à própria noção do Estado Democrático de Direito. Fator condicionante da própria validade dos atos decisórios, a exigência de fundamentação dos pronunciamentos jurisdicionais reflete uma expressiva prerrogativa individual contra abusos eventualmente cometidos pelos órgãos do Poder Judiciário" (STF, HC 69.013/PI, 1ª T., rel. Min. Celso de Mello, *RTJ* 140/870).

23. STJ, EDcl no AgRg no RE nos EDcl nos EDcl no AgRg no AREsp 545.101/PE, Corte Especial, rel. Min. Humberto Martins, j. 16-11-2016, *DJe* de 24-11-2016; STJ, HC 370.038/PE, 5ª T., rel. Min. Reynaldo Soares da Fonseca, j. 22-11-2016, *DJe* de 2-12-2016; STJ, HC 366.672/SP, 6ª T., rel. Min. Rogério Schietti Cruz, j. 11-10-2016, *DJe* de 27-10-2016.

Reaberta a discussão dessa matéria no Plenário do Supremo Tribunal Federal, no dia 5 de outubro de 2016, quando do julgamento dos pedidos de liminares formulados nas Ações Declaratórias de Constitucionalidade (ADC) 43 e 44, por maioria de votos (6 x 5), foi decidido que o art. 283 do CPP não impede a execução provisória de condenação mantida ou proferida em segundo grau de jurisdição, ainda que pendente de apreciação recurso especial (STJ) ou extraordinário (STF) e ausentes os requisitos necessários para a decretação de prisão preventiva[24].

No dia 10 de novembro de 2016, quando do julgamento do Recurso Extraordinário com Agravo (ARE) 964.246/SP, **que teve repercussão geral reconhecida**, o Plenário Virtual do Supremo Tribunal Federal, novamente por maioria de votos, decidiu que a execução provisória, nos moldes em que já havia reconhecido possível por ocasião do julgamento do *Habeas Corpus* 126.292/SP e na apreciação das liminares nas ADC 43 e 44, não ofende o princípio constitucional da presunção de inocência afirmado pelo art. 5º, LVII, da Constituição Federal[25].

Seguindo sua oscilação pendular, no dia 7 de novembro de 2019, novamente por maioria de votos (6 x 5), o Supremo Tribunal Federal concluiu o julgamento das Ações Declaratórias de Constitucionalidade (ADC) 43, 44 e 54, que foram julgadas procedentes, e com efeito *erga omnes* inverteu seu posicionamento firmado em 2016, agora para determinar a impossibilidade de execução provisória da pena em razão de condenação em segundo grau de jurisdição. Desde então, **ressalvada a possibilidade de execução provisória na hipótese em que o réu se encontrar preso por força da decretação de prisão preventiva**, para que se instaure o momento execucional **é imperioso o trânsito em julgado definitivo da condenação**.

A prisão para execução provisória, decorrente de condenação proferida ou mantida em segundo grau de jurisdição, lastreada no entendimento adotado em 2016 pela Douta maioria dos Ministros da Excelsa Corte, configurava modalidade de prisão cautelar *sui generis*, espécie de privação da liberdade não contemplada no ordenamento vigente, o que aponta para o acerto do entendimento agora vigorante.

---

24. "Nos termos do decidido pelo Tribunal Pleno, a 'execução provisória de acórdão penal condenatório proferido em grau de apelação, ainda que sujeito a recurso especial ou extraordinário, não compromete o princípio constitucional da presunção de inocência afirmado pelo artigo 5º, inciso LVII da Constituição Federal' (HC 126292, Relator(a): Min. Teori Zavascki, Tribunal Pleno, julgado em 17-2-2016). Na mesma direção, ao indeferir tutela cautelar nas ADC's 43 e 44, o Plenário conferiu interpretação conforme ao art. 283, CPP, para o fim de assentar que é coerente com a Constituição o principiar de execução criminal quando houver condenação confirmada em segundo grau, salvo atribuição expressa de efeito suspensivo ao recurso cabível" (STF, HC 135.644 AgR/RJ, 1ª T., rel. Min. Edson Fachin, j. 28-10-2016, *DJe* 243, de 17-11-2016).

25. "Em regime de repercussão geral, fica reafirmada a jurisprudência do Supremo Tribunal Federal no sentido de que a execução provisória de acórdão penal condenatório proferido em grau recursal, ainda que sujeito a recurso especial ou extraordinário, não compromete o princípio constitucional da presunção de inocência afirmado pelo artigo 5º, inciso LVII, da Constituição Federal. Recurso extraordinário a que se nega provimento, com o reconhecimento da repercussão geral do tema e a reafirmação da jurisprudência sobre a matéria" (STF, ARE 964.246 RG/SP, Tribunal Pleno, rel. Min. Teori Zavascki, j. 10-11-2016, *DJe* 251, de 25-11-2016).

7.2. Execução provisória de penas restritivas de direitos

Tendo em vista que só se faz possível a execução provisória da pena em relação àquele que se encontrar preso em razão de prisão preventiva — nos moldes analisados em tópicos anteriores —, e observado o disposto no art. 147 da LEP, que expressamente exige o trânsito em julgado da condenação, **não é cabível** a execução provisória de penas restritivas de direitos[26].

De ver, entretanto, que o entendimento jurisprudencial que permitiu a execução provisória de pena privativa de liberdade enquanto pendente de julgamento recurso especial ou extraordinário, tal como se estabeleceu nas Cortes Superiores a partir do julgamento do *Habeas Corpus* 126.292/SP, ocorrido em 17 de fevereiro de 2016 no Plenário do Supremo Tribunal Federal, mantido quando do julgamento dos pedidos de liminares nas Ações Declaratórias de Constitucionalidade (ADC) 43 e 44 e do Recurso Extraordinário com Agravo (ARE) 964.246/SP, que teve repercussão geral reconhecida, permitiu interpretação no sentido de ser possível a execução provisória de penas restritivas de direitos antes do trânsito em julgado definitivo, quando ainda pendente de julgamento recurso especial ou extraordinário.

Na linha do pensamento anteriormente exposto, o Supremo Tribunal Federal passou a decidir que a execução provisória de pena restritiva de direitos, ainda que pendente o efetivo trânsito em julgado da condenação, não ofendia o princípio constitucional da presunção de inocência[27].

Em sentido contrário, a Terceira Seção do Superior Tribunal de Justiça, "em sessão realizada no dia 14-6-2017, no julgamento do EREsp 1.619.087, por maioria de votos, firmou orientação no sentido da impossibilidade de execução provisória das penas restritivas de direitos, devendo-se aguardar, portanto, o trânsito em julgado da condenação, nos termos do art. 147 da LEP"[28].

No dia 24 de outubro de 2018, ao julgar o AgRg no HC 435.092/SP, a Terceira Seção novamente cuidou dessa matéria e manteve seu posicionamento[29].

---

26. Esse entendimento estava pacificado junto aos Tribunais Superiores, tal como se verifica na ementa que segue transcrita: "Este Tribunal e o Pretório Excelso firmaram o entendimento de ser expressamente vedada a execução provisória de pena restritiva de direitos, o que deve ocorrer apenas após o trânsito em julgado da decisão condenatória, nos termos do art. 147 da Lei n. 7.210/84 (LEP) (HC 89.504/SP, rel. Min. Jane Silva, *DJU* 18-12-2007 e STF, HC 88.413/MG, rel. Min. Cezar Peluso, *DJU* 23-5-2006" (STJ, HC 98.807/RS, 5ª T., rel. Min. Napoleão Nunes Maia Filho, j. 15-9-2009, *DJe* de 13-10-2009).

27. STF, HC 141.978 AgR/SP, 1ª T., rel. Min. Luiz Fux, j. 23-6-2017, *DJe* 168, de 1-8-2017; STF, RE 1.153.996 AgR/SP, 1ª T., rel. Min. Roberto Barroso, j. 28-9-2018, *DJe* 230, de 29-10-2018.

28. STJ, EREsp 1.619.087/SC, Terceira Seção, rela. Mina. Maria Thereza de Assis Moura, rel. p/ o Acórdão Min. Jorge Mussi, j. 14-6-2017, *DJe* de 24-8-2017. *No mesmo sentido*: STJ, AgRg no AREsp 971.132/SP, 5ª T., rel. Min. Ribeiro Dantas, j. 28-3-2017, *DJe* de 5-4-2017; STJ, AgRg no HC 404.848/SC, 6ª T., rela. Mina. Maria Thereza de Assis Moura, j. 3-10-2017, *DJe* de 9-10-2017.

29. STJ, AgRg no HC 435.092/SP, Terceira Seção, rel. Min. Rogério Schietti Cruz, rel. p/ o Acórdão Min. Reynaldo Soares da Fonseca, j. 24-10-2018, *DJe* de 26-11-2018.

Essa discussão está superada, por agora, e isso em razão da decisão proferida pelo Supremo Tribunal Federal no dia 7 de novembro de 2019, ao ensejo da apreciação final das Ações Declaratórias de Constitucionalidade (ADC) 43, 44 e 54, que foram julgadas procedentes, e com efeito *erga omnes* inverteu o posicionamento firmado em 2016, agora para reconhecer a impossibilidade de execução provisória da pena em razão de condenação mantida ou imposta em segundo grau de jurisdição.

Nos dias que correm, junto às Cortes Superiores[30], não há entendimento jurisprudencial que acolha a possibilidade de execução provisória de pena restritiva de direitos.

7.3. Execução provisória de *sursis*

É constitucionalmente inviável a execução provisória de *sursis*, pois tal proceder representaria indevido cumprimento de pena antes do trânsito em julgado definitivo da sentença ou acórdão penal condenatório.

O art. 160 da LEP é expresso ao dizer que a execução do *sursis* só tem cabimento após o trânsito em julgado da sentença penal condenatória, e essa regra está em conformidade com o disposto no art. 5º, LVII, da CF, que assegura a presunção de inocência.

Também aqui valem as reflexões lançadas no tópico anterior, no que diz respeito à possibilidade de execução provisória que se estabeleceu desde o julgamento do *Habeas Corpus* 126.292/SP, ocorrido em 17 de fevereiro de 2016 no Plenário do Supremo Tribunal Federal, e o julgamento definitivo das Ações Declaratórias de Constitucionalidade (ADC) 43, 44 e 54, concretizado na mesma Corte no dia 7 de novembro de 2019.

Inadmitida a execução provisória com o viés de antes, está superada a discussão, no presente instante, e não há fundamento que legitime a execução provisória do *sursis*.

7.4. Execução provisória de pena igual ou superior a 15 anos de reclusão, imposta no Tribunal do Júri

A Lei n. 13.964/2019 determinou a atual redação do art. 492, I, letra "e", do CPP, de modo a instituir a execução provisória compulsória de condenação imposta no Tribunal do Júri, igual ou superior a 15 (quinze) anos de reclusão. Conforme a letra da lei, tal im-

---

30. "O Supremo Tribunal Federal, consoante o estabelecido no julgamento de medidas liminares nas ADCs 43 e 44, no HC n. 126.292/SP e no ARE 964.246/SP, adotava o entendimento de que a execução provisória de pena imposta em segunda instância, ainda que pendente o trânsito em julgado da sentença, não ofendia o princípio constitucional da presunção de inocência. A Terceira Seção desta Corte Superior, no julgamento do EREsp n. 1.619.087/SC, também havia assentado não ser possível, ausente manifestação expressa da Suprema Corte a respeito da amplitude conferida ao Tema 925, concernente à execução antecipada da sanção penal, executar provisoriamente a pena privativa de liberdade convertida em restritiva de direitos, consoante a disposição do art. 147 da Lei de Execução Penal. III — Contudo, o Supremo Tribunal Federal, no julgamento das Ações Declaratórias de Constitucionalidade n. 43, n. 44 e n. 54, assentou a constitucionalidade do art. 283 do Código de Processo Penal, que prevê o trânsito em julgado da ação penal como condição para a execução da reprimenda. Por conseguinte, atualmente, já não se admite a execução antecipada da pena, seja privativa de liberdade, seja restritiva de direitos" (STJ, AgRg no HC 516.340/PR, 5ª T., rel. Min. Felix Fischer, j. 25-8-2020, *DJe* de 4-9-2020).

posição poderá ser excepcionada quando o juiz-presidente constatar a presença de *questão substancial* — relevante e verossímil, entenda-se — cuja resolução pelo tribunal ao qual competir o julgamento de eventual recurso possa plausivelmente levar à revisão da condenação, conforme a dicção do § 3º do art. 492.

Configura questão substancial a que pode resultar em absolvição, anulação da sentença, novo julgamento ou redução da pena para patamar inferior a 15 (quinze) anos de reclusão, conforme interpretação que se extrai do § 5º do art. 492 do CPP.

É inconstitucional a execução provisória de pena igual ou superior a 15 (quinze) anos de reclusão, imposta em condenação por julgamento perante o Tribunal do Júri, na forma determinada pelo art. 492, inc. I, letra "e", do CPP[31].

O Supremo Tribunal Federal já decidiu ser inconstitucional a execução provisória de pena — resultante de condenação sem trânsito em julgado definitivo –, quando ausentes os requisitos autorizadores da prisão preventiva e sua regular decretação.

7.5. Juízo competente em sede de execução provisória

Para que se instaure a execução provisória, quando cabível, é preciso que o juízo de conhecimento determine a expedição da *guia de recolhimento provisória* e seu envio à Vara de Execução competente, onde deverá tramitar a execução propriamente dita, e, de consequência, os pedidos a ela relacionados.

Competente para a execução provisória, portanto, **é o Juízo da Vara das Execuções Penais e não o juízo da condenação**.

Sobre a guia de recolhimento para execução provisória, verificar os arts. 8º a 11 da Resolução n. 113/2010, do Conselho Nacional de Justiça — CNJ (dispõe sobre o procedimento relativo à execução de pena privativa de liberdade e de medida de segurança).

8. CONDENADO PELA JUSTIÇA FEDERAL, MILITAR OU ELEITORAL, QUANDO RECOLHIDO A ESTABELECIMENTO SUJEITO À JURISDIÇÃO ORDINÁRIA

Está expresso na **Súmula 192 do STJ**: "Compete ao Juízo das Execuções Penais do Estado a execução das penas impostas a sentenciados pela Justiça Federal, Militar ou Eleitoral, quando recolhidos a estabelecimentos sujeitos à administração estadual".

Aplica-se a Lei de Execução Penal ao condenado pela Justiça Eleitoral ou Militar recolhido a estabelecimento sujeito à jurisdição ordinária.

9. CONDENADO PELA JUSTIÇA ESTADUAL QUE CUMPRE PENA EM PRESÍDIO FEDERAL

Na hipótese de o condenado pela Justiça Estadual encontrar-se cumprindo pena em estabelecimento prisional federal, a competência jurisdicional para o processo de execução é da Justiça Federal.

31 Renato Marcão, *Curso de processo penal*, p. 1121.

Segue-se o mesmo raciocínio que determinou a edição da **Súmula 192 do STJ**.

A Lei n. 11.671/2008[32], que dispõe sobre a transferência e inclusão de presos em estabelecimentos penais federais de segurança máxima, determina que "a atividade jurisdicional de execução penal nos estabelecimentos penais federais será desenvolvida pelo juízo federal da seção ou subseção judiciária em que estiver localizado o estabelecimento penal federal de segurança máxima ao qual for recolhido o preso" (art. 2º).

Diz a **Súmula 639 do STJ**: "Não fere o contraditório e o devido processo decisão que, sem ouvida prévia da defesa, determine transferência ou permanência de custodiado em estabelecimento penitenciário federal".

10. PRINCÍPIO DA ISONOMIA E DIREITOS NÃO ATINGIDOS

Observados os limites jurídicos e constitucionais da pena e da medida de segurança, todos os direitos não atingidos pela sentença criminal permanecem a salvo.

A teor do disposto no art. 5º, *caput*, da CF, todos são iguais perante a lei, sem distinção de qualquer natureza.

Até porque existente vedação constitucional, já que a liberdade de religião e política estão asseguradas, como outras liberdades públicas, na atual Carta Magna (art. 5º, VI, VII, XVII e XLI, da CF), e também por configurar ilícito penal, posto que a Lei n. 7.716/89 define os crimes resultantes de preconceitos de raça ou de cor, conforme estatuído no art. 5º, XLII, da CF, os executados não poderão sofrer qualquer distinção de natureza racial, social, religiosa ou política.

Embora o parágrafo único do art. 3º da LEP não tenha incluído em seu rol a discriminação em razão de o condenado ou internado ser pessoa portadora de deficiência ou necessidades especiais, por analogia, é vedada a discriminação. Aliás, é considerada conduta típica para fins de aplicação de sanção penal, nos termos da Lei n. 7.853/89, que define os crimes de discriminação contra as pessoas portadoras de deficiência.

Dentre outros, são assegurados aos executados os seguintes direitos: inviolabilidade do direito à vida, à liberdade, à igualdade, à segurança e à propriedade, nos termos da Constituição Federal (art. 5º, *caput*, da CF); de igualdade entre homens e mulheres em direitos e obrigações, nos termos da Constituição (art. 5º, I, da CF); de sujeição ao princípio da legalidade (art. 5º, II, da CF); de integridade física e moral, não podendo ser submetido a tortura nem a tratamento desumano ou degradante (art. 5º, III e XLIX, da CF); liberdade de manifestação do pensamento, sendo vedado o anonimato (art. 5º, IV, da CF); direito de resposta, proporcional ao agravo, além da indenização por dano material, moral ou à imagem (art. 5º, V); liberdade de

32. Regulamentada pelo Decreto n. 6.877/2009.

consciência e de crença, assegurado o livre exercício dos cultos religiosos (art. 5º, VI, da CF)[33]; de não ser privado de direitos por motivo de crença religiosa ou de convicção filosófica ou política (art. 5º, VIII, da CF); expressão da atividade intelectual, artística, científica e de comunicação, independentemente de censura ou licença (art. 5º, IX, da CF); inviolabilidade da intimidade, da vida privada, da honra e da imagem, assegurado o direito a indenização pelo dano material ou moral decorrente de sua violação (art. 5º, X, da CF); inviolabilidade do sigilo da correspondência e das comunicações telegráficas, de dados e das comunicações telefônicas, salvo, no último caso, por ordem judicial, nas hipóteses e na forma que a lei estabelecer (art. 5º, XII, da CF); plenitude da liberdade de associação para fins lícitos, vedada a de caráter paramilitar (art. 5º, XVII, da CF); o direito de propriedade (material ou imaterial), ainda que privado, temporariamente, do exercício de alguns dos direitos a ela inerentes (art. 5º, XXII, da CF); o direito de herança (art. 5º, XXX, da CF); o direito de petição aos Poderes Públicos em defesa de direito ou contra ilegalidade ou abuso de poder, e obtenção de certidões em repartições públicas, para defesa de direitos e esclarecimento de situação de interesse pessoal (art. 5º, XXXIV, *a* e *b*, da CF); direito à individualização da pena (art. 5º, XLVI, da CF); ao cumprimento da pena em estabelecimentos distintos, de acordo com a natureza do delito, a idade e o sexo do apenado (art. 5º, XLVIII, da CF); relacionados ao processo penal em sentido amplo (art. 5º, LIII a LVIII, entre outros, todos da CF); direito de impetrar *habeas corpus*, mandado de segurança, mandado de injunção e *habeas data* (art. 5º, LXVIII, LXIX, LXXI e LXXII, da CF), com gratuidade (art. 5º, LXXVII, da CF); à assistência jurídica integral gratuita, desde que comprove insuficiência de recursos (art. 5º, LXXIV, da CF); indenização por erro judiciário, ou se ficar preso além do tempo fixado na sentença (art. 5º, LXXV, da CF).

A Lei n. 12.984/2014 define o crime de discriminação dos portadores do vírus da imunodeficiência humana (HIV) e doentes de AIDS.

---

33. "1. O cumprimento de prisão domiciliar não impede a liberdade de culto, quando compatível com as condições impostas ao reeducando, atendendo à finalidade ressocializadora da pena. 2. Não havendo notícia do descumprimento das condições impostas pelo juízo da execução, admite-se ao executado, em prisão domiciliar, ausentar-se de sua residência para frequentar culto religioso, no período noturno. 3. Considerada a possibilidade de controle do horário e de delimitação da área percorrida por meio do monitoramento eletrônico, o comparecimento a culto religioso não representa risco ao cumprimento da pena" (STJ, REsp 1.788.562/TO, 6ª T., rel. Min. Nefi Cordeiro, j. 17-9-2019, *DJe* de 23-9-2019).

Capítulo II

DO CONDENADO E DO INTERNADO. DA CLASSIFICAÇÃO

Sumário: 1. Noções gerais. 2. Exame criminológico e exame de personalidade. 3. Implicações decorrentes da Lei n. 10.792, de 1º de dezembro de 2003. 3.1. Classificação e individualização da pena. 4. Identificação do perfil genético. 4.1. Sobre a Lei n. 12.654, de 28 de maio de 2012. 4.2. Identificação criminal. 4.3. Sobre o art. 9º-A da Lei de Execução Penal. 4.4. Identificação mediante extração de DNA — ácido desoxirribonucleico. 4.5. Inconstitucionalidade da extração compulsória de DNA.

1. NOÇÕES GERAIS

O art. 5º, XLVI, da Constituição Federal é taxativo ao determinar que "a lei regulará a individualização da pena...".

A individualização da pena, como se sabe, deve ocorrer em três momentos distintos. Primeiro, na cominação, elaborada pelo legislador; segundo, na aplicação diante do caso concreto, feita pelo julgador; e, por fim, na execução da pena, a cargo do juiz da execução penal. Temos, assim, a *individualização legislativa ou formal*, a *individualização judicial ou do caso concreto* e a *individualização executória ou execucional*.

Carmen Silvia de Moraes Barros esclarece que "a individualização da pena no processo de conhecimento visa aferir e quantificar a culpa exteriorizada no fato passado. A individualização no processo de execução visa propiciar oportunidade para o livre desenvolvimento presente e efetivar a mínima dessocialização possível. Daí caber à autoridade judicial adequar a pena às condições pessoais do sentenciado"[1].

A classificação dos condenados é requisito fundamental para demarcar o início da execução científica das penas privativas da liberdade e da medida de segurança detentiva.

Visa assegurar os princípios da *personalidade e da proporcionalidade da pena*, elencados no rol dos direitos e garantias constitucionais[2].

1. Carmen Silvia de Moraes Barros, *A individualização da pena na execução penal*, p. 23.

2. "A lei marca cada delito com um número nos artigos do Código; o juiz busca no Código o número

Adequada a classificação, cada sentenciado terá conhecida a sua personalidade, recebendo o *tratamento* penitenciário adequado, atendendo também ao princípio da individualização da pena e da medida de segurança.

Tal como determina o art. 6º da LEP, a classificação será feita por Comissão Técnica de Classificação, que elaborará o programa individualizador da pena privativa de liberdade adequada ao condenado ou preso provisório.

Com o advento da Lei n. 10.792/2003, que, entre outras providências, modificou pontualmente a Lei de Execução Penal, as atividades das Comissões Técnicas de Classificação foram mitigadas se comparadas àquelas previstas na redação original do art. 6º da LEP, onde se assegurava, além do que hoje se tem previsto, que às Comissões Técnicas de Classificação também competia acompanhar a execução das penas privativas de liberdade e restritivas de direitos, devendo propor à autoridade competente as progressões e regressões dos regimes, bem como as conversões. A modificação introduzida restringiu consideravelmente o rol das atividades das Comissões.

2. EXAME CRIMINOLÓGICO E EXAME DE PERSONALIDADE

O exame criminológico **tem natureza jurídica de perícia**.

Trata-se de perícia que tem por enfoque a dinâmica do delito praticado, e seu conteúdo deve estar constituído — a depender de sua finalidade, sempre atrelada ao momento em que se realiza — de diagnóstico e de prognóstico criminológico.

O diagnóstico — ensinou Alvino Augusto de Sá — "consiste em avaliar todo o contexto complexo do preso, a saber, suas condições pessoais, orgânicas, psicológicas, familiares, sociais e ambientais em geral, que estariam associadas à sua conduta criminosa e nos dariam subsídios para compreender tal conduta. Tal natureza, assim definida, não pressupõe necessariamente nenhuma concepção ontológica de crime"[3].

O prognóstico, quando necessária e possível sua realização, diz respeito à probabilidade de determinado comportamento futuro do preso, tendo em conta as constatações do diagnóstico levado a efeito.

Embora não se desconheça a dificuldade de se realizar o prognóstico, considerando as bases científicas — da psiquiatria, psicologia e serviço social — de que se valem

do artigo que deverá ser colocado sobre as costas do acusado e o executor da sentença reduz o condenado a um número de matrícula. Por isso, todo estabelecimento prisional está povoado com uma multidão anônima de condenados da mesma classe de pena, resultando uma mescla estranha de jovens e velhos, sãos e doentes, tranquilos e turbulentos, neuropatas e psiconeuropatas, vagabundos e trabalhadores, deficientes mentais e inteligentes, analfabetos e instruídos, obreiros especializados ou indivíduos sem ofício, etc.". [...] "Em tal ordenamento 'jurídico', a execução da sentença só pode ser impessoal se dominada, sobretudo, pela preocupação disciplinar formal e com o termo fixo e automático de entrada e saída da prisão. Se, além disso, na mesma prisão, reúne-se um número excessivo de detentos mantidos no ócio ou trabalhando sem ordem e de qualquer maneira, mesmo com toda boa vontade dos Diretores do estabelecimento (Diretor, vigias, capelães, maestros, chefe de oficina, etc.), não se pode esperar mais que estéreis resultados práticos" (Enrico Ferri. *Delinquente e responsabilidade penal*, tradução de Fernanda Lobo, 1ª ed. São Paulo: Rideel, 2006, p. 211/212).

3. *Criminologia clínica e psicologia criminal*, 3ª ed., São Paulo, Revista dos Tribunais, 2013, p. 205.

os profissionais envolvidos na realização do exame, não é acertado afirmar, como se tem feito amiúde e sem muito critério ou fundamento acolhível, tratar-se de exercício de futurologia ou adivinhação[4].

Necessário distinguir, nesse ponto, o **exame criminológico de entrada** — assim compreendido aquele que se deve realizar com vistas à inicial individualização execucional da pena — do **exame criminológico para obtenção de determinado benefício** no curso da execução.

De maneira irretocável, referindo-se ao **exame criminológico de entrada**, ALVINO lecionou que "sua finalidade é oferecer subsídios para a individualização da execução da pena. Ele pode se restringir tão somente ao diagnóstico, ao qual a equipe técnica por certo acrescentará suas sugestões de programação de execução, a serem encaminhadas à Comissão Técnica de Classificação (CTC), órgão tecnicamente encarregado pelo planejamento da individualização (v. art. 6º da LEP)"[5].

Na lição de LUIZ ROBERTO DE ALMEIDA e EVALDO VERÍSSIMO MONTEIRO DOS SANTOS, "com a realização do exame criminológico, estarão respondidas várias questões que envolvem o criminoso na sua conduta antijurídica, antissocial e seu possível retorno à sociedade. Diante de tais providências, teremos o resultado das variações do caráter do delinquente manifestado por sua conduta já que o comportamento será sempre o reflexo da índole, em desenvolvimento"[6].

Com vistas a uma correta individualização da pena (art. 5º, XLVI, da CF), o condenado ao cumprimento de pena privativa de liberdade, em regime fechado, *será* submetido a exame criminológico para a obtenção dos elementos necessários a uma adequada classificação (art. 8º da LEP).

Revela-se *obrigatório* o exame criminológico de entrada apenas aos condenados ao cumprimento de pena no *regime fechado*.

Estando no *regime semiaberto*, não é obrigatório, mas **facultativo** o exame, cumprindo ao juiz da execução penal determiná-lo, se entender necessário. Embora não obrigatório, na prática a prudência recomenda que se avalie detidamente, caso a caso, a pertinência ou não da realização do exame, com vistas à imprescindível individualização execucional da pena, cuja imperiosidade — que tem matriz constitucional — independe do regime prisional a que se encontrar submetido o executado.

Por fim, uma advertência: não se deve confundir o **exame criminológico**, de que trata o art. 8º, com o **exame de personalidade**, referido no art. 9º, ambos da LEP. Enquanto *o primeiro* volta-se a avaliar o delito e suas relações com seu autor, *o segundo* concentra-se, tão somente, no exame da personalidade daquele que cometeu o delito, sem vasculhar suas relações com o fato passado.

---

4. A esse respeito, recomendamos consultar: Alvino Augusto de Sá, *Criminologia clínica e psicologia criminal*, 3ª ed., São Paulo, Revista dos Tribunais, 2013, p. 211-218.
5. *Criminologia clínica e psicologia criminal*, 3ª ed., São Paulo, Revista dos Tribunais, 2013, p. 208.
6. Luiz Roberto de Almeida e Evaldo Veríssimo Monteiro dos Santos, *O exame criminológico*, p. 47.

Mais uma vez com apoio nos ensinamentos de Alvino, é preciso ter em mente que "O exame criminológico enfoca o binômio delito-delinquente, buscando avaliar a dinâmica do ato criminoso. Já por isso mesmo ele se chama criminológico. O exame de personalidade não se volta para o 'lado criminoso' do condenado, mas sim, para sua história, história de uma *pessoa*, e não mais de um criminoso. Não é realizado pela equipe técnica do Centro de Observação, e sim pela CTC, conforme determina a LEP, em seu art. 9º"[7].

Tal como está expresso no item 34 da Exposição de Motivos da Lei de Execução Penal: "A Lei distingue o exame criminológico do exame da personalidade como a espécie do gênero. A primeira parte do binômio delito-delinquente, numa interação de causa e efeito, tendo como objetivo a investigação médica, psicológica e social, como o reclamavam os pioneiros da Criminologia. O segundo consiste no inquérito sobre o agente para além do crime cometido. Constitui tarefa exigida em todo o curso do procedimento criminal e não apenas elemento característico da execução da pena ou da medida de segurança. Diferem também quanto ao método esses dois tipos de análise, sendo o exame de personalidade submetido a esquemas técnicos de maior profundidade nos campos morfológico, funcional e psíquico, como recomendam os mais prestigiados especialistas, entre eles Di Tullio (*Principi di criminologia generale e clinica*, Roma, V. Ed., p. 213 e s.)".

3. IMPLICAÇÕES DECORRENTES DA LEI N. 10.792, DE 1º DE DEZEMBRO DE 2003

3.1. Classificação e individualização da pena

Não é correto dizer que a Lei n. 10.792/2003 *acabou com o exame criminológico*.

É certo que, mesmo após o advento da referida lei, por decorrência do disposto no art. 5º da LEP, que permaneceu intocado, "os condenados serão classificados, segundo os seus antecedentes e personalidade, para orientar a individualização da execução penal". A classificação será feita por Comissão Técnica, a quem incumbirá elaborar o programa individualizador da pena privativa de liberdade adequada ao condenado ou preso provisório, como determina o art. 6º.

Visando à obtenção dos elementos necessários a uma adequada classificação e com vistas à individualização da execução, nos termos do art. 8º da LEP, o condenado ao cumprimento de pena privativa de liberdade **em regime fechado** ainda deverá ser submetido a exame criminológico (de entrada, portanto), sendo o mesmo exame apenas facultativo para o condenado que tiver de iniciar o cumprimento da pena privativa de liberdade em **regime semiaberto**.

Muito embora o art. 8º da LEP não se refira ao condenado que deva iniciar o cumprimento de pena em **regime aberto**, considerando que a individualização decorre de

7. Alvino Augusto de Sá, *Criminologia clínica e psicologia criminal*, 3ª ed., São Paulo, Revista dos Tribunais, 2013, p. 219.

regra constitucional, nada impede seja determinado o exame criminológico de entrada, em sede de execução.

No *processo individualizador*, a *individualização executória* continua intacta, decorrendo, como já o dissemos, de imperativo constitucional (art. 5º, XLVI, da CF).

O problema é que muitos se esquecem de que o exame criminológico nunca se destinou apenas e tão somente à aferição do *mérito* que se exigia expressamente para a progressão de regime prisional e outros benefícios. Antes, e com maior relevância, propõe-se a orientar a classificação dos condenados e a imprescindível individualização executória, e por aqui nada mudou.

Não é ocioso enfatizar: não se deve confundir o exame criminológico de entrada — destinado a orientar a inicial individualização da pena — com o exame criminológico realizado com o objetivo de aferir requisitos para a concessão de determinado benefício no curso do processo execucional.

4. IDENTIFICAÇÃO DO PERFIL GENÉTICO

4.1. Sobre a Lei n. 12.654, de 28 de maio de 2012

A Lei n. 12.654/2012 instituiu **dois procedimentos distintos**:

1º) a possibilidade de coleta de material biológico para a obtenção do perfil genético, com vista a *identificação criminal*;

2º) a *identificação compulsória do perfil genético*, mediante extração de DNA (ácido desoxirribonucleico), *como efeito automático da sentença penal* que impor condenação em razão de crimes praticados mediante violência grave contra a pessoa; crimes hediondos e assemelhados.

O primeiro procedimento — *identificação criminal* — tem por objetivo afastar dúvidas que possam surgir a respeito da verdadeira identidade do apontado autor do delito, bem como abastecer banco de dados com informações que poderão contribuir na identificação da autoria de delitos semelhantes — passados ou futuros — praticados com as mesmas características, o que será possível conseguir com a comparação do material genético disponível, missão a que também se destina o segundo procedimento — *identificação compulsória do perfil genético* do condenado.

4.2. Identificação criminal

Nos precisos termos do art. 5º, LVIII, da Constituição Federal, o civilmente identificado não será submetido à identificação criminal, salvo nos casos previstos em lei.

Referido dispositivo constitucional está regulamentado pela Lei n. 12.037/2009, que em seu art. 1º repete a garantia da não identificação criminal como regra, e aponta as exceções em seu art. 3º, que indica taxativamente as hipóteses em que o civilmente identificado poderá ser submetido à identificação criminal.

Quando cabível, a identificação criminal será realizada pelo processo datiloscópico (coleta de impressões digitais) e fotográfico (art. 5º, *caput*), de maneira a evitar, tanto quanto possível, maior constrangimento ao identificado.

A Lei n. 12.654/2012 acrescentou um parágrafo único ao art. 5º da Lei n. 12.037/2009, com vista a autorizar a *excepcional identificação criminal* mediante coleta de material biológico para a obtenção de perfil genético, mesmo em relação ao civilmente identificado, sempre que a identificação criminal for essencial às investigações policiais.

Permite a lei, desde a vigência do regramento novo, **3 (três) formas de identificação criminal**, a saber: 1) datiloscópica; 2) fotográfica; e 3) pelo perfil genético (DNA).

4.3. Sobre o art. 9º-A da Lei de Execução Penal

O art. 9º-A foi introduzido na Lei de Execução Penal pela Lei n. 12.654/2012, que também alterou a Lei n. 12.037/2009, que regula a identificação criminal.

De início cumpre anotar o desacerto do legislador ao incluir referido dispositivo no capítulo em que se encontra.

Com efeito, o Título II (Do condenado e do internado) do Capítulo I da Lei de Execução Penal cuida em seus arts. 5º a 9º "Da Classificação" dos condenados, segundo seus antecedentes e personalidade, *com vista a orientar a individualização da execução da pena*; dispõe sobre a Comissão Técnica de Classificação, a quem incumbe elaborar o *programa individualizador da pena privativa de liberdade*, e dispõe sobre a realização do *exame criminológico* nesse momento inicial da execução.

Não tem sentido lógico tratar da *identificação do perfil genético* nesse capítulo da Lei de Execução Penal, visto que a providência indicada não guarda relação com a "Classificação" do condenado.

4.4. Identificação mediante extração de DNA — ácido desoxirribonucleico

A identificação mediante extração de DNA não constitui inovação criada pelo legislador brasileiro, porquanto largamente aplicada, de longa data, em vários países.

A identificação mediante extração e análise de DNA para fins de investigação criminal foi criada e desenvolvida pelo FBI (*Federal Bureau of Investigation*) dos Estados Unidos da América do Norte, no programa denominado CODIS (*Combined DNA Index Sistem*), que em uma de suas vertentes também tem por objetivos localizar e identificar pessoas desaparecidas.

A tecnologia necessária à implantação e ao bom desenvolvimento do "CODIS" foi cedida pelo governo norte-americano a diversos países, dentre eles o Brasil.

4.5. Inconstitucionalidade da extração compulsória de DNA

O art. 9º-A, introduzido na Lei de Execução Penal pela Lei n. 12.654/2012, dispõe sobre a identificação do perfil genético dos condenados, mediante **extração compulsória**

de DNA, para armazenamento das informações respectivas em banco de dados sigiloso, conforme regulamento expedido pelo Poder Executivo, ao qual será possível o acesso nos termos do que dispõe seu § 2º.

Não se desconhece a possibilidade jurídica de se coletar material genético do investigado ou réu, para o fim de produzir prova de natureza criminal, desde que a providência seja precedida de seu **livre consentimento**.

Também é juridicamente possível a **apreensão de material genético desprendido do corpo do investigado ou réu** (saliva, sangue, parte do corpo ou tecido humano, *v.g.*), sendo desnecessário o assentimento de quem quer que seja, por decorrer tal providência do disposto nos arts. 6º, I, II, III e VII, e 158-B, IV, do CPP.

A **intervenção não consentida no corpo do investigado ou réu** — violenta, portanto — com vista à extração de DNA (ácido desoxirribonucleico), ainda que por técnica adequada e indolor, com o intuito de obter a identificação de seu perfil genético que servirá como prova de natureza criminal, **é providência desaprovada na ordem constitucional vigente**[8].

De ver, entretanto, que na hipótese do art. 9º-A da LEP o material coletado apenas eventualmente servirá para *produzir prova contra o condenado*, e isso no caso de ter cometido (no passado) ou vir a cometer (no futuro) outro delito cuja autoria poderá ser apurada com a comparação dos materiais genéticos coletados em cada caso.

Seja como for, a extração compulsória de DNA terá por objetivo, sempre, relacionar aquele de quem se retira o material humano com a autoria de outro delito, o que resulta, em última análise, em produzir prova contra o interesse do increpado.

---

8. Em sentido contrário: "I — A jurisprudência desta Corte Superior firmou-se no sentido de que o direito ao silêncio, previsto no art. 5º, LVIII, da Constituição Federal, deve ser interpretado de forma extensiva, sendo assegurado ao investigado ou ao réu o direito de não produzir prova contra si mesmo (princípio da não autoincriminação ou do *nemo tenetur se detegere*), razão pela qual não pode ser obrigado a fornecer involuntariamente qualquer tipo de informação ou declaração que possa incriminá-lo, direta ou indiretamente. II — De igual forma, o direito a não autoincriminação também permite ao investigado ou réu se recusar a fornecer qualquer tipo de material, inclusive de seu corpo, para realização de exames periciais, ressalvadas as hipóteses legalmente previstas, como para fins de identificação criminal (art. 5º, LVIII, da Constituição Federal, regulamentado pela Lei n. 12.037/09), bem como para a formação do banco de dados de perfil genético de condenados por crimes hediondos ou delitos dolosos praticados com violência de natureza grave contra pessoa (art. 9º-A da Lei de Execução Penal, incluído pela Lei n. 12.654/12). III — 'Aquele que sofre persecução penal instaurada pelo Estado tem, dentre outras prerrogativas básicas, (a) o direito de permanecer em silêncio, (b) o direito de não ser compelido a produzir elementos de incriminação contra si próprio nem de ser constrangido a apresentar provas que lhe comprometam a defesa e (c) o direito de se recusar a participar, ativa ou passivamente, de procedimentos probatórios que lhe possam afetar a esfera jurídica, tais como a reprodução simulada (reconstituição) do evento delituoso e o fornecimento de padrões gráficos ou de padrões vocais para efeito de perícia criminal' (HC n. 99.289/RS, Segunda Turma, rel. Min. Celso de Mello, *DJe*-149 de 4-8-2011, grifei)" (STJ, RHC 82.748/PI, 5ª T., rel. Min. Felix Fischer, j. 12-12-2017, *DJe* de 1-2-2018). Nessa mesma linha de pensamento: STJ, HC 536.114/MG, 6ª T., rel. Min. Nefi Cordeiro, j. 4-2-2020, *DJe* de 10-2-2020.

O direito de não produzir prova contra si mesmo é garantia que se extrai da melhor interpretação do art. 5º, LXIII, da CF, e do art. 8º, II, *g*, da Convenção Americana sobre Direitos Humanos.

Seguindo a marcha de seus desafinamentos, a Lei n. 13.964/2019 acrescentou parágrafos ao art. 9º-A, *verbis*:

§ 1º-A. A regulamentação deverá fazer constar garantias mínimas de proteção de dados genéticos, observando as melhores práticas da genética forense.

§ 3º Deve ser viabilizado ao titular de dados genéticos o acesso aos seus dados constantes nos bancos de perfis genéticos, bem como a todos os documentos da cadeia de custódia que gerou esse dado, de maneira que possa ser contraditado pela defesa.

§ 4º O condenado pelos crimes previstos no *caput* deste artigo que não tiver sido submetido à identificação do perfil genético por ocasião do ingresso no estabelecimento prisional deverá ser submetido ao procedimento durante o cumprimento da pena.

(...)

§ 8º Constitui falta grave a recusa do condenado em submeter-se ao procedimento de identificação do perfil genético.

Considerando que a extração compulsória de DNA tipificada no art. 9º-A é inconstitucional, resulta desnecessária a tarefa de discorrer sobre os parágrafos transcritos, inclusive no que diz respeito à nova modalidade de falta grave que o despreparado legislador tentou instituir, registre-se, em local topograficamente inadequado, da maneira como já havia procedido ao ensejo da Lei n. 12.654/2012, que introduziu na Lei de Execução Penal o art. 9º-A.

Capítulo III

DA ASSISTÊNCIA

Sumário: 1. Generalidades. 2. Assistência material. 3. Assistência à saúde. 4. Assistência jurídica. 5. Assistência educacional. 6. Assistência social. 7. Assistência religiosa. 8. Da assistência ao egresso.

1. GENERALIDADES

Hans von Hentig advertiu para o fato de que "Todo delincuente se halla después de la liberación ante una tarea más difícil que antes. Su amor proprio está lastimado; su capacidad de trabajo ha disminuido; sobre él pesa el fardo de los antecedentes penales, la deserción de amigos y conocidos, la propia inseguridad y la suprasensibilidad"[1].

Estabelece o art. 10 da LEP que "a assistência ao preso e ao internado é dever do Estado, objetivando prevenir o crime e orientar o retorno à convivência em sociedade". E arremata o parágrafo único: "A assistência estende-se ao egresso".

Tem por objetivo evitar tratamento discriminatório e resguardar a dignidade da pessoa humana.

Preso, evidentemente, é aquele que se encontra recolhido em estabelecimento prisional, cautelarmente ou em razão de sentença penal condenatória com trânsito em julgado. Portanto, preso provisório ou definitivo. A lei não restringe a assistência apenas e tão somente aos *condenados definitivamente*...

De outro vértice, **internado** é o que se encontra submetido a medida de segurança consistente em internação em hospital de custódia e tratamento psiquiátrico, em razão de decisão judicial. Ainda que recolhido em estabelecimento prisional, aguardando vaga para transferência ao hospital de custódia e tratamento psiquiátrico, por razões óbvias também tem assegurados os mesmos direitos. Aliás, seria o extremo do absurdo suprimir direitos assistenciais daquele que, em razão da inércia e do descaso do Estado, que não disponibiliza hospitais e vagas sufi-

1. Hans von Hentig. *La pena*. Traducción de José María Rodrigues Devesa. Madrid: Espasa-Calpe S.A, 1968, vol. II, p. 187.

cientes para o atendimento da demanda, já sofre os efeitos decorrentes de tal omissão, com o inegável excesso na execução de sua conta. Seria puni-lo duas vezes[2].

Considera-se **egresso**, nos termos do art. 26 da LEP: I — o liberado definitivo, pelo prazo de um ano a contar da saída do estabelecimento; II — o liberado condicional, durante o período de prova.

O objetivo da assistência, como está expresso, é prevenir o crime e orientar o retorno à convivência em sociedade.

A assistência aos condenados e aos internados é exigência básica para conceber a pena e a medida de segurança como processo de diálogo entre os destinatários e a comunidade[3].

A **assistência ao egresso** consiste em orientação e apoio para reintegrá-lo à vida em liberdade e na concessão, se necessária, de alojamento e alimentação em estabelecimento adequado, por dois meses, prorrogável por uma única vez mediante comprovação idônea de esforço na obtenção de emprego[4]. Valoriza-se o mérito do egresso na busca de meios para sua reinserção social.

Na dicção do item 41 da Exposição de Motivos da Lei de Execução Penal, tornou-se necessário esclarecer em que consiste cada uma das espécies de assistência em obediência aos princípios e regras internacionais sobre os direitos da pessoa presa, especialmente as que defluem das *regras mínimas* da ONU — Organização das Nações Unidas.

Assim, a assistência a ser prestada, conforme elenca o art. 11 da LEP, será: I — material; II — à saúde; III — jurídica; IV — educacional; V — social; VI — religiosa.

Sobre a matéria, consultar também a Resolução n. 96/2009, do Conselho Nacional de Justiça — CNJ, que dispõe sobre o Projeto Começar de Novo no âmbito do Poder Judiciário.

2. ASSISTÊNCIA MATERIAL

A assistência material ao preso e ao internado consistirá no fornecimento de **alimentação, vestuário e instalações higiênicas**[5].

Dispõe ainda o art. 13 da LEP que "o estabelecimento disporá de instalações e serviços que atendam aos presos nas suas necessidades pessoais, além de locais destinados à venda de produtos e objetos permitidos e não fornecidos pela Administração".

Conforme observou Julio F. Mirabete, a regra do art. 13 se justifica em razão da "natural dificuldade de aquisição pelos presos e internados de objetos materiais, de consumo ou de uso pessoal"[6].

---

2. Na atual conjuntura entendemos que a medida de internação não deixa de ser uma forma de "punição". A propósito: as medidas de segurança têm natureza jurídica de sanção penal.

3. Renato Marcão, *Lei de Execução Penal anotada*, p. 69.

4. Renato Marcão, *Lei de Execução Penal anotada*, p. 69/70.

5. Art. 12 da LEP.

6. Julio F. Mirabete, *Execução penal*, p. 65.

Como é cediço, nesse tema o Estado só cumpre o que não pode evitar. Proporciona a alimentação ao preso e ao internado, nem sempre adequada. Os demais direitos assegurados e que envolvem a assistência material, como regra, não são respeitados.

3. ASSISTÊNCIA À SAÚDE

Nos precisos termos do art. 14, *caput* e § 2º, da LEP, a assistência à saúde do preso e do internado, de caráter preventivo e curativo, compreenderá **atendimento médico, farmacêutico e odontológico**[7].

A Lei n. 11.942/2009 acrescentou um § 3º ao art. 14 da LEP, dispondo que será assegurado acompanhamento médico à mulher, principalmente no pré-natal e no pós-parto, extensivo ao recém-nascido. Quando o estabelecimento penal não estiver aparelhado para prover a assistência médica necessária, esta será prestada em outro local, mediante autorização da direção do estabelecimento[8].

A realidade nos mostra, entretanto, que os estabelecimentos penais não dispõem de equipamentos e pessoal apropriados para os atendimentos médico, farmacêutico e odontológico.

De tal sorte, resta aplicar o § 2º precitado.

Ocorre, entretanto, que também a rede pública, que deveria prestar tais serviços, é carente e não dispõe de condições adequadas para dar atendimento de qualidade mesmo à parcela ordeira da população que também necessita de tal assistência estatal.

O Estado não conseguiu efetivar tais direitos. Não os assegura, de fato, ainda hoje.

Desrespeitam-se, impunemente, a Constituição Federal; a Lei de Execução Penal; Regras Mínimas das Nações Unidas para o Tratamento de Presos (Regras de Mandela); Regras Mínimas para o Tratamento do Preso no Brasil — Resolução n. 14 do Conselho Nacional de Política Criminal e Penitenciária (CNPCP), de 11 de novembro de 1994 (*DOU* de 2-12-1994); Conjunto de Princípios para a Proteção de Todas as Pessoas Sujeitas a Qualquer Forma de Detenção ou Prisão — Resolução n. 43/173 da Assembleia Geral das Nações Unidas — 76ª Sessão Plenária, de 9 de dezembro de 1988; Princípios Básicos Relativos ao Tratamento de Reclusos, ditados pela Assembleia Geral da Organização das Nações Unidas, visando a humanização da Justiça Penal e a proteção dos direitos do homem; Princípios de Ética Médica aplicáveis à função do pessoal de saúde, especialmente aos médicos, na proteção de prisioneiros ou detidos contra a tortura e outros tratamentos ou penas cruéis, desumanos ou degradantes; Resolução n. 37/194 da Assembleia Geral das Nações Unidas, de 18 de dezembro de 1982 etc.

Diante de tal quadro, tribunais têm decidido que "é possível a concessão de prisão domiciliar ao sentenciado, em cumprimento de pena em regime fechado ou semiaberto, quando comprovada sua debilidade extrema por doença grave e a impossibilidade de

7. Disposição do *caput*.

8. Disposição do § 2º.

recebimento do tratamento adequado no estabelecimento prisional"[9]. O Superior Tribunal de Justiça firmou orientação "no sentido de admitir, com lastro no princípio da dignidade da pessoa humana, a concessão da prisão domiciliar prevista no art. 117 da LEP aos condenados que, acometidos de graves enfermidades, cumpram pena em regime semiaberto ou fechado sem assistência adequada na unidade prisional"[10].

A propósito desse tema, vale observar que o art. 43 da LEP permite que o sentenciado contrate médico de sua confiança, sob sua responsabilidade.

4. ASSISTÊNCIA JURÍDICA

A assistência jurídica é destinada aos presos e aos internados sem recursos financeiros para constituir advogados. Pobres na acepção jurídica do termo, assim considerados aqueles que não reúnam condições de custear a contratação de advogado sem prejuízo do sustento próprio e de sua família.

O art. 41, IX, da LEP dispõe que constitui direito do preso a **entrevista pessoal e reservada com o advogado**. Tal previsão também se encontra no Estatuto da Ordem dos Advogados do Brasil (art. 7º, III, da Lei n. 8.906/94).

Na dicção do art. 16 da LEP[11], as unidades da Federação deverão ter serviços de assistência jurídica, integral e gratuita, pela **Defensoria Pública**, dentro e fora dos estabelecimentos penais.

A Lei Complementar n. 132/2009, que alterou dispositivos da Lei Complementar n. 80/94, que organiza a Defensoria Pública da União, do Distrito Federal e dos Territórios, bem como prescreve normas gerais para sua organização nos Estados, tem regras a respeito da presença de defensores públicos nos estabelecimentos penais e prestação de assistência jurídica visando o exercício pleno de direito e garantias fundamentais.

A assistência jurídica, muitas vezes não observada, é de fundamental importância para os destinos da execução da pena. Aliás, sua ausência no processo execucional acarreta flagrante violação aos princípios da ampla defesa, do contraditório e do devido processo legal, que também devem ser observados nessa sede.

---

9. STJ, HC 365.633/SP, 5ª T., rel. Min. Ribeiro Dantas, j. 18-5-2017, *DJe* de 25-5-2017.

10. STJ, AgRg no RHC 83.714/ES, 6ª T., rel. Min. Rogério Schietti Cruz, j. 12-12-2017, *DJe* de 19-12-2017. No mesmo sentido: STJ, HC 352.947/RS, 5ª T., rel. Min. Felix Fischer, j. 2-8-2016, *DJe* de 12-8-2016; STJ, HC 358.682/PR, 6ª T., rela. Mina. Maria Thereza de Assis Moura, j. 1-9-2016, *DJe* de 12-9-2016.

11. Art. 16. As Unidades da Federação deverão ter serviços de assistência jurídica, integral e gratuita, pela Defensoria Pública, dentro e fora dos estabelecimentos penais.
§ 1º As Unidades da Federação deverão prestar auxílio estrutural, pessoal e material à Defensoria Pública, no exercício de suas funções, dentro e fora dos estabelecimentos penais.
§ 2º Em todos os estabelecimentos penais, haverá local apropriado destinado ao atendimento pelo Defensor Público.
§ 3º Fora dos estabelecimentos penais, serão implementados Núcleos Especializados da Defensoria Pública para a prestação de assistência jurídica integral e gratuita aos réus, sentenciados em liberdade, egressos e seus familiares, sem recursos financeiros para constituir advogado.

5. ASSISTÊNCIA EDUCACIONAL

A assistência educacional compreende a instrução escolar e a formação profissional do preso e do internado, sendo obrigatório o **ensino de primeiro grau**.

A Lei n. 13.163/2015 alterou a Lei de Execução Penal, para instituir o **ensino médio** nos presídios[12], nos seguintes termos:

"*Art. 18-A*. O ensino médio, regular ou supletivo, com formação geral ou educação profissional de nível médio, será implantado nos presídios, em obediência ao preceito constitucional de sua universalização.

§ 1º O ensino ministrado aos presos e presas integrar-se-á ao sistema estadual e municipal de ensino e será mantido, administrativa e financeiramente, com o apoio da União, não só com os recursos destinados à educação, mas pelo sistema estadual de justiça ou administração penitenciária.

§ 2º Os sistemas de ensino oferecerão aos presos e às presas cursos supletivos de educação de jovens e adultos.

§ 3º A União, os Estados, os Municípios e o Distrito Federal incluirão em seus programas de educação à distância e de utilização de novas tecnologias de ensino, o atendimento aos presos e às presas".

O **ensino profissional**, conforme dispõe o art. 19 da LEP, será ministrado em nível de iniciação ou de aperfeiçoamento.

De acordo com as possibilidades, cada estabelecimento prisional deve conter uma biblioteca, provida de livros instrutivos, recreativos e didáticos.

O art. 26 da Declaração Universal dos Direitos do Homem estabelece que: "Todo homem tem direito à instrução. A instrução será gratuita, pelo menos nos graus elementares e fundamentais. A instrução elementar será obrigatória. A instrução técnico-profissional será acessível a todos, bem como a instrução superior, esta baseada no mérito".

Em conformidade com as Regras Mínimas das Nações Unidas para o Tratamento de Presos (Regras de Mandela): "*Regra 104*: 1. Instrumentos devem ser criados para promover a educação de todos os presos que possam se beneficiar disso, incluindo instrução religiosa, em países onde isso é possível. A educação de analfabetos e jovens presos deve ser compulsória, e a administração prisional deve destinar atenção especial a isso. 2. Na medida do possível, a educação dos presos deve ser integrada ao sistema educacional do país, para que após sua liberação eles possam continuar seus estudos sem maiores dificuldades. *Regra 105*: Todas as unidades prisionais devem oferecer atividades recreativas e culturais em benefício da saúde física e mental dos presos".

12. Também incluiu regra nova, com vista a instituir e regular o **censo penitenciário**, conforme segue: Art. 21-A. O censo penitenciário deverá apurar: I — o nível de escolaridade dos presos e das presas; II — a existência de cursos nos níveis fundamental e médio e o número de presos e presas atendidos; III — a implementação de cursos profissionais em nível de iniciação ou aperfeiçoamento técnico e o número de presos e presas atendidos; IV — a existência de bibliotecas e as condições de seu acervo; V — outros dados relevantes para o aprimoramento educacional de presos e presas.

A assistência educacional tem por escopo proporcionar ao executado melhores condições de readaptação social, preparando-o para o retorno à vida em liberdade de maneira mais ajustada, conhecendo ou aprimorando certos valores de interesse comum. É inegável, ainda, sua influência positiva na manutenção da disciplina do estabelecimento prisional.

A possibilidade de remição de pena pelo estudo formal passou a ser regulada na Lei de Execução Penal em razão da Lei n. 12.403/2011, tema tratado no capítulo específico.

6. ASSISTÊNCIA SOCIAL

A execução penal tem como uma de suas finalidades a ressocialização do executado.

"Essa ressocialização, depois de longo afastamento e habituado a uma vida sem responsabilidade própria, traz, ao indivíduo, dificuldades psicológicas e materiais que impedem a sua rápida sintonização no meio social. Eis por que o motivo de se promover, sempre que possível, por etapas lentas, a sua aproximação com a liberdade definitiva"[13].

A assistência social tem por finalidade amparar o preso e o internado e **prepará-los para o retorno à liberdade**[14].

No campo penitenciário, segundo Armida Bergamini Miotto, a assistência social tem fins paliativo, curativo, preventivo e construtivo[15].

Ensina a jurista que o fim *paliativo* visa "aliviar os sofrimentos provindos da situação de 'delinquente, condenado, preso' (*status* de condenado)". O fim *curativo* busca "propiciar aos presos condições para viver equilibradamente (em todos os planos da pessoa: biológico, psicológico, social e espiritual), na situação de presos (com o *status* de condenado), a fim de que, recuperada a liberdade, não tornem a delinquir (reincidir), mas vivam normalmente (i. e, de acordo com as normas), honestamente, em todos aqueles planos". O fim *preventivo* procura "obviar problemas e condições sociais que constituam estímulos para a delinquência, ou obstáculo para a reinserção dos liberados condicionalmente e dos egressos, no convívio familial, comunitário, social". Em arremate, o fim *construtivo* almeja "melhorar as condições sociais e elevar o nível de vida, quer dentro das prisões (do que os presos vão aproveitar direta e imediatamente), quer fora das prisões (naquilo que há de se refletir sobre os presos, imediatamente ou no futuro, quando liberados ou egressos)"[16].

Assim compreendida, a assistência social visa **proteger e orientar o preso e o internado**, ajustando-os ao convívio no estabelecimento penal em que se encontram, e

13. Cícero Carvalho Lage, *Ciência criminal e penitenciária*, p. 65.
14. Art. 22 da LEP.
15. Armida Bergamini Miotto, *Curso de direito penitenciário*, v. 2, p. 416-417.
16. Armida Bergamini Miotto, *Curso de direito penitenciário*, v. 2, p. 416-417.

preparando-os para o retorno à vida livre, mediante orientação e contato com os diversos setores da complexa atividade humana.

7. ASSISTÊNCIA RELIGIOSA

"É reconhecido que a religião é um dos fatores mais decisivos na ressocialização do recluso. Dizia Pio XII que o crime e a culpa não chegam a destruir no fundo humano do condenado o selo impresso pelo Criador. É este selo que ilumina a via da reabilitação. O Capelão Peiró afirmava que a missão da instituição penitenciária é despertar o senso de responsabilidade do recluso, abrir-lhe as portas dos sentimentos nobres, nos quais Deus mantém acesa a chama da fé e da bondade capaz de produzir o milagre da redenção do homem"[17].

Para Alexandre de Moraes, "O art. 24 da LEP prevê a liberdade de culto, permitindo a participação de todos os presos. O § 2º do art. 24 da LEP prevê a impossibilidade de obrigar-se o sentenciado a participar de atividades religiosas, com base na própria liberdade religiosa prevista na Constituição Federal, no art. 5º, inciso VI"[18].

De ressaltar, entretanto, que a Constituição Federal assegura em seu art. 5º, VI, a **inviolabilidade de consciência e de crença**, sendo assegurado o livre exercício dos cultos religiosos.

8. DA ASSISTÊNCIA AO EGRESSO

Considera-se egresso o **liberado definitivo, pelo prazo de um ano**, a contar da saída do estabelecimento penal, e o **liberado condicionalmente, durante o período de prova**.

Dispõe o art. 25 da LEP que a assistência ao egresso consiste: na orientação e apoio para reintegrá-lo à vida em liberdade (inc. I); e na concessão, se necessário, de alojamento e alimentação, em estabelecimento adequado, pelo prazo de dois meses (inc. II).

O trabalho dignifica o homem, já se disse. Cabe ao serviço de assistência social colaborar com o egresso para a obtenção de trabalho, buscando, assim, provê-lo de recursos que o habilitem a suportar sua própria existência e a daqueles que dele dependem.

Ajustado ao trabalho, sua força produtiva irá não só contribuir para o avanço social, mas, principalmente, irá afastá-lo do ócio, companheiro inseparável das ideias e comportamentos marginais.

São conhecidas as dificuldades que encontram os estigmatizados com a tatuagem indelével impressa pela sentença penal, no início ou mesmo na retomada de uma vida socialmente adequada e produtiva. A *parcela ordeira* da população, podendo escolher, no mais das vezes não faz a opção de contratar ou amparar um ex-condenado, seja qual for o delito cometido, até porque reconhece a falência do sistema carcerário na esperada

17. Jason Albergaria, *Direito penitenciário e direito do menor*, p. 162-164.
18. Alexandre de Moraes e Gianpaolo Poggio Smanio, *Legislação penal especial*, p. 153.

recuperação, mas desconhece ou não assume sua parcela de responsabilidade na contribuição para a reincidência.

Não que com isso se pretenda que cada cidadão sacrifique sua tranquilidade com a contratação ou amparo de determinada pessoa, quando poderia contratar ou amparar outra. Apenas não se deve esquecer esse dado importante e agir, sempre, impulsionado por odioso preconceito.

Na precisa doutrina de Henny Goulart, "a reeducação ou tratamento do condenado não esgota seu objetivo no momento em que este deixa a prisão, pelo cumprimento da pena ou por haver obtido um dos benefícios legais. Sua ação precisa ser complementada com a assistência material e espiritual efetivamente prestada tanto ao condenado em vias de liberação, o pré-liberto, como ao egresso, estendendo-se essa assistência, tanto quanto possível, até à família dos mesmos"[19].

Revela-se, destarte, de extrema importância a assistência ao egresso. Pena que na prática, em regra, também não funcione!

19. Henny Goulart, *Penologia I*, p. 102.

Capítulo IV

DO TRABALHO

Sumário: 1. Generalidades. 2. Do trabalho interno. 3. Do trabalho externno. 3.1. Pena decorrente de condenação pela prática de crime hediondo ou assemelhado.

1. GENERALIDADES

Como disse Alfredo Issa Ássaly, "O trabalho presidiário, consagrado em todas as legislações hodiernas, constitui uma das pedras fundamentais dos sistemas penitenciários vigentes e um dos elementos básicos da política criminal"[1].

O trabalho do sentenciado tem **dupla finalidade**: *educativa* e *produtiva*.

As disposições da Lei de Execução Penal colocam o trabalho penitenciário sob a proteção de um regime jurídico. Antes da lei, nas penitenciárias onde o trabalho prisional era obrigatório, o preso não recebia remuneração, e seu trabalho não era tutelado contra riscos nem amparado por seguro social (item 53 da Exposição de Motivos da LEP).

Atendendo às disposições contidas nas Regras Mínimas da ONU para o Tratamento de Reclusos[2], a remuneração obrigatória do trabalho prisional foi introduzida na Lei n. 6.416/77, que estabeleceu também a forma de sua aplicação. Consoante o item 51 da Exposição de Motivos da Lei de Execução Penal, a Lei de Execução Penal mantém o texto, ficando assim reproduzido o elenco das exigências pertinentes ao emprego da remuneração obtida pelo preso: na indenização dos danos causados pelo crime, desde que determinados judicialmente e não reparados por outros meios; na assistência à própria família, segundo a lei civil; em pequenas despesas pessoais; e na constituição de pecúlio, em caderneta de poupança, que lhe será entregue à saída do estabelecimento penal (item 50 da Exposição de Motivos da Lei de Execução Penal). Acrescentou-se a essas obrigações a previsão de ressarcimento do Estado quanto às despesas de manutenção do condenado, em proporção a ser fixada.

1. Alfredo Issa Ássaly, *O trabalho penitenciário*, p. 15.
2. Atuais "Regras Mínimas das Nações Unidas para o Tratamento de Presos (Regras de Mandela)".

As tarefas executadas como prestação de serviços à comunidade não serão remuneradas.

Para o **condenado à pena de prisão simples** o trabalho é facultativo, se a pena aplicada não excede a quinze dias, conforme estabelece o § 2º do art. 6º do Decreto-lei n. 3.688/41 (Lei das Contravenções Penais).

Estranhamente, o **condenado por crime político** não está obrigado a trabalhar, nos precisos termos do art. 200 da LEP.

O Decreto n. 9.450/2018 instituiu a Política Nacional de Trabalho no âmbito do Sistema Prisional, voltada à ampliação e qualificação da oferta de vagas de trabalho, ao empreendedorismo e à formação profissional das pessoas presas e egressas do sistema prisional.

2. DO TRABALHO INTERNO

Respeitadas as aptidões, a idade, a habilitação, a condição pessoal (doentes ou portadores de necessidades especiais), a capacidade e as necessidades futuras, todo *condenado definitivo está obrigado ao trabalho*, o que não se confunde com *pena de trabalho forçado*[3], e, de consequência, não contraria a norma constitucional estabelecida no art. 5º, XLVII, *c*.

Para o ***preso provisório*** *o trabalho é facultativo*, e só poderá ser executado no interior do estabelecimento.

Diante da possibilidade de execução provisória da sentença condenatória que não transitou em julgado para a defesa (art. 2º da LEP; Súmula 716 do STF), é recomendável que o preso provisório se submeta ao trabalho, exercendo a faculdade legal (art. 31, parágrafo único, da LEP) de modo a alcançar a possibilidade de remição (art. 126 da LEP).

A **jornada normal de trabalho** não será inferior a seis, nem superior a oito horas, com descanso nos domingos e feriados, podendo ser atribuído **horário especial de trabalho** aos presos designados para os serviços de conservação e manutenção do estabelecimento penal (art. 33 da LEP), tais como os que desempenham atividades de "faxina", na administração, em enfermarias etc.

A Lei de Execução Penal limita o artesanato sem expressão econômica, permitindo-o apenas nos presídios existentes em região de turismo.

---

3. "A pena de trabalho forçado, vedada constitucionalmente no art. 5º, inciso XLVIII, alínea *c*, da Constituição Federal, não se confunde com o dever de trabalho imposto ao apenado, consubstanciado no art. 39, inciso V, da LEP, ante o disposto no art. 6º, 3, da Convenção Americana de Direitos Humanos" (STJ, HC 264.989/SP, 6ª T., rel. Min. Ericson Maranho, j. 4-8-2015, *DJe* de 19-8-2015).
"Consoante previsão dos art. 50, VI, e art. 39, V, da LEP, configura falta grave a recusa pelo condenado à execução de trabalho interno regularmente determinado pelo agente público competente, não havendo que se confundir o dever de trabalho, referendado pela Convenção Americana de Direitos Humanos (art. 6º), com a pena de trabalho forçado, vedada pela Constituição Federal — art. 5º, XLVIII, *c*: STJ, AgRg no HC 429.608/SP, 5ª T., rel. Min. Felix Fischer, j. 17-4-2018, *DJe* 27-4-2018; STJ, HC 264.989/SP, 6ª T., rel. Min. Ericson Maranho (Desembargador Convocado do TJ/SP), j. 4-8-2015, *DJe* 19-8-2015" (STJ — Jurisprudência em Teses, Edição n. 146).

De ver, entretanto, que "O disposto no art. 32, § 1º, da LEP, dirige-se aos responsáveis pela administração do sistema penitenciário, que deverão limitar, tanto quanto possível, o exercício de atividade laborativa artesanal pelos presos, de tal forma que não são proibidas e, sim, limitadas as atividades dessa natureza"[4].

Se realizado o **trabalho artesanal**, ainda que não se trate de região de turismo, evidentemente não se poderá negar o direito à remição de pena, desde que atendidos os requisitos legais.

3. DO TRABALHO EXTERNO

Os **presos que cumprem pena em regime fechado ou semiaberto** podem receber autorização para o desempenho de trabalho externo, fora do estabelecimento prisional. Nos precisos termos do art. 36 da LEP, "O trabalho externo será admissível para os presos em regime fechado somente em serviço ou obras públicas realizadas por órgãos da administração direta ou indireta, ou entidades privadas, desde que tomadas as cautelas contra a fuga e em favor da disciplina", e a prestação de trabalho a entidade privada depende do consentimento expresso do preso (§ 3º).

Diz a **Súmula 562 do STJ** que "É possível a remição de parte do tempo de execução da pena quando o condenado, em regime fechado ou semiaberto, desempenha atividade laborativa, ainda que extramuros".

A autorização para o trabalho externo não se insere no rol das atividades jurisdicionais.

Cabe ao diretor do estabelecimento prisional autorizar, ou não, o trabalho externo, conforme está expresso no art. 37, *caput*, da LEP.

Assim como para o trabalho interno, devem ser observadas e respeitadas, com relação ao preso, suas aptidões, sua idade, sua habilitação, sua condição pessoal (doentes ou portadores de necessidades especiais), sua capacidade e necessidades futuras.

O trabalho externo submete-se à satisfação de **dois requisitos básicos**. Um *subjetivo*, qual seja, a disciplina[5] e responsabilidade, e outro *objetivo*, consistente na obrigatoriedade de que tenha o preso cumprido o mínimo de um sexto de sua pena.

Não basta, assim, o atendimento a apenas um dos requisitos. A autorização está condicionada à conjugação dos requisitos subjetivo e objetivo.

Consoante a **Súmula 40 do STJ**, "Para obtenção dos benefícios de saída temporária e trabalho externo, considera-se o tempo de cumprimento da pena no regime fechado". Em outras palavras, ingressando no regime semiaberto por progressão, na avaliação do requi-

---

4. *RJTACrimSP*, 35/88.

5. "A falta grave disciplinar deve ser sopesada pelo órgão jurisdicional na análise do requisito subjetivo para fins de concessão de trabalho externo, nos termos do art. 37 da LEP: STJ, AgRg no REsp 1.659.676/RS, 6ª T., rel. Min. Rogério Schietti Cruz, j. 12-12-2017, *DJe* 19-12-2017; STJ, AgInt no AREsp 881.688/RS, 6ª T., rel. Min. Nefi Cordeiro, j. 27-6-2017, *DJe* 1-8-2017; STJ, HC 327.233/RS, 6ª T., rel. Min. Ericson Maranho (Desembargador Convocado do TJ/SP), j. 6-10-2015, *DJe* 28-10-2015" (STJ — Jurisprudência em Teses, Edição n. 146).

sito objetivo indispensável para a concessão do benefício, computa-se o tempo de pena cumprido no regime fechado.

Concedido o benefício, se o preso praticar fato definido como crime ou for punido com falta grave, ou, ainda, se faltar com o dever de disciplina e responsabilidade, será **revogada a autorização de trabalho externo**.

Assim como a autorização, a revogação é ato do diretor do estabelecimento prisional.

Trata-se de *revogação obrigatória*, já que desatendida a finalidade da medida, e por ter-se revelado o preso desmerecedor da benesse.

3.1. Pena decorrente de condenação pela prática de crime hediondo ou assemelhado

O benefício da autorização para trabalho externo **também pode ser concedido** aos que cumprem pena em razão de condenação pela prática de crime hediondo ou assemelhado.

Analisando a questão com propriedade, no julgamento do *Habeas Corpus* 33.414-0/DF, realizado em 18 de maio de 2004, de que foi relator o Min. Hamilton Carvalhido, a 6ª Turma do Superior Tribunal de Justiça assim se pronunciou: "A Lei de Execução Penal, ela mesma, às expressas, admite o trabalho externo para os presos em regime fechado, à falta, por óbvio, de qualquer incompatibilidade, por isso que acolhe o benefício, 'desde que tomadas as cautelas contra a fuga e em favor da disciplina'".

Não há incompatibilidade entre as regras da Lei n. 8.072/90 e o trabalho externo.

Capítulo V

DOS DEVERES, DOS DIREITOS E DA DISCIPLINA

1. DOS DEVERES

Como atividade complexa que é, em todos os sentidos, a execução penal pressupõe um conjunto de deveres e direitos envolvendo o Estado e o executado, de tal sorte que, além das obrigações legais inerentes ao seu particular momento, este último deve submeter-se a um conjunto de normas de execução da pena.

Referidas normas, traduzidas em deveres, representam, na verdade, um código de postura do condenado perante a Administração e o Estado, pressupondo formação ético-social muitas vezes não condizente com a própria realidade do preso.

Deverá ajustar-se àquilo que preferimos chamar de "código de postura carcerária", cumprindo destacar, nesse passo, e com apoio na sempre abalizada visão de Manoel Pedro Pimentel, que "ingressando no meio carcerário o sentenciado se adapta, paulatinamente, aos padrões da prisão. Seu aprendizado nesse mundo novo e peculiar é estimulado pela necessidade de se manter vivo e, se possível, ser aceito no grupo. Portanto, longe de estar sendo *ressocializado* para a vida livre, está, na verdade, sendo *socializado* para viver na prisão. É claro que o preso aprende rapidamente as regras disciplinares na prisão, pois está interessado em não sofrer punições. Assim, um observador desprevenido pode supor que um preso de bom comportamento é um homem regenerado, quando o que se dá é algo inteiramente diverso: trata-se apenas de um homem *prisonizado*"[1].

---

1. Manoel Pedro Pimentel, *O crime e a pena na atualidade*, p. 158.

RAYMOND SALEILLES ensinou que "O condenado primário, que pela primeira vez penetra nesse meio e chega a ser companheiro, e com que igual, aos mais corrompidos entre os corrompidos, sente forçosamente desaparecer o último resto de honradez que lhe restava. O homem que vive em comum com os pervertidos assimila, progressivamente, a sua natureza; é quase fatal. Mas há algo mais. O que constitui a salvaguarda da moralidade, onde só existe em estado duvidoso, é o sentimento de honra e de dignidade, noções de origem puramente social. É o fato de sentir-se membro de um grupo mais ou menos amplo ou pequeno, membro de uma coletividade humana, aceito por ela, considerado por ela. Não se está isolado. É a sensação de fazer parte de um organismo e de refletir a consciência coletiva; a sensação contrária faz passar para o campo oposto. A pena, pelas características desonrosas que lhe atribuímos, arrebata o condenado do grupo dos homens honrados para transportá-lo à coletividade dos outros. Faz dele um desonrado e manchado, um isolado da vida social regular. Ainda que não fosse corrompido e resistisse à criminalidade ambiente da prisão, esta o fez sair do grupo dos homens honrados. A única vida social que a prisão lhe dá é a que se encarna na coletividade, sociologicamente organizada, dos desterrados da sociedade. É um deles e tem as maiores probabilidades para que continue sendo um deles"[2].

Não se deve desconsiderar, ainda, a advertência feita por CESARE LOMBROSO, ao consignar que "Segundo ELAM e TOCQUEVILLE, os piores detentos são os que melhor se comportam nas prisões, porque tendo mais talento do que outros e por serem mais bem tratados conseguem simular honestidade"[3].

Em conformidade com o disposto no art. 39 da LEP, constituem deveres do condenado:

I — comportamento disciplinado e cumprimento fiel da sentença;

II — obediência ao servidor e respeito a qualquer pessoa com quem deva relacionar-se;

III — urbanidade e respeito no trato com os demais condenados;

IV — conduta oposta aos movimentos individuais ou coletivos de fuga ou de subversão à ordem ou à disciplina;

V — execução do trabalho, das tarefas e das ordens recebidas;

VI — submissão à sanção disciplinar imposta;

VII — indenização à vítima ou aos seus sucessores;

VIII — indenização ao Estado, quando possível, das despesas realizadas com sua manutenção, mediante desconto proporcional da remuneração do trabalho;

IX — higiene pessoal e asseio da cela ou alojamento;

2. Raymond Saleilles. *A individualização da pena*. Tradução de Thais Miremis Sanfelippo da Silva Amadio. 1ª ed. São Paulo: Ridel, 2006, p. 103.

3. Cesare Lombroso. *O homem delinquente*. 3ª reimpressão, tradução de José Sebastião Roque, Ícone: São Paulo, 2016, p. 160.

X — conservação dos objetos de uso pessoal.

Naquilo que não for incompatível, o rol de deveres acima transcrito aplica-se ao **preso provisório**.

2. DOS DIREITOS

Consoante o art. 5º, III e XLIX, da CF, "ninguém será submetido a tortura nem a tratamento desumano ou degradante"; e "é assegurado aos presos o respeito à integridade física e moral".

A execução penal, no Estado Democrático e de Direito, deve observar estritamente os limites da lei e do necessário ao cumprimento da pena e da medida de segurança. **Tudo o que excede aos limites contraria direitos**.

Nos termos do art. 41 da LEP, são direitos do preso:

I — alimentação suficiente e vestuário;

II — atribuição de trabalho e sua remuneração;

III — previdência social;

IV — constituição de pecúlio;

V — proporcionalidade na distribuição do tempo para o trabalho, o descanso e a recreação;

VI — exercício das atividades profissionais, intelectuais, artísticas e desportivas anteriores, desde que compatíveis com a execução da pena;

VII — assistência material, à saúde, jurídica, educacional, social e religiosa;

VIII — proteção contra qualquer forma de sensacionalismo;

IX — entrevista pessoal e reservada com o advogado;

X — visita do cônjuge, da companheira, de parentes e amigos em dias determinados[4];

---

4. "Consoante iterativa jurisprudência do Superior Tribunal de Justiça, o direito de visita ao detento não é absoluto, devendo ser ponderado diante das peculiaridades do caso concreto" (STJ, AgRg no AREsp 1.604.272/DF, 6ª T., rel. Min. Nefi Cordeiro, j. 19-5-2020, *DJe* de 25-5-2020).

"Segundo reiterada jurisprudência desta Corte, o direito de visita, disposto no art. 41, X, da Lei de Execução Penal, embora seja relevante para o processo de reinserção do preso à sociedade e imprescindível para a manutenção dos seus laços familiares, não ostenta natureza absoluta e deve ser concedido após a análise das circunstâncias do caso concreto" (STJ, HC 333.115/RS, 5ª T., rel. Min. Ribeiro Dantas, j. 21-6-2016, *DJe* de 28-6-2016).

No mesmo sentido: STJ, AgRg no RMS 62.992/SP, 5ª T., rel. Min. Ribeiro Dantas, j. 13-4-2020, *DJe* de 16-4-2020; STJ, REsp 1.690.426/DF, 6ª T., rel. Min. Rogério Schietti Cruz, j. 10-10-2017, *DJe* de 19-10-2017.

"'Consoante entendimento desta Corte, os estabelecimentos prisionais são ambientes impróprios à formação psíquica e moral de crianças e adolescentes, cuja proteção integral tem base constitucional, nos termos do art. 227 da Constituição Federal, sendo certo que o direito de visita não é absoluto ou ilimitado, devendo ser ponderado diante das peculiaridades do caso concreto' (AgRg no REsp 1.476.963/DF, rel. Min. Gurgel de Faria, Quinta Turma, *DJe* 13-11-2015)" (STJ, AgInt no AREsp 893.384/DF, 6ª T., rela. Mina. Maria Tereza de Assis Moura, j. 30-6-2016, *DJe* de 1-8-2016).

O *habeas corpus* é meio inidôneo para pleitear direito de visita. Nesse sentido: "É inadequada a utilização de *habeas corpus* para impugnar decisão que indeferiu visita em unidade prisional com contato físico,

XI — chamamento nominal;

XII — igualdade de tratamento, salvo quanto às exigências da individualização da pena;

XIII — audiência especial com o diretor do estabelecimento;

XIV — representação e petição a qualquer autoridade em defesa de direito;

XV — contato com o mundo exterior por meio de correspondência escrita, da leitura e de outros meios de informação que não comprometam a moral e os bons costumes;

XVI — atestado de pena a cumprir, emitido anualmente, sob pena de responsabilidade da autoridade judiciária competente.

É bem verdade que o art. 41 estabelece um vasto rol, onde estão elencados o que se convencionou denominar *direitos do preso*. Referida lista é apenas exemplificativa, pois não esgota, em absoluto, os direitos da pessoa humana, mesmo daquela que se encontra presa, e assim submetida a um conjunto de restrições.

Também em tema de ***direitos do preso***, a interpretação que se deve buscar é a mais ampla, no sentido de que tudo aquilo que não constitui restrição legal, decorrente da particular condição do encarcerado, permanece como direito seu.

Deve-se buscar, primeiro, o rol de restrições. O que nele não se inserir será permitido, e, portanto, direito seu.

Direito, é certo, que deverá ser interpretado tomando-se por base sua condição de pessoa humana, ainda que sujeita às restrições permitidas no ordenamento jurídico. É preciso ter lógica e coerência na interpretação das regras proibitivas, seja para impedir ou permitir a prática de determinada conduta.

Mediante decisão motivada do diretor do estabelecimento prisional, poderão ser suspensos ou restringidos os direitos estabelecidos nos incisos V, X e XV, anteriormente indicados.

No que for compatível, as observações apontadas **aplicam-se ao preso provisório e ao submetido à medida de segurança**.

Ressalte-se, por oportuno, que "é público e notório que o sistema carcerário brasileiro ainda não se ajustou à programação visada pela LEP. Não há, reconhecidamente, presídio adequado ao idealismo programático da LEP. É verdade que, em face da carência absoluta nos presídios, notadamente no Brasil, os apenados recolhidos sempre reclamam mal-estar nas acomodações, constrangimento ilegal e impossibilidade de readap-

---

por não restar configurada ofensa ao direito de ir e vir. Precedentes" (STJ, AgRg no HC 548.017/SP, 5ª T., rel. Min. Ribeiro Dantas, j. 10-12-2019, *DJe* de 17-12-2019). "Segundo a pacífica jurisprudência desta Corte, 'é inadequada a utilização de *habeas corpus* para impugnar suposta ilegalidade existente na análise da concessão do direito de visita ao apenado, ante a inexistência de violação ao *status libertatis*' (AgRg no HC n. 377.084/SP, Quinta Turma, relator Ministro Jorge Mussi, julgado em 23-5-2017, *DJe* de 12-6-2017). Precedentes" (STJ, AgRg no HC 440.376/SP, 6ª T., rel. Min. Antônio Saldanha Palheiro, j. 5-9-2019, *DJe* de 10-9-2019).

"É ilegal a sanção administrativa que impede definitivamente o direito do preso de receber visitas" (STJ, RMS 48.818/SP, 6ª T., rel. Min. Rogério Schietti Cruz, j. 26-11-2019, *DJe* de 29-11-2019).

tação à vida social. Por outro lado, é de sentir que, certamente, mal maior seria a reposição à convivência da sociedade de apenado não recuperado provadamente, sem condições de com ela coexistir"[5].

3. DA DISCIPLINA

Submetido a prisão, provisória ou definitiva, o encarcerado deverá ser cientificado das normas disciplinares do estabelecimento, para que posteriormente não alegue ignorância, até porque referidas normas não se presumem do conhecimento geral, como as leis[6].

A disciplina consiste na colaboração com a ordem, na obediência às determinações das autoridades e seus agentes e no desempenho do trabalho (art. 44 da LEP), a ela estando sujeitos o condenado à pena privativa de liberdade ou restritiva de direitos e o preso provisório (parágrafo único).

Em sentido amplo, observar a disciplina é comportar-se em conformidade com as normas. Delas se distanciando, o preso estará a cometer falta disciplinar.

Colaborar com a ordem significa praticar observância estrita ao rol dos deveres do preso (art. 39 da LEP).

A Lei de Execução Penal está submetida aos ditames dos *princípios da reserva legal* e da *anterioridade da norma* (art. 5º, XXXIX, da CF; art. 1º do CP), de maneira que não pode haver falta ou sanção disciplinar sem expressa e anterior previsão legal ou regulamentar.

São vedadas as sanções que possam colocar em perigo a integridade física e moral do condenado; o emprego de cela escura e as sanções coletivas[7].

No cumprimento de pena privativa de liberdade, o **poder disciplinar é conferido à autoridade administrativa**, ao diretor do estabelecimento, não podendo ser delegada tal atribuição.

Em se tratando de penas restritivas de direitos, o poder disciplinar será exercido pela autoridade administrativa a que estiver sujeito o condenado.

A punição pelo cometimento de **faltas leves e médias** se resolve nos limites da administração carcerária, pois não há imposição legal alguma no sentido de que as san-

---

5. *RT*, 736/685.

6. Consoante dispõe o art. 3º da Lei de Introdução às Normas do Direito Brasileiro: "Ninguém se escusa de cumprir a lei, alegando que não a conhece".

7. "É necessária a individualização da conduta para reconhecimento de falta grave praticada pelo apenado em autoria coletiva, não se admitindo a sanção coletiva a todos os participantes indistintamente: STJ, AgRg no HC 557.417/SP, 5ª T., rel. Min. Jorge Mussi, j. 10-3-2020, *DJe* 23-3-2020; STJ, AgRg no HC 550.514/SP, 5ª T., rel. Min. Joel Ilan Paciornik, j. 20-2-2020, *DJe* 5-3-2020; STJ, AgRg no HC 534.689/SP, 6ª T., rela. Mina. Laurita Vaz, j. 6-2-2020, *DJe* 21-2-2020; STJ, AgRg no HC 532.071/SP, 5ª T., rel. Min. Reynaldo Soares da Fonseca, j. 5-11-2019, *DJe* 12—11-2019; STJ, HC 464.470/SP, 5ª T., rel. Min. Felix Fischer, j. 18-10-2018, *DJe* 23-10-2018; STJ, AgRg no HC 408.879/SP, 6ª T., rel. Min. Antonio Saldanha Palheiro, j. 10-4-2018, *DJe* 16-4-2018; STJ, AgRg no HC 397.260/SP, 6ª T., rel. Min. Nefi Cordeiro, j. 6-3-2018, *DJe* 14-3-2018; STJ, AgRg no HC 405.985/SP, 5ª T., rel. Min. Ribeiro Dantas, j. 5-10-2017, *DJe* 11-10-2017" (STJ — Jurisprudência em Teses, Edição n. 146).

ções aplicadas, nesses casos, sejam comunicadas ao juiz da execução para qualquer providência. Elas não repercutem na execução da pena, no seu aspecto judicial propriamente dito, o que não impede a possibilidade de pronunciamento judicial a respeito delas, inclusive por força do disposto no art. 5º, XXXV, da CF (princípio da inafastabilidade ou indeclinabilidade da jurisdição). Entretanto, uma vez aplicada sanção disciplinar pelo cometimento de **falta grave**, a autoridade deverá, obrigatoriamente, representar ao juiz da execução, para os fins dos arts. 118, I, 125, 127, 181, §§ 1º, *d*, e 2º, da LEP, consoante estabelece o parágrafo único do art. 48 da lei.

3.1. Das faltas disciplinares

Seguindo uma ordem de valoração, conforme a gravidade da conduta, as faltas disciplinares **classificam-se em leves, médias e graves**.

Como está expresso no item 79 da Exposição de Motivos, a Lei de Execução Penal confia a enumeração das faltas leves e médias, bem como as respectivas sanções, ao poder discricionário do legislador local. As peculiaridades de cada região, o tipo de criminalidade, mutante quanto aos meios e modos de execução, a natureza do bem jurídico ofendido e outros aspectos sugerem tratamentos disciplinares que se harmonizem com as características do ambiente.

São exemplos de *falta disciplinar de natureza leve*, relacionados no Regimento Interno Padrão dos estabelecimentos prisionais do Estado de São Paulo: transitar indevidamente pela unidade prisional; comunicar-se com visitantes sem a devida autorização; comunicar-se com sentenciados em regime de isolamento celular ou entregar-lhes quaisquer objetos sem autorização; adentrar cela alheia sem autorização; improvisar varais e cortinas na cela ou alojamento, comprometendo a vigilância, salvo situações excepcionais autorizadas pelo diretor da unidade prisional; ter a posse de papéis, documentos, objetos ou valores não cedidos e não autorizados pela unidade prisional; estar indevidamente trajado; usar material de serviço para finalidade diversa da que foi prevista; remeter correspondência sem registro regular pelo setor competente; mostrar displicência no cumprimento do sinal convencional de recolhimento ou formação.

No mesmo regimento padrão encontram-se relacionadas como ***falta disciplinar de natureza média***, entre outras, as seguintes condutas: atuar de maneira inconveniente, faltando com os deveres de urbanidade perante autoridades, funcionários e sentenciados; portar material cuja posse seja proibida por portaria interna da direção da unidade; desviar ou ocultar objetos cuja guarda lhe tenha sido confiada; simular doença para eximir-se de dever legal ou regulamentar; induzir ou instigar alguém a praticar falta disciplinar grave, média ou leve; divulgar notícia que possa perturbar a ordem ou a disciplina; dificultar a vigilância em qualquer dependência da unidade prisional; praticar autolesão, como ato de rebeldia.

Com relação às **faltas graves**, porém, a Lei de Execução Penal adota solução diversa. Além das repercussões que causa na rotina do estabelecimento e no quadro da execução, a falta grave justifica regressão, consistente na transferência do condenado para regime mais rigoroso. A falta grave, para tal efeito, é equiparada à prática de fato definido como crime (art. 118, I), e sua existência obriga a autoridade administrativa a representar ao juiz da execução (parágrafo único do art. 48) para decidir sobre a regressão (item 80 da Exposição de Motivos da LEP).

O art. 50 da LEP estabelece as seguintes condutas, que estão classificadas como ensejadoras de **falta grave *no cumprimento de pena privativa de liberdade***, e que se estendem também aos presos provisórios, no que couber:

I — incitar ou participar de movimento para subverter a ordem ou a disciplina;

II — fugir;

III — possuir, indevidamente, instrumento capaz de ofender a integridade física de outrem[8];

IV — provocar acidente de trabalho;

V — descumprir, no regime aberto, as condições impostas;

VI — inobservar os deveres previstos nos incisos II e V do art. 39 desta lei[9];

VII — ter em sua posse, utilizar ou fornecer aparelho telefônico[10], de rádio ou similar, que permita a comunicação com outros presos ou com o ambiente externo[11].

---

8. "O reconhecimento de falta grave prevista no art. 50, III, da Lei n. 7.210/1984 dispensa a realização de perícia no objeto apreendido para verificação da potencialidade lesiva, por falta de previsão legal: STJ, AgRg no HC 475.585/DF, 6ª T., rel. Min. Sebastião Reis Júnior, j. 7-11-2019, *DJe* 22-11-2019; STJ, HC 476948/DF, 5ª T., rel. Min. Felix Fischer, j. 7-2-2019, *DJe* 19-2-2019; STJ, AgRg no HC 460.890/SC, 6ª T., rel. Min. Nefi Cordeiro, j. 8-11-2018, *DJe* 22-11-2018; STJ, AgRg no HC 420.419/DF, 5ª T., rel. Min. Joel Ilan Paciornik, j. 6-2-2018, *DJe* 19-2-2018; STJ, HC 301.626/DF, 5ª T., rel. Min. Ribeiro Dantas, j. 23-8-2016, *DJe* 29-8-2016" (STJ — Jurisprudência em Teses, Edição n. 145).

9. "Conforme precedentes desta Corte Superior, condutas como desobediência ao servidor ou às ordens recebidas constitui falta de natureza grave, nos termos do art. 50, inciso VI, da Lei de Execução Penal" (STJ, AgRg no HC 560.935/SC, 6ª T., rela. Mina. Laurita Vaz, j. 9-6-2020, *DJe* de 23-6-2020).

"A desobediência aos agentes penitenciários configura falta de natureza grave, a teor da combinação entre os art. 50, VI, e art. 39, II e V, da Lei de Execuções Penais: STJ, AgRg no HC 550.207/SP, 5ª T., rel. Min. Reynaldo Soares da Fonseca, j. 18-2-2020, *DJe* 28-2-2020; STJ, AgRg no HC 516.423/SP, 5ª T., rel. Min. Ribeiro Dantas, j. 10-12-2019, *DJe* 17-12-2019; STJ, AgRg no HC 510.452/SP, 5ª T., rel. Min. Jorge Mussi, j. 22-10-2019, *DJe* 8-11-2019; STJ, HC 493.065/RS, 5ª T., rel. Min. Felix Fischer, j. 11-4-2019, *DJe* 22-4-2019; STJ, AgRg no HC 438.399/SP, 6ª T., rel. Min. Nefi Cordeiro, j. 21-8-2018, *DJe* 3-9-2018; STJ, HC 434.577/RS, 5ª T., rel. Min. Joel Ilan Paciornik, j. 26-6-2018, *DJe* 1-8-2018" (STJ — Jurisprudência em Teses, Edição n. 146).

"Consoante previsão dos art. 50, VI, e art. 39, V, da LEP, configura falta grave a recusa pelo condenado à execução de trabalho interno regularmente determinado pelo agente público competente, não havendo que se confundir o dever de trabalho, referendado pela Convenção Americana de Direitos Humanos (art. 6º), com a pena de trabalho forçado, vedada pela Constituição Federal — art. 5º, XLVIII, *c*: STJ, AgRg no HC 429.608/SP, 5ª T., rel. Min. Felix Fischer, j. 17-4-2018, *DJe* 27-4-2018; STJ, HC 264.989/SP, 6ª T., rel. Min. Ericson Maranho (Desembargador Convocado do TJ/SP), j. 4-8-2015, *DJe* 19-8-2015" (STJ — Jurisprudência em Teses, Edição n. 146).

10. "'É prescindível a perícia do aparelho celular apreendido para a configuração da falta disciplinar de natureza grave do art. 50, inciso VII, da Lei de Execução Penal' (AgRg no HC 391.209/SP, Rel. Ministro Felix Fischer, Quinta Turma, *DJe* 18-9-2017). Precedentes" (STJ, HC 558.501/SP, 5ª T., rel. Min. Joel Ilan Paciornik, j. 10-3-2020, *DJe* de 23-3-2020).

11. "A posse de fones de ouvido no interior do presídio é conduta formal e materialmente típica, configurando falta de natureza grave, uma vez que viabiliza a comunicação intra e extramuros: STJ,

VIII — recusar submeter-se ao procedimento de identificação do perfil genético[12].

Tentada ou consumada a conduta ensejadora de falta disciplinar grave, caberá a mesma sanção, sem qualquer abrandamento. Pune-se a tentativa com a mesma sanção correspondente à forma consumada (art. 49, parágrafo único, da LEP)[13].

Não se aplica, em benefício do encarcerado, a regra do art. 14, parágrafo único, do CP, que manda, no caso de tentativa, e *salvo disposição em contrário*, punir a tentativa com a *pena* correspondente ao *crime* consumado, diminuída de um a dois terços.

Referida regra em hipótese alguma pode ser ampliada para o campo da execução penal, mesmo que se sustente que em caso de crime, que é mais grave, ocorre o abrandamento, e que por questão de lógica e proporcionalidade tal deveria ocorrer, também, em sede de sanção disciplinar.

A Lei de Execução Penal tem campo próprio de aplicação, assim como o Código Penal. É bem verdade que muitas regras, de um e do outro diploma, algumas vezes devem ser combinadas para a solução de questões jurídicas. Mas, no particular, não é o caso.

Do art. 50 da LEP se extrai que, entre outros, **são *exemplos de falta grave***: participação em rebelião; fuga do estabelecimento prisional e posse de aparelho de telefonia celular[14].

Por outro lado, não enseja falta grave: provocar *acidente* no trabalho.

AgRg no HC 522.425/SP, 6ª T., rela. Mina. Laurita Vaz, j. 10-9-2019, *DJe* 30-9-2019; STJ, AgRg no HC 438.835/SP, 6ª T., rel. Min. Sebastião Reis Júnior, j. 27-11-2018, *DJe* 7-12-2018; STJ, AgRg no HC 419.902/SP, 5ª T., rel. Min. Felix Fischer, j. 6-2-2018, *DJe* 16-2-2018; STJ, EDcl no HC 211.747/SP, 5ª T., rel. Min. Moura Ribeiro, j. 5-8-2014, *DJe* 12-8-2014" (STJ — Jurisprudência em Teses, Edição n. 145).

12. Dispositivo introduzido pela Lei n. 13.964/2019.

13. "Nos termos do art. 49, parágrafo único, da Lei de Execução Penal, em relação às faltas graves 'pune-se a tentativa com a sanção correspondente à falta consumada'" (STJ, HC 558.501/SP, 5ª T., rel. Min. Joel Ilan Paciornik, j. 10-3-2020, *DJe* de 23-3-2020). No mesmo sentido: STJ, AgRg no HC 563.159/SP, 5ª T., rel. Min. Ribeiro Dantas, j. 5-3-2020, *DJe* de 23-3-2020.

14. A Lei n. 12.012/2009 acrescentou o art. 349-A ao Código Penal brasileiro, e passou a definir como crime, punido com detenção, de 3 (três) meses a 1 (um) ano, as condutas consistentes em ingressar, promover, intermediar, auxiliar ou facilitar a entrada de aparelho telefônico de comunicação móvel, de rádio ou similar, sem autorização legal, em estabelecimento prisional. Sobre a matéria, conferir: Renato Marcão, *Revista Jurídica Consulex*, n. 303, p. 48; *Revista Magister de Direito Penal e Processual Penal*, n. 31, p. 5.

"É prescindível a perícia de aparelho celular apreendido para a configuração da falta disciplinar de natureza grave do art. 50, VII, da Lei n. 7.210/1984: STJ, AgRg no HC 506.102/SP, 6ª T., rela. Mina. Laurita Vaz, j. 5-12-2019, *DJe* 17-12-2019; STJ, AgRg no HC 501.489/SP, 5ª T., rel. Min. Jorge Mussi, j. 1-10-2019, *DJe* 10-10-2019; STJ, AgRg no HC 530.988/SP, 5ª T., rel. Min. Ribeiro Dantas, j. 24-9-2019, *DJe* 30-9-2019; STJ, AgRg no HC 447.961/SP, 5ª T., rel. Min. Joel Ilan Paciornik, j. 16-5-2019, *DJe* 23-5-2019; STJ, AgRg no HC 391.209/SP, 5ª T., rel. Min. Felix Fischer, j. 12-9-2017, *DJe* 18-9-2017; STJ, HC 345.954/RS, 6ª T., rel. Min. Antonio Saldanha Palheiro, j. 23-8-2016, *DJe* 1-9-2016" (STJ — Jurisprudência em Teses, Edição n. 145).

Acidente pressupõe acontecimento causal, infortúnio. Assim, é equivocada a redação do inciso IV do art. 50 da LEP.

A Lei n. 13.964/2019 acrescentou ao art. 50 da LEP seu inc. VIII, onde se lê que também pratica falta grave o condenado que recusar submeter-se ao procedimento de identificação do perfil genético.

Essa mesma regra também foi introduzida no art. 9º-A da LEP, conforme consta de seu atual § 8º.

Apesar da insistência do poder legiferante, é inconstitucional punir com falta grave a recusa ao fornecimento de material genético.

O fornecimento compulsório de DNA determinado pelo art. 9º-A da LEP é inconstitucional, posto que vulnera o princípio segundo o qual ninguém é obrigado a produzir prova contra si mesmo. Sendo a recusa o exercício de um direito constitucional, certamente não pode ser sancionada como falta disciplinar de qualquer natureza.

Ninguém pode ser punido por exercer um direito.

Nem mesmo a redundância legislativa — que é prova de incapacidade técnica e de ausência de visão sistêmica — se encontra apta a "salvar" a pretensão mal normatizada.

O rol de faltas graves é taxativo[15]. Constituem óbice à sua ampliação os adotados *princípios da reserva legal e da anterioridade.*

É de observar, entretanto, que "o tão só fato de o Conselho Disciplinar, ao decidir sobre determinada conduta de sentenciado, qualificá-la de grave, não impede que o Juiz, com base na Lei de Execução Penal, entenda de modo diferente, pois o Magistrado não está vinculado à classificação feita pela Administração Penitenciária"[16].

Como não poderia deixar de ser, ***a prática* de fato previsto como crime doloso**[17]

---

15. "O rol do art. 50 da Lei de Execuções Penais (Lei n. 7.210/1984), que prevê as condutas que configuram falta grave, é taxativo, não possibilitando interpretação extensiva ou complementar, a fim de acrescer ou ampliar o alcance das condutas previstas: STJ, HC 481.699/RS, 6ª T., rel. Min. Sebastião Reis Júnior, j. 12-3-2019, *DJe* 19-3-2019; STJ, REsp 1.519.802/SP, 6ª T., rela. Mina. Maria Thereza de Assis Moura, j. 10-11-2016, *DJe* 24-11-2016; STJ, HC 284.829/SP, 6ª T., rel. Min. Rogério Schietti Cruz, j. 30-6-2015, *DJe* 3-8-2015" (STJ — Jurisprudência em Teses, Edição n. 145).

16. *RJTACrimSP*, 32/69.

17. "Nos termos do art. 52 da Lei de Execução Penal, comete falta grave o condenado à pena privativa de liberdade que pratica fato definido como crime doloso" (STJ, AgRg no HC 557.417/SP, 5ª T., rel. Min. Jorge Mussi, j. 10-3-2020, *DJe* de 23-3-2020).

"Consolidou-se nesta Superior Corte de Justiça entendimento no sentido de que, apesar de o tipo não mais cominar pena privativa de liberdade, não houve descriminalização da conduta prevista no art. 28 da Lei n. 1.343/2006. Assim, a posse de drogas no curso da execução, ainda que para uso próprio, constitui falta grave, nos moldes do art. 52 da LEP, pois o preso que pratica fato previsto como crime doloso durante o resgate das penas não demonstra comportamento adequado, apto a atrair os benefícios do sistema progressivo" (STJ, AgRg no HC 547.354/DF, 5ª T., rel. Min. Reynaldo Soares da Fonseca, j. 6-2-2020, *DJe* de 13-2-2020). "Esta Corte Superior de Justiça possui entendimento pacificado de que a posse de drogas no interior de estabelecimentos prisionais, ainda que para uso próprio, configura falta disciplinar de natureza grave, nos moldes do art. 52 da Lei de Execução Penal. Precedentes" (STJ, AgRg no HC 590.178/SC, 5ª T., rel. Min. Ribeiro Dantas, j. 18-8-2020, *DJe* de 25-8-2020).

constitui falta grave (art. 52, *caput*, primeira parte, da LEP), por revelar, entre outras coisas, o elevado grau de desajustamento de seu autor aos padrões de conduta social, e seu descaso com a disciplina a ser mantida no estabelecimento prisional, de cujo dever também é sabedor.

Não é necessário aguardar a condenação, tampouco o trânsito em julgado de sentença penal condenatória, e não há violação ao princípio segundo o qual ninguém será considerado culpado até o trânsito em julgado de sentença condenatória (art. 5º, LVII, da CF). Basta *a prática* do crime doloso.

Caso fosse necessário aguardar o trânsito em julgado definitivo da decisão no processo de conhecimento respectivo, por certo ficaria sem sentido a previsão legal, que resultaria de nenhum efeito prático, considerando o tempo demandado para a solução do novo processo.

Se sobrevier o arquivamento do inquérito ou absolvição, a decisão proferida no processo execucional deverá ser desconstituída e cessados os seus efeitos[18].

Somente a conduta dolosa deve ser considerada falta grave[19].

O atual art. 83, alínea *b*, do CP, com a redação da Lei n. 13.964/2019, indica que para obter livramento é preciso **que o executado não tenha cometido falta grave nos últimos 12 (doze) meses**, e a correta interpretação da regra nos conduz a concluirmos que **a prática de falta grave interrompe a contagem do prazo para obtenção de livramento condicional**, e que, portanto, perdeu eficácia e deve ser cancelada a **Súmula 441**

No mesmo sentido: STJ, AgRg no HC 547.553/DF, 6ª T., rel. Min. Sebastião Reis Júnior, j. 17-12-2019, *DJe* de 19-12-2019; STJ, AgRg no HC 528.947/DF, 6ª T., rel. Min. Rogério Schietti Cruz, j. 26-11-2019, *DJe* de 29-11-2019; STJ, AgRg no HC 567.948/DF, 6ª T., rel. Min. Nefi Cordeiro, j. 9-6-2020, *DJe* de 16-6-2020; STJ, AgRg no HC 547.553/DF, 6ª T., rel. Min. Sebastião Reis Júnior, j. 17-12-2019, *DJe* de 19-12-2019; STJ, AgRg no HC 528.947/DF, 6ª T., rel. Min. Rogério Schietti Cruz, j. 26-11-2019, *DJe* de 29-11-2019; STJ, AgRg no HC 525.107/SP, 6ª T., rel. Min. Nefi Cordeiro, j. 1-10-2019, *DJe* de 8-10-2019. "É imprescindível a confecção do laudo toxicológico para comprovar a materialidade da infração disciplinar e a natureza da substância encontrada com o apenado no interior de estabelecimento prisional: STJ, AgRg no HC 547.354/DF, 5ª T., rel. Min. Reynaldo Soares da Fonseca, j. 6-2-2020, *DJe* 13-2-2020; STJ, HC 546.287/SP, 5ª T., rel. Min. Leopoldo de Arruda Raposo (Desembargador Convocado do TJ/PE), j. 17-12-2019, *DJe* de 19-12-2019; STJ, AgRg no HC 448.115/SP, 5ª T., rel. Min. Jorge Mussi, j. 23-4-2019, *DJe* de 7-5-2019; STJ, HC 406.154/MG, 6ª T., rela. Mina. Maria Thereza de Assis Moura, j. 28-11-2017, *DJe* de 4-12-2017; STJ, AgRg no HC 394.873/MG, 6ª T., rel. Min. Antonio Saldanha Palheiro, j. 21-9-2017, *DJe* de 4-10-2017; STJ, HC 394.872/MG, 6ª T., rel. Min. Rogério Schietti Cruz, j. 27-6-2017, *DJe* 1-8-2017" (STJ — Jurisprudência em Teses, Edição n. 145).

18. "A decisão que reconhece a prática de falta grave disciplinar deverá ser desconstituída diante das hipóteses de arquivamento de inquérito policial ou de posterior absolvição na esfera penal, por inexistência do fato ou negativa de autoria, tendo em vista a atipicidade da conduta: STJ, HC 524.396/SP, 5ª T., rel. Min. Reynaldo Soares da Fonseca, j. 15-10-2019, *DJe* 22-10-2019; STJ, HC 462.463/RS, 5ª T., rel. Min. Felix Fischer, j. 13-12-2018, *DJe* 1-2-2019; STJ, HC 284.309/SP, 6ª T., rel. Min. Ericson Maranho (Desembargador Convocado do TJ/SP), j. 4-8-2015, *DJe* 19-8-2015; STJ, RHC 33.827/RJ, 6ª T., rel. Min. Sebastião Reis Júnior, j. 20-11-2014, *DJe* 12-12-2014; STJ, HC 265.284/SP, 5ª T., rel. Min. Moura Ribeiro, j. 22-5-2014, *DJe* 27-5-2014" (STJ — Jurisprudência em Teses, Edição n. 145).

19. Renato Marcão, *Lei de Execução Penal anotada*, p. 138.

do STJ, que diz: "A falta grave não interrompe o prazo para obtenção de livramento condicional".

Ainda sobre os efeitos da falta grave e o entendimento sumulado do Superior Tribunal de Justiça, conferir:

Súmula 534: "A prática de falta grave interrompe a contagem do prazo para a progressão de regime de cumprimento de pena, o qual se reinicia a partir do cometimento dessa infração".

A esse respeito, também tem relevo observar que, desde a vigência do atual art. 112 da LEP, com a redação da Lei n. 13.964/2019, dispõe seu § 6º que: "O cometimento de falta grave durante a execução da pena privativa de liberdade interrompe o prazo para a obtenção da progressão no regime de cumprimento da pena, caso em que o reinício da contagem do requisito objetivo terá como base a pena remanescente".

Súmula 535: "A prática de falta grave não interrompe o prazo para fim de comutação de pena ou indulto".

No RE 972.598 RG/RS, pendente de julgamento, de que é relator o Min. Roberto Barroso, no dia 6 de abril de 2017 o Supremo Tribunal Federal reconheceu que há repercussão geral na questão relacionada à (im)prescindibilidade e/ou (ir)regularidade de procedimento administrativo disciplinar (PAD) para o reconhecimento da prática de falta grave.

Essa matéria está delimitada nos seguintes termos: "Tema 941: Possibilidade de afastar-se o prévio procedimento administrativo disciplinar — PAD, ou suprir sua eventual deficiência técnica, na hipótese de oitiva do condenado em audiência de justificação no juízo da execução penal, realizada na presença do ministério público ou defensor".

Segue a ementa:

"Execução Penal. Recurso Extraordinário. Prática de falta grave. Prévio procedimento administrativo disciplinar. Desnecessidade. Repercussão geral reconhecida. 1. Nos termos das recentes decisões proferidas pelo Supremo Tribunal Federal, a oitiva do condenado pelo Juízo da Execução Penal, em audiência de justificação realizada na presença do defensor e do Ministério Público, afasta a necessidade de prévio Procedimento Administrativo Disciplinar (PAD), assim como supre eventual ausência ou insuficiência de defesa técnica no PAD instaurado para apurar a prática de falta grave durante o cumprimento da pena. 2. Assim sendo, a apuração da prática de falta grave perante o juízo da Execução Penal é compatível com os princípios do contraditório e da ampla defesa (art. 5º, LIV e LV, da CF). 3. Reconhecimento da repercussão geral da questão constitucional suscitada.

Decisão: O Tribunal, por unanimidade, reputou constitucional a questão. O Tribunal, por unanimidade, reconheceu a existência de repercussão geral da questão constitucional suscitada. No mérito, não reafirmou a jurisprudência dominante sobre a matéria, que será submetida a posterior julgamento no Plenário físico"[20].

---

20. STF, RE 972.598 RG/RS, Tribunal Pleno, rel. Min. Roberto Barroso, j. 6-4-2017, *DJe*-227 de 4-10-2017.

Constitui **falta grave**, para efeito de aplicação de sanção disciplinar, ***no cumprimento de pena restritiva de direitos*** (art. 51 da LEP):

I — descumprir, injustificadamente, a restrição imposta;

II — retardar, injustificadamente, o cumprimento da obrigação imposta;

III — inobservar os deveres previstos nos incisos II e V do art. 39 desta lei.

A prática de fato previsto como **crime doloso** também configura falta grave no cumprimento de pena restritiva de direitos (art. 52, *caput*, primeira parte).

3.2 O RDD — Regime Disciplinar Diferenciado[21]

3.2.1. *Origem histórica*

Conforme a irreparável lição do jurista e magistrado Adeildo Nunes, "com base no crescimento desenfreado do poder de organização e de estrutura física e material das facções criminosas nos grandes e médios presídios de São Paulo, seu Secretário de Administração Penitenciária, em maio de 2001, pela Resolução n. 26, criou em seu Estado o denominado Regime Disciplinar Diferenciado, estipulando a possibilidade de isolar o detento por até trezentos e sessenta dias, mormente os líderes e integrantes de facções criminosas e todos quantos o comportamento carcerário exigisse um tratamento específico. É claro que tão logo foi editada a Resolução 26 a arguição da sua inconstitucionalidade foi premente. Não faltaram juristas para enfatizar: a Resolução viola a Constituição porque tratando-se de falta grave a matéria está afeta, exclusivamente, à lei ordinária, ademais é a Lei de Execução Penal quem cuida de regulamentá-la. Porém, chamado a intervir, o Tribunal de Justiça de São Paulo optou por sua constitucionalidade, ao argumento de que os Estados-membros têm autorização constitucional para legislarem sobre Direito Penitenciário, o que é uma verdade (art. 24, I, CF/88). Sabe-se, por isso, que o Regime Disciplinar Diferenciado vem sendo regularmente aplicado aos detentos de São Paulo que se enquadrem na Resolução, embora, reconheça-se, a matéria bem que poderia ter sido regulamentada pela Assembleia Legislativa daquele Estado, desde que

---

21. Sobre o tema, confira-se: Astério Pereira dos Santos, *Regime disciplinar especial — legalidade e legitimidade*; Nagashi Furukawa, *Regime disciplinar diferenciado (RDD)*; Marcio Sérgio Christino, *Sistema penitenciário e o RDD*; Ângelo Roncalli de Ramos Barros, *Política penitenciária nacional*; Gilmar Bortolotto, *Regimes diferenciados, igualdade e individualização*, disponíveis na Internet em: http://www.memorycmj.com.br/cnep/palestras/default.asp; Paulo S. Xavier de Souza, *Legalidade do cumprimento da pena privativa em regime disciplinar diferenciado e a ressocialização do condenado*. Disponível na Internet: http://www.ibccrim.org.br, 17-2-2003; Adeildo Nunes. *Equívocos legislativos*. Disponível na Internet: http://www.ibccrim.org.br, 23-6-2003; Nagashi Furukawa, *Regime disciplinar diferenciado*, http://www.mj.gov.br/Depen/PDF/nagashi_furukawa.pdf; Luiz Flávio Gomes, *Medida Provisória 28/02: mais poderes aos diretores de presídios ou um besteirol jurídico*, http://www.advogadocriminalista.com.br/home/artigos/0055.html; Carmem Silva de Moraes Barros, *O RDD (Regime Disciplinar Diferenciado) é um acinte*, http://www.processocriminalpslf.com.br/rdd.htm; Antonio Carlos Moni de Oliveira, (In) Convencionalidade do regime disciplinar diferenciado, *Revista dos Tribunais* (São Paulo. Impresso), v. 1, p. 121-144, 2015.

não se tratasse de acrescentar nova forma de falta grave, pois, como se sabe, haveria necessidade de alterar o art. 50 da LEP"[22].

E arremata o mesmo doutrinador: "A morte de dois Juízes de Execução Penal, no mês de março de 2003, em São Paulo e Espírito Santo, fez ressurgir no âmbito do Congresso Nacional o Projeto de Lei 7.053, enviado em 2001 pela Presidência da República. Em 26-03-2003 o PL foi aprovado na Câmara dos Deputados e seguiu para o Senado Federal, agora modificando vários dispositivos da Lei de Execução Penal, criando, com força de Lei, o Regime Disciplinar Diferenciado"[23].

Mais não é preciso dizer.

3.2.2 *O regime disciplinar diferenciado na Lei de Execução Penal*

Visando instituir o regime disciplinar diferenciado no ordenamento jurídico pátrio, o Projeto n. 7.503/2001 tramitou e foi convertido em lei, sendo alvo de severas críticas advindas de vários juristas[24], e a ele também se opôs o Conselho Nacional de Política Criminal e Penitenciária, conforme noticia Maurício Kuehne em excelente artigo[25]. Trata-se da Lei n. 10.792/2003, que alterou a Lei n. 7.210/84 — Lei de Execução Penal — e o Decreto-Lei n. 3.68/41 — Código de Processo Penal —, além de estabelecer outras providências.

Nos precisos termos do art. 52 da LEP, a prática de fato previsto como crime doloso constitui falta grave e, quando ocasionar subversão da ordem ou disciplina internas, sujeitará o preso provisório, ou condenado, nacional ou estrangeiro, sem prejuízo da sanção penal, ao regime disciplinar diferenciado. O regime disciplinar diferenciado é modalidade de sanção disciplinar (art. 53, V, da LEP), e para sua aplicação basta *a prática* do fato regulado. Não é preciso aguardar eventual condenação ou o trânsito em julgado da sentença penal condenatória, o que por certo inviabilizaria a finalidade do instituto.

Conforme disciplinado, o RDD — regime disciplinar diferenciado — **possui as seguintes características**: 1ª) duração máxima de até 2 (dois) anos, sem prejuízo de repetição da sanção por nova falta grave de mesma espécie; 2ª) recolhimento em cela individual; 3ª) visitas quinzenais, de 2 (duas) pessoas por vez, a serem realizadas em instalações equipadas para impedir o contato físico e a passagem de objetos, por pessoa da família ou, no caso de terceiro, autorizado judicialmente, com duração de 2 (duas)

22. Adeildo Nunes, *O regime disciplinar na prisão*. Disponível na Internet: http://www.ibccrim.org.br, 28-7-2003.

23. Adeildo Nunes, idem.

24. Veja-se, por exemplo: Roberto Delmanto, Regime disciplinar diferenciado ou pena cruel?, *Boletim IBCCrim*, n. 134, ano 11, jan. 2004, p. 5; Salo de Carvalho e Alexandre Wunderlich, O suplício de Tântalo: a Lei 10.792/03 e a consolidação da política criminal do terror, *Boletim IBCCrim*, n. 134, ano 11, jan. 2004, p. 6. Confira-se, também, o editorial Ledo engano, *Boletim IBCCrim*, n. 134, ano 11, jan. 2004, p. 1; Antonio Carlos Moni de Oliveira, (In)Convencionalidade do regime disciplinar diferenciado, *Revista dos Tribunais* (São Paulo. Impresso), v. 1, p. 121-144, 2015.

25. Maurício Kuehne, *Alterações à execução penal. Primeiras impressões*, http://www.iusnet.com.br/webs/IELFNova/artigos/artigo_lido.cfm?ar_id=231.

horas; 4ª) o preso terá direito à saída da cela por duas horas diárias para banho de sol, em grupos de até 4 (quatro) presos, desde que não haja contato com presos do mesmo grupo criminoso; 5ª) entrevistas sempre monitoradas, exceto aquelas com seu defensor, em instalações equipadas para impedir o contato físico e a passagem de objetos, salvo expressa autorização judicial em contrário; 6ª) fiscalização do conteúdo da correspondência; 7ª) participação em audiências judiciais preferencialmente por videoconferência, garantindo-se a participação do defensor no mesmo ambiente do preso.

Segundo o disposto no § 1º, I e II, do art. 52, o regime disciplinar diferenciado também poderá ser aplicado aos **presos provisórios ou condenados, nacionais ou estrangeiros, que apresentem alto risco para a ordem e a segurança do estabelecimento penal ou da sociedade**, ou sobre os quais recaiam fundadas suspeitas de envolvimento ou participação, a qualquer título, em organização criminosa, associação criminosa ou milícia privada, independentemente da prática de falta grave.

Nos precisos termos dos §§ 3º e 5º do art. 52, existindo indícios de que o preso exerce liderança em organização criminosa, associação criminosa ou milícia privada, ou que tenha atuação criminosa em 2 (dois) ou mais Estados da Federação, o regime disciplinar diferenciado será obrigatoriamente cumprido em estabelecimento prisional federal, que deverá contar com alta segurança interna e externa, principalmente no que diz respeito à necessidade de se evitar contato do preso com membros de sua organização criminosa, associação criminosa ou milícia privada, ou de grupos rivais.

Do disposto no § 4º, I e II, do mesmo art. 52, se extrai que, em qualquer das hipóteses anteriormente mencionadas, **o regime disciplinar diferenciado poderá ser prorrogado sucessivamente**, **por períodos de 1 (um) ano**, se constatada a existência de indícios de que o preso continua apresentando alto risco para a ordem e a segurança do estabelecimento penal de origem ou da sociedade, ou mantém os vínculos com organização criminosa, associação criminosa ou milícia privada, considerados também o perfil criminal e a função desempenhada por ele no grupo criminoso, a operação duradoura do grupo, a superveniência de novos processos criminais e os resultados do tratamento penitenciário.

As visitas quinzenais a que tem direito o preso submetido a regime disciplinar diferenciado serão gravadas em sistema de áudio ou de áudio e vídeo e, com autorização judicial, fiscalizada por agente penitenciário.

Caso o preso não receba qualquer visita nos primeiros 6 (seis) meses em que se encontrar sob RDD, poderá, após prévio agendamento com a administração do estabelecimento prisional, ter contato telefônico com uma pessoa da família, 2 (duas) vezes por mês. As conversas telefônicas serão gravadas e cada qual não poderá exceder o limite de 10 minutos.

Em síntese, podem ser incluídos no regime disciplinar diferenciado:

1ª hipótese:

O preso provisório ou definitivo, nacional ou estrangeiro, que praticar falta grave consistente em fato previsto como crime doloso, *desde que tal conduta ocasione subversão da ordem ou disciplina internas.*

Não basta, como se vê, a prática de falta grave consistente em fato previsto como crime doloso. É imprescindível que de tal agir decorra subversão da ordem *ou* disciplina internas.

Subversão é o mesmo que tumulto. Assim, ocasionar subversão é o mesmo que tumultuar. É o "ato ou efeito de transtornar o funcionamento normal ou o considerado bom (de alguma coisa)"[26].

Ordem lembra organização, e, no léxico, significa "regulamento sobre a conduta de membros de uma coletividade, imposto ou aceito democraticamente, que objetiva o bem-estar dos indivíduos e o bom andamento dos trabalhos"[27].

Disciplina, por sua vez, significa obediência às regras e aos superiores[28].

Destarte, se o crime doloso praticado tumultuar a organização, a normalidade do estabelecimento prisional, ou demonstrar descaso, desobediência às autoridades, abre-se a primeira hipótese de inclusão no regime disciplinar diferenciado.

2ª hipótese:

Os presos provisórios ou condenados, nacionais ou estrangeiros, que apresentem alto risco para a ordem e a segurança do estabelecimento penal ou da sociedade.

Ao contrário do que reclama o *caput* do art. 52, para a inclusão do preso provisório ou condenado, nacional ou estrangeiro, no regime disciplinar diferenciado, o inc. I do § 1º do mesmo artigo não exige que tenham eles praticado crime doloso durante o período de permanência no estabelecimento prisional. Para a inclusão no RDD basta que apresentem *alto risco para a ordem e a segurança do estabelecimento penal ou da sociedade.*

Por aqui, o problema crucial reside em especificar, em cada caso, o que se deve considerar como de *alto risco para a ordem e a segurança do estabelecimento penal ou da sociedade*, não sendo demais lembrar que o fato de o preso ou condenado, nacional ou estrangeiro, ter envolvimento com organização criminosa, associação criminosa ou milícia privada constitui fundamento distinto, regulado no inc. II do § 1º do art. 52, conforme passaremos a expor.

3ª hipótese:

Determina, por fim, o inc. II do § 1º do mesmo dispositivo legal que estará igualmente sujeito ao regime disciplinar diferenciado o preso provisório ou o condenado, nacional ou estrangeiro, sobre o qual recaiam **fundadas suspeitas de envolvimento ou participação, a qualquer título, em organização criminosa, associação criminosa ou milícia privada**.

O art. 1º, § 1º, da Lei n. 12.850/2013 diz que "Considera-se organização criminosa a associação de 4 (quatro) ou mais pessoas estruturalmente ordenada e caracterizada pela divisão de tarefas, ainda que informalmente, com objetivo de obter, direta ou indiretamen-

26. Antônio Houaiss, *Dicionário Houaiss da língua portuguesa*, Rio de Janeiro, Objetiva, 2001, p. 2.630.

27. Antônio Houaiss, idem, p. 2.076.

28. Antônio Houaiss, idem, p. 1.051.

te, vantagem de qualquer natureza, mediante a prática de infrações penais cujas penas máximas sejam superiores a 4 (quatro) anos, ou que sejam de caráter transnacional".

Quadrilha ou bando, crime atualmente denominado "associação criminosa", é tema que se insere no estudo do art. 288 do CP.

A Lei n. 11.343/2006 (Lei de Drogas), referindo-se a organizações ou associações criminosas, fala ainda sobre a existência de *grupo* (obviamente *grupo criminoso*)[29], figura que até agora não recebeu qualquer definição legal e escapa da previsão contida no art. 52 da LEP, a descortinar, uma vez mais, a falta de cuidado e conhecimento sistêmico do legislador penal, quase sempre imprudente, mesmo em se tratando de tema que deveria despertar particular preocupação.

O crime de milícia privada está tipificado no art. 288-A do CP.

3.2.3. O isolamento preventivo e o regime disciplinar diferenciado preventivo ou cautelar

Conforme o art. 60, *caput*, da LEP, "a autoridade administrativa poderá decretar o isolamento preventivo do faltoso pelo prazo de até dez dias. A inclusão do preso no regime disciplinar diferenciado, no interesse da disciplina e da averiguação do fato, dependerá de despacho do juiz competente".

Cuidou a Lei de estabelecer duas hipóteses de medidas extremas, a saber: I — decretação de *isolamento preventivo*, a cargo da autoridade administrativa (diretor do estabelecimento prisional); e II — *inclusão preventiva* do preso no regime disciplinar diferenciado, *no interesse da disciplina e da averiguação do fato*; sendo que tal inclusão dependerá de despacho do juiz competente.

Por preso entenda-se preso provisório ou definitivo, nacional ou estrangeiro, observadas em relação a estes as restrições que anteriormente apontamos.

O ***prazo de isolamento preventivo ou de inclusão preventiva é de até dez dias***, sem possibilidade de prorrogação ou nova decretação pelo mesmo fundamento.

Escoado o prazo, ou se determina a inclusão no regime disciplinar diferenciado, conforme regulado no art. 52, observadas as hipóteses autorizadoras, ou se restitui ao preso sua *normal* condição de encarcerado.

A inclusão preventiva no RDD é medida cautelar a ser decretada pelo juiz da execução, *no interesse da disciplina e da averiguação do fato*, não se constituindo em *distinta hipótese* de inclusão, apesar da confusa redação que foi dada ao dispositivo em comento.

Sua decretação reclama a constatação e demonstração, em despacho judicial fundamentado[30], de dois requisitos básicos: *fumus boni juris* e *periculum in mora*.

---

29. Ver art. 37 da Lei n. 11.343/2006. Renato Marcão, *Tóxicos — Lei n. 11.343, de 23 de agosto de 2006, anotada e interpretada*, 11ª ed., São Paulo, Saraiva, 2017.

30. "A exigência de motivação dos atos jurisdicionais constitui, hoje, postulado constitucional inafastável, que traduz poderoso fator de limitação ao exercício do próprio poder estatal, além de configurar instrumento essencial de respeito e proteção às liberdades públicas. Com a constitucionalização

A inclusão preventiva, como pode parecer à primeira vista, não é cabível apenas na hipótese regulada no *caput* do art. 52. Poderá ser decretada para qualquer das hipóteses autorizadas.

O tempo de *isolamento preventivo* ou de *inclusão preventiva* no regime disciplinar diferenciado será computado no período de cumprimento da sanção disciplinar, conforme estabelece o parágrafo único do art. 60 da LEP.

3.2.4. *Procedimento*

3.2.4.1. Inclusão preventiva no RDD

Consideradas a urgência e as demais peculiaridades que a envolvem, a *inclusão preventiva* pode ser decretada pelo juiz sem a prévia oitiva do Ministério Público e da Defesa, não havendo que se falar, por aqui, em violação de garantias constitucionais como contraditório, ampla defesa, devido processo legal etc. Com efeito, por certo a operacionalização das oitivas prévias, no mais das vezes, poderia desatender a finalidade emergencial da medida extrema. Ademais, nada impede que após a decisão que determinar a inclusão sobre ela se manifestem o Ministério Público e a Defesa, apresentando as ponderações que entenderem pertinentes.

Em outras situações peculiares, como é o caso da *regressão cautelar* (art. 118 da LEP), vários tribunais já se pronunciaram admitindo a medida emergencial sem a prévia oitiva do Ministério Público e da Defesa[31].

O que não se admite, sob pena de nulidade absoluta, é a *decisão definitiva* de inclusão no Regime Disciplinar Diferenciado (RDD) sem a prévia manifestação do *Parquet* e do Defensor.

3.2.4.2 Decisão definitiva

A decisão sobre a inclusão no regime disciplinar diferenciado é jurisdicional, inserindo-se na alçada do juiz da execução penal. Não pode o magistrado decretar a inclusão

---

desse dever jurídico imposto aos magistrados — e que antes era de extração meramente legal — dispensou-se aos jurisdicionados uma tutela processual significativamente mais intensa, não obstante idênticos os efeitos decorrentes de seu descumprimento: a nulidade insuperável e insanável da própria decisão. A importância jurídico-política do dever estatal de motivar as decisões judiciais constitui inquestionável garantia inerente à própria noção do Estado Democrático de Direito. Fator condicionante da própria validade dos atos decisórios, a exigência de fundamentação dos pronunciamentos jurisdicionais reflete uma expressiva prerrogativa individual contra abusos eventualmente cometidos pelos órgãos do Poder Judiciário" (STF, HC 69.013/PI, 1ª T., rel. Min. Celso de Mello, *RTJ* 140/870).

31. "A prática de falta grave pode ensejar a regressão cautelar do regime prisional sem a prévia oitiva do condenado, que somente é exigida na regressão definitiva: STJ, HC 184.988/RJ, 6ª T., rela. Mina. Maria Thereza de Assis Moura, j. 5-2-2013, *DJe* 18-2-2013; STJ, HC 240.643/SP, 5ª T., rela. Mina. Laurita Vaz, j. 6-11-2012, *DJe* 16-11-2012; STJ, AgRg no HC 249.110/MG, 5ª T., rel. Min. Marco Aurélio Bellizze, j. 9-10-2012, *DJe* 17-10-2012; STJ, REsp 1.054.086/RJ, 5ª T., rel. Min. Jorge Mussi, j. 21-9-2010, *DJe* 11-10-2010; STJ, HC 236.441/SP, 5ª T., rela. Mina. Marilza Maynard (Desembargadora Convocada do TJ/SE), j. 7-6-2013" (STJ — Jurisprudência em Teses, Edição n. 7).

ex officio, e o Ministério Público não tem legitimidade para postular a inclusão no RDD.

A legitimidade para postular a inclusão no regime disciplinar diferenciado é do diretor do estabelecimento penal em que se encontre o preso provisório ou condenado alvo, ou de outra autoridade administrativa, incluindo-se aqui autoridades como o Secretário da Segurança Pública e o Secretário da Administração Penitenciária. O requerimento deverá ser sempre circunstanciado, entenda-se, fundamentado (art. 54, § 1º, da LEP).

Apresentado o pedido de inclusão, sobre ele deverão manifestar-se o Ministério Público e a Defesa. Em seguida caberá ao juiz da execução prolatar sua decisão no prazo de quinze dias (art. 54, § 2º, da LEP).

Escrevendo sobre o assunto, ensina Maurício Kuehne, com a inteligência de sempre: "Ao que se denota, as modificações foram efetivadas visando a garantia da jurisdicionalização, vale dizer, a inclusão de condenado ou preso provisório no regime criado depende de requerimento circunstanciado elaborado pelo diretor do estabelecimento, o qual deverá motivar o pleito, e após, decisão judicial, precedida das manifestações do Ministério Público e da Defesa. Assim, não basta o entendimento de que o preso necessita ser implantado no RDD. A pretensão deverá ser convenientemente deduzida, formando-se processo judicial (incidente à execução). Evita-se, pois, que a autoridade administrativa decida a respeito de tão grave situação"[32].

Na precisa visão de Guilherme de Souza Nucci: "Embora o juiz tenha o prazo máximo de 15 dias para decidir a respeito, a autoridade administrativa, em caso de urgência, pode isolar o preso preventivamente, por até dez dias, aguardando a decisão judicial (art. 60). Os prazos, no entanto, deveriam coincidir, ou seja, se o juiz tem até 15 dias para deliberar sobre o regime disciplinar diferenciado, o ideal é que a autoridade administrativa tivesse igualmente 15 dias para isolar o preso, quando fosse necessário. Nada impede, aliás recomenda, no entanto, que o juiz, alertado de que o preso já foi isolado, decida em dez dias, evitando-se alegação de constrangimento ilegal"[33].

De ver, por fim, que em todos os casos a inclusão no regime disciplinar diferenciado ocorrerá sem prejuízo da sanção penal eventualmente cabível.

3.2.5 Outras considerações ligadas ao regime disciplinar diferenciado

A Lei n. 10.792/2003 adicionou ao art. 87 da LEP um parágrafo único autorizando a construção de penitenciárias pela União Federal, Estados, Distrito Federal e Territórios, destinadas, exclusivamente, aos presos provisórios e condenados que estejam em regime fechado, sujeitos ao regime disciplinar diferenciado, nos termos do art. 52, sendo certo que, por força do disposto no art. 4º da mesma lei, "os estabelecimentos penitenciários, especialmente os destinados ao regime disciplinar diferenciado, disporão, dentre outros equipamentos de segurança, de bloqueadores de telecomunicação para telefones

32. Maurício Kuehne, *Alterações à execução penal. Primeiras impressões*, http://www.iusnet.com.br/webs/IELFNova/artigos/artigo_lido.cfm?ar_id=231.

33. Guilherme de Souza Nucci, *Primeiras considerações sobre a Lei n. 10.792/03*, http://www.cpc.adv.br.

celulares, radiotransmissores e outros meios, definidos no art. 60, § 1º, da Lei n. 9.472, de 16 de julho de 1997".

À luz do disposto no art. 5º da Lei n. 10.792/2003, os Estados e o Distrito Federal, nos termos do disposto no inciso I do art. 24 da Constituição da República, observados os arts. 44 a 60 da Lei n. 7.210/84, poderão regulamentar o regime disciplinar diferenciado, em especial para: "I — estabelecer o sistema de rodízio entre os agentes penitenciários que entrem em contato direto com os presos provisórios e condenados; II — assegurar o sigilo sobre a identidade e demais dados pessoais dos agentes penitenciários lotados nos estabelecimentos penais de segurança máxima; III — restringir o acesso dos presos provisórios e condenados aos meios de comunicação de informação; IV — disciplinar o cadastramento e agendamento prévio das entrevistas dos presos provisórios ou condenados com seus advogados, regularmente constituídos nos autos da ação penal ou processo de execução criminal, conforme o caso; V — elaborar programa de atendimento diferenciado aos presos provisórios e condenados, visando a sua reintegração ao regime comum e recompensando-lhes o bom comportamento durante o período de sanção disciplinar".

É de competência da União definir os padrões mínimos do presídio destinado ao cumprimento de regime disciplinar, e ela deverá priorizar, quando da construção de presídios federais, os estabelecimentos que se destinem a abrigar presos provisórios ou condenados sujeitos a regime disciplinar diferenciado.

Nos precisos termos do art. 3º da Lei n. 11.671/2008[34]: "Serão recolhidos em estabelecimentos penais federais de segurança máxima aqueles cuja medida se justifique no interesse da segurança pública ou do próprio preso, condenado ou provisório".

3.3. Das sanções

A prática de infração disciplinar enseja a **instauração de procedimento** no âmbito da administração do estabelecimento penal em que se encontrar o executado, com vista à apuração e eventual imposição de sanção que se encontre na alçada da autoridade administrativa, e também determina a deflagração de procedimento em juízo, sendo ela de natureza grave, podendo daí decorrer severas consequências para o executado.

Dispõe a **Súmula 533 do STJ** que: "Para o reconhecimento da prática de falta disciplinar no âmbito da execução penal, é imprescindível a instauração de procedimento administrativo pelo diretor do estabelecimento prisional, assegurado o direito de defesa, a ser realizado por advogado constituído ou defensor público nomeado".

A teor do disposto no art. 53 da LEP, **constituem sanções disciplinares**:

I — advertência verbal;

II — repreensão;

III — suspensão ou restrição de direitos (art. 41, parágrafo único);

34. Regulamentada pelo Decreto n. 6.877/2009.

IV — isolamento na própria cela, ou em local adequado, nos estabelecimentos que possuam alojamento coletivo, observado o disposto no art. 88 desta lei;

V — inclusão no regime disciplinar diferenciado.

O rol de sanções também é taxativo, não comportando ampliação em razão dos *princípios da reserva legal e da anterioridade da lei.*

Compete ao diretor do estabelecimento prisional a aplicação das sanções previstas nos incisos I a IV, por ato motivado. A sanção do inciso V só poderá ser aplicada por prévia e fundamentada decisão do juiz competente, observado o procedimento legal.

É necessário que a sanção seja individualizada e proporcional à conduta, e, para tanto, deve-se aferir caso a caso a natureza e a gravidade da infração praticada, bem como as circunstâncias do fato e a pessoa do faltoso. Bem por isso o art. 57 da LEP determina que, "na aplicação das sanções disciplinares, levar-se-ão em conta a natureza, os motivos, as circunstâncias e as consequências do fato, bem como a pessoa do faltoso e seu tempo de prisão".

É imprescindível, sob pena de constrangimento ilegal e nulidade do procedimento — seja ele administrativo ou judicial —, que se assegure ao preso o **direito à ampla defesa e ao contraditório**.

Consequentemente, deve ser ouvido a respeito dos fatos, em adequado procedimento, podendo juntar documentos, arrolar testemunhas e se fazer representar por defensor constituído ou nomeado.

É que "o procedimento disciplinar de apuração da falta grave (sindicância) é modalidade de processo administrativo, coberto pela cláusula constitucional da ampla defesa e do contraditório, que exige não só que, a final, seja dada oportunidade ao defensor do reeducando para que se pronuncie, mas também que haja efetiva presença do padroeiro do investigado durante a instrução, para que possa produzir prova, contrapor-se, reinquirir testemunha, praticar, enfim, todos os atos inerentes à ampla defesa. Não se compadece o direito brasileiro, quer em se tratando de processo judicial, quer de processo administrativo, com a ausência de defesa técnica, sobretudo quando, neste último, a sanção aplicável possa ser de sérias proporções"[35].

O entendimento que nos parece mais consentâneo com o sistema jurídico brasileiro é no sentido de que, "nos termos do direito positivo vigente, o direito de defesa, que é o mais amplo possível nos termos da nova Carta Magna, não pode limitar-se à mera oitiva de funcionários do estabelecimento prisional e do sentenciado, sem que lhe seja dada a oportunidade de arrolar testemunhas e de fazer-se acompanhar, caso queira, por defensores técnicos, mormente em se tratando de falta disciplinar grave, que enseja a perda de vários direitos e benefícios"[36].

As ***faltas leves ou médias*** serão punidas com advertência verbal ou repreensão.

As ***faltas graves*** serão punidas com a suspensão ou restrição de direitos (art. 41, parágrafo único, da LEP), isolamento na própria cela, ou em local adequado, nos estabelecimentos que possuam alojamento coletivo, observado o disposto no art. 88 da LEP, ou inclusão no regime disciplinar diferenciado.

35. *RT*, 767/577.

36. *RT*, 717/421.

As sanções disciplinares são alternativas, sendo **vedada a aplicação cumulativa**.

O **isolamento**, a **suspensão** e a **restrição de direito** não poderão exceder a trinta dias, ressalvada a hipótese do regime disciplinar diferenciado (art. 58 da LEP), devendo o primeiro ser comunicado ao juiz da execução.

Embora a Lei de Execução Penal se refira à comunicação apenas da decisão que determina o isolamento como sanção disciplinar pelo cometimento de falta grave, toda punição administrativa a esse título deve ser comunicada de imediato ao juiz da execução, posto que o reconhecimento judicial da prática de falta grave, seja ela qual for, enseja consequências variadas no curso da execução da pena, tais como regressão de regime prisional (art. 118, I); revogação da autorização de saída temporária (art. 125); possibilita a perda de dias remidos (art. 127); revogação do livramento condicional, no caso de crime praticado durante a vigência do benefício (art. 140 da LEP, c/c o art. 86, I, do CP), e a conversão da pena de prestação de serviços à comunidade em privativa de liberdade (art. 181, § 1º, *d*). Em se tratando da sanção prevista no inciso V do art. 53 da LEP, a desnecessidade de comunicação ao juiz da execução é manifesta, já que tal sanção somente poderá ser aplicada pelo próprio juiz da execução, conforme visto anteriormente.

Tomando conhecimento formal da falta grave, o juiz da execução deverá designar **audiência de justificação**, na qual facultará ao executado manifestar-se a respeito do que lhe é imputado, e colherá a seguir as manifestações do Ministério Público e da defesa, antes de proferir a decisão que irá reconhecer, ou não, a prática de falta grave, e, sendo o caso, impor as consequências cabíveis e adequadas, conforme acima indicadas.

Nos precisos termos do art. 60 da LEP, a autoridade administrativa poderá decretar o **isolamento preventivo** do faltoso, pelo prazo máximo de dez dias, no interesse da disciplina e da averiguação do fato, sendo certo que o tempo de isolamento preventivo será computado no período de cumprimento da sanção disciplinar.

A previsão estabelece a possibilidade de detração, como medida de justiça, ao permitir o abatimento do isolamento preventivo no período de cumprimento da sanção disciplinar.

Note-se que não há necessidade de que a sanção disciplinar aplicada seja a de isolamento (art. 53, IV, da LEP); pode ocorrer o abatimento também na hipótese de ter sido aplicada, ao final, a suspensão ou restrição de direitos (art. 53, III, da LEP), e até mesmo no caso de ter sido aplicada sanção de inclusão no regime disciplinar diferenciado, já que o parágrafo único do art. 60 não determinou que o tempo de isolamento preventivo fosse computado *na sanção disciplinar respectiva*. Embora sem previsão legal expressa, o tempo de inclusão preventiva no regime disciplinar diferenciado também deverá servir para detração, caso ao final seja aplicada sanção disciplinar diversa.

Pela própria natureza, revela-se incompatível a detração quando a sanção disciplinar for a de advertência verbal ou repreensão.

Assim, considerando que a prática de falta grave enseja a aplicação das sanções previstas nos incisos III a V do art. 53 da LEP, o isolamento preventivo somente poderá ser aplicado, embora não exista restrição na lei, quando se tratar de procedimento instaurado para a apuração de falta grave.

A decisão proferida nos autos do procedimento administrativo para apuração de falta grave deve ser motivada, e a Lei de Execução Penal não estabelece a possibilidade de recurso, visando submetê-la à apreciação do juiz da execução ou qualquer outro órgão.

Não obstante a ausência de previsão expressa na lei sobre a **possibilidade de recurso** das decisões proferidas pelo diretor do estabelecimento ou pelo conselho disciplinar, é possível a interposição de recurso eventualmente previsto na legislação local ou nos regulamentos dos presídios.

Mesmo na ausência de previsão expressa na legislação local ou nos regulamentos presidiários, é perfeitamente cabível, em muitos casos, a utilização dos remédios constitucionais, notadamente o ***habeas corpus*** e o **mandado de segurança**[37].

3.4. Das recompensas

Se as ações destoantes devem sofrer sanções disciplinares, o bom comportamento do preso, sua colaboração com a disciplina e sua dedicação ao trabalho podem render-lhe recompensas, consistentes em **elogio ou concessão de regalias** (art. 56, I e II, da LEP).

O **elogio**, ensinou Julio F. Mirabete, "é uma espécie de distinção, é o reconhecimento direto da boa conduta do sentenciado nos vários setores de atividades (disciplina, aprendizado, trabalho etc.), marcando o mérito do condenado e servindo de estímulo para que persevere na reta intenção de emendar-se e readaptar-se futuramente à vida social. Deve ficar constando do prontuário do condenado e pesará na aferição de seu comportamento"[38].

A Lei de Execução Penal é omissa ao não estabelecer as "**regalias**" que podem ser concedidas ao preso, remetendo a questão à legislação local e aos regulamentos carcerários.

É certo, entretanto, que as "regalias" não poderão contrariar os objetivos da Lei de Execução Penal ou traduzir-se em privilégios inaceitáveis e incompatíveis com a condição de pessoa presa. Não podem, ainda, revestir-se de aspectos discriminatórios.

São **exemplos de regalias**: receber bens de consumo, patrimoniais, de qualidade, quantidade e embalagem permitida pela administração, trazidos por visitantes; visitas conjugais ou íntimas; assistir a sessões de cinema, teatro, *shows* e outras atividades socioculturais, fora do horário normal, em épocas especiais; participar de atividades coletivas, além da escola e do trabalho, em horário mais flexível; participar de exposições de trabalho, pintura e outros que digam respeito às suas atividades; concorrer em festivais e outros eventos; praticar esportes em áreas específicas; visitas extraordinárias, devidamente autorizadas.

As regalias também podem ser aplicadas ao preso que se encontre no regime semiaberto, e **poderão ser suspensas ou restringidas**, mediante decisão motivada da autoridade que a concedeu, no caso da prática de falta disciplinar, assegurados a ampla defesa e o contraditório.

---

37. Renato Marcão e outros, *Comentários à Lei do Mandado de Segurança*. 5ª ed., São Paulo, Revista dos Tribunais, 2020.

38. Julio F. Mirabete, *Execução penal*, p. 148.

Capítulo VI

DOS ÓRGÃOS DA EXECUÇÃO PENAL

Sumário: 1. Órgãos da execução. 2. Do Conselho Nacional de Política Criminal e Penitenciária. 3. Do juízo da execução. 3.1. Jurisdição. 3.2. Juiz competente. 3.3. Competência para a aplicação da lei mais benigna. 3.3.1. A declarada inconstitucionalidade do regime inicial fechado *ex lege* e seus efeitos na execução penal. 3.4. Competência para declarar extinta a punibilidade. 3.5. Competência para decidir sobre soma ou unificação de penas. 3.6. Competência para decidir sobre progressão ou regressão de regime. 3.6.1. Progressão de regime. 3.6.2. Regressão de regime. 3.6.2.1. Regressão cautelar. 3.7. Competência para decidir sobre detração e remição de pena. 3.7.1. Detração. 3.7.1.1. Alcance da detração. 3.7.2. Remição. 3.8. Competência para decidir sobre suspensão condicional da pena. 3.9. Competência para decidir sobre livramento condicional. 3.10. Competência para decidir sobre incidentes da execução. 3.11. Competência para autorizar saídas temporárias. 3.12. Competência para determinar a forma de cumprimento da pena restritiva de direitos e fiscalizar sua execução. 3.13. Competência para determinar a conversão da pena restritiva de direitos e de multa em privativa de liberdade. 3.14. Competência para determinar a conversão da pena privativa de liberdade em restritiva de direitos. 3.15. Competência para determinar a aplicação da medida de segurança, bem como a substituição da pena por medida de segurança. 3.16. Competência para determinar a revogação da medida de segurança. 3.17. Competência para determinar a desinternação e o restabelecimento da situação anterior. 3.18. Competência para determinar o cumprimento de pena ou de medida de segurança em outra comarca. 3.19. Competência para determinar a remoção do condenado na hipótese prevista no § 1º do art. 86 da LEP. 3.20. Zelar pelo correto cumprimento da pena e de medida de segurança. 3.21. Inspecionar, mensalmente, os estabelecimentos penais, tomando providências para o adequado funcionamento e promovendo, quando for o caso, a apuração de responsabilidade. 3.22. Interditar, no todo ou em parte, estabelecimento penal que estiver funcionando em condições inadequadas ou com infringência aos dispositivos desta lei. 3.23. Compor e instalar o Conselho da Comunidade. 3.24. Emitir anualmente atestado de pena a cumprir. 4. Do Ministério Público. 5. Do Conselho Penitenciário. 6. Dos Departamentos Penitenciários. 7. Do patronato. 8. Do Conselho da Comunidade. 9. Da Defensoria Pública.

1. ÓRGÃOS DA EXECUÇÃO

São órgãos da Execução Penal[1]: 1. o Conselho Nacional de Política Criminal e Penitenciária; 2. o Juízo da execução; 3. o Ministério Público; 4. o Conselho Penitenciário; 5. os departamentos penitenciários; 6. o patronato; 7. o Conselho da Comunidade; e 8. a Defensoria Pública.

2. DO CONSELHO NACIONAL DE POLÍTICA CRIMINAL E PENITENCIÁRIA

Órgão subordinado ao Ministério da Justiça, os integrantes do Conselho Nacional de Política Criminal e Penitenciária, em número de treze, são designados dentre professores e profissionais da área do Direito Penal, Processual Penal, Penitenciário, Criminologia e ciências correlatas, sendo possível incluir nesse rol, ainda, representantes da comunidade e dos Ministérios da área social, para um mandato de dois anos, renovado um terço após o transcurso de cada ano.

A teor do disposto no art. 64 da LEP, incumbe ao Conselho Nacional de Política Criminal e Penitenciária:

I — propor diretrizes da política criminal quanto à prevenção do delito, administração da justiça criminal e execução das penas e das medidas de segurança;

II — contribuir na elaboração de planos nacionais de desenvolvimento, sugerindo as metas e prioridades da política criminal e penitenciária;

III — promover a avaliação periódica do sistema criminal para sua adequação às necessidades do País;

IV — estimular e promover a pesquisa criminológica;

V — elaborar programa nacional penitenciário de formação e aperfeiçoamento do servidor;

VI — estabelecer regras sobre a arquitetura e construção de estabelecimentos penais e casas de albergados;

VII — estabelecer os critérios para a elaboração da estatística criminal;

VIII — inspecionar e fiscalizar os estabelecimentos penais, bem assim informar-se, mediante relatórios do Conselho Penitenciário, requisições, visitas ou outros meios, acerca do desenvolvimento da execução penal nos Estados, Territórios e Distrito Federal, propondo às autoridades dela incumbidas as medidas necessárias ao seu aprimoramento;

IX — representar ao juiz da execução ou à autoridade administrativa para instauração de sindicância ou procedimento administrativo, em caso de violação das normas referentes à execução penal;

X — representar à autoridade competente para a interdição, no todo ou em parte, de estabelecimento penal.

---

1. Art. 61 da LEP.

3. DO JUÍZO DA EXECUÇÃO

É perfeita a visão de Sidnei Agostinho Beneti ao concluir que, "no sistema jurisdicional de execução da pena adotado pela Lei de Execução Penal vigente, o Juízo da Execução caracteriza-se, expressamente, como órgão da execução penal (art. 61, II), o que é de extrema importância, na lógica do sistema e nas consequências dele advindas"[2].

Decorre da atual posição do juízo diante da execução penal a própria natureza jurídica desta. Deixou a execução, absolutamente, de ser um procedimento administrativo com ingerências pontuais da jurisdição, para alcançar, sem sombra de dúvida, a condição de *processo jurisdicional*.

Inquietações e dúvidas que pairavam a tal respeito antes do advento da Lei n. 7.210/84 por certo foram, ou pelo menos deveriam ser, abrandadas e dirimidas.

Exsurge clara a natureza jurisdicional do *processo de execução*, conforme decorre dos incisos que desfilam pelo art. 66 da LEP, elencando vasto rol de competências do juiz da execução.

Ademais, também os arts. 2º e 65 da LEP remetem o processo execucional à atividade jurisdicional, que, por força do disposto no art. 194 também dessa lei, está submetido a um procedimento judicial.

3.1. Jurisdição

Discorrendo sobre a função do juiz, disse Frederico Marques em sua conhecida obra *Estudos de direito processual penal*: "A função específica do Poder Judiciário, no mecanismo estatal, é o exercício da jurisdição. A atividade jurisdicional é a mais importante de todas as atribuições judiciárias e a própria *ratio essendi* da magistratura". E acrescentou: "O juiz existe, como órgão do Estado, para *julgar*"[3].

Na etimologia a palavra *jurisdição* vem de *jurisdictio*, e significa *a ação de dizer o direito*.

Trata-se daquela atividade desenvolvida pelo Estado, por meio do Poder Judiciário, que consiste na função de dizer o direito aplicável na solução de uma controvérsia.

Abolidas a vingança privada e a "autodefesa"[4], é pela jurisdição que o Estado soluciona as lides, aplicando o direito objetivo de forma coativa, tendo como finalidade imediata a solução dos litígios entre os particulares e mediata a paz social.

3.2. Juiz competente

A Constituição Federal de 1988 estabeleceu em seu art. 5º, LIII, a garantia de que ninguém será processado nem sentenciado senão pela autoridade competente.

---

2. Sidnei Agostinho Beneti, *Execução penal*, p. 66.
3. José Frederico Marques, *Estudos de direito processual penal*, p. 199.
4. Existem resquícios necessários, como a legítima defesa, o estado de necessidade etc.

Fixou, nesses termos, o *princípio do juiz natural*, também denominado *juiz legal*[5] ou *juiz competente*[6].

Como ensina Scarance Fernandes, "entre nós a denominação mais utilizada é a de juiz natural"[7], que, na precisa visão de Tourinho Filho, "é aquele cuja competência resulta, no momento do fato, das normas legais abstratas. É, enfim, o órgão previsto explícita ou implicitamente no texto da Carta Magna e investido do poder de julgar. Não basta, assim, que o órgão tenha o seu poder de julgar assentado em fonte constitucional para que se alce a *Juiz natural*. É preciso, também, que ele atue dentro do círculo de atribuições que lhe fixou a lei, segundo prescrições constitucionais"[8].

Na execução das penas privativas de liberdade a competência do juízo se inicia com a prisão do condenado. No caso de *sursis*, após a audiência admonitória.

Juízo competente para a execução da pena é aquele da comarca em que se encontra o estabelecimento prisional a que o executado está submetido.

Não obstante, a jurisprudência tem oscilado no tocante à fixação da competência do juízo da execução.

Basicamente temos **duas correntes**. **Uma entende que o juízo competente para a execução é o juízo do *local da condenação***, ainda que o executado se encontre cumprindo pena em estabelecimento prisional localizado em outra comarca, sob outra jurisdição.

Tal posicionamento revela-se ainda mais acentuado na hipótese de estar o preso em estabelecimento prisional sob outra jurisdição que não a da condenação, em razão de se encontrar temporariamente interditado ou desativado o estabelecimento situado na comarca do juízo sentenciante.

A outra corrente, à qual nos filiamos, s**egue o critério do *local do recolhimento do preso***. Para esta, juízo competente para a execução é aquele do local em que se encontra o estabelecimento prisional onde a pena está sendo executada.

Na fixação da competência deve-se levar em consideração o local onde o executado cumpre a pena em caráter permanente, sendo esta a interpretação que atende melhor aos interesses do executado e da Justiça na administração da execução penal.

Conforme o art. 2º da Lei n. 11.671/2008[9], "a atividade jurisdicional de execução penal nos estabelecimentos penais federais será desenvolvida pelo juízo federal da seção ou subseção judiciária em que estiver localizado o estabelecimento penal federal de segurança máxima ao qual for recolhido o preso". O art. 11-A dessa mesma Lei, introduzido pela Lei n. 13.964/2019, diz que "As decisões relativas à transferência ou à prorrogação da permanência do preso em estabelecimento penal federal de segurança máxima, à

---

5. É a denominação mais adotada entre os alemães.
6. É a denominação mais adotada entre os espanhóis.
7. Antonio Scarance Fernandes, *Processo penal constitucional*, p. 125.
8. Fernando da Costa Tourinho Filho, *Manual de processo penal*, p. 166.
9. Regulamentada pelo Decreto n. 6.877/2009.

concessão ou à denegação de benefícios prisionais ou à imposição de sanções ao preso federal poderão ser tomadas por órgão colegiado de juízes, na forma das normas de organização interna dos tribunais".

Se o condenado cumpre pena em albergue domiciliar (art. 117 da LEP), competente para a execução é o juízo da Vara das Execuções Penais da comarca em que reside.

Em se tratando de *sursis*, a competência também é do juízo da residência do executado, o mesmo ocorrendo em relação à execução de penas restritivas de direitos.

No tocante à pena de multa, a competência para a execução, com o advento da Lei n. 9.268/96, passou a ser da Vara das Execuções Fiscais, estando legitimada ativamente a Fazenda Pública, tendo em vista a natureza jurídica emprestada à pena pecuniária, que passou a ser considerada *dívida de valor*, para fins de execução.

Após acalorado debate doutrinário e oscilações na jurisprudência, conforme veremos no capítulo destinado ao estudo da execução da pena de multa, a Lei n. 13.964/2019 deu nova redação ao art. 51 do CP, que agora se encontra grafado nos seguintes termos: "Transitada em julgado a sentença condenatória, a multa será executada perante o juiz da execução penal e será considerada dívida de valor, aplicáveis as normas relativas à dívida ativa da Fazenda Pública, inclusive no que concerne às causas interruptivas e suspensivas da prescrição".

Competente para a execução da medida de segurança — internação ou tratamento ambulatorial — é o juízo de execução da comarca em que estiver sendo cumprida.

Pode ocorrer, todavia, que o executado resida em uma determinada comarca e se submeta a medida de tratamento ambulatorial em comarca diversa — em uma comarca contígua que melhor atenda às suas necessidades, por exemplo. Nesse caso excepcional, competente para o processo execucional será o juízo da comarca em que reside.

Por fim, tem relevo registrar que a Lei n. 13.964/2019 incluiu na Lei n. 12.694/2012 seu atual art. 1º-A, de modo a autorizar os Tribunais de Justiça e os Tribunais Regionais Federais a criarem e instalarem **Varas Criminais Colegiadas**, com competência para todos os atos judiciais praticados na fase de investigação; para o processo, julgamento e **execução das penas eventualmente aplicadas**, no que diz respeito a "crimes de pertinência a organizações criminosas armadas ou que tenham armas à disposição", crime tipificado no art. 288-A do CP, e eventuais delitos conexos a qualquer deles.

3.3. Competência para a aplicação da lei mais benigna

Consoante estabelece a **Súmula 611 do STF**, "transitada em julgado a sentença condenatória, compete ao juízo das execuções a aplicação da lei mais benigna".

O art. 66, I, da LEP, insere no rol de competências do juiz da execução a aplicação retroativa da lei posterior que de qualquer modo favoreça ao condenado[10].

10. "Nos termos do art. 66, inciso I, da Lei de Execuções Penais, compete ao Juiz da execução 'aplicar aos casos julgados lei posterior que de qualquer modo favorecer o condenado'. Tal entendimento é reforçado pela Súmula n. 611 do Supremo Tribunal Federal, segundo a qual, 'transitada em julgado a

O eventual exame da matéria em grau de recurso, sem que tenha sido submetida, antes, à apreciação jurisdicional monocrática, importa na inadmissível supressão de um grau de jurisdição, além de violar os princípios constitucionais do devido processo legal, do contraditório e da ampla defesa.

3.3.1. A declarada inconstitucionalidade do regime inicial fechado ex lege e seus efeitos na execução penal

Conforme regra disposta no art. 33, § 2º, do CP, e tendo por base o *quantum* da pena fixada: *a*) o condenado a pena superior a 8 (oito) anos deverá começar a cumpri-la em regime fechado; *b*) o condenado não reincidente, cuja pena seja superior a 4 (quatro) anos e não exceda a 8 (oito), poderá, desde o princípio, cumpri-la em regime semiaberto; *c*) o condenado não reincidente, cuja pena seja igual ou inferior a 4 (quatro) anos, poderá, desde o início, cumpri-la em regime aberto.

Não se desconhece a possibilidade de fixação de regime prisional mais severo que aquele determinado pelo *quantum* da pena, inclusive por força do disposto no § 3º do art. 33 do CP, segundo o qual "A determinação do regime inicial de cumprimento da pena far-se-á com observância dos critérios previstos no art. 59 deste Código". Em casos tais, todavia, na sentença o Juiz deverá fundamentar convenientemente a escolha/fixação do regime mais severo[11].

Não é por razão diversa que foi editada a **Súmula 719 do STF**, que tem o seguinte teor: "A imposição do regime de cumprimento mais severo do que a pena aplicada permitir exige motivação idônea".

Dispunha o § 1º do art. 2º da Lei n. 8.072/90 que o réu condenado por crime hediondo ou assemelhado deveria **iniciar o cumprimento da pena privativa de liberdade no regime fechado**.

Impunha, portanto, regime inicial *ex lege*, sem outros questionamentos em linhas de individualização, de modo a tolher a atividade individualizadora conferida ao Poder Judiciário, e malferir garantia fundamental do acusado, assegurada no art. 5º, XLVI, da CF.

Por força de equivocada interpretação lastreada no § 1º do art. 2º da Lei n. 8.072/90, em condenações proferidas, invariavelmente juízes e tribunais se descuidaram do dever de individualizar de maneira adequada a escolha do regime prisional de cumprimento da pena inicialmente fixado.

---

sentença condenatória, compete ao Juízo das Execuções a aplicação de lei mais benigna'" (STJ, AgRg no HC 573.818/SP, 5ª T., rel. Min. Ribeiro Dantas, j. 2-6-2020, *DJe* de 15-6-2020).

11. "A exigência de motivação dos atos jurisdicionais constitui, hoje, postulado constitucional inafastável, que traduz poderoso fator de limitação ao exercício do próprio poder estatal, além de configurar instrumento essencial de respeito e proteção às liberdades públicas. Com a constitucionalização desse dever jurídico imposto aos magistrados — e que antes era de extração meramente legal — dispensou-se aos jurisdicionados uma tutela processual significativamente mais intensa, não obstante idênticos os efeitos decorrentes de seu descumprimento: a nulidade insuperável e insanável da própria decisão. A importância jurídico-política do dever estatal de motivar as decisões judiciais constitui inquestionável garantia inerente à própria noção do Estado Democrático de Direito. Fator condicionante da própria validade dos atos decisórios, a exigência de fundamentação dos pronunciamentos jurisdicionais reflete uma expressiva prerrogativa individual contra abusos eventualmente cometidos pelos órgãos do Poder Judiciário" (STF, HC 69.013/PI, 1ª T., rel. Min. Celso de Mello, *RTJ* 140/870).

Ocorre que em 26 de junho de 2012, quando do julgamento do *Habeas Corpus* 111.840/ES, de que foi relator o Ministro Dias Toffoli, o Plenário do Supremo Tribunal Federal julgou inconstitucional o § 1º do art. 2º da Lei n. 8.072/90, por malferir o princípio da individualização da pena, que também se aplica à individualização do regime prisional.

Por se tratar de declaração incidental, sem efeito *erga omnes*, apesar de consolidada a jurisprudência da Suprema Corte no sentido da inconstitucionalidade, as instâncias inferiores continuaram a fixar o regime inicial fechado *ex lege*, e em novembro de 2017 o Plenário do Supremo Tribunal Federal declarou a inconstitucionalidade do regime inicial fechado, com repercussão geral, quando do julgamento do ARE 1.052.700/MG, de que foi relator o Min. Edson Fachin. Essa decisão é objeto do "Tema 972", e foi fixada a seguinte tese: "É inconstitucional a fixação *ex lege*, com base no art. 2º, § 1º, da Lei 8.072/1990, do regime inicial fechado, devendo o julgador, quando da condenação, ater-se aos parâmetros previstos no artigo 33 do Código Penal"[12].

Disso decorre que, nas execuções criminais em andamento, se a condenação versar sobre crime hediondo ou assemelhado, faz-se imprescindível verificar se o regime inicial fora fixado tão somente com base no dispositivo em testilha e, sendo caso, proceder-se ao ajuste do regime em sede de execução, e isso por força do disposto no art. 33, § 2º, do CP, na Súmula 719 do STF e no art. 66, I, da LEP, segundo o qual compete ao Juiz da Execução "aplicar aos casos julgados lei posterior que de qualquer modo favorecer o condenado".

Veja-se, a propósito, o teor da **Súmula 611 do STF**: "Transitada em julgado a sentença condenatória, compete ao juízo das execuções a aplicação de lei mais benigna".

A esse respeito: "Tratando-se de lei penal nova e mais benéfica, é de ser aplicada, *ope constitutionis*, aos casos pretéritos. A aplicação da *Lex mitior* compete ao juiz da execução, nos termos da legislação e da Súmula 611 do STF" (STF, 1ª T., rel. Min. Celso de Mello, *DJU* de 12-6-1992, p. 9028). "A competência para a análise da aplicabilidade da lei penal benigna é do juízo da execução penal, nos termos do artigo 66, inciso I, da Lei de Execução Penal, razão pela qual é inviável a deliberação da matéria diretamente pelo Superior Tribunal de Justiça, sob pena de supressão de graus de jurisdição. Súmula n. 611/STF" (STJ, AgRg no HC 250.812/SP, 5ª T., rel. Min. Jorge Mussi, j. 25-2-2014, *DJe* de 10-3-2014).

Incabível afastar a incidência da citada **Súmula 611 do STF** ao argumento de que não se trata de *lei nova*, mas de decisão do Supremo Tribunal Federal.

---

12. STF, ARE 1.052.700/MG, Tribunal Pleno, rel. Min. Edson Fachin, j. 2-11-2017, *DJe*-018, de 1-2-2018. "(a) É inconstitucional a fixação do regime inicial fechado com base na natureza do delito. (b) No julgamento do Tema 972, relativo à possibilidade de fixação de regime inicial fechado para cumprimento de pena, com base unicamente na natureza hedionda do delito, o Plenário do Supremo Tribunal Federal fixou a seguinte tese, dotada de Repercussão Geral: 'É inconstitucional a fixação *ex lege*, com base no art. 2º, §1º, da Lei 8.072/1990, do regime inicial fechado, devendo o julgador, quando da condenação, ater-se aos parâmetros previstos no artigo 33 do Código Penal' (ARE 1.052.700/MG, Tribunal Pleno, rel. Min. Edson Fachin, *DJe* 1-2-2018)" (STF, Rcl 37.356 AgR/SP, 1ª T., rel. Min. Luiz Fux, j. 27-3-2020, *DJe*-085, de 7-4-2020).

Bem por isso o entendimento do Colendo Superior Tribunal de Justiça é firme no sentido de que: "Fixado o regime inicial fechado com base no § 1º do art. 2º da Lei n. 8.072/1990, posteriormente declarado inconstitucional pelo Supremo Tribunal Federal (HC 111.840/ES, julgado em 27/6/2012), cabe ao Juízo da Execução, tendo em vista o trânsito em julgado da condenação, reavaliar os elementos concretos dos autos, à luz do art. 33, §§ 2º e 3º, do Código Penal, para verificar qual o regime inicial adequado para o paciente. Precedentes: AgRg no HC n. 257.178/SP, Relatora Ministra Assusete Magalhães, 6ª Turma, *DJe* 23.9.2013; HC n. 226.064/DF, Relatora Ministra Maria Thereza de Assis Moura, 6ª Turma, *DJe* 24.4.2013" (STJ, HC 307.902/SP, 6ª T, rel. Min. Ericson Maranho, j. 16-12-2014, *DJe* de 3-2-2014)[13].

A manutenção do condenado em regime fixado exclusivamente com fundamento em regra inconstitucional materializa indesculpável constrangimento ilegal.

Não é ocioso destacar que o art. 66, I, da LEP se refere à aplicação da norma "posterior que de qualquer modo favorecer o condenado", e a **Súmula 611 do STF** trata da necessária incidência da regra posterior "mais benigna".

É fora de dúvida, portanto, que, na hipótese tratada, a adequação do regime inicial na fase execucional só poderá se verificar de forma benéfica ao executado, jamais *in pejus*.

3.4. Competência para declarar extinta a punibilidade

A competência para declarar extinta a punibilidade é do juízo das execuções, a teor do disposto no art. 66, II, da LEP.

O juízo incumbido da administração da pena é quem declara a extinção da punibilidade.

Para assegurar a regularidade do processamento da execução, antes de declarar a extinção da punibilidade é necessário providenciar a oitiva do Ministério Público.

A pena não pode ser extinta sem o prévio pronunciamento do Órgão Ministerial, cuja presença é obrigatória, em virtude de lei, em todos os atos referentes à execução da pena e seus incidentes, constituindo formalidade essencial.

Não é ocioso registrar que, no julgamento da ADI 3.150/DF, de que foi relator o Min. Roberto Barroso, entre outros temas, o Plenário do Supremo Tribunal Federal decidiu, com repercussão geral, que "A Lei nº 9.268/1996, ao considerar a multa penal como dívida de valor, não retirou dela o caráter de sanção criminal, que lhe é inerente por força do art. 5º, XLVI, *c*, da Constituição Federal"[14].

Em abril de 2020 a 5ª Turma do Superior Tribunal de Justiça decidiu, acertadamente, que "O Supremo Tribunal Federal, ao julgar a ADI n. 3.150/DF, declarou que, à luz do preceito estabelecido pelo art. 5º, XLVI, da Constituição Federal, a multa, ao lado da pri-

13. Nessa mesma linha de orientação: STJ, HC 292.155/MG, 5ª T., rel. Min. Felix Fischer, j. 4-11-2014, *DJe* de 17-11-2014; STJ, HC 288.376/SP, 6ª T, rela. Mina. Marilza Maynard, j. 18-8-2014, *DJe* de 25-8-2014.

14. STF, ADI 3.150/DT, Tribunal Pleno, rel. Min. Roberto Barroso, j. 13-12-2018, *DJe* de 6-8-2019.

vação de liberdade e de outras restrições — perda de bens, prestação social alternativa e suspensão ou interdição de direitos –, é espécie de pena aplicável em retribuição e em prevenção à prática de crimes, não perdendo ela sua natureza de sanção penal. Dessarte, as declarações de constitucionalidade ou de inconstitucionalidade são dotadas de eficácia contra todos e efeito vinculante em relação aos órgãos do Poder Judiciário. Assim, não se pode mais declarar a extinção da punibilidade pelo cumprimento integral da pena privativa de liberdade quando pendente o pagamento da multa criminal"[15].

3.5. Competência para decidir sobre soma ou unificação de penas

Também compete ao juízo das execuções da comarca em que o condenado estiver cumprindo sua pena decidir sobre a soma ou unificação de penas, conforme decorre do art. 66, III, *a*, da LEP.

Mesmo que as condenações sejam provenientes de vários Estados da Federação, a competência será do juízo das execuções onde o condenado se encontrar, para onde devem ser remetidas as guias de recolhimento (cartas de guia), uma vez fixada a competência.

Por imperativo constitucional, a decisão deve ser fundamentada[16], e a parte inconformada com o *decisum* pode utilizar-se do agravo em execução[17], que é o recurso cabível das decisões que unificam penas; incogitável a utilização do recurso em sentido estrito.

Não raras vezes determinada pessoa comete vários crimes em evidente situação de continuidade delitiva (art. 71 do CP), e mesmo assim são instaurados inquéritos policiais e processos criminais distintos — um para cada crime —, quando o correto em casos tais é a unidade de processo e julgamento, com única denúncia e uma só sentença tratando de todos os fatos, salvo hipótese de aplicação do art. 80 do CPP.

Desobedecida a regra, em caso de procedência das imputações ou parte delas, haverá condenação em cada um dos processos, e então, em sede de execução penal, será preciso proceder à unificação das penas, a fim de se ver quantificadas em ajuste com a previsão do

---

15. STJ, AgRg no REsp 1.850.903/SP, 5ª T., rel. Min. Reynaldo Soares da Fonseca, j. 28-4-2020, *DJe* de 30-4-2020.

16. Art. 93, X, da CF; *RT*, 585/342. "A exigência de motivação dos atos jurisdicionais constitui, hoje, postulado constitucional inafastável, que traduz poderoso fator de limitação ao exercício do próprio poder estatal, além de configurar instrumento essencial de respeito e proteção às liberdades públicas. Com a constitucionalização desse dever jurídico imposto aos magistrados — e que antes era de extração meramente legal — dispensou-se aos jurisdicionados uma tutela processual significativamente mais intensa, não obstante idênticos os efeitos decorrentes de seu descumprimento: a nulidade insuperável e insanável da própria decisão. A importância jurídico-política do dever estatal de motivar as decisões judiciais constitui inquestionável garantia inerente à própria noção do Estado Democrático de Direito. Fator condicionante da própria validade dos atos decisórios, a exigência de fundamentação dos pronunciamentos jurisdicionais reflete uma expressiva prerrogativa individual contra abusos eventualmente cometidos pelos órgãos do Poder Judiciário" (STF, HC 69.013/PI, 1ª T., rel. Min. Celso de Mello, *RTJ* 140/870).

17. Art. 197 da LEP.

art. 71 do CP, pois, do contrário, será aplicada a regra do concurso material (art. 69 do CP), com a soma das penas, a traduzir enorme prejuízo ao executado (*v.* art. 111 da LEP).

3.6. Competência para decidir sobre progressão ou regressão de regime

3.6.1. Progressão de regime

A Lei de Execução Penal adota um sistema progressivo de execução das penas privativas de liberdade, passando do regime mais severo ao menos gravoso, desde que atendidos os requisitos objetivo e subjetivo.

Submetida a execução das penas ao Poder Jurisdicional e a princípios como o da legalidade, da ampla defesa, do contraditório e do duplo grau de jurisdição, entre outros, é inegável que a decisão sobre progressão de regime prisional configura matéria inserida no rol de competências do Juízo das Execuções Penais.

A pretensão à progressão de regime prisional deve ser dirigida inicialmente ao juízo das execuções criminais competente, a teor do disposto no art. 66 da LEP. Somente em caso de inconformismo com o decidido em primeira instância é que a matéria poderá ser submetida ao juízo de segundo grau, mediante o recurso de agravo em execução.

Adotado o sistema progressivo, é da competência do juiz da execução da pena examinar o pedido de progressão do regime fechado para o semiaberto, e deste para o aberto.

Por ser imprescindível a prévia oitiva do Ministério Público, nula é a progressão de regime deferida sem observância da cautela legal, já que inegável o interesse do referido órgão em se pronunciar sobre o pedido, fiscalizando os rumos da execução, conforme determina o art. 67 da LEP.

3.6.2. Regressão de regime

Acentuada ausência de mérito, evidenciada por determinadas condutas adotadas pelo executado durante a execução de sua(s) pena(s), ou mesmo o somatório das penas decorrentes de outras condenações (art. 111 da LEP), podem levar à regressão de regime prisional, que implicará a passagem do regime aberto para o semiaberto, ou deste para o fechado.

Assim como não se admite a progressão por salto, a regressão também deverá ser escalonada, vedada sua efetivação *per saltum*.

Também em sede de regressão, e aqui com maior ênfase, é imprescindível a estrita observância a princípios como o da ampla defesa e o do contraditório. Não pode o juiz da execução decidir sobre a regressão prisional do condenado sem antes oportunizar sua prévia oitiva, conforme decorre do art. 118, § 2º, da LEP.

No caso de fuga, hipótese comum na rotina das execuções penais, antes da regressão definitiva o juiz deverá designar audiência de justificação, e a intimação do executado, a fim de que a ela compareça para que, querendo, apresente sua versão a respeito dos fatos imputados. No caso de não ter ocorrido sua recaptura, o executado será intimado por edital.

Em qualquer caso, oportunizada a manifestação do executado, em seguida, nessa mesma audiência será colhida a manifestação do Ministério Público e da defesa, após o que será proferida decisão a respeito da regressão.

Necessário, entretanto, distinguir a regressão definitiva da regressão cautelar.

3.6.2.1 Regressão cautelar

O poder geral de cautela também conferido ao juízo da execução autoriza, em certas hipóteses, decisão determinando a regressão cautelar do condenado, notadamente nos casos de fuga, conduta que caracteriza falta grave[18].

Em tais hipóteses, evidenciada a real necessidade da medida, o juízo determinará a *regressão prisional cautelar*, do regime aberto para o semiaberto, ou deste para o fechado, caso a caso, consignando que a regressão definitiva será objeto de decisão após a apuração judicial da falta cometida, atividade que se submete a regular procedimento, com ampla defesa, contraditório etc.

Algumas vezes a medida é imprescindível, como no caso de descumprimento de condições de permanência no regime aberto, a ensejar regressão para o semiaberto, para que se possa agilizar a prisão do condenado e sua oitiva no procedimento de apuração da falta e pedido de regressão.

A fuga do regime semiaberto também tem ensejado decisões de regressão cautelar, e a esse respeito a jurisprudência se tem posicionado no sentido de que "inexiste ilegalidade na remoção cautelar do condenado do regime semiaberto para o fechado enquanto dura a apuração de falta grave por ele cometida, pois a regressão provisória é faculdade do Juiz da Execução"[19].

"A fuga, constituindo falta grave, autoriza sustação provisória do regime semiaberto, para manter a disciplina interna no presídio e impedir que o reeducando empreenda nova fuga, sendo certo que a ausência de previsão expressa na Lei das Execuções Penais não impede tal providência, eis que está inserida no poder cautelar do Juiz da Execução"[20].

---

18. "A prática de falta grave pode ensejar a regressão cautelar do regime prisional sem a prévia oitiva do condenado, que somente é exigida na regressão definitiva: STJ, HC 184.988/RJ, 6ª T., rela. Mina. Maria Thereza de Assis Moura, j. 5-2-2013, *DJe* 18-2-2013; STJ, HC 240.643/SP, 5ª T., rela. Mina. Laurita Vaz, j. 6-11-2012, *DJe* 16-11-2012; STJ, AgRg no HC 249.110/MG, 5ª T., rel. Min. Marco Aurélio Bellizze, j. 9-10-2012, *DJe* 17-10-2012; STJ, REsp 1.054.086/RJ, 5ª T., rel. Min. Jorge Mussi, j. 21-9-2010, *DJe* 11-10-2010; STJ, HC 236.441/SP, 5ª T., rela. Mina. Marilza Maynard (Desembargadora Convocada do TJ/SE), j. 7-6-2013" (STJ — Jurisprudência em Teses, Edição n. 7).

19. *RJTACrimSP*, 33/394. "A fuga do condenado justifica a regressão cautelar para o regime fechado, sendo certo que, por óbvio, se houve fuga não há como acenar com a oitiva prévia disposta no art. 118, § 2º, da Lei de Execução Penal (HC 84.112/RJ, rela. Mina. Ellen Gracie, *DJ* de 21.05.2004), a qual somente é exigida na hipótese de regressão definitiva" (STF, HC 106.942/GO, 2ª T., rel. Min. Joaquim Barbosa, j. 24-4-2012, *DJe* n. 100, de 23-5-2012).

20. *RJTACrimSP*, 30/382. "A jurisprudência desta Corte é no sentido de que a fuga do condenado justifica a regressão cautelar do regime prisional, sendo que a oitiva prévia disposta no art. 118, § 2º, da

3.7. Competência para decidir sobre detração e remição de pena

3.7.1. *Detração*

Conforme dispõe o art. 42 do CP, "computam-se, na pena privativa de liberdade e na medida de segurança, o tempo de prisão provisória, no Brasil ou no estrangeiro, o de prisão administrativa e o de internação em qualquer dos estabelecimentos referidos no artigo anterior". O art. 41 refere-se a hospital de custódia e tratamento psiquiátrico, ou, à falta, a outro estabelecimento adequado.

Regula-se, nesses termos, o instituto da detração penal, pelo qual a prisão cautelar, seja de que natureza for, deverá ser computada na pena privativa de liberdade em termos de abatimento, por ocasião da execução.

Para Frederico Marques tal regra decorre do caráter retributivo da pena[21].

No dizer de Damásio E. de Jesus, "'detrair' significa 'abater o crédito de'. Detração penal é o cômputo na pena privativa de liberdade e na medida de segurança do tempo de prisão provisória ou administrativa e o de internação em hospital ou manicômio". E acrescenta: "Para a aplicação do princípio da detração penal deve existir o nexo de causalidade entre a prisão provisória e a pena privativa de liberdade"[22].

Preso ou submetido a tratamento cautelar[23], o período decorrente de tais medidas deverá ser abatido do total da pena ou medida de segurança aplicada ao final, no processo de conhecimento. Tal cômputo, que se denomina detração, caso não tenha sido feito já **na própria sentença condenatória**, como determina o art. 387, § 2º, do CPP, deverá ocorrer em sede de execução da sentença, sendo, pois, de competência do **juízo da execução** a apreciação do pedido em primeiro grau[24].

Por imperativo constitucional, a decisão sobre a detração penal também deverá ser fundamentada, sob pena de nulidade (art. 93, IX, da CF)[25].

Lei de Execução Penal somente é indispensável na hipótese de regressão definitiva. Precedentes" (STF, RHC 116.467/SP, 2ª T., rel. Min. Teori Zavascki, j. 19-11-2013, *DJe* n. 237, de 3-12-2013).

21. José Frederico Marques, *Tratado de direito penal*, v. 3, p. 133.

22. Damásio E. de Jesus, *Direito penal*, v. 1, p. 526.

23. Ver art. 319, VII, do CPP.

24. STF, HC 119.153/SP, 2ª T., rela. Mina. Cármen Lúcia, j. 20-5-2014, *DJe* n. 109, de 6-6-2014. "Com o advento da Lei n. 12.736/2012, o Juiz processante, ao proferir sentença condenatória, deverá detrair o período de custódia cautelar para fins de fixação do regime prisional. Forçoso reconhecer que o § 2º do art. 387 do Código de Processo Penal não versa sobre progressão de regime prisional, instituto próprio da execução penal, mas, sim, acerca da possibilidade de se estabelecer regime inicial menos severo, descontando-se da pena aplicada o tempo de prisão cautelar do acusado. As alterações trazidas pelo diploma legal supramencionado não afastaram a competência concorrente do Juízo das Execuções para a detração, nos termos do art. 66 da Lei n. 7.210/1984, sempre que o Magistrado sentenciado não houver adotado tal providência" (STJ, RHC 126.571/CE, 5ª T., rel. Min. Ribeiro Dantas, j. 23-6-2020, *DJe* de 29-6-2020).

25. "A exigência de motivação dos atos jurisdicionais constitui, hoje, postulado constitucional inafastável, que traduz poderoso fator de limitação ao exercício do próprio poder estatal, além de configurar

Feito o abatimento que decorre da detração, caberá ao juiz da execução, no momento oportuno, analisar a possibilidade de progressão de regime, tendo por base o remanescente da pena[26].

3.7.1.1. Alcance da detração

A melhor interpretação que se deve dar ao art. 42 do CP impõe limitação ao alcance da regra, de modo que não é toda e qualquer privação cautelar de liberdade, anterior à condenação, que pode ser detraída do total da pena aplicada.

É passível de detração apenas o período de privação cautelar da liberdade ou internação que tenha relação com o delito pelo qual se impõe condenação, ou outro que tenha sito posteriormente praticado, e disso decorre que privação por delito anterior não pode ser abatida do total da pena aplicada.

A matéria encontra-se pacificada no Supremo Tribunal Federal[27], conforme as ementas que seguem transcritas:

"A detração (desconto da reprimenda penal) constitui importante instrumento de controle da legalidade da execução das penas privativas de liberdade. Isso por competir ao Juízo das Execuções Criminais decidir sobre o cômputo, na pena finalmente imposta, do tempo da prisão provisória eventualmente cumprida pelo agente. A norma do art. 42 do Código Penal recebe da jurisprudência dos tribunais brasileiros uma leitura mais alargada para admitir a detração do período de prisão provisória, mesmo naqueles casos em que não se estabelece um vínculo causal entre o motivo da prisão cautelar e o fato ensejador da condenação. Isto naquelas situações fáticas em que o delito pelo qual o agente se acha condenado for anterior à prisão provisória (ou cautelar) em processo que resultar na absolvição do réu. Não se pode descontar da pena do paciente o período de prisão

---

instrumento essencial de respeito e proteção às liberdades públicas. Com a constitucionalização desse dever jurídico imposto aos magistrados — e que antes era de extração meramente legal — dispensou-se aos jurisdicionados uma tutela processual significativamente mais intensa, não obstante idênticos os efeitos decorrentes de seu descumprimento: a nulidade insuperável e insanável da própria decisão. A importância jurídico-política do dever estatal de motivar as decisões judiciais constitui inquestionável garantia inerente à própria noção do Estado Democrático de Direito. Fator condicionante da própria validade dos atos decisórios, a exigência de fundamentação dos pronunciamentos jurisdicionais reflete uma expressiva prerrogativa individual contra abusos eventualmente cometidos pelos órgãos do Poder Judiciário" (STF, HC 69.013/PI, 1ª T., rel. Min. Celso de Mello, *RTJ* 140/870).

26. STF, HC 119.004/SP, 1ª T., rel. Min. Marco Aurélio, j. 10-11-2015, *DJe* n. 237, de 25-11-2015; STF, Ext 1.394/DF, 2ª T., rel. Min. Teori Zavascki, j. 20-10-2015, *DJe* n. 220, de 5-11-2015.

27. "A detração enseja a compensação do lapso temporal de prisão ou de internação que o agente cumpriu previamente à condenação, período esse reconhecido legalmente como cumprimento efetivo da pena (art. 42 do Código Penal e art. 111 da Lei de Execução Penal). Mostra-se inviável a detração penal quanto à prisão cautelar ocorrida em período anterior ao crime pelo qual encontra-se o paciente cumprindo pena" (STF, HC 109.519/RS, 1ª T., rela. Mina. Rosa Weber, j. 27-3-2012, *DJe* n. 073, de 16-4-2012). "É assente a jurisprudência do Supremo Tribunal Federal no sentido de que o condenado não faz jus à detração penal quando a conduta delituosa pela qual houve a condenação tenha sido praticada posteriormente ao crime que acarretou a prisão cautelar" (STF, HC 109.599/RS, 2ª T., rel. Min. Teori Zavascki, j. 26-2-2013, *DJe* n. 048, de 13-3-2013).

cautelar por fatos anteriores aos delitos ensejadores da condenação criminal. Com o que se evita a constituição de verdadeiros 'bancos de pena' ou 'créditos' passíveis de futura aplicabilidade" (STF, RHC 110.576/DF, 2ª T., rel. Min. Ayres Britto, j. 6-3-2012, *DJe* n. 124, de 26-6-2012).

"A detração pressupõe a custódia penal pelo mesmo crime ou por delito posterior, por isso que inadmissível empreender a operação do desconto em relação a delitos anteriores, como se lícito fosse instaurar uma 'conta corrente' delinquencial, viabilizando ao imputado a prática de ilícitos impuníveis amparáveis por créditos de não persecução. O artigo 42 do Código Penal determinava, em seu parágrafo único, o desconto do tempo de prisão provisória indevidamente cumprido, relativo à condenação por crime posterior, invalidada em decisão judicial recorrível. A detração, nesse caso, resultaria em uma espécie de bônus em favor do réu, ou seja, em um crédito contra o Estado, e representaria a impunidade de posteriores infrações penais. A supressão do parágrafo único do artigo 42, inaugurou exegese que admite a detração por prisão em outro processo (em que houve absolvição ou extinção da punibilidade), desde que a prática do delito em virtude do qual o condenado cumprirá pena tenha sido anterior. O artigo 42 do Código Penal, no seu parágrafo único, veiculava norma condizente com a realidade da época, mas inimaginável nos dias atuais, porquanto é, *data venia*, surrealista admitir a possibilidade de o réu creditar-se de tempo de prisão provisória para abater na pena relativa a crime que eventualmente venha a cometer. A detração na pena de crime posterior do tempo de prisão provisória relativa a crime anterior, ainda que haja absolvição é tese já interditada pela jurisprudência da Suprema Corte: Rhc 61.195, rel. Min. Francisco Rezek, *DJ* de 23-9-83 e HC 93.979, rel. Min. Cármen Lúcia, *DJe* de 19-6-98" (STF, HC 111.081/RS, 1ª T., rel. Min. Luiz Fux, j. 28-2-2012, *DJe* n. 061, de 26-3-2012).

3.7.2. Remição

O instituto da remição encontra-se regulado no art. 126 da LEP, segundo o qual o condenado que cumpre pena em regime fechado ou semiaberto poderá remir, **pelo trabalho**, parte do tempo de execução da pena.

O **estudo formal e regular** também permite remição de pena, e nesse caso poderão beneficiar-se com a remição presos que se encontrarem nos regimes fechado, semiaberto e aberto, bem como o liberado condicionalmente e o preso cautelar.

A remição só tem eficácia se for deferida por sentença judicial, e tal competência em primeiro grau é do juízo das execuções penais, que deverá ouvir previamente o Ministério Público.

Cumpre consignar, por derradeiro, que o *habeas corpus* não é meio idôneo para a apreciação de *pedido de remição*, já que tal apuração demanda análise de provas. Contudo, é perfeitamente admissível sua utilização para afastar constrangimento ilegal decorrente de *equívoco* na forma de contabilizar os dias remidos, quando de tal desacerto decorrer impossibilidade de conseguir benefício (por falta do requisito objetivo) a que o executado já teria direito caso a contagem estivesse correta.

Sobre o abatimento decorrente dos dias remidos, remetemos o leitor ao Capítulo XIII (Da remição), item 4 (Como se procede ao abatimento dos dias remidos).

3.8. Competência para decidir sobre suspensão condicional da pena

Na lição de Celso Delmanto e outros, "a suspensão condicional da pena, mais conhecida pelo nome de *sursis*, significa a suspensão parcial da execução de certas penas privativas de liberdade, durante um período de tempo e mediante certas condições"[28].

Presentes os requisitos legais, a obtenção do *sursis* é direito subjetivo do condenado.

Não é possível cogitar da hipótese de *sursis* sem condições, sendo obrigatória a imposição destas. Quando a suspensão *condicional* da pena for concedida por tribunal, a este caberá estabelecer as condições do benefício, assim procedendo, também, quando modificar as condições estabelecidas na sentença recorrida. Todavia, ao conceder a suspensão condicional da pena, o tribunal poderá conferir ao juízo da execução a incumbência de estabelecer as condições do benefício e, em qualquer caso, a de realizar a audiência admonitória[29].

Conforme decorre do § 1º do art. 158 da lei, as condições serão adequadas ao fato e à situação pessoal do condenado, o que determina uma necessária individualização. Deve ser incluída entre tais condições a prestação de serviços à comunidade, ou a limitação de fim de semana, salvo hipótese do art. 78, § 2º, do CP. Atendendo à atividade individualizadora, o juiz poderá, a qualquer tempo, de ofício, a requerimento do Ministério Público ou mediante proposta do Conselho Penitenciário, modificar as condições e regras estabelecidas na sentença. Necessário, em tal hipótese, proceder à oitiva do condenado, em homenagem aos princípios da ampla da defesa, do contraditório, do devido processo legal etc., sob pena de nulidade do *decisum*.

Não obstante a imperiosa necessidade de impor condições ao *sursis*, casos ocorrem em que o benefício acaba sendo concedido sem que sejam elas fixadas em primeira ou segunda instância. Em tais hipóteses, entendemos incabível a fixação das condições pelo juízo da execução, pois tal decisão implicaria inaceitável violação ao princípio que impede a *reformatio in pejus*. Existem duas posições sobre o assunto, uma entendendo que o juízo da execução não pode fixar as condições e outra sustentando que o juiz da execução pode impor as condições não impostas, nos termos do art. 158, § 2º, da LEP, uma vez que o trânsito em julgado só atinge a concessão ou não do *sursis*, e não as condições (arts. 157 e 159, § 2º, da LEP).

É preciso não confundir a suspensão condicional *da pena* (*sursis*) com a suspensão condicional *do processo*, instituto tratado no art. 89 da Lei n. 9.099/95, verificável no processo de conhecimento.

3.9. Competência para decidir sobre livramento condicional

Para Zvirblis, "pode-se conceituar o livramento condicional como a antecipação da liberdade do apenado, uma vez preenchidos certos pressupostos de ordem objetiva e

28. Celso Delmanto, Roberto Delmanto, Roberto Delmanto Junior e Fábio M. de Almeida Delmanto, *Código Penal comentado*, p. 152.

29. Art. 159 e parágrafos da Lei de Execução Penal.

subjetiva"[30]. O mesmo autor indica que, na conceituação de Zaffaroni[31], "o livramento condicional é a suspensão parcial da privação da liberdade, isto é, suspensão parcial da prisão, dando lugar a um período de prova que, resultando favorável, determina a extinção definitiva da pena privativa de liberdade".

O livramento condicional é considerado a última etapa do sistema penitenciário progressivo.

Presentes os requisitos legais, a teor do disposto no art. 83 e seguintes do CP, tem o condenado o direito de cumprir o restante de sua(s) pena(s) sob livramento.

Previamente à análise do pedido deverão ser ouvidos a respeito o Ministério Público e a Defesa, caso esta não tenha sido a autora da postulação, ou, mesmo sendo, quando se evidenciar justificada a necessidade de sua oitiva em razão da juntada de novos documentos, por exemplo.

A competência para a apreciação do pedido de livramento condicional é do juízo da execução, nos precisos termos do art. 66, III, *e*, da LEP, não se admitindo a apreciação diretamente pelo tribunal, sob pena de violação do princípio do duplo grau de jurisdição.

3.10. Competência para decidir sobre incidentes da execução

Ao dispor sobre os incidentes, a Lei de Execução Penal o faz no Título VII, Capítulos I (arts. 180 a 184), II (arts.185 e 186) e III (arts. 187 a 193), cuidando, respectivamente: das conversões; do excesso ou desvio da anistia e do indulto. São esses, pois, os incidentes passíveis de verificação na execução penal, e a competência para análise e julgamento é do juízo das execuções.

3.11. Competência para autorizar saídas temporárias

Conforme disposto nos itens 127, 128 e 131 da Exposição de Motivos da Lei de Execução Penal, "as autorizações de saída (permissão de saída e saída temporária) constituem notáveis fatores para atenuar o rigor da execução contínua da pena de prisão. Não se confundem tais autorizações com os chamados favores gradativos que são característicos da matéria tratada no Capítulo IV do Título II (mais especialmente dos direitos e da disciplina)".

As autorizações de saída estão acima da categoria normal dos direitos (art. 41), visto que constituem ora aspectos da assistência em favor de todos os presidiários, ora etapa da progressão em favor dos condenados que satisfaçam determinados requisitos e condições. No primeiro caso estão as permissões de saída (art. 120 e incisos) que se fundam em razões humanitárias.

Na lição de Elias Neuman, as autorizações de saída representam um considerável avanço penalógico, e os seus resultados são sempre proveitosos quando outorgados

30. Alberto Antonio Zvirblis, *Livramento condicional e prática de execução penal*, p. 55.
31. Eugenio Raúl Zaffaroni, *Tratado de derecho penal*; parte general, t. 5, p. 175.

mediante bom senso e adequada fiscalização (*Prisión abierta*, Buenos Aires, 1962, p. 136-137).

"A Lei de Execuções Penais tem por objetivo efetivar as disposições da sentença ou decisão criminal e proporcionar condições para a harmônica integração social do condenado e do internado. A saída temporária (art. 122) é direito público, subjetivo do condenado. Uma vez reunidas as condições objetivas e subjetivas, é exigível a sua concessão. Ao juiz da execução cumpre decidir motivadamente quanto à satisfação dos requisitos. O cumprimento mínimo de um sexto da pena, se o condenado for primário, e um quarto, se reincidente, refere-se a quem esteja cumprindo a pena em regime semiaberto. No caso de progressão, satisfeito aquele período, no regime fechado, suprida estará a exigência, dispensada, pois, no regime seguinte, o mesmo resgate. A pena é uma só, embora a execução, quanto à progressão, se desdobre em regimes sucessivos"[32].

A competência para autorizar saídas temporárias é do juízo das execuções penais, e não cabe ao juízo sentenciante fixar, no processo de conhecimento, as datas para concessão do benefício, cuja apuração de cabimento reclama, por ocasião da apreciação do pedido, detida e profunda análise de dados contemporâneos a este.

Consoante a **Súmula 520 do STJ**: "O benefício de saída temporária no âmbito da execução penal é ato jurisdicional insuscetível de delegação à autoridade administrativa do estabelecimento prisional".

3.12. Competência para determinar a forma de cumprimento da pena restritiva de direitos e fiscalizar sua execução

As penas restritivas de direitos, também denominadas "penas alternativas", no dizer de Damásio E. de Jesus, "são sanções de natureza criminal diversas da prisão, como a multa, a prestação de serviços à comunidade e as interdições temporárias de direitos, pertencendo ao gênero das alternativas penais". E, citando Julita Lemgruber, acrescenta: "São formas de punição diferentes do encarceramento"[33].

Compete ao juízo de conhecimento a verificação dos requisitos legais visando a substituição da pena privativa de liberdade por restritiva de direitos, utilizando-se, para tanto, das disposições contidas nos arts. 44 e 59 do CP.

Transitando em julgado a decisão no processo de conhecimento em que se concedeu pena restritiva de direitos, **compete ao juízo das execuções penais** determinar seu cumprimento, observados os limites da sentença ou acórdão, e fiscalizar sua efetiva execução, a teor do disposto no art. 66, V, *a*, da LEP.

Para tal mister deve contar, por exemplo, com o apoio e a colaboração de entidades que se disponham a receber condenados submetidos a tais reprimendas, como no caso da prestação de serviços à comunidade. A essas entidades cumprirá, entre outras coisas, encaminhar, mensalmente, ao juiz da execução relatório circunstanciado das ati-

32. STJ, RHC 1.613/RJ, 6ª T., rel. Min. Vicente Cernicchiaro, j. 19-12-1991, *DJU*, 9-3-1992, p. 2.594.

33. Damásio E. de Jesus, *Penas alternativas*, p. 30.

vidades do condenado, bem como, a qualquer tempo, fazer comunicação sobre ausência ou falta disciplinar.

A integração do juízo da execução com seus jurisdicionados é de fundamental importância para a efetivação das normas que regulam o instituto.

A execução da **pena de *prestação pecuniária*** não está regulada na Lei de Execução Penal, por constituir inovação trazida com a Lei n. 9.714/98[34]. Todavia, transitando em julgado a sentença que a fixou, será elaborada conta de liquidação para apuração do valor da pena; após a homologação da conta o condenado será instado a efetuar o pagamento. Uma vez paga, será julgada extinta. Não ocorrendo o pagamento, caberá a conversão, com fundamento no § 4º do art. 44 do CP. Se a prestação pecuniária decorrer de transação penal (Leis n. 9.099/95 e 10.259/2001), não ocorrendo o pagamento voluntário, deverá ser executada nos moldes do art. 164 da LEP.

A execução da **pena de *perda de bens e valores***, tal qual a execução da pena de prestação pecuniária, também não está regulada na Lei de Execução Penal, pelas mesmas razões invocadas quando tratamos desta última, momentos antes.

É certo, contudo, que a perda de bens e valores pertencentes aos condenados dar-se-á, ressalvada a legislação especial, em favor do Fundo Penitenciário Nacional, e seu valor terá como teto — o que for maior — o montante do prejuízo causado ou do provento obtido pelo agente ou por terceiro em consequência da prática do crime[35].

Verdadeiro confisco, a execução de tal pena reverterá ao patrimônio do sobredito Fundo o produto sobre o qual recair.

Em sede de execução, o condenado deverá ser intimado a fazer a entrega dos bens ou valores, voluntariamente, sendo possível, por analogia, eventual defesa pela via de embargos, para discutir, por exemplo, direitos de terceiros, excesso de execução etc.

É acertada a opinião de Cezar Roberto Bitencourt no tocante à redundância da denominação "perda de *bens e valores*", já que "ninguém ousaria sustentar, juridicamente, que 'valores' não são 'bens'"[36].

Se a pena for de ***prestação de serviços à comunidade***, conforme o disposto no art. 149 da LEP, caberá ao juízo das execuções penais: I — designar a entidade ou programa comunitário ou estatal, devidamente credenciado ou convencionado, junto ao qual o condenado deverá trabalhar gratuitamente, de acordo com as suas aptidões; II — determinar a intimação do condenado, cientificando-o da entidade, dias e horário em que deverá cumprir a pena; III — alterar a forma de execução, a fim de ajustá-la às modificações ocorridas na jornada de trabalho.

O trabalho terá a duração de oito horas semanais e será realizado aos sábados, domingos e feriados, ou em dias úteis, de maneira que não venha a prejudicar a jornada

34. A Lei de Execução Penal é de 11 de julho de 1984.

35. Art. 45, § 3º, do CP.

36. Cezar Roberto Bitencourt, *Novas penas alternativas*, p. 122-123.

normal de trabalho, nos horários estabelecidos pelo juiz[37], e a execução terá início a partir da data do primeiro comparecimento[38].

Cuidando-se de ***interdição temporária de direitos***, conforme o art. 154 da lei, caberá ao juiz da execução comunicar à autoridade competente a pena aplicada, determinando a intimação do condenado. Deve observar, ainda, o disposto nos §§ 1º e 2º do mesmo dispositivo legal.

Em se tratando de pena de ***limitação de fim de semana***, caberá ao juiz da execução determinar a intimação do condenado, cientificando-o do local, dias e horários em que deverá cumprir a pena, sendo certo que a execução terá início a contar da data do primeiro comparecimento, conforme estabelece o art. 151, *caput* e parágrafo único, da LEP.

Por fim, é preciso consignar que o procedimento referente à execução de todas as modalidades de "penas alternativas", assim como das demais penas, está permeado de entraves e dificuldades as mais variadas, que muitas vezes dependem mais do bom senso do magistrado na busca de soluções do que da fria expressão da lei.

3.13. Competência para determinar a conversão da pena restritiva de direitos e de multa em privativa de liberdade

No sistema penal vigente, exceto no âmbito dos Juizados Especiais Criminais (Leis n. 9.099/95 e 10.259/2001), a pena restritiva de direitos é aplicada em substituição à privativa de liberdade, quando verificados os requisitos legais. A substituição traduz-se em verdadeiro direito subjetivo do condenado.

É cediço que o descumprimento voluntário e injustificado de uma pena restritiva de direitos possibilita sua conversão em privativa de liberdade, exatamente por aquela originariamente aplicada e depois substituída por esta que acabou não cumprida. Em síntese, volta-se ao estado anterior das coisas: à pena privativa de liberdade aplicada na sentença ou acórdão condenatório.

As causas ensejadoras de conversão serão objeto de análise mais adiante, em momento oportuno. Cumpre destacar, por agora, que a discussão sobre a conversibilidade das penas de prestação pecuniária e de perda de bens e valores já foi objeto de apreciação no tópico anterior, para onde remetemos o leitor, e será tratada novamente, de forma mais detalhada, no Capítulo XX deste livro (Dos incidentes de execução).

No tocante à pena de multa, também denominada pena pecuniária, impõe destacar sua inconversibilidade, conforme decorre das alterações trazidas com a Lei n. 9.268/96.

Considerada, desde então, *dívida de valor*, efetivada a conta de liquidação e com a manifestação do Ministério Público e da defesa sobre ela, após regular homologação judicial, o condenado será intimado para efetuar o pagamento respectivo em dez dias, prazo em que poderá pedir o parcelamento do débito.

37. Art. 149, § 1º, da LEP.

38. Art. 149, § 2º, da LEP.

O inadimplemento ensejará a execução como tal, com citação para pagamento sob pena de penhora etc., nos termos da Lei n. 6.830/80, que regula as execuções fiscais.

É incogitável a conversão da pena de multa (ou pecuniária) em prisão.

Tem relevo observar que a Lei n. 13.964/2019 deu nova redação ao art. 51 do CP, que agora se encontra grafado nos seguintes termos: "Transitada em julgado a sentença condenatória, a multa será executada perante o juiz da execução penal e será considerada dívida de valor, aplicáveis as normas relativas à dívida ativa da Fazenda Pública, inclusive no que concerne às causas interruptivas e suspensivas da prescrição".

Interessante a regra que encontramos no art. 85 da Lei n. 9.099/95, que, ao cuidar da execução da pena de multa no âmbito dos Juizados Especiais Criminais, estabelece que o não pagamento ensejará sua conversão em pena privativa de liberdade, *ou restritiva de direitos*, nos termos previstos em lei.

É certo que, sendo a Lei n. 9.268/96 posterior à Lei n. 9.099/95, a possibilidade de conversão da pena de multa em privativa de liberdade, conforme regulada no art. 85 indicado, está afastada. Não fosse assim, seria no mínimo estranho converter em prisão uma pena de multa que não se originou de substituição de outra privativa de liberdade, já que a Lei dos Juizados Especiais Criminais não admite *pena privativa de liberdade sem processo de conhecimento*. Que dizer, então, da possibilidade de converter em restritiva de direitos uma pena pecuniária impaga? Tal previsão é equivocada.

O não pagamento da pena de multa acarreta, tão somente, sua execução como dívida de valor, não sendo admissível a conversão em pena privativa de liberdade, quer na execução dos julgados decorrentes de sentenças proferidas no juízo comum, quer na execução de julgados (condenação ou homologação de transação penal) decorrentes dos Juizados Especiais Criminais.

Note-se, por oportuno, que em relação às transações penais não cumpridas o Supremo Tribunal Federal editou a **Súmula Vinculante 35**, que tem o seguinte enunciado: "A homologação da transação penal prevista no art. 76 da Lei n. 9.099/1995 não faz coisa julgada material e, descumpridas suas cláusulas, retoma-se a situação anterior, possibilitando-se ao Ministério Público a continuidade da persecução penal mediante oferecimento de denúncia ou requisição de inquérito policial".

3.14. Competência para determinar a conversão da pena privativa de liberdade em restritiva de direitos

A possibilidade de conversão da pena privativa de liberdade em restritiva de direitos está regulada no art. 180 da LEP.

Consoante os itens 159 a 167 da Exposição de Motivos da Lei de Execução Penal, a conversão se distingue da transferência do condenado de um regime para outro, como ocorre com as progressões e regressões.

"Enquanto a conversão implica alterar de uma pena para outra (a privativa de liberdade não superior a dois anos pode ser convertida em prestação de serviços à comunidade; a limitação de fim de semana pode ser convertida em privativa de liberdade), a transferência é um evento que ocorre na dinâmica de execução da mesma pena (a reclusão é exequível em etapas: desde o regime fechado até o aberto, passando pelo semiaberto)"[39].

"As hipóteses de conversão foram minuciosamente indicadas (art. 180 e s.) de modo a se cumprir fielmente o regime de legalidade e se atenderem amplamente aos interesses da defesa social e aos direitos do condenado"[40].

"A conversão, isto é, a alternatividade de uma pena por outra no curso da execução, poderá ser favorável ou prejudicial ao condenado"[41].

"A instituição e a prática das conversões demonstram a orientação da reforma como um todo, consistente em dinamizar o quadro da execução de tal maneira que a pena finalmente cumprida não é, necessariamente, a pena da sentença. Esta possibilidade, permanentemente aberta, traduz o inegável empenho em dignificar o procedimento executivo das medidas de reação ao delito, em atenção ao interesse público e na dependência exclusiva da conduta e das condições pessoais do condenado. Todas as hipóteses de conversão, quer para agravar, quer para atenuar, resultam, necessariamente, do comportamento do condenado, embora sejam também considerados os antecedentes e a personalidade, mas de modo a complementar a investigação dos requisitos"[42].

3.15. Competência para determinar a aplicação da medida de segurança, bem como a substituição da pena por medida de segurança

Nos precisos termos do art. 171 da LEP, transitada em julgado a sentença que aplicar medida de segurança, será ordenada a expedição de guia para a execução.

Tratando das conversões, a Lei de Execução Penal dispõe em seu art. 183 que quando, no curso da execução da pena privativa de liberdade, sobrevier doença mental, o juiz, de ofício, a requerimento do Ministério Público ou da autoridade administrativa, poderá determinar a substituição da pena por medida de segurança.

Se o agente revelar incompatibilidade com a medida de tratamento ambulatorial, poderá ocorrer a conversão desta em internação, pelo prazo mínimo de um ano.

3.16. Competência para determinar a revogação da medida de segurança

Como não poderia ser de forma diversa, a revogação da medida de segurança também é matéria de competência do juízo das execuções, e se submete à constatação da cessação de periculosidade do agente a ela submetido, conforme revelam os arts. 175 a 179 da lei.

---

39. Item 161 da Exposição de Motivos da Lei de Execução Penal.
40. Item 162 da Exposição de Motivos da Lei de Execução Penal.
41. Item 163 da Exposição de Motivos da Lei de Execução Penal.
42. Item 164 da Exposição de Motivos da Lei de Execução Penal.

3.17. Competência para determinar a desinternação e o restabelecimento da situação anterior

A desinternação vem regulada nos arts. 178 e 179.

"Uma vez atingida a finalidade da medida de segurança, com o fim da temibilidade que levou o agente a estabelecimento penal, cabe a desinternação de hospital de custódia e tratamento psiquiátrico, ou seja, impende acabar com a atividade punitiva do Estado; caso ainda necessário algum tratamento, que se realize em hospital comum, sem caráter aflitivo, tão só terapêutico"[43].

3.18. Competência para determinar o cumprimento de pena ou de medida de segurança em outra comarca

Compete ao juízo da execução decidir sobre o pedido de transferência de lugar de cumprimento de pena, inclusive e notadamente em se tratando de sentenciado que pretende sua transferência para outro Estado da Federação.

O art. 66, inciso III, *f*, da LEP, fixa a competência do juiz da execução para decidir os incidentes que eventualmente surgirem no curso do processo execucional, e o inciso V, *g*, do mesmo artigo, diz que cabe ao mesmo órgão jurisdicional determinar o cumprimento de pena ou medida de segurança em outra comarca.

A jurisprudência do Superior Tribunal de Justiça é firme no sentido de que "é atribuição do Juízo da Execução a análise acerca dos incidentes ocorridos durante o cumprimento da pena, incluindo-se neste rol os pedidos de transferência ou remoção dos condenados para estabelecimento prisional diverso"[44].

O *habeas corpus* não constitui via idônea para apreciação de pedido de transferência de estabelecimento prisional, que deve ser dirigido originariamente ao Juízo das Execuções Penais, a quem cabe analisar a sua conveniência, sob pena de supressão de grau de jurisdição.

O art. 6º da Lei n. 10.792/2003 estabelece que, "no caso de motim, o Diretor do Estabelecimento Prisional poderá determinar a transferência do preso, comunicando-a ao juiz competente no prazo de até vinte e quatro horas".

3.19. Competência para determinar a remoção do condenado na hipótese prevista no § 1º do art. 86 da LEP

Dispõe o § 1º do art. 86 da lei que a União Federal poderá construir estabelecimento penal em local distante da condenação para recolher os condenados, quando a medida se justifique no interesse da segurança pública ou do próprio condenado[45].

---

43. TJSP, Ag. 220.390-3/4, 6ª Câm., rel. Des. Geraldo Xavier, *RT*, 741/618.

44. STJ, AgRg no HC 297.965/SP, 5ª T., rel. Min. Jorge Mussi, j. 3-8-2017, *DJe* de 9-8-2017.

45. Redação antiga: "A União Federal poderá construir estabelecimento penal em local distante da condenação para recolher, mediante decisão judicial, os condenados à pena superior a quinze anos, quando a medida se justifique no interesse da segurança pública ou do próprio condenado".

A transferência e inclusão de presos em estabelecimentos penais federais de segurança máxima está regulada na Lei n. 11.671/2008[46], que em seu art. 3º dispõe que serão recolhidos nos respectivos estabelecimentos "aqueles para quem a medida se justifique no interesse da segurança pública ou do próprio preso, condenado ou provisório".

A admissão do preso, condenado ou provisório, em estabelecimento penal federal de segurança máxima "dependerá de decisão prévia e fundamentada do juízo federal competente, após receber os autos de transferência enviados pelo juízo responsável pela execução penal ou pela prisão provisória" (art. 4º da Lei n. 11.671/2008, regulamentada pelo Decreto n. 6.877/2009).

Nos precisos termos da **Súmula 639 do STJ**: "Não fere o contraditório e o devido processo decisão que, sem ouvida prévia da defesa, determine transferência ou permanência de custodiado em estabelecimento penitenciário federal".

3.20. Zelar pelo correto cumprimento da pena e de medida de segurança

Ao juiz compete promover e zelar pela regularidade do processo.

Ao juízo das execuções incumbe, ainda, zelar pelo correto cumprimento da pena e da medida de segurança.

Tal atividade, por demais árdua, encontra obstáculos os mais variados. De problemas e dificuldades para o correto cumprimento da pena e da medida de segurança há um cardápio extremamente vasto.

No tocante à pena privativa de liberdade, o primeiro obstáculo é a quase total ausência de estabelecimentos adequados para o cumprimento efetivo da reprimenda no regime aberto, excetuadas algumas valiosas realidades locais. A saída tem sido a violação flagrante e reiterada do disposto no art. 117 da LEP, que é taxativo, pois, na ausência de estabelecimentos adequados, os juízes de execução penal, com a aquiescência do Ministério Público, têm concedido o regime aberto na modalidade domiciliar. Vale dizer: para fiscalizar o *correto cumprimento da pena* de quem não cumpriu a lei penal, juízes e promotores de execução *são obrigados a descumprir a Lei de Execução Penal.*

A ausência de vagas no sistema semiaberto é tão impressionante quanto a ausência de medidas por parte de nossos governantes no sentido da solução do problema, o que revela imenso descaso para com a efetiva execução da lei e das penas, de modo a contribuir negativamente para a eficiência do sistema progressivo adotado.

Soluções que a rigor não encontram amparo na lei, porém menos danosas aos condenados, têm sido adotadas por juízes e tribunais que, diante da ausência de vagas no regime intermediário, acabam optando pela inclusão dos condenados no regime aberto, na modalidade domiciliar, onde permanecem aguardando vaga para inclusão no regime da condenação.

46. Regulamentada pelo Decreto n. 6.877/2009.

O resultado é que no mais das vezes terminam por cumprir suas penas no regime aberto, o que corresponde na prática a não cumpri-las, pois na esmagadora maioria das vezes não há efetiva fiscalização. Todos sabemos!

No regime fechado não é diferente. Não há vagas suficientes, e muitos dos estabelecimentos penais existentes não atendem aos termos da Lei de Execução Penal. Juízes de direito e promotores de justiça visitam mensalmente os estabelecimentos penais ligados ao âmbito de suas atribuições, inclusive por imposição legal; constatam irregularidades, e muitas delas permanecem insolúveis.

A interdição nem sempre é a melhor solução, já que tal providência acarretará redução na disponibilização de vagas e consequente superlotação em outros estabelecimentos do gênero, mas em casos extremos é a única medida a ser adotada.

As visitas são feitas; as constatações são evidentes e anotadas em relatórios. Entretanto, pouco ou quase nada se tem feito.

"É público e notório que o sistema carcerário brasileiro ainda não se ajustou à programação visada pela LEP. Não há, reconhecidamente, presídio adequado ao idealismo programático da LEP. É verdade que, em face da carência absoluta nos presídios, notadamente no Brasil, os apenados recolhidos sempre reclamam mal-estar nas acomodações, constrangimento ilegal e impossibilidade de readaptação à vida social"[47].

É esse o quadro em que a execução penal se encontra emoldurada pela desídia de nossos governantes.

Zelar pelo correto cumprimento das medidas de segurança é mesmo impossível e extremamente frustrante.

Praticamente não há vagas em hospitais de custódia e tratamento psiquiátrico para o cumprimento da medida de segurança de *internação*, e um expressivo número de executados que deveriam estar recebendo o *tratamento* adequado se encontra *preso em estabelecimentos diversos* aguardando vaga para internação, sem qualquer acompanhamento médico-psiquiátrico, em relação diuturna com os demais detentos/reclusos. Outros tantos estão aguardando vaga em liberdade. A situação é caótica.

O cumprimento da medida de *tratamento ambulatorial* é precário. Não se pode contar com órgãos e mecanismos adequados, em regra não disponibilizados pelo Poder Público, a quem compete com exclusividade tal mister.

3.21. Inspecionar, mensalmente, os estabelecimentos penais, tomando providências para o adequado funcionamento e promovendo, quando for o caso, a apuração de responsabilidade

É de suma importância que os juízes de execução inspecionem os estabelecimentos penais sob sua jurisdição e adotem as medidas cabíveis com vistas ao cumprimento, ao menos, das regras dispostas na Constituição Federal e na Lei de Execução Penal a respeito desse tema.

47. *RT*, 736/685.

Bem por isso, a Resolução n. 47 do Conselho Nacional de Justiça — CNJ — determina aos juízes de execução criminal realizar pessoalmente inspeção mensal nos estabelecimentos penais sob sua responsabilidade e tomar providências para seu adequado funcionamento, promovendo, quando for o caso, a apuração de responsabilidade.

A Súmula 10 do "Painel de Debates sobre Execução Penal" (realizado nos dias 25 e 26 de julho de 1998 pela Escola Paulista da Magistratura em conjunto com a Associação Juízes para a Democracia) é no sentido de que "a inspeção mensal aos estabelecimentos penais é imprescindível, sendo salutar o contato do juiz com o preso, seu jurisdicionado, pressuposto para a efetividade da execução penal".

Conforme determina o art. 8º da Lei n. 11.671/2008[48], que dispõe sobre a transferência e inclusão de presos em estabelecimentos penais federais de segurança máxima, "as visitas feitas pelo juiz responsável ou por membro do Ministério Público, às quais se referem os arts. 66 e 68 da Lei n. 7.210, de 11 de julho de 1984, serão registradas em livro próprio, mantido no respectivo estabelecimento".

"A atividade jurisdicional de execução penal nos estabelecimentos penais federais será desenvolvida pelo juízo federal da seção ou subseção judiciária em que estiver localizado o estabelecimento penal federal de segurança máxima ao qual for recolhido o preso" (art. 2º da Lei n. 11.671/2008).

3.22. Interditar, no todo ou em parte, estabelecimento penal que estiver funcionando em condições inadequadas ou com infringência aos dispositivos desta lei

O art. 203 é o dispositivo mais descumprido da Lei de Execução Penal.

Segundo seu texto, "No prazo de 6 (seis) meses, a contar da publicação desta Lei, serão editadas as normas complementares ou regulamentares, necessárias à eficácia dos dispositivos não autoaplicáveis". E seguem os §§ 1º e 2º: "Dentro do mesmo prazo deverão as unidades federativas, em convênio com o Ministério da Justiça, projetar a adaptação, construção e equipamento de estabelecimentos e serviços penais previstos nesta Lei. Também no mesmo prazo, deverá ser providenciada a aquisição ou desapropriação de prédios para instalação de casas de albergado".

Por fim, arremata o § 4º: "O descumprimento injustificado dos deveres estabelecidos para as unidades federativas implicará na suspensão de qualquer ajuda financeira a elas destinada pela União, para atender às despesas de execução das penas e medidas de segurança".

Reiterando o que salientamos anteriormente, as *casas de albergados* destinadas aos condenados do regime aberto quase não existem; os poucos estabelecimentos penais destinados ao cumprimento de pena em regime semiaberto não dispõem de vagas suficientes para a clientela, que só faz aumentar, e o regime fechado padece do mesmo problema.

48. Regulamentada pelo Decreto n. 6.877/2009.

Parte considerável dos estabelecimentos existentes não atende às regras legais e mesmo assim não são interditados.

Raramente um juiz adota providências nesse sentido. Somente em casos mais que extremos.

Já decidiu o Supremo Tribunal Federal que "É lícito ao Poder Judiciário impor à Administração Pública obrigação de fazer, consistente na promoção de medidas ou na execução de obras emergenciais em estabelecimentos prisionais para dar efetividade ao postulado da dignidade da pessoa humana e assegurar aos detentos o respeito à sua integridade física e moral, nos termos do que preceitua o art. 5º, XLIX, da CF, não sendo oponível à decisão o argumento da reserva do possível nem o princípio da separação dos poderes"[49].

Também o Ministério Público tem sido omisso na formulação de *pretensões judiciais* no sentido de aumentar a disponibilização de vagas e a melhoria dos estabelecimentos penais existentes, em atenção ao que determina a lei[50].

Nem se argumente com a inexistência de normas jurídicas que se prestem a tais postulações, cuja existência é tão certa quanto é indiscutível a legitimação ativa do Ministério Público para o ajuizamento de ações civis públicas que tenham por objeto tal prestação jurisdicional. Basta consultar a Constituição Federal e a Lei de Execução Penal.

3.23. Compor e instalar o Conselho da Comunidade

Nos termos do art. 80 da Lei n. 7.210/84, haverá, em cada comarca, um Conselho da Comunidade, composto, no mínimo, por um representante de associação comercial ou industrial, um advogado indicado pela seção da Ordem dos Advogados do Brasil, um defensor público indicado pelo defensor público geral e um assistente social escolhido pela Delegacia Seccional do Conselho Nacional de Assistentes Sociais. Na falta da representação prevista nesse artigo, ficará a critério do juiz da execução a escolha dos integrantes do Conselho (parágrafo único).

A Súmula 6 do "Painel de Debates sobre Execução Penal" (realizado nos dias 25 e 26 de julho de 1998 pela Escola Paulista da Magistratura em conjunto com a Associação Juízes para a Democracia) estabelece que (6.a) "A atuação da comunidade é essencial para que seja alcançada a finalidade da integração social do condenado e internado, razão pela qual o juiz deve participar de movimento de sua mobilização e buscar as condições para o cumprimento da pena, com os recursos nela disponíveis, e que (6.b) "O

---

49. STF, RE 592.581 RG/RS, rel. Min. Ricardo Lewandowski, j. 22-10-2009, *DJe* n. 218, de 20-11-2009.

50. "Inobstante a interdição da cadeia pública se insira como atribuição do Juízo da Execução, tem ela natureza estritamente administrativa, podendo ser objeto de ação civil pública. O Ministério Público tem legitimidade para ajuizar tal ação, pois sua atribuição constitucional abrange a defesa dos interesses metaindividuais a cargo do Estado, como é o caso da segurança pública lato senso. Nada impede a imposição de multa à Fazenda Pública no caso de descumprimento de decisão jurisdicional impondo obrigação de fazer ou não fazer" (TJSP, Ap. Cível c/ Revisão 901.745-5/7-00, 3ª Câm. de Direito Público, j. 29-10-2009, rel. Des. Laerte Sampaio).

Conselho da Comunidade, cuja regulamentação e instalação compete ao juiz da execução, tem papel relevante na mobilização social".

Doutrinando sobre o tema, PAULO LÚCIO NOGUEIRA asseverou que "a própria Lei de Execução Penal (LEP) prevê essa participação comunitária em diversas passagens, sendo o Conselho da Comunidade um dos órgãos da execução penal (LEP, art. 61, VII) que devem existir em cada comarca, com incumbências específicas (LEP, arts. 80 e 81), mas que os juízes criminais não têm conseguido formar em razão do desinteresse dos clubes de servir e entidades de suas Comarcas". "Não se pode prescindir da cooperação da *comunidade* no cumprimento e fiscalização das condições impostas no *sursis*, assim como nas *penas restritivas de direitos*, mormente prestação de serviços à comunidade e limitação de fim de semana (CP, art. 43, I e II)"[51].

Mesmo com todas as vantagens que podem ser propiciadas como decorrência da participação efetiva da comunidade nos rumos da execução das penas, o Conselho da Comunidade é praticamente uma lenda, figura mitológica que não se vê na realidade, e as razões são bem conhecidas: falta de interesse de alguns juízes, alimentada pelo descaso de grande parte dos jurisdicionados, que equivocadamente acabam por entender que os problemas da comunidade em que vivem, afetos ao Poder Judiciário, não lhes dizem respeito.

Ledo engano!

Sobre a matéria, consultar também as Resoluções ns. 47/2007 e 96/2009 do Conselho Nacional de Justiça — CNJ.

3.24. Emitir anualmente atestado de pena a cumprir

A Lei n. 10.713/2003 acrescentou o inciso XVI ao art. 41 e o inciso X ao art. 66, ambos da LEP, conferindo ao preso o direito de obter atestado de pena a cumprir, emitido anualmente pela autoridade judiciária competente, sob pena de responsabilidade.

O direito a partir de então assegurado visa evitar que o preso permaneça no cárcere por mais tempo do que deveria, podendo, com base nas informações constantes do referido atestado, postular eventuais benefícios no momento oportuno.

Encerrado o ano, cabe ao juiz da execução emitir referidos atestados, que deverão levar em conta, inclusive, eventuais dias remidos, comutação de pena etc. É preciso se proceda a uma correta e detalhada apuração dos dias para inclusão no atestado, a fim de evitar desencontros na execução da pena e a criação de uma expectativa na pessoa do encarcerado que não encontre subsídios na realidade fática.

A responsabilidade imputável à autoridade judiciária desidiosa, a teor do disposto no art. 41, XVI, da LEP, é de natureza administrativa.

Acrescente-se, por derradeiro, que eventual anotação errônea no atestado de pena a cumprir não tem o condão de modificar a realidade da execução para melhor ou pior;

51. Paulo Lúcio Nogueira, *Comentários à Lei de Execução Penal*, p. 4.

não gera direito adquirido em relação aos dias anotados caso haja descompasso com o que se apurar em outra ocasião. O título executivo não será afetado, e, assim como a conta de liquidação, tal atestado poderá sofrer correções ou ajustes.

A respeito da matéria se faz conveniente consultar os arts. 12 e 13 da Resolução n. 113/2010 do Conselho Nacional de Justiça — CNJ, que dispõe sobre o procedimento relativo à execução de pena privativa de liberdade e de medida de segurança.

4. DO MINISTÉRIO PÚBLICO

O Ministério Público é instituição permanente, essencial à função jurisdicional do Estado, incumbindo-lhe a defesa da ordem jurídica, do regime democrático e dos interesses sociais e individuais indisponíveis (art. 127, *caput*, da CF).

Esse órgão fiscalizará a execução da pena e da medida de segurança, oficiando no processo executivo e nos incidentes da execução, conforme estabelece o art. 67 da LEP.

A intervenção do Ministério Público no processo de execução da pena é obrigatória, competindo-lhe a fiscalização do procedimento[52]. Para tanto, deve se pronunciar sobre todos os pedidos formulados; manifestar-se em todos os incidentes; postular e recorrer das decisões proferidas com as quais não se conforme.

"Tendo a Lei 7.210/84 adotado a tese da contenciosidade do processo de execução penal, expressa na Exposição de Motivos em mais de uma oportunidade, o Ministério Público não é só fiscal da lei como parte"[53].

Consoante dispõe o art. 68 da lei, incumbe ao Ministério Público: "I — fiscalizar a regularidade formal das guias de recolhimento e de internamento; II — requerer: a) todas as providências necessárias ao desenvolvimento do processo executivo; b) a instauração dos incidentes de excesso ou desvio de execução; c) a aplicação de medida de segurança, bem como a substituição da pena por medida de segurança; d) a revogação da medida de segurança; e) a conversão de penas, a progressão ou regressão nos regimes e a revogação da suspensão condicional da pena e do livramento condicional; f) a internação, a desinternação e o restabelecimento da situação anterior; III — interpor recursos de decisões proferidas pela autoridade judiciária, durante a execução. Parágrafo único. O órgão do Ministério Público visitará mensalmente os estabelecimentos penais, registrando a sua presença em livro próprio".

As atividades fiscalizatória e postulatória o legitimam, inclusive, a formular postulações em favor do executado.

Dentro do processo executivo e seus eventuais incidentes, é ampla sua atuação fiscalizadora.

Sua oitiva é imperiosa, sob pena de nulidade.

Em razão de seu perfil constitucional e, observado o ordenamento jurídico vigente, é sem sombra de dúvida que o Ministério Público dispõe de **legitimidade ativa para o**

52. "A Lei n. 7.210/84 exige expressamente a participação do *Parquet* em todos os atos do processo de execução penal" (STJ, HC 289.112/RS, 5ª T., rel. Min. Felix Fischer, j. 23-9-2014, *DJe* de 3-10-2014).

53. TJSP, AE 416.239, 2ª Câm., rel. Des. Fortes Barbosa.

ajuizamento de ação civil pública tendo por objeto compelir o poder público a realizar obras ou adaptações comprovadamente necessárias à aplicação da Lei de Execução Penal e alcance da eficácia plena de garantias constitucionais incidentes[54]. De igual modo, e por semelhantes razões, em casos extremos poderá/deverá ajuizar ação voltada à interdição de estabelecimento que desatenda aos ideais normativos e, em razão disso, coloque em risco a segurança e integridade — em sentido amplo — daqueles que se veem compelidos a permanecer sob ameaça iminente de mal injusto e grave, sem qualquer chance de se pôr a salvo por iniciativa própria.

5. DO CONSELHO PENITENCIÁRIO

Nos precisos termos dos arts. 69 e 70 da LEP, o Conselho Penitenciário é órgão consultivo e fiscalizador da execução da pena, e será integrado por membros nomeados pelo Governador do Estado, do Distrito Federal e dos Territórios, dentre professores e profissionais da área do direito penal, processual penal, penitenciário e ciências correlatas, bem como por representantes da comunidade. A legislação federal e estadual regulará seu funcionamento, e o mandato de seus membros terá a duração de quatro anos.

Conforme lembra Maurício Kuehne, "relevantes são as atribuições dos Conselhos Penitenciários ao longo de sua trajetória, criados que foram em 1924, exatamente com a Lei instituidora do livramento condicional"[55].

Incumbe ao Conselho Penitenciário: I — emitir parecer sobre indulto e comutação de pena, excetuada a hipótese de pedido de indulto com base no estado de saúde do preso; II — inspecionar os estabelecimentos e serviços penais; III — apresentar, no primeiro trimestre de cada ano, ao Conselho Nacional de Política Criminal e Penitenciária relatório dos trabalhos efetuados no exercício anterior; IV — supervisionar os patronatos, bem como a assistência aos egressos.

Assevera Fernando Capez tratar-se "de um órgão consultivo e fiscalizador da execução da pena, servindo de elo entre os Poderes Executivo e Judiciário no que concerne a essa matéria"[56].

Dentre as atribuições listadas, cumpre gizar que há dissenso doutrinário e jurisprudencial a respeito do cabimento do *parecer em pedido de indulto*.

---

54. TJSP, Ap. Cível c/ Revisão 901.745-5/7-00, 3ª Câm. de Direito Público, j. 29-10-2009, rel. Des. Laerte Sampaio. "É lícito ao Poder Judiciário impor à Administração Pública obrigação de fazer, consistente na promoção de medidas ou na execução de obras emergenciais em estabelecimentos prisionais para dar efetividade ao postulado da dignidade da pessoa humana e assegurar aos detentos o respeito à sua integridade física e moral, nos termos do que preceitua o art. 5º, XLIX, da CF, não sendo oponível à decisão o argumento da reserva do possível nem o princípio da separação dos poderes" (STF, RE 592.581 RG/RS, rel. Min. Ricardo Lewandowski, j. 13-8-2015, *DJe* n. 2018, de 20-11-2009, *RDDP* 84/125).

55. Maurício Kuehne, Alterações à execução penal. Primeiras impressões, http://www.iusnet.com.br/webs/IELFNova/artigos/artigo_lido.cfm?ar_id=231.

56. Fernando Capez, *Execução penal*, p. 71.

A esse respeito, calha observar que, nos precisos termos do art. 70, I, da LEP, incumbe ao Conselho Penitenciário emitir parecer sobre indulto e comutação de pena (indulto parcial), excetuada a hipótese de pedido de indulto com base no estado de saúde do preso (indulto humanitário).[57]

No caso de **indulto individual**, a manifestação do Conselho é obrigatória, e isso está claro no art. 190 da LEP.

Em se tratando de **indulto coletivo**, ressalvada a hipótese de determinação expressa no decreto presidencial, a colheita do parecer prévio não constitui providência obrigatória, tal como se extrai da redação dos arts. 192 e 193 da LEP, mas faculdade conferida ao magistrado, cuja utilização deve ser avaliada diante do caso concreto. Vale dizer: se depois de analisar a hipótese dos autos o juiz se convencer da necessidade, poderá determinar a remessa dos autos ao Conselho a fim de que emita seu parecer em prazo razoável, que então deverá fixar.

Há entendimento contrário no sentido de que não é dado ao magistrado determinar a colheita de parecer do Conselho quando estiver diante de indulto coletivo, pois em tal caso o julgador estará criando, indevidamente, requisito para o reconhecimento da benesse, de modo a usurpar funções e exercer competência que não é sua[58]. Não concordamos com tal forma de pensar, por entendermos que, na hipótese, não se trata de criar requisito diverso daqueles elencados no decreto de indulto, mas de providência que conta com autorização no art. 70, I, da LEP.

Importante consignar que é recorrente na prática judiciária a demora na emissão de tal parecer, de maneira a ensejar flagrante constrangimento ilegal ao condenado, que, preenchendo os requisitos e estando em condições de ter seu direito judicialmente reconhecido, vê-se compelido a aguardar a prévia manifestação do Conselho.

É de se ver, entretanto, que o juízo das execuções penais não está vinculado ao teor do referido parecer, como de resto também não se encontra limitado aos termos do parecer do Ministério Público (que nem por isso lhe é dado dispensar), de maneira que, havendo demora injustificada na manifestação daquele órgão, deve determinar a abertura de vista dos autos ao Ministério Público a fim de que se manifeste, e em seguida proferir sua decisão.

Justificada ou não, a demora na manifestação do Conselho não pode ensejar constrangimento ilegal ao condenado, e constitui tarefa do Poder Judiciário adotar o necessário visando evitar tais situações de desrespeito a direitos fundamentais.

---

57. Exemplo de "Indulto Humanitário": Decreto n. 9.706/2019.

58. "Nos termos da jurisprudência desta Corte, é dispensável o parecer do Conselho Penitenciário quando se tratar de indulto coletivo, sob pena de manifesta afronta ao princípio da legalidade, na medida em que impõe requisito não estabelecido no Decreto Presidencial, cuja elaboração é da competência discricionária e exclusiva do Presidente da República, consoante o disposto no art. 84, XII, da Constituição Federal" (STJ, HC 287.535/SP, 5ª T., rel. Min. Marco Aurélio Bellizze, j. 13-5-2014, *DJe* de 21-5-2014).

Com efeito, "A não apresentação de parecer pelo Conselho Penitenciário, opinando sobre a concessão de indulto, após abertura de prazo razoável pelo juízo da execução, não tem o condão de obstar a atuação do juiz na prestação jurisdicional, concedendo o benefício a sentenciado que preencha os requisitos objetivos e subjetivos para a obtenção do favor legal, pois, a jurisdição criminal, além de não estar adstrita ao conteúdo de tal parecer, não pode, também, render ensejo à eternização de processos, máxime em sede de execução penal, aguardando, indefinidamente, a manifestação do citado Conselho"[59].

6. DOS DEPARTAMENTOS PENITENCIÁRIOS

Expressam os arts. 71 e 72 da LEP que o Departamento Penitenciário Nacional — DEPEN, subordinado ao Ministério da Justiça, é órgão executivo da Política Penitenciária Nacional e de apoio administrativo e financeiro do Conselho Nacional de Política Criminal e Penitenciária — CNPCP.

São atribuições do Departamento Penitenciário Nacional: I — acompanhar a fiel aplicação das normas de execução penal em todo o território nacional; II — inspecionar e fiscalizar periodicamente os estabelecimentos e serviços penais; III — assistir tecnicamente as unidades federativas na implementação dos princípios e regras estabelecidos na lei; IV — colaborar com as unidades federativas, mediante convênios, na implantação de estabelecimentos e serviços penais; V — colaborar com as unidades federativas para a realização de cursos de formação de pessoal penitenciário e de ensino profissionalizante do condenado e do internado; VI — estabelecer, mediante convênios com as unidades federativas, o cadastro nacional das vagas existentes em estabelecimentos locais destinadas ao cumprimento de penas privativas de liberdade aplicadas pela justiça de outra unidade federativa, em especial para presos sujeitos a regime disciplinar; VII — acompanhar a execução da pena das mulheres beneficiadas pela progressão especial de que trata o § 3º do art. 112 desta Lei, monitorando sua integração social e a ocorrência de reincidência, específica ou não, mediante a realização de avaliações periódicas e de estatísticas criminais. Incumbem também ao Departamento a coordenação e supervisão dos estabelecimentos penais e de internamento federais (§ 1º).

Nos precisos termos do § 2º do art. 72, "Os resultados obtidos por meio do monitoramento e das avaliações periódicas previstas no inciso VII do *caput* deste artigo serão utilizados para, em função da efetividade da progressão especial para a ressocialização das mulheres de que trata o § 3º do art. 112 desta Lei, avaliar eventual desnecessidade do regime fechado de cumprimento de pena para essas mulheres nos casos de crimes cometidos sem violência ou grave ameaça".

Pode a legislação local — Estadual, portanto — criar Departamento Penitenciário ou órgão similar, com as atribuições que houver por bem estabelecer[60].

O Departamento Penitenciário local, ou órgão similar, tem por finalidade supervisionar e coordenar os estabelecimentos penais da unidade da Federação a que

59. *RT*, 773/602.

60. Art. 73 da LEP.

pertencer[61]. Incumbe-lhe, ainda, realizar o acompanhamento de que trata o inciso VII do *caput* do art. 72 da LEP, e encaminhar ao Departamento Penitenciário Nacional os resultados obtidos.

7. DO PATRONATO

O patronato público ou particular destina-se a prestar assistência aos albergados e aos egressos (art. 78 da LEP), com orientação e apoio para reintegrá-los à vida em liberdade; na concessão, se necessário, de alojamento e alimentação, em estabelecimento adequado, pelo prazo de dois meses, que poderá ser prorrogado uma única vez, comprovado, por declaração do assistente social, o empenho na obtenção de emprego (art. 25 da LEP); orientar os condenados à pena restritiva de direitos; fiscalizar o cumprimento das penas de prestação de serviços à comunidade e de limitação de fim de semana; colaborar na fiscalização do cumprimento das condições da suspensão e do livramento condicional (art. 79 da LEP).

8. DO CONSELHO DA COMUNIDADE

Conforme o desejo da lei, deverá existir em cada comarca um Conselho da Comunidade, composto, no mínimo, por um representante de associação comercial ou industrial, um advogado indicado pela seção da Ordem dos Advogados do Brasil, um defensor público indicado pelo defensor público geral e um assistente social escolhido pela Delegacia Seccional do Conselho Nacional de Assistentes Sociais. Na falta da representação prevista nesse artigo, ficará a critério do juiz da execução a escolha dos integrantes do Conselho[62].

O art. 5º, § 1º, da Resolução n. 96/2009 do Conselho Nacional de Justiça — CNJ (Projeto Começar de Novo no âmbito do Poder Judiciário), dispõe sobre a necessidade de instalação e regular funcionamento dos Conselhos da Comunidade, sobretudo no que pertine à implementação de projetos de reinserção social.

No rol de suas tarefas, incumbe ao Conselho da Comunidade visitar, pelo menos mensalmente, os estabelecimentos penais existentes na comarca; entrevistar presos; apresentar relatórios mensais ao juiz da execução e ao Conselho Penitenciário e diligenciar a obtenção de recursos materiais e humanos para melhor assistência ao preso ou internado, em harmonia com a direção do estabelecimento[63].

Rotary, Lions, clubes de serviços em geral, lojas maçônicas, igrejas católica (pastoral do preso), evangélica etc., federações espíritas, associações comerciais, de pais, de moradores, de bairro, APAC (Associação de Proteção e Assistência Carcerária) são exemplos de forças comunitárias que devem ser canalizadas para a melhoria da execução das penas, pela via do Conselho da Comunidade.

61. Art. 74 da LEP.

62. Art. 80 e parágrafo único da LEP.

63. Art. 81 da Lei n. 7.210/84.

É de inestimável valor a colaboração da iniciativa privada no atingimento da finalidade da execução penal, notadamente no que diz respeito à readaptação do sentenciado ao convívio social. Pequenas e grandes empresas, economias formal ou informal, podem colaborar com o fornecimento de bens e serviços, principalmente destinando vagas e emprego durante e após o encarceramento ou internação. O trabalho do condenado, como dever social e condição de dignidade humana, terá finalidade educativa e produtiva (art. 28 da LEP), não se sujeitando ao regime da Consolidação das Leis do Trabalho. Estimulado até mesmo pela ociosidade do cárcere, na pior das hipóteses, se já possuía o hábito de trabalhar, poderá mantê-lo; se não possuía, poderá adquiri-lo.

No dizer de Miguel Reale Júnior, "A maneira de a sociedade se defender da reincidência é acolher o condenado, não mais como autor de um delito, mas na sua condição inafastável de pessoa humana. É impossível promover o bem sem uma pequena parcela que seja de doação e compreensão, apenas válida se espontânea. A espontaneidade tão só está presente na ação da comunidade. A compreensão e doação feitas pelo Estado serão sempre programas. Sem dúvida, também, positivas, mas menos eficientes"[64].

Para René Ariel Dotti, também citado por Julio F. Mirabete[65], "a abertura do cárcere para a sociedade através do Conselho da Comunidade, instituído como órgão da execução para colaborar com o juiz e a Administração, visa a neutralizar os efeitos danosos da marginalização. Não somente os estabelecimentos fechados mas também as unidades semiabertas e abertas devem receber a contribuição direta e indispensável da sociedade (colônias, casa do albergado)"[66].

Consoante os itens 24 e 25 da Exposição de Motivos da Lei de Execução Penal, nenhum programa destinado a enfrentar os problemas referentes ao delito, ao delinquente e à pena se completaria sem o indispensável e contínuo apoio comunitário. Muito além da passividade ou da ausência de reação quanto às vítimas mortas ou traumatizadas, a comunidade participa ativamente do procedimento da execução, quer por meio de um conselho, quer por intermédio das pessoas jurídicas ou naturais, que assistem ou fiscalizam não somente as reações penais em meio fechado (penas privativas da liberdade e medida de segurança detentiva) como também em meio livre (pena de multa e penas restritivas de direitos).

Nessa mesma ordem de ideias, o Princípio n. 10 dos Princípios Básicos Relativos ao Tratamento de Reclusos, ditados pela Assembleia Geral das Nações Unidas, visando a humanização da justiça penal e a proteção dos direitos do homem, tem a seguinte redação: "Com a participação e ajuda da comunidade e das instituições sociais, e com o devido respeito pelos interesses das vítimas, devem ser criadas condições favoráveis à reinserção do antigo recluso na sociedade, nas melhores condições possíveis".

A propósito, a lição de Paulo Lúcio Nogueira é no sentido de que "a própria Lei de Execução Penal (LEP) prevê essa participação comunitária em diversas passagens, sen-

---

64. Miguel Reale Júnior, *Novos rumos do sistema criminal*, p. 88.
65. Julio F. Mirabete, *Execução penal*, p. 205.
66. *RT*, 598/283.

do o Conselho da Comunidade um dos órgãos da execução penal (LEP, art. 61, VII) que devem existir em cada comarca, com incumbências específicas (LEP, arts. 80 e 81), mas que os juízes criminais não têm conseguido formar em razão do desinteresse dos clubes de servir e entidades de suas Comarcas". E acrescenta: "Não se pode prescindir da cooperação da *comunidade* no cumprimento e fiscalização das condições impostas no *sursis*, assim como nas *penas restritivas de direitos*, mormente prestação de serviços à comunidade e limitação de fim de semana" (CP, art. 43, I e II)[67].

9. DA DEFENSORIA PÚBLICA

Nos precisos termos do art. 1º da Lei Complementar n. 80/84, "A Defensoria Pública é instituição permanente, essencial à função jurisdicional do Estado, incumbindo-lhe, como expressão e instrumento do regime democrático, fundamentalmente, a orientação jurídica, a promoção dos direitos humanos e a defesa, em todos os graus, judicial e extrajudicial, dos direitos individuais e coletivos, de forma integral e gratuita, aos necessitados, assim considerados na forma do inciso LXXIV do art. 5º da Constituição Federal".

A Lei n. 12.313/2010 alterou a LEP para incluir a Defensoria Pública como órgão da execução penal, modificando a redação dos arts. 16, 61, 80, 83, 129, 144 e 183, e introduzindo o Capítulo IX ao Título III (Dos órgãos da Execução Penal), com os arts. 81-A e 81-B.

Conforme dispõe o art. 81-A, a Defensoria Pública velará pela regular execução da pena e da medida de segurança, oficiando, no processo executivo e nos incidentes da execução, para a defesa dos necessitados em todos os graus e instâncias, de forma individual e coletiva.

O art. 81-B apresenta rol de atividades que poderão/deverão ser desenvolvidas pela Defensoria Pública no curso do processo execucional, mas tal previsão, que não é exaustiva, nem precisava ter sido feita, dada a abrangência e alcance da redação do art. 81-A.

Reconhecendo mas não se importando com a amplitude que se extrai do art. 81-A, diz o art. 81-B que incumbe, ainda, à Defensoria Pública: "I — requerer: a) todas as providências necessárias ao desenvolvimento do processo executivo; b) a aplicação aos casos julgados de lei posterior que de qualquer modo favorecer o condenado; c) a declaração de extinção da punibilidade; d) a unificação de penas; e) a detração e remição da pena; f) a instauração dos incidentes de excesso ou desvio de execução; g) a aplicação de medida de segurança e sua revogação, bem como a substituição da pena por medida de segurança; h) a conversão de penas, a progressão nos regimes, a suspensão condicional da pena, o livramento condicional, a comutação de pena e o indulto; i) a autorização de saídas temporárias; j) a internação, a desinternação e o restabelecimento da situação anterior; k) o cumprimento de pena ou medida de segurança em outra comarca; l) a remoção do condenado na hipótese prevista no § 1º do art. 86 desta Lei; II — requerer a emissão anual do atestado de pena a cumprir; III — interpor recursos de decisões proferidas pela autoridade judiciária ou administrativa durante a execução; IV — representar

67. Paulo Lúcio Nogueira, *Comentários à Lei de Execução Penal*, p. 4.

ao juiz da execução ou à autoridade administrativa para instauração de sindicância ou procedimento administrativo em caso de violação das normas referentes à execução penal; V — visitar os estabelecimentos penais, tomando providências para o adequado funcionamento, e requerer, quando for o caso, a apuração de responsabilidade; VI — requerer à autoridade competente a interdição, no todo ou em parte, de estabelecimento penal".

Assim como incumbe ao representante do Ministério Público e ao juiz da execução, o órgão da Defensoria Pública **deverá visitar periodicamente os estabelecimentos penais**, registrando sua presença em livro próprio, conforme determina o parágrafo único do art. 81-B.

Capítulo VII

DOS ESTABELECIMENTOS PENAIS

Sumário: 1. Dos estabelecimentos penais. 2. Da prisão especial. 3. Da penitenciária. 4. Da colônia agrícola, industrial ou similar. 5. Da casa do albergado. 6. Do centro de observação. 7. Do hospital de custódia e tratamento psiquiátrico. 8. Da cadeia pública.

1. DOS ESTABELECIMENTOS PENAIS

Sem enveredarmos pela dilemática questão dos fins da pena, não é ocioso mencionar que o utilitarista Jeremy Bentham escreveu que, em regra, a seu tempo os presos eram mantidos conjuntamente em estabelecimento comum, sem qualquer distinção que levasse em conta as particularidades do delito cuja autoria era imputada; a pena que deveria cumprir, tampouco o próprio indivíduo, e por isso destacou as desvantagens dessa perniciosa prática e propôs a separação de presos em categorias distintas.

Após tecer fundadas críticas, sentenciou o jusfilósofo inglês: "(...) a objeção decisiva contra este modo de aglomerar os presos, é de estar em oposição direta com um dos principais fins da prisão: a *reforma* dos criminosos. Esta aglomeração, longe de os emendar, tem uma especial tendência para os fazer ainda piores: o seu resultado é apagar neles todo o sentimento de honra, ou noutros termos, é fazê-los insensíveis à força da sanção moral. Este desastroso resultado de uma aglomeração confusa é muito claro, para escapar aos observadores ainda os mais superficiais. Os criminosos encerrados num espaço estreito se corrompem uns aos outros. As consequências perniciosas deste ajuntamento se pode reduzir a três principais: 1ª) reforçarem os motivos que abalançam o homem a cometer crimes; 2ª) enfraquecerem as considerações que tendem a reprimir os delitos; 3ª) habilitarem o preso na arte de os poder cometer"[1].

A separação dos presos por categorias distintas constitui elemento essencial de individualização da pena; permite respeito à dignidade humana, e influencia positivamente na realização dos ideais de disciplina e melhora comportamental.

1. Jeremy Bentham, *Teoria das penas legais*, São Paulo: Logos, s/data, p. 72.

Pois bem. Destinam-se os estabelecimentos penais ao condenado, ao submetido à medida de segurança, ao preso provisório e ao egresso.

O art. 5º, XLVIII, da CF determina que "a pena será cumprida em estabelecimentos distintos, de acordo com a natureza do delito, a idade e o sexo do apenado".

A mulher e o maior de sessenta anos, separadamente, serão recolhidos a estabelecimento próprio e adequado à sua condição pessoal. O mesmo conjunto arquitetônico poderá abrigar estabelecimentos de destinação diversa, desde que devidamente isolados[2].

Os **estabelecimentos penais compreendem**: 1º) a penitenciária, destinada ao condenado à reclusão, a ser cumprida em regime fechado; 2º) a colônia agrícola, industrial ou similar, reservada para a execução da pena de reclusão ou detenção em regime semiaberto; 3º) a casa do albergado, prevista para colher os condenados à pena privativa de liberdade em regime aberto e à pena de limitação de fim de semana; 4º) o centro de observação, onde serão realizados os exames gerais e criminológicos; 5º) o hospital de custódia e tratamento psiquiátrico, que se destina aos doentes mentais, aos portadores de desenvolvimento mental incompleto ou retardado e aos que manifestam perturbação das faculdades mentais; e 6º) a cadeia pública, para onde devem ser remetidos os presos provisórios (prisão em flagrante, prisão temporária ou prisão preventiva)[3] (arts. 87 e s.).

A separação por categorias de reclusos atende às Regras Mínimas das Nações Unidas para o Tratamento de Presos (Regras de Mandela), conforme estabelece sua *Regra 11*, segundo a qual "As diferentes categorias de presos devem ser mantidas em estabelecimentos prisionais separados ou em diferentes setores de um mesmo estabelecimento prisional, levando em consideração seu sexo, idade, antecedentes criminais, razões da detenção e necessidades de tratamento. Assim: (a) Homens e mulheres devem, sempre que possível, permanecer detidos em unidades separadas. Nos estabelecimentos que recebam homens e mulheres, todos os recintos destinados às mulheres devem ser totalmente separados; (b) Presos preventivos devem ser mantidos separados daqueles condenados; (c) Indivíduos presos por dívidas, ou outros presos civis, devem ser mantidos separados dos indivíduos presos por infrações criminais; (d) Jovens presos devem ser mantidos separados dos adultos".

O art. 83 da LEP está em consonância com os Capítulos II e III do Título II da mesma lei, sob as rubricas "Da assistência" e "Do trabalho".

Ao dispor que o estabelecimento penal, conforme a sua natureza, deverá contar em suas dependências com áreas e serviços destinados a dar assistência, o faz de maneira ampla e deve ser interpretado em conjunto com os arts. 12 e 13, que cuidam da assistência material; 14, que cuida da assistência à saúde; 15 e 16, que cuidam da assistência jurídica.

Dispondo que o estabelecimento deverá contar com área destinada à educação, trabalho, recreação e prática esportiva, envolve também a matéria cuidada nos arts. 17 a

2. Art. 82, §§ 1º e 2º, da LEP.

3. Sobre a matéria, conferir: Renato Marcão. *Prisões cautelares, liberdade provisória e medidas cautelares restritivas*, 2ª ed., São Paulo, Saraiva, 2012.

21 (Da assistência educacional); 22, 23 (Da assistência social) e todo o Capítulo III, Título II, da Lei de Execução Penal (Do trabalho).

A obrigatoriedade de instalação destinada a estágio de estudantes universitários, conforme dispõe o § 1º do art. 83, atende à necessária capacitação do executado para o mercado de trabalho no momento de seu retorno ao convívio social; constitui preocupação ressocializadora e fator positivo na busca de uma ideal disciplina interna. Na mesma linha segue a determinação no sentido de que serão instaladas salas de aulas destinadas a cursos do ensino básico e profissionalizante, conforme dispõe o § 4º do art. 83.

Em respeito ao disposto no art. 5º, L, da CF, que estabelece que às presidiárias serão asseguradas condições para que possam permanecer com seus filhos durante o período de amamentação, a Lei n. 11.942/2009 deu nova redação ao § 2º do art. 83, determinando que os estabelecimentos penais destinados a mulheres serão dotados de berçário, onde as condenadas possam cuidar de seus filhos, inclusive amamentá-los, no mínimo, até os 6 (seis) meses de idade, o que assegura não só a saúde do filho, mas também permite à mãe o despertar de sentimentos e valores por ela muitas vezes desconhecidos até então, podendo influenciar positivamente sua ressocialização.

Bem por isso, antes mesmo da vigência da Lei de Execução Penal, discorrendo sobre a reeducação das mulheres delinquentes, Henny Goulart já ensinava, com a inteligência de sempre, que "o problema dos filhos menores deve ser considerado, facilitando-se o contato e a permanência dos de tenra idade com as mães, com a necessidade de instalações de creches e seções especiais"[4].

Mas não é só. Como adverte José Heitor dos Santos, "o aleitamento materno é de fundamental importância para o desenvolvimento sadio da criança. O colostro, substância que aparece logo depois do parto, possui elementos que protegem o bebê contra a maioria das doenças da primeira infância, sendo, portanto, importante que o recém-nascido mame o colostro, mesmo que a mulher decida não amamentar por muito tempo"[5].

Comentando o assunto, Alexandre de Moraes ensina: "Trata-se de inovação em termos de direitos humanos fundamentais garantir-se o direito às presidiárias de amamentarem seus filhos. A destinação dessa previsão é dúplice, pois ao mesmo tempo que garante à mãe o direito ao contato e amamentação com seu filho, garante a este o direito à alimentação natural, por meio do aleitamento. Interessante raciocínio é feito por Wolgran Junqueira Ferreira ao analisar o presente inciso, pois afirma que 'como o item XLV declara expressamente que a *pena não passará do condenado*, seria uma espécie de contágio da pena retirar do recém-nascido o direito ao aleitamento materno' (op. cit., p. 401). Entendemos, porém, que apesar de importante, esse aspecto foi secundário na fixação desse preceito, que demonstra precipuamente o respeito do constituinte à *dignidade humana*, no que ela tem de mais sagrado: a *maternidade*"[6].

---

4. Henny Goulart, *Penologia I*, p. 97.

5. José Heitor dos Santos, *Aleitamento materno nos presídios femininos*, disponível na Internet em: http://www.noticiasforenses.com.br.

6. Alexandre de Moraes, *Direitos humanos fundamentais*, p. 244-245.

Os estabelecimentos penais destinados a mulheres deverão possuir, exclusivamente, agentes do sexo feminino na segurança de suas dependências internas.

As norteadoras programáticas dos arts. 82 e 83 da lei estão em harmonia com as Regras Mínimas das Nações Unidas para o Tratamento de Presos (Regras de Mandela) e com as Regras Mínimas para o Tratamento do Preso no Brasil, Resolução n. 14/94 do Conselho Nacional de Política Criminal e Penitenciária (CNPCP).

A Lei n. 12.403/2011 deu nova redação aos arts. 317 e 318 do CPP, e instituiu a possibilidade de prisão cautelar domiciliar substitutiva da prisão preventiva para a condenada gestante (art. 318, IV).

Os estabelecimentos penais devem ser dotados de compartimentos distintos para as diferentes categorias de reclusos, de maneira que os presos provisórios fiquem separados dos condenados definitivos e os presos primários sejam mantidos em seção distinta da reservada aos reincidentes.

Presos provisórios são aqueles recolhidos ao estabelecimento prisional em razão de prisão em flagrante (arts. 301 e s. do CPP), prisão temporária (Lei n. 7.960/89), ou prisão preventiva (arts. 311 a 316 do CPP; art. 413, § 3º, do CPP; arts. 387, § 1º, do CPP; e 59 da Lei n. 11.343/2006 — Lei de Drogas).

Oportuno registrar que o art. 84 da Lei n. 13.445/2017 (Lei de Migração) prevê a possibilidade de prisão cautelar para fins de extradição, de competência do Supremo Tribunal Federal, cumprindo que o interessado formule pedido fundamentado, inclusive com informações sobre o crime cometido, e o instrua com a documentação comprobatória da existência de ordem de prisão proferida por Estado estrangeiro.

Condenados definitivos são aqueles que contam em seu desfavor com sentença penal condenatória trânsita em julgado da qual já não caiba recurso.

O conceito de primariedade se extrai da interpretação inversa ao art. 63 do CP, que indica o conceito de reincidente[7]. Não há um terceiro gênero: ou é primário, ou é reincidente. Embora sem influenciar na definição dos conceitos de primariedade e reincidência, é importante relembrar, por oportuno, que a *reincidência específica*, após ser banida com a reforma penal instituída com a Lei n. 7.209/84, fora ressuscitada em leis mais recentes, como é exemplo a Lei dos Crimes Hediondos.

As cautelas mencionadas são salutares e atendem ao princípio da individualização da pena, que também deve ser observado na fase de execução, impedindo, ainda, mesmo que em tese, maior deformação de caráter em relação àqueles que ainda se iniciam na senda do crime, pois é inegável que o contato direto entre as diferentes categorias de reclusos propiciará indesejado resultado em termos de ressocialização, notadamente quanto aos primários.

---

7. Sobre a prescrição da reincidência, veja-se o art. 64 do CP.

Não é de hoje. Em 1876 Cesare Lombroso já advertia a respeito do "pervertimento provocato dalla dimora in carcere e pel forzato contatto com veri delinquente"[8].

No tocante ao preso provisório a cautela é ainda mais indicada. Com efeito, em se tratando de prisão cautelar, embora sempre calcada em fundados indícios de autoria e materialidade, o que permite antever quase sempre uma possível ou inevitável condenação, é certo que ainda poderá ser absolvido, e, sendo possível evitar o contato com criminosos de maior periculosidade, o resultado positivo aflora evidente.

Assim, os presos *provisórios* devem ser mantidos separados dos condenados por sentença transitada em julgado.

A Lei n. 13.167/2015 deu nova redação ao § 1º do art. 84 da LEP, e lhe acrescentou incisos com vista a estabelecer os seguintes **critérios para a separação de presos provisórios**: I — acusados pela prática de crimes hediondos ou equiparados; II — acusados pela prática de crimes cometidos com violência ou grave ameaça à pessoa; III — acusados pela prática de outros crimes ou contravenções diversos dos apontados nos incisos I e II.

A mesma lei também acrescentou ao art. 84 da LEP seu § 3º, cujos incisos fixam **critérios para a separação de presos condenados**, a saber: I — condenados pela prática de crimes hediondos ou equiparados; II — reincidentes condenados pela prática de crimes cometidos com violência ou grave ameaça à pessoa; III — primários condenados pela prática de crimes cometidos com violência ou grave ameaça à pessoa; IV — demais condenados pela prática de outros crimes ou contravenções em situação diversa das previstas nos incisos I, II e III.

Atendendo a critério de segurança, o preso que, ao tempo do fato, era funcionário da Administração da Justiça Criminal ficará em dependência separada[9].

Não se trata, aqui, de estabelecer odioso privilégio ou mesmo quebra do princípio constitucional da isonomia[10]. A regra é necessária e tem por escopo único a preservação da integridade física e moral daquele que, por exemplo, até pouco tempo se encontrava em lado oposto ao crime, combatendo, no exercício de suas atividades profissionais rotineiras, aqueles que agora se encontram presos, e que por razões evidentes não podem com ele dividir o mesmo espaço físico.

O preso que tiver sua integridade física, moral ou psicológica ameaçada pela convivência com os demais presos deverá ser colocado em segurança, em local apropriado, constituindo tal providência atribuição do Diretor do Estabelecimento[11].

---

8. Cesare Lombroso. *L'uomo delinquente*. Printed in the USA: The Perfect Library, 1876, p. 160.
9. Art. 84, § 2º, da LEP.
10. Art. 5º, *caput*, da CF.
11. Art. 84, § 4º, da LEP.

Com vistas a reafirmar a necessidade de observância aos princípios constitucionais vigentes e que têm relação com a execução penal, a Lei n. 12.313/2010 acrescentou um § 5º ao art. 83 da LEP, determinando que nos estabelecimentos penais haverá instalação destinada à Defensoria Pública.

A Lei n. 13.190/2015 acrescentou à LEP seus arts. 83-A[12] e 83-B, e esse último diz que "São indelegáveis as funções de direção, chefia e coordenação no âmbito do sistema penal, bem como todas as atividades que exijam o exercício do poder de polícia, e notadamente: I — classificação de condenados; II — aplicação de sanções disciplinares; III — controle de rebeliões; IV — transporte de presos para órgãos do Poder Judiciário, hospitais e outros locais externos aos estabelecimentos penais".

2. DA PRISÃO ESPECIAL

Analisando o instituto da prisão especial, Arthur Cogan explica que "procurou a lei, em razão da qualidade das pessoas envolvidas em processos, na fase antecedente à decisão, permitir que aquelas que exercem determinadas atividades estejam recolhidas a quartéis ou locais aptos a servirem como prisão especial, evitando-se o contato com os demais presos, garantindo-lhes ambiente menos constrangedor e condições de vida mais condizentes com a atividade profissional até então desenvolvida"[13].

Conforme tem proclamado a jurisprudência, a "prisão especial é uma espécie de prisão provisória, na qual os presos que dela desfrutam, pela prerrogativa da função, pela formação em curso de nível superior e por serviços prestados ao poder público, permanecem afastados dos presos comuns até o trânsito em julgado da sentença condenatória; após esse momento serão recolhidos ao estabelecimento penal comum"[14].

Não se trata de uma regalia atentatória do princípio da isonomia jurídica. Encerra, na verdade, providência necessária, que tem por escopo preservar a integridade física e moral do preso *ocupante de funções públicas*. Bem a propósito a lição de Ari Azevedo Franco[15], citado por Arthur Cogan, no sentido de que, "apesar do preceito constitucional estabelecer que 'todos são iguais perante a lei' — o legislador processual penal, por considerações de ordem várias, criou certo privilégio para a pessoa que enumera, deter-

---

12. "Art. 83-A. Poderão ser objeto de execução indireta as atividades materiais acessórias, instrumentais ou complementares desenvolvidas em estabelecimentos penais, e notadamente: I — serviços de conservação, limpeza, informática, copeiragem, portaria, recepção, reprografia, telecomunicações, lavanderia e manutenção de prédios, instalações e equipamentos internos e externos; II — serviços relacionados à execução de trabalho pelo preso. § 1º A execução indireta será realizada sob supervisão e fiscalização do poder público. § 2º Os serviços relacionados neste artigo poderão compreender o fornecimento de materiais, equipamentos, máquinas e profissionais."

13. Arthur Cogan, *Prisão especial*, p. 1.

14. *RT*, 744/624.

15. Ari Azevedo Franco, *Código de Processo Penal*, v. 1, p. 308.

minando sejam recolhidas a quartéis ou a prisão especial, à disposição da autoridade competente, quando sujeitas à prisão antes de condenação definitiva"[16].

Ao contrário do que se tem visto muitas vezes na prática, a providência de cautela só tem sentido no caso de preso provisório; vale dizer, sem sentença penal condenatória com trânsito em julgado definitivo em seu desfavor. Em se tratando, todavia, de prisão decorrente de sentença penal condenatória irrecorrível, descabe a prisão especial, conforme já decidiram o Superior Tribunal de Justiça e o Supremo Tribunal Federal[17].

É manifesto o equívoco de quem pensa que prisão especial equivale a um bom quarto de hotel. Na verdade, o que se presta a servir de prisão especial, no mais das vezes, é apenas um local distinto dentro de um presídio ou cadeia pública, distante e isolado das demais celas, quando muito. É imprescindível, entretanto, que em suas instalações conte com acomodações adequadas, atendendo às necessidades básicas de higiene e saúde.

Não havendo cela especial na cadeia pública ou alojamento adequado em quartel do comando da Polícia Militar, deve o preso com direito a prisão especial ser colocado em cela comum de cadeia pública, separada das outras, de maneira a permitir o isolamento em relação aos demais reclusos.

A ausência de um compartimento específico destinado aos presos com direito a prisão especial, por consequência, não autoriza a concessão de prisão-albergue domiciliar, como muitas vezes equivocadamente se tem entendido.

A taxatividade do art. 117 da LEP[18] desautoriza tal benefício, e por aqui não cabe falar das exceções por vezes admitidas em razão de situações realmente especiais, notadamente envolvendo questões ligadas à saúde do preso.

São hipóteses legais de prisão especial: 1) prisão especial para os dirigentes de entidades sindicais e para o empregado no exercício de representação profissional ou no cargo de administração sindical (Lei n. 2.860/56); 2) prisão especial aos servidores do Departamento Federal de Segurança Pública, com exercício de atividade estritamente policial (Lei n. 3.313/57); 3) prisão especial de pilotos de aeronaves mercantes nacionais (Lei n. 3.988/61); 4) prisão especial de funcionários policiais civis da União e do Distrito Federal (Lei n. 48.878/65); 5) prisão especial dos funcionários da

---

16. Arthur Cogan, *Prisão especial*, p. 1.

17. STJ, HC 110.745/RJ, 5ª T., rela. Mina. Laurita Vaz, j. 4-11-2010, *DJe*, 29-11-2010; STJ, HC 149.141/ES, 5ª T., rel. Min. Napoleão Nunes Maia Filho, j. 4-3-2010, *DJe*, 26-4-2010; STJ, HC 56.280/PE, 6ª T., rela. Mina. Maria Thereza de Assis Moura, j. 14-4-2009, *DJe*, 4-5-2009; STF, HC 72.465/SP, 1ª T., rel. Min. Celso de Mello, j. 5-9-1995, *DJU*, 24-11-1995, p. 40.387; STF, HC 73.107/ES, 2ª T., rel. Min. Marco Aurélio, j. 12-11-1995, *DJU*, 22-3-1996, p. 8.208.

18. Em sentido contrário, admitindo prisão domiciliar, excepcionalmente, "quando não houver local adequado para a prisão especial": STJ, AgRg no REsp 987.175/RS, 6ª T., rel. Min. Sebastião Reis Junior, j. 1º-12-2011, *DJe*, 19-12-2011.

Polícia Civil dos Estados e dos territórios (Lei n. 5.350/67); 6) prisão especial dos oficiais da Marinha Mercante (Lei n. 5.606/70); 7) prisão especial dos juízes de paz (Lei Complementar n. 35/79 — LOMN); 8) prisão especial de juízes de direito (Lei Complementar n. 35/79 — LOMN); 9) prisão especial para agentes de segurança privada (Lei n. 7.102/83); 10) prisão especial dos professores do ensino de 1º e 2º graus (Lei n. 7.172/83); 11) prisão especial dos promotores e procuradores de justiça (Lei n. 8.625/93 — LONMP. No Estado de São Paulo: Lei Complementar n. 734/93 — LOMPSP); 12) prisão especial de Membro do Ministério Público da União (Lei Complementar n. 75/93); 13) prisão especial dos advogados[19] (Lei n. 8.906/94); 14) prisão especial de Defensor Público (Lei Complementar n. 80/94).

Consoante a **Súmula 717 do STF**: "Não impede a progressão de regime de execução da pena, fixada em sentença não transitada em julgado, o fato de o réu se encontrar em prisão especial".

A Lei n. 12.403/2011 deu nova redação ao art. 439 do CPP, de maneira a não mais assegurar a possibilidade de prisão especial àquele que tenha exercido efetivamente a função de jurado no julgamento de processo submetido ao Tribunal do Júri.

De observar, entretanto, que o art. 295, X, do CPP, continua a assegurar a possibilidade de prisão especial aos que tiverem exercido efetivamente a função de jurado, conforme especifica.

Aury Lopes Jr. explica o imbróglio: "O que provavelmente tenha ocorrido foi um vacilo do legislador, pois até a véspera da votação do PL 4208, havia um consenso sobre

19. "O Estatuto da Advocacia (Lei n. 8.906/94), em norma não derrogada pela Lei n. 10.258/2001 (que alterou o art. 295 do CPP), garante, ao Advogado, enquanto não transitar em julgado a sentença penal que o condenou, o direito de 'não ser recolhido preso (...), senão em sala de Estado-Maior (...) e, na sua falta, em prisão domiciliar' (art. 7º, inciso V). — Trata-se de prerrogativa de índole profissional — qualificável como direito público subjetivo do Advogado regularmente inscrito na OAB — que não pode ser desrespeitada pelo Poder Público e por seus agentes, muito embora cesse com o trânsito em julgado da condenação penal. Doutrina. Jurisprudência. Essa prerrogativa profissional, contudo, não poderá ser invocada pelo Advogado, se cancelada a sua inscrição (Lei n. 8.906/94, art. 11) ou, então, se suspenso, preventivamente, o exercício de sua atividade profissional, por órgão disciplinar competente (Lei n. 8.906/94, art. 70, § 3º). — A inexistência, na comarca ou nas Seções e Subseções Judiciárias, de estabelecimento adequado ao recolhimento prisional do Advogado confere-lhe, antes de consumado o trânsito em julgado da sentença penal condenatória, o direito de beneficiar-se do regime de prisão domiciliar (*RTJ* 169/271-274 — *RTJ* 184/640), não lhe sendo aplicável, considerado o princípio da especialidade, a Lei n. 10.258/2001. — Existe, entre o art. 7º, inciso V, do Estatuto da Advocacia (norma anterior especial) e a Lei n. 10.258/2001 (norma posterior geral), que alterou o art. 295 do CPP, situação reveladora de típica antinomia de segundo grau, eminentemente solúvel, porque superável pela aplicação do critério da especialidade (*'lex posterior generalis non derogat priori speciali'*), cuja incidência, no caso, tem a virtude de preservar a essencial coerência, integridade e unidade sistêmica do ordenamento positivo (*RTJ* 172/226-227), permitindo, assim, que coexistam, de modo harmonioso, normas em relação de (aparente) conflito. Doutrina. Consequente subsistência, na espécie, não obstante o advento da Lei n. 10.258/2001, da norma inscrita no inciso V do art. 7º do Estatuto da Advocacia, ressalvada, unicamente, por inconstitucional (ADI 1.127/DF), a expressão 'assim reconhecidas pela OAB' constante de referido preceito normativo" (STF, HC 109.213/SP, 2ª T., rel. Min. Celso de Mello, j. 28-8-2012, *DJe* n. 182, de 17-9-2012).

a extinção da prisão especial e, portanto, haveria uma modificação radical no art. 295. Nesta linha, também teria que ser alterado o art. 439 (para supressão da parte final). Ocorre que, na última hora, decidiu-se pela manutenção da prisão especial e o art. 295 ficou inalterado (e esqueceram do art. 439 que acabou sendo alterado)"[20].

3. DA PENITENCIÁRIA

A penitenciária destina-se ao condenado à pena de *reclusão*, em regime *fechado*[21].

Decorre do disposto no art. 87 da LEP ser manifestamente ilegal o cumprimento de pena de *detenção* ou *prisão simples* em regime fechado, o que também contraria o disposto no art. 33 do CP[22]. Por conseguinte, também é incorreto o cumprimento de pena fixada no regime semiaberto ou aberto em cela de penitenciária, em ambiente fechado.

De inteiro teor programático, o art. 88 da lei estabelece que o condenado, no cumprimento de sua pena no regime fechado, será alojado em cela individual, que conterá dormitório, aparelho sanitário e lavatório, devendo ser observados como requisitos básicos de cada unidade celular a salubridade do ambiente pela concorrência dos fatores de aeração, insolação e condicionamento térmico adequado à existência humana, além de área mínima de seis metros quadrados.

Conforme está claro no item 98 da Exposição de Motivos da Lei de Execução Penal, adotou-se, sem vacilação, a regra da cela individual com requisitos básicos quanto à salubridade e área mínima. As penitenciárias e as cadeias públicas terão, necessariamente, as celas individuais. Todavia, "é público e notório que o sistema carcerário brasileiro ainda não se ajustou à programação visada pela LEP. Não há, reconhecidamente, presídio adequado ao idealismo programático da LEP. É verdade que, em face da carência absoluta nos presídios, notadamente no Brasil, os apenados recolhidos sempre reclamam mal-estar nas acomodações, constrangimento ilegal e impossibilidade de readaptação à vida social"[23].

As disposições da Lei de Execução Penal estão em consonância com as Regras Mínimas das Nações Unidas Para o Tratamento de Presos (Regras de Mandela); com as Regras Mínimas para o Tratamento do Preso no Brasil, Resolução n. 14/94 do Conselho Nacional de Política Criminal e Penitenciária (CNPCP), e com as Regras das Nações Unidas para o Tratamento de Reclusas e Medidas não Privativas de Liberdade para Mulheres Delinquentes (Regras de Bangkok).

Visando à ressocialização e ao alcance de uma execução justa da pena imposta, e

20. *O novo regime jurídico da prisão processual, liberdade provisória e medidas cautelares diversas*, Rio de Janeiro, *Lumen Juris*, 2011, p. 114.

21. Art. 87 da LEP.

22. Conforme o art. 33, *caput*, do CP: "A pena de reclusão deve ser cumprida em regime fechado, semiaberto ou aberto. A de detenção, em regime semiaberto ou aberto, salvo necessidade de transferência a regime fechado". A transferência excepcional é aquela que decorre do art. 111 da LEP.

23. *RT*, 736/685.

com olhos voltados ao princípio da personalidade ou intranscendência, segundo o qual o processo e a pena não podem ir além da pessoa do autor da infração (art. 5º, XLV, da CF), a Lei de Execução Penal estabelece que a penitenciária de mulheres será dotada de seção para gestante e parturiente e de creche para abrigar crianças maiores de 6 (seis) meses e menores de 7 (sete) anos, com a finalidade de assistir a criança desamparada cuja responsável estiver presa[24].

A Lei n. 11.942/2009 acrescentou um parágrafo único ao art. 89 da LEP, determinando que são requisitos básicos da seção e da creche a que ele se refere: I — atendimento por pessoal qualificado, de acordo com as diretrizes adotadas pela legislação educacional e em unidades autônomas; e II — horário de funcionamento que garanta a melhor assistência à criança e à sua responsável.

Tais regras, também de cunho programático, têm consonância com as disposições contidas nos arts. 5º, I, XLVIII e L, e 208, IV, da CF; arts. 83, § 2º, e 117, III e IV, da LEP, e art. 37 do CP, e possibilitam, inclusive, a efetivação de aleitamento materno à criança cuja mãe se encontre presa.

Dispõe o § 1º do art. 86 da LEP que: "A União Federal poderá construir estabelecimento penal em local distante da condenação para recolher os condenados, quando a medida se justifique no interesse da segurança pública ou do próprio condenado".

"A União Federal, os Estados, o Distrito Federal e os Territórios poderão construir Penitenciárias destinadas, exclusivamente, aos presos provisórios e condenados que estejam em regime fechado, sujeitos ao regime disciplinar diferenciado, nos termos do art. 52 desta Lei" (art. 87, parágrafo único, da LEP).

Determina o art. 90 da LEP que a penitenciária de homens será construída em local afastado do centro urbano a distância que não restrinja a visitação.

Asseverou Henny Goulart que "a preocupação acerca da arquitetura e localização dos presídios é relativamente recente, surgindo quando a pena de prisão passou a ostentar uma maior aspiração reformadora, embora mesmo em épocas mais afastadas não tivessem faltado reclamos e sugestões no tocante às condições básicas das prisões"[25].

A transferência e inclusão de presos, condenados ou provisórios, em estabelecimentos penais federais de segurança máxima, está regulada na Lei n. 11.671/2008, que foi regulamentada pelo Decreto n. 6.877/2009.

4. DA COLÔNIA AGRÍCOLA, INDUSTRIAL OU SIMILAR

Serão recolhidos em estabelecimentos destinados ao cumprimento de pena na modalidade semiaberta os condenados oriundos do regime fechado, por progressão, cumprindo assim uma função de transição, daí a denominação de regime intermediário, bem como aqueles a quem se impôs, desde o início, o cumprimento de pena privativa

---

24. Art. 89, *caput*, da LEP.

25. Henny Goulart, *Penologia* I, p. 120.

de liberdade a ser resgatada no regime semiaberto, em atenção às disposições dos arts. 33 e 59 do CP. Acrescente-se, por fim, que também irão cumprir pena no regime semiaberto os condenados que, estando no regime aberto, obtiverem regressão, tema tratado no Capítulo em que discorremos sobre a regressão de regime prisional e suas variadas discussões.

O cumprimento de pena em regime semiaberto deve ocorrer em colônia agrícola, industrial ou similar.

Nela o condenado poderá ser alojado em compartimento coletivo, observados os requisitos da letra *a* do parágrafo único do art. 88 da lei[26], conforme preceitua o art. 92[27].

Não obstante a literalidade do texto, é notória a falência do regime semiaberto, que pode ser identificada por diversos fatores.

Em *primeiro lugar*, e destacadamente, exsurge a absoluta ausência de estabelecimentos em número suficiente para o atendimento da clientela. Diariamente, inúmeros condenados recebem pena a ser cumprida no regime inicial semiaberto. Entretanto, em sede de execução, imperando a ausência de vagas em estabelecimento adequado, a alternativa tem sido determinar que se aguarde vaga recolhido em estabelecimento destinado ao regime fechado, em absoluta distorção aos ditames da Lei de Execução Penal.

Não raras vezes a pena que deveria ser cumprida desde o início no regime intermediário acaba sendo cumprida quase que integralmente no regime fechado. Quando não, o executado aguarda a vaga para o sistema semiaberto na cadeia pública, e, por interpretação equivocada de alguns juízes e promotores que atuam na execução penal, acabam por não usufruir de direitos outorgados aos presos com pena a cumprir no regime semiaberto, como ocorre, por exemplo, nas hipóteses de saídas temporárias (art. 122 da LEP).

Argumenta-se, equivocadamente, que, encontrando-se o preso, de fato, no regime fechado, não faz jus ao benefício.

É manifesto o equívoco dessa interpretação da lei, e tal compreender acarreta flagrante e odiosa violação de direito assegurado ao executado, que na verdade acaba sendo tolhido em seu direito, mais uma vez, em razão da desídia do Estado, que não disponibiliza vagas suficientes no regime semiaberto.

Outras vezes o condenado a iniciar o cumprimento de pena no regime fechado recebe progressão de regime e permanece, de fato, no regime fechado, aguardando vaga para sua transferência.

Evidente que a inclusão ou permanência no sistema fechado de presos que deveriam estar, por direito, e de fato, no regime semiaberto, conforme o provimento jurisdi-

---

26. "Salubridade do ambiente pela concorrência dos fatores de aeração, insolação e condicionamento térmico adequado à existência humana."

27. Conforme o parágrafo único do art. 92 da LEP, "São também requisitos básicos das dependências coletivas: *a*) a seleção adequada dos presos; *b*) o limite de capacidade máxima que atenda os objetivos de individualização da pena".

cional, acarreta outro grave problema: a superlotação do sistema prisional fechado, que por si só já é carente para o atendimento dos condenados ao cumprimento de pena no respectivo regime.

Perante a esse estado de coisas, reiteradamente se tem decidido que a ausência de vagas em estabelecimentos penais constitui omissão do Estado, e que o condenado não pode ter sua pena e regime modificados para pior em razão de tal incúria. Essa posição, aliás, tem sido adotada pelo Superior Tribunal de Justiça, e também já foi acolhida no Supremo Tribunal Federal. Diante da realidade em que vivemos, e considerando que a execução é *pro societate*, e não *pro reo*, o melhor entendimento, e que deve ser seguido, orienta-se pela não configuração de constrangimento ilegal na hipótese de ausência momentânea de vaga em estabelecimento semiaberto e consequente permanência no regime fechado no aguardo de vaga para transferência.

Tal omissão que emana da Administração Pública não pode ser suprida pelo Poder Judiciário.

Com efeito, "a concessão de regime semiaberto corresponde a uma expectativa futura de direito, já que o cumprimento da pena em tal regime depende da existência de vaga em estabelecimento prisional adequado. Quando o juiz do processo sentencia, ignora a inexistência de vaga, fato esse que fica a cargo do Juízo das Execuções Criminais verificar. Sendo assim, eventual ausência temporária de vaga implicará passar ao aberto sem passar pelo semiaberto"[28]. É evidente que tal passagem, entretanto, não se pode verificar por salto, porquanto vedada a progressão *per saltum*. O entendimento correto é no sentido de que, embora devesse estar, de fato, no regime semiaberto, o executado permanecerá momentaneamente no fechado, aguardando vaga.

A espera, todavia, não poderá ser indefinida e, se assim se prolongar, poderá dar ensejo, aí sim, a constrangimento ilegal.

Algumas vezes o sentenciado promovido ao semiaberto permanece no regime fechado, e, com o passar do tempo, atendidos os requisitos legais, recebe nova progressão, agora para o regime aberto, e para este passará sem que tenha, de fato, cumprido pena no regime semiaberto.

A realidade é que, em regra, também não existem estabelecimentos para o cumprimento de pena no regime aberto, e a alternativa que se tem encontrado é a concessão do regime aberto na modalidade domiciliar, contrariando a literalidade do art. 117 da LEP.

Contra esse "estado de coisas", o Supremo Tribunal Federal editou a **Súmula Vinculante 56**, que tem o seguinte teor: "A falta de estabelecimento penal adequado não autoriza a manutenção do condenado em regime prisional mais gravoso, devendo-se observar, nesta hipótese, os parâmetros fixados no Recurso Extraordinário (RE) 641.320"[29].

No julgamento do RE 641.320/RS, de que foi relator o Min. Gilmar Mendes, ficou

---

28. *JTACrimSP*, 95/332.

29. "A Súmula Vinculante n. 56/STF é inaplicável ao preso provisório" (STJ, RHC 99.006/PA, 5ª T., rel. Min. Jorge Mussi, j. 7-2-2019, *DJe* de 14-2-2019).

decidido que o cumprimento de pena em regime mais rigoroso que o devido configura violação aos arts. 1º, III (dignidade da pessoa humana), e 5º, XXXIX (legalidade) e XLVI (individualização da pena), da Constituição Federal.

No Superior Tribunal de Justiça a matéria é objeto do "Tema Repetitivo 993" e está ementada nos seguintes termos: "1. Recurso representativo de controvérsia, para atender ao disposto no art. 1.036 e seguintes do CPC/2015 e na Resolução STJ n. 8/2008. 2. Delimitação da controvérsia: '(im)possibilidade de concessão da prisão domiciliar, como primeira opção, sem prévia observância dos parâmetros traçados no RE 641.320/RS'. 3. TESE: A inexistência de estabelecimento penal adequado ao regime prisional determinado para o cumprimento da pena não autoriza a concessão imediata do benefício da prisão domiciliar, porquanto, nos termos da Súmula Vinculante nº 56, é imprescindível que a adoção de tal medida seja precedida das providências estabelecidas no julgamento do RE nº 641.320/RS, quais sejam: (i) saída antecipada de outro sentenciado no regime com falta de vagas, abrindo-se, assim, vagas para os reeducandos que acabaram de progredir; (ii) a liberdade eletronicamente monitorada ao sentenciado que sai antecipadamente ou é posto em prisão domiciliar por falta de vagas; e (iii) cumprimento de penas restritivas de direitos e/ou estudo aos sentenciados em regime aberto. 4. Ao examinar a questão do cumprimento de pena em regime fechado, na hipótese de não existir vaga em estabelecimento adequado ao regime em que está efetivamente enquadrado o reeducando, por ocasião do julgamento do RE 641.320/RS, o Supremo Tribunal Federal assentou que 'A falta de estabelecimento penal adequado não autoriza a manutenção do condenado em regime prisional mais gravoso' e que 'Os juízes da execução penal poderão avaliar os estabelecimentos destinados aos regimes semiaberto e aberto, para qualificação como adequados a tais regimes. São aceitáveis estabelecimentos que não se qualifiquem como colônia agrícola, industrial (regime semiaberto) ou casa de albergado ou estabelecimento adequado' (regime aberto) (art. 33, § 1º, alíneas 'b' e 'c')'. Concluiu, ainda, que, na ausência de vagas ou estabelecimento prisional adequado na localidade, o julgador deve buscar aplicar as seguintes alternativas, em ordem de preferência: (i) a saída antecipada de sentenciado no regime com falta de vagas; (ii) a liberdade eletronicamente monitorada ao sentenciado que sai antecipadamente ou é posto em prisão domiciliar por falta de vagas; (iii) o cumprimento de penas restritivas de direito e/ou estudo ao sentenciado que progride ao regime aberto. Observou, entretanto, que, até que sejam estruturadas as medidas alternativas propostas, poderá ser deferida a prisão domiciliar ao sentenciado e que a adoção de uma solução alternativa não é um direito do condenado. 5. Somente se considera a utilização da prisão domiciliar pouco efetiva, como alternativa à ausência de vagas no regime adequado, quando ela restringe totalmente o direito do executado de deixar a residência, não permitindo, assim, o exercício de trabalho externo, ou quando, estando o reeducando no regime aberto, a prisão domiciliar puder ser substituída pelo cumprimento de penas alternativas e/ou estudo. Não há óbices à concessão de prisão domiciliar com monitoração eletrônica ao sentenciado em regime semiaberto, quando não há vagas no regime específico ou quando não há estabelecimento prisional adequado ou similar na localidade em que cumpre pena. 6. Não há ilegalidade na imposição da prisão domiciliar, mesmo a pura e simples em que o executado não tem direito de deixar a residência em momento algum, em hipóteses não elencadas no art. 117 da Lei de Execuções Penais, máxime quando não houver vagas suficientes para acomodar o preso no regime de cumprimento de pena adequado, tampouco estabelecimento prisional similar, e não for possível, no caso concreto, a aplicação de uma das hipóteses propostas no RE n. 641.320/RS"[30].

Em *segundo lugar*, merece destaque o fato de que o cumprimento de pena no regime semiaberto não tem apresentado resultado prático positivo, notadamente no campo da ressocialização, defendida por muitos como finalidade *precípua* da pena, sentir do qual divergimos[31].

Em resumo, a execução de penas no sistema progressivo, com a estrutura que o Estado oferece, constitui uma sucessiva violação de normas, daí compreendermos o desabafo de Sidnei Agostinho Beneti, já na dedicatória de conhecida obra sua[32], quando escreve: "Aos Juízes de Execução Penal, homens que vivem a angústia de, sem recursos materiais, tentar a concretização do ideal".

5. DA CASA DO ALBERGADO

Conforme dispõe o art. 93 da LEP, a casa do albergado destina-se ao cumprimento de *pena privativa de liberdade, em regime aberto*, e da pena de *limitação de fim de semana*.

Afasta-se, desde logo, a conclusão equivocada daqueles que até agora pensavam que a "casa do albergado" destinava-se apenas e tão somente ao cumprimento de pena no regime aberto.

Também a pena restritiva de direitos consistente em limitação de fim de semana há de ser cumprida em "casa do albergado". Não é por outra razão que o art. 151 da lei, ao cuidar da pena de limitação de fim de semana, estabelece que "caberá ao juiz da execução determinar a intimação do condenado, *cientificando-o do local*, dias e horário em que deverá cumprir a pena".

Contudo, como já se sabe, a quase absoluta ausência de estabelecimentos penais do gênero tem impossibilitado, em regra, o cumprimento de tais penas conforme o desejo da Lei de Execução Penal, já que passam a ser cumpridas, ambas — privativa de liberdade no regime aberto e limitação de fim de semana —, em regime domiciliar, ao arrepio da lei, porém, no mais das vezes, sem outra alternativa para os juízes e promotores que operam com a execução penal.

É preciso considerar, entretanto — e tal ponderação não tem ingressado na esfera de raciocínio de muitos dos operadores do direito —, que a pena em regime aberto, ou a de limitação de fim de semana, podem ser cumpridas em ala distinta de prédio destinado ao cumprimento de pena em regime fechado ou semiaberto, desde que não seja possível e/ou permitido o contato entre os presos desses regimes e aqueles submetidos

30. STJ, REsp 1.710.674/MG, Terceira Seção, rel. Min. Reynaldo Soares da Fonseca, j. 22-8-2018, *DJe* de 3-9-2018, RB vol. 656, p. 229, RSTJ vol. 252, p. 1082.

31. Nesse sentido: Renato Marcão e Bruno Marcon, Rediscutindo os fins da pena, *RT*, 786/531.

32. Sidnei Agostinho Beneti, *Execução penal*.

à modalidade aberta ou à limitação de fim de semana.

Nesse sentido, o Superior Tribunal de Justiça já decidiu que "o sistema penitenciário não traduz, em parte, as exigências normativas. A legislação precisa ser interpretada finalisticamente. Casa do albergado imprime ideia de local sem as características de cárcere, próprio para o cumprimento de penas em regime fechado ou semiaberto. Não se confunde com o edifício, a construção física. Fundamental é o ambiente a que fica submetido o condenado. Satisfeita a exigência da lei, se o local, embora contíguo ao presídio, do interior deste, é separado, sem o rigor penitenciário, baseado na autodisciplina e senso de responsabilidade"[33].

De igual modo, o Supremo Tribunal Federal também tem orientação no sentido de que "Os juízes da execução penal poderão avaliar os estabelecimentos destinados aos regimes semiaberto e aberto, para qualificação como adequados a tais regimes. São aceitáveis estabelecimentos que não se qualifiquem como 'colônia agrícola, industrial' (regime semiaberto) ou 'casa de albergado ou estabelecimento adequado' (regime aberto) (art. 33, § 1º, alíneas 'b' e 'c'). No entanto, não deverá haver alojamento conjunto de presos dos regimes semiaberto e aberto com presos do regime fechado"[34].

Quando existente, segundo os ditames do art. 94 da lei, o prédio destinado a casa do albergado deverá situar-se em centro urbano, separado dos demais estabelecimentos, e caracterizar-se pela ausência de obstáculos físicos contra a fuga.

O ideal utópico da lei encontra seu ápice dentro do tema, no art. 95, que com regra impositiva determina que "em cada região haverá, pelo menos, uma Casa do Albergado, a qual deverá conter, além dos aposentos para acomodar os presos, local adequado para cursos e palestras", sendo certo, ainda, que o mesmo estabelecimento deverá ter instalações para os serviços de fiscalização e orientação dos condenados, conforme decorre do parágrafo único do precitado dispositivo legal.

Segundo os itens 109 (segunda parte) e 111 da Exposição de Motivos da Lei de Execução Penal, "com a finalidade de melhor apurar o senso de responsabilidade dos condenados e promover-lhes a devida orientação, a Casa do Albergado deverá ser dotada de instalações apropriadas. Esta providência é uma das cautelas que, aliadas à rigorosa análise dos requisitos e das condições para o cumprimento da pena privativa da liberdade em regime aberto (art. 114 e s.), permitirá à instituição permanecer no sistema, já que ao longo dos anos tem sido consagrada nos textos da reforma, como se poderá ver pelas Leis 6.016, de 31 de dezembro de 1973, e 6.416, de 24 de maio de 1977".

6. DO CENTRO DE OBSERVAÇÃO

Dispõe o art. 96 da LEP que o centro de observação destina-se à realização dos exames gerais e do criminológico, cujos resultados serão encaminhados à Comissão Técnica de Classificação, acrescentando o parágrafo único a possibilidade de utilização

33. STJ, RHC 2.028/7-MS, 6ª T., rel. Min. Luiz Vicente Cernicchiaro, *RT*, 692/330

34. STF, RE 641.320/RS, Tribunal Pleno, rel. Min. Gilmar Mendes, j. 11-5-2016, *DJe* n. 159, de 1-8-2016.

de seus espaços e recursos para a realização de pesquisas criminológicas.

Conforme doutrina Fernando Capez, "faz-se mister a classificação dos condenados para a perfeita individualização de sua pena, a qual será efetivada através de exames gerais de personalidade, incluindo o criminológico". E arremata: "O órgão incumbido desse trabalho é o Centro de Observação, em sintonia com o Departamento Penitenciário local ou órgão similar, e encaminhará os resultados à Comissão Técnica de Classificação, a qual formulará o programa individualizador bem como o acompanhamento da execução da pena privativa de liberdade e da pena restritiva de direitos"[35].

A ausência de centros de observação tem levado à ausência dos exames indicados no texto legal e consequentemente a decisões no sentido de serem dispensados os exames que poderiam ser realizados por referido órgão. O fundamento também se alicerça no art. 98 da lei, que estabelece que, na falta do centro de observação, os exames mencionados no art. 96 poderão ser realizados pela Comissão Técnica de Classificação.

De forma rotineira e impune se tem violado o princípio da individualização da pena no âmbito execucional, em flagrante e inaceitável desconsideração ao disposto no art. 5º, XLVI, da CF.

7. DO HOSPITAL DE CUSTÓDIA E TRATAMENTO PSIQUIÁTRICO

Na dicção do art. 99 e seu parágrafo único da LEP, o hospital de custódia e tratamento psiquiátrico destina-se aos inimputáveis e semi-imputáveis referidos no art. 26 e seu parágrafo único do CP, aplicando-se ao hospital, no que couber, o disposto no parágrafo único do art. 88 da lei.

O item 99 da Exposição de Motivos da Lei de Execução Penal dispõe que relativamente ao hospital de custódia e tratamento psiquiátrico não existe previsão da cela individual, já que a estrutura e as divisões de tal unidade estão na dependência de planificação especializada, dirigida segundo os padrões da medicina psiquiátrica. Estabelecem-se, entretanto, as garantias mínimas de salubridade do ambiente e área física de cada aposento.

Por aqui também é flagrante, e ainda mais grave, a omissão do Estado, que não disponibiliza o número necessário de estabelecimentos e vagas para o cumprimento da *medida de segurança de internação*, a se verificar em hospital de custódia e tratamento psiquiátrico.

O que se vê na prática são executados reconhecidos por decisão judicial como inimputáveis, que permanecem indefinidamente no regime fechado, confinados em penitenciárias e até em cadeias públicas, aguardando vaga para a transferência ao hospital.

De tal sorte, desvirtua-se por inteiro a finalidade da medida de segurança.

Contra tais abusos os tribunais têm se posicionado reiteradas vezes, entendendo que: "Constitui constrangimento ilegal a prisão de inimputável sujeito à medida de segurança de internação, diante da ausência de vagas em estabelecimentos hospitalares

35. Fernando Capez, *Execução penal*, p. 81.

adequados à realização do tratamento, porque a manutenção desses estabelecimentos especializados é de responsabilidade do Estado, não podendo o paciente ser penalizado pela insuficiência de vagas"[36].

Não raras vezes, mesmo nos casos em que se consegue vaga para a internação, a finalidade da medida também não é alcançada, já que reconhecidamente tais hospitais não passam de depósitos de vidas humanas banidas de sanidade e de esperança, porquanto desestruturados para o tratamento determinado pela lei e reclamado pelo *paciente*, desprovidos que são de recursos pessoais e materiais apropriados à finalidade a que se destinam.

A falta de vaga em estabelecimento adequado não justifica a permanência em estabelecimento diverso. O Estado só poderá exigir o cumprimento da medida de segurança se estiver aparelhado para tanto (*RT* 547/324).

Se não existir vaga em hospital de custódia e tratamento psiquiátrico, com vistas a viabilizar a internação, o executado deverá ser submetido a tratamento ambulatorial, até que surja vaga em estabelecimento adequado.

O cumprimento da *medida de segurança consistente em tratamento ambulatorial* (art. 97, segunda parte, do CP) será realizado no hospital de custódia e tratamento psiquiátrico ou em outro local com dependência médica adequada, conforme dispõe o art. 101 da Lei.

8. DA CADEIA PÚBLICA

Assegurado aos presos o respeito à integridade física e moral, como decorre do art. 5º, XLIX, da CF, a cadeia pública destina-se ao recolhimento de presos provisórios[37] e não ao cumprimento de pena definitiva.

Presos provisórios são aqueles recolhidos a estabelecimento prisional em razão de prisão em flagrante (arts. 301 e s. do CPP), prisão temporária (Lei n. 7.960/89) e prisão preventiva (arts. 311 a 316 do CPP; art. 413, § 3º, do CPP; arts. 387, § 1º, do CPP; e 59 da Lei n. 11.343/2006 — Lei de Drogas).

Oportuno registrar que o art. 84 da Lei n. 13.445/2017 (Lei de Migração) prevê a possibilidade de prisão cautelar para fins de extradição, de competência do Supremo Tribunal Federal, cumprindo que o interessado formule pedido fundamentado, inclusive com informações sobre o crime cometido, e o instrua com a documentação comprobatória da existência de ordem de prisão proferida por Estado estrangeiro.

Para Mirabete: "A separação instituída com a destinação à Cadeia Pública é necessária, pois a finalidade da prisão provisória é apenas a custódia daquele a quem se imputa a prática do crime a fim de que fique à disposição da autoridade judicial durante o inquérito ou a ação penal e não para o cumprimento da pena, que não foi imposta ou que

36. STJ, HC 284.520/SP, 6ª T., rel. Min. Rogério Schietti Cruz, j. 3-4-2014, *DJe* de 22-4-2014.

37. Art. 102 da LEP.

não é definitiva. Como a execução penal somente pode ser iniciada após o trânsito em julgado da sentença, a prisão provisória não deve ter outras limitações se não as determinadas pela necessidade da custódia e pela segurança e ordem dos estabelecimentos"[38].

Embora a literalidade da lei seja clara, sabemos que em algumas unidades da federação cadeias públicas estão repletas de condenados definitivos, com superlotação, gerando grave situação de risco.

Conforme o art. 5º do Pacto de San José da Costa Rica — Convenção Americana de Direitos Humanos (22-11-1969) —, ratificado pelo Brasil em 25 de setembro de 1992, "Os processados devem ficar separados dos condenados, salvo em circunstâncias excepcionais, e ser submetidos a tratamento adequado à sua condição de pessoas não condenadas".

Determina o art. 103 da LEP que cada comarca deverá dispor de pelo menos uma cadeia pública, com o objetivo de resguardar o interesse da administração da justiça criminal, visando, ainda, a permanência do preso em local próximo ao seu meio social e familiar[39], como fator de ressocialização e assistência.

Tal regra, entretanto, não retira do juiz da execução o poder-dever de avaliar, caso a caso, a conveniência de manter o preso em um ou outro estabelecimento, já que não constitui direito absoluto do preso o cumprimento de sua pena neste ou naquele lugar, ou, por exemplo, no local de sua residência.

38. Julio Fabbrini Mirabete, *Execução penal*, p. 263.

39. "O Superior Tribunal de Justiça firmou entendimento no sentido de que o pedido de transferência do apenado para cumprir pena em estabelecimento penal próximo ao seu meio social e familiar não é direito absoluto do réu, podendo o juiz ou o Tribunal de origem indeferir o pleito, desde que de forma fundamentada" (STJ, AgRg no HC 411.901/MS, 5ª T., rel. Min. Ribeiro Dantas, j. 12-2-2019, *DJe* de 19-2-2019). "'Não há falar em obrigatoriedade do resgate da reprimenda perto dos familiares, pois, mesmo que a orientação legal seja no sentido de que, sempre que possível, o sentenciado deva cumprir pena em local perto da residência de sua família (art. 103 da LEP), tal direito não se revela absoluto e depende da observância de determinados requisitos, tais como a conveniência e oportunidade para a Administração Pública e a real necessidade da transferência pleiteada' (AgRg no HC 458.485/SP, rel. Ministro Jorge Mussi, Quinta Turma, julgado em 20-9-2018, *DJe* 18-10-2018)" (STJ, AgRg no HC 562.320/DF, 6ª T., rela. Mina. Laurita Vaz, j. 23-6-2020, *DJe* de 4-8-2020).

Capítulo VIII

DA EXECUÇÃO DAS PENAS EM ESPÉCIE

Sumário: 1. Das penas privativas de liberdade. 2. Execução provisória. 2.1. Execução provisória quando pendente de julgamento Recurso Especial ou Extraordinário. 2.2. Execução provisória de penas restritivas de direitos. 2.3. Execução provisória de *sursis*. 3. Superveniência de doença mental. 4. Cumprimento e extinção da pena.

1. DAS PENAS PRIVATIVAS DE LIBERDADE

Vencida a fase instrutória, de conhecimento, e julgada procedente a ação penal, total ou parcialmente[1], faz-se necessária a execução do título executivo judicial. É preciso "cobrar" do condenado o resgate de sua dívida com a sociedade, e para tanto, transitando em julgado a sentença que aplicar pena privativa de liberdade[2], se o réu estiver ou vier a ser preso, o juiz ordenará a expedição de guia de recolhimento para a execução[3].

Inicia-se a competência do juízo da execução com a prisão do condenado, quando a sentença assim o determinar.

Em se tratando de condenação com suspensão condicional da pena inicia-se a competência do juízo da execução após a audiência admonitória.

Se o executado se encontrar preso, a guia de recolhimento deverá ser expedida no prazo máximo de 5 (cinco) dias, a contar do trânsito em julgado da sentença ou acórdão, ou do cumprimento do mandado de prisão, consoante determina o art. 2º, § 1º, da Resolução n. 113/2010 do Conselho Nacional de Justiça — CNJ.

---

1. A sentença de absolvição imprópria também se submete à execução penal, conforme trataremos oportunamente quando da análise do art. 171 da LEP.

2. A execução das demais penas será objeto de análise mais adiante, em momento oportuno.

3. Art. 105 da LEP. "Esta Corte Superior possui o entendimento no sentido de que, nos termos dos arts. 105 da Lei n. 7.210/1984 e 674 do Código de Processo Penal, a expedição da guia de recolhimento — e consequente início da competência do Juízo das execuções — demanda prévia prisão do réu" (STJ, EDcl no RHC 128.231/RJ, 6ª T., rel. Min. Nefi Cordeiro, j. 4-8-2020, *DJe* de 14-8-2020).

Negando-se o juízo a expedir a guia de recolhimento, por se tratar de *error in procedendo*, deve o interessado ingressar com correição parcial, que é o recurso cabível[4].

Não se deve admitir o agravo em execução para tal finalidade, assim como a tanto não se presta o *habeas corpus*, já que "as providências administrativas relativas ao encaminhamento da carta de guia ao juízo das execuções não podem ser reclamadas através do remédio heroico que visa sanar constrangimento ilegal que ofenda a liberdade de locomoção"[5].

Conforme dispõe o art. 106 da LEP, a guia de recolhimento, extraída pelo escrivão, que a rubricará em todas as folhas e a assinará com o juiz, será remetida à autoridade administrativa incumbida da execução e conterá: I — o nome do condenado; II — a sua qualificação civil e o número do registro geral no órgão oficial de identificação; III — o inteiro teor da denúncia e da sentença condenatória, bem como certidão do trânsito em julgado; IV — a informação sobre os antecedentes e o grau de instrução; V — a data da terminação da pena; VI — outras peças do processo reputadas indispensáveis ao adequado tratamento penitenciário[6].

A respeito da matéria, é conveniente que se observe o disposto nos arts. 1º a 5º da Resolução n. 113/2010 do Conselho Nacional de Justiça — CNJ, que dispõe sobre o procedimento relativo à execução de pena privativa de liberdade e de medida de segurança.

2. EXECUÇÃO PROVISÓRIA

O art. 2º da LEP é expresso no sentido de que essa lei se aplica igualmente ao preso provisório.

Mesmo assim sempre houve acalorada discussão a respeito da constitucionalidade e possibilidade jurídica de se executar provisoriamente sentenças penais condenatórias sem trânsito em julgado definitivo para as partes.

A única modalidade de prisão cautelar capaz de sujeitar o réu à execução provisória é a prisão preventiva, que poderá ter sido decretada durante a investigação ou no curso do processo (arts. 311 a 316 e art. 413, § 3º, todos do CPP), desde que mantida por ocasião da sentença condenatória, ou originariamente decretada neste momento (arts. 387, § 1º, do CPP; e 59 da Lei n. 11.343/2006).

Incogitável a execução provisória por encarceramento resultante de prisão temporária (Lei n. 7.960/89), e isso em razão da exiguidade da custódia.

---

4. Sobre correição parcial: Renato Marcão, *Curso de processo penal*, 6ª ed., São Paulo, Saraiva, 2020, e *Código de Processo Penal comentado*, São Paulo, Saraiva, 2016.

5. *RJDTACrimSP*, 6/179.

6. "§ 1º Ao Ministério Público se dará ciência da guia de recolhimento. § 2º A guia de recolhimento será retificada sempre que sobrevier modificação quanto ao início da execução, ou ao tempo de duração da pena. § 3º Se o condenado, ao tempo do fato, era funcionário da Administração da Justiça Criminal, far-se-á, na guia, menção dessa circunstância, para fins do disposto no § 2º do art. 84 desta Lei."

Conforme nosso entendimento reformulado, a execução provisória tem cabimento quando, estando preso preventivamente o réu, ainda pender de apreciação recurso interposto por qualquer das partes. Nesse sentido, a propósito, o art. 9ª da Resolução n. 113/2020 do CNJ dispõe que "A guia de recolhimento provisória será expedida ao Juízo da Execução Penal após o recebimento do recurso, independentemente de quem o interpôs (...)".

A execução provisória pressupõe, nesses termos, o encarceramento cautelar decorrente da decretação de **prisão preventiva** e a existência de **sentença penal condenatória, sem trânsito em julgado definitivo**.

Observados os parâmetros anteriormente alinhavados, por ser a execução *provisória*, não há falar em violação de norma constitucional por quebra do princípio da presunção de inocência.

A execução provisória do julgado não acarreta prejuízo algum ao Estado, tampouco contraria interesses do sentenciado, que poderá obter progressão de regime prisional e obter a concessão de outros benefícios prisionais compatíveis, enquanto aguarda o julgamento definitivo do processo pelo qual se encontra preso preventivamente.

O certo é que ninguém deverá ser recolhido, para cumprimento de pena privativa de liberdade, sem a guia expedida pela autoridade judiciária, provisória ou definitiva.

Atento a tal realidade, o Conselho Nacional de Justiça — CNJ — editou a Resolução n. 113/2010, que em seus arts. 8º a 11 trata da guia de recolhimento provisória.

Sobre a matéria, **o Supremo Tribunal Federal editou a Súmula 716**, que tem o seguinte teor: "Admite-se a progressão de regime de cumprimento de pena ou a aplicação imediata de regime menos severo nela determinada, antes do trânsito em julgado da sentença condenatória".

Consoante a **Súmula 717 do STF**, "Não impede a progressão de regime de execução da pena, fixada em sentença não transitada em julgado, o fato de o réu se encontrar em prisão especial".

Nos termos do art. 3º da Lei n. 11.671/2008[7]: "Serão incluídos em estabelecimentos penais federais de segurança máxima aqueles para quem a medida se justifique no interesse da segurança pública ou do próprio preso, condenado ou provisório".

"A atividade jurisdicional de execução penal nos estabelecimentos penais federais será desenvolvida pelo juízo federal da seção ou subseção judiciária em que estiver localizado o estabelecimento penal federal de segurança máxima ao qual for recolhido o preso" (art. 2º da Lei n. 11.671/2008).

2.1. Execução provisória quando pendente de julgamento Recurso Especial ou Extraordinário

Durante longo período a jurisprudência do Superior Tribunal de Justiça e do Supre-

7. Regulamentada pelo Decreto n. 6.877/2009.

mo Tribunal Federal admitiu a execução provisória da pena quando pendente de julgamento recurso especial ou extraordinário, porquanto desprovidos de efeito suspensivo[8].

A propósito desse tema foi editada a **Súmula 267 do STJ** com o seguinte enunciado: "A interposição de recurso, sem efeito suspensivo, contra decisão condenatória não obsta a expedição de mandado de prisão".

Entretanto, quando do julgamento do *Habeas Corpus* 84.078/MG, o Plenário do Supremo Tribunal Federal mudou de posicionamento e deixou de admitir execução provisória em tais casos, ressalvada a hipótese de encontrar-se preso o recorrente em razão de prisão preventiva regularmente decretada.

Conforme decidiu a Excelsa Corte naquela ocasião: "O art. 637 do CPP estabelece que 'o recurso extraordinário não tem efeito suspensivo, e uma vez arrazoados pelo recorrido os autos do traslado, os originais baixarão à primeira instância para a execução da sentença'. A Lei de Execução Penal condicionou a execução da pena privativa de liberdade ao trânsito em julgado da sentença condenatória. A Constituição do Brasil de 1988 definiu, em seu art. 5º, inciso LVII, que 'ninguém será considerado culpado até o trânsito em julgado de sentença penal condenatória'. Daí que os preceitos veiculados pela Lei n. 7.210/84, além de adequados à ordem constitucional vigente, sobrepõem-se, temporal e materialmente, ao disposto no art. 637 do CPP. A prisão antes do trânsito em julgado da condenação somente pode ser decretada a título cautelar. A ampla defesa, não se a pode visualizar de modo restrito. Engloba todas as fases processuais, inclusive as recursais de natureza extraordinária. Por isso a execução da sentença após o julgamento do recurso de apelação significa, também, restrição do direito de defesa, caracterizando desequilíbrio entre a pretensão estatal de aplicar a pena e o direito, do acusado, de elidir essa pretensão"[9].

De forma objetiva, e da maneira como destacou o Min. Roberto Barroso, "A partir do julgamento pelo Plenário do HC n. 84.078, deixou-se de se admitir a execução provisória da pena, na pendência de Recurso Extraordinário"[10].

Pelas mesmas razões, semelhante compreensão se impôs quando pendente de apreciação e julgamento Recurso Especial, que é de competência do Superior Tribunal de Justiça.

Sob a força de tal entendimento, só se afigurava viável execução provisória quando pendente de julgamento Recurso Especial (STJ) ou Extraordinário (STF), **se o acusado-recorrente estivesse preso em razão de prisão preventiva**, acertada e fundamentadamente decretada[11].

---

8. Nesse sentido: STF, HC 71.959/RS, 2ª T., rel. Min. Marco Aurélio, rel. p/ o acórdão Min. Francisco Rezek, j. 3-2-1995, *DJ* de 2-5-1995; STF, HC 72.102/MG, 1ª T., rel. Min. Celso de Mello, j. 14-2-1995, *DJ* de 20-4-1995, p. 9948; STF, HC 75.152-1/SP, 2ª T., rel. Min. Maurício Corrêa, j. 10-2-1998, *DJU* de 13-3-1998, *RT* 753/511; STF, HC 85.886-4/RJ, 2ª T., rela. Mina. Ellen Gracie, j. 6-9-2005, *DJ* de 28-10-2005, *RT* 845/508; STF, HC 84.029/SP, 2ª T., rel. Min. Gilmar Mendes, j. 26-6-2007, *DJe* n. 96, de 6-9-2007.

9. STF, HC 84.078/MG, Tribunal Pleno, rel. Min. Eros Grau, j. 5-2-2009, *DJe* n. 035, de 26-2-2010, *Informativo STF* n. 534.

10. STF, HC 107.710 AgR/SC, 1ª T., rel. Min. Roberto Barroso, j. 9-6-2015, *DJe* n. 128, de 1-7-2015.

11. "A exigência de motivação dos atos jurisdicionais constitui, hoje, postulado constitucional inafastável, que traduz poderoso fator de limitação ao exercício do próprio poder estatal, além de configurar instrumento essencial de respeito e proteção às liberdades públicas. Com a constitucionalização desse dever

Essa maneira de pensar é compatível com o vigente Estado de Direito, e encontra amparo no art. 5º, LVII, da CF, de onde se extrai que ninguém será considerado culpado até que ocorra o trânsito em julgado definitivo de sentença ou acórdão penal condenatório proferido em seu desfavor.

Se a presunção de inocência só é destruída pelo trânsito em julgado de condenação criminal, não há como admitir execução provisória da pena enquanto pendente de julgamento recurso especial ou extraordinário, salvo quando decretada prisão preventiva, e a razão é simples: não ocorreu o trânsito em julgado e, portanto, persiste a presunção de inocência.

É o que também se extrai do art. 105 da LEP e do art. 283 do CPP, que não foram e não podem ser declarados inconstitucionais, por se encontrarem em absoluta consonância com o art. 5º, LVII, da CF.

Mesmo assim, no dia 17 de fevereiro de 2016, por ocasião do julgamento do *Habeas Corpus* 126.292/SP, o Plenário da Suprema Corte retomou seu anterior entendimento, e novamente passou a admitir a execução provisória da pena na pendência de recurso especial ou extraordinário. De acordo com o posicionamento exposto, decretada ou mantida condenação criminal em segunda instância, é cabível a execução da pena, ainda que pendente de apreciação recurso especial ou extraordinário e ausentes os requisitos necessários para a decretação de prisão preventiva[12].

O Superior Tribunal de Justiça também retrocedeu ao entendimento anterior[13].

Reaberta a discussão dessa matéria no Plenário do Supremo Tribunal Federal, no dia 5 de outubro de 2016, quando do julgamento dos pedidos de liminares formulados nas Ações Declaratórias de Constitucionalidade (ADC) 43 e 44, por maioria de votos (6 x 5), foi decidido

---

jurídico imposto aos magistrados — e que antes era de extração meramente legal — dispensou-se aos jurisdicionados uma tutela processual significativamente mais intensa, não obstante idênticos os efeitos decorrentes de seu descumprimento: a nulidade insuperável e insanável da própria decisão. A importância jurídico-política do dever estatal de motivar as decisões judiciais constitui inquestionável garantia inerente à própria noção do Estado Democrático de Direito. Fator condicionante da própria validade dos atos decisórios, a exigência de fundamentação dos pronunciamentos jurisdicionais reflete uma expressiva prerrogativa individual contra abusos eventualmente cometidos pelos órgãos do Poder Judiciário" (STF, HC 69.013/PI, 1ª T., rel. Min. Celso de Mello, *RTJ* 140/870).

12. "Nos termos do decidido pelo Tribunal Pleno, a 'execução provisória de acórdão penal condenatório proferido em grau de apelação, ainda que sujeito a recurso especial ou extraordinário, não compromete o princípio constitucional da presunção de inocência afirmado pelo artigo 5º, inciso LVII da Constituição Federal' (HC 126292, Relator(a): Min. Teori Zavascki, Tribunal Pleno, julgado em 17-2-2016). Na mesma direção, ao indeferir tutela cautelar nas ADC's 43 e 44, o Plenário conferiu interpretação conforme ao art. 283, CPP, para o fim de assentar que é coerente com a Constituição o principiar de execução criminal quando houver condenação confirmada em segundo grau, salvo atribuição expressa de efeito suspensivo ao recurso cabível" (STF, HC 135.644 AgR/RJ, 1ª T., rel. Min. Edson Fachin, j. 28-10-2016, *DJe* 243, de 17-11-2016).

13. STJ, EDcl no AgRg no RE nos EDcl nos EDcl no AgRg no AREsp 545.101/PE, Corte Especial, rel. Min. Humberto Martins, j. 16-11-2016, *DJe* de 24-11-2016; STJ, HC 370.038/PE, 5ª T., rel. Min. Reynaldo Soares da Fonseca, j. 22-11-2016, *DJe* de 2-12-2016; STJ, HC 366.672/SP, 6ª T., rel. Min. Rogério Schietti Cruz, j. 11-10-2016, *DJe* de 27-10-2016.

que o art. 283 do CPP não impede a execução provisória de condenação mantida ou proferida em segundo grau de jurisdição, ainda que pendente de apreciação recurso especial (STJ) ou extraordinário (STF) e ausentes os requisitos para a decretação de prisão preventiva.

No dia 10 de novembro de 2016, quando do julgamento do Recurso Extraordinário com Agravo (ARE) 964.246/SP, **que teve repercussão geral reconhecida**, o Plenário Virtual do Supremo Tribunal Federal, novamente por maioria de votos, decidiu que a execução provisória, nos moldes em que já havia reconhecido possível por ocasião do julgamento do *Habeas Corpus* 126.292/SP e na apreciação das liminares nas ADC 43 e 44, não ofende o princípio constitucional da presunção de inocência afirmado pelo art. 5º, LVII, da Constituição Federal[14]. O reconhecimento de repercussão geral, como é cediço, vincula as demais instâncias judiciárias.

Seguindo sua oscilação pendular, no dia 7 de novembro de 2019, novamente por maioria de votos (6 x 5), o Supremo Tribunal Federal concluiu o julgamento das Ações Declaratórias de Constitucionalidade (ADC) 43, 44 e 54, que foram julgadas procedentes, e com efeito erga omnes inverteu seu posicionamento firmado em 2016, agora para determinar a impossibilidade de execução provisória da pena em razão de condenação em segundo grau de jurisdição. Desde então, ressalvada a possibilidade de execução provisória na hipótese em que o réu se encontrar preso por força da decretação de prisão preventiva, para que se instaure o momento execucional é imperioso o trânsito em julgado definitivo da condenação

A prisão para execução provisória, decorrente de condenação proferida ou mantida em segundo grau de jurisdição, lastreada no entendimento adotado em 2016 pela Douta maioria dos Ministros da Excelsa Corte, configurava modalidade de prisão cautelar *sui generis*, espécie de privação da liberdade não contemplada no ordenamento vigente, o que aponta para o acerto do entendimento agora vigorante.

2.2. Execução provisória de penas restritivas de direitos

Tendo em vista que só se faz possível a execução provisória da pena em relação àquele que se encontrar preso em razão de prisão preventiva — nos moldes analisados em tópicos anteriores — e observado o disposto no art. 147 da LEP, que expressamente exige o trânsito em julgado da condenação, **não é cabível** a execução provisória de penas restritivas de direitos[15].

14. "Em regime de repercussão geral, fica reafirmada a jurisprudência do Supremo Tribunal Federal no sentido de que a execução provisória de acórdão penal condenatório proferido em grau recursal, ainda que sujeito a recurso especial ou extraordinário, não compromete o princípio constitucional da presunção de inocência afirmado pelo artigo 5º, inciso LVII, da Constituição Federal. Recurso extraordinário a que se nega provimento, com o reconhecimento da repercussão geral do tema e a reafirmação da jurisprudência sobre a matéria" (STF, ARE 964.246 RG/SP, Tribunal Pleno, rel. Min. Teori Zavascki, j. 10-11-2016, *DJe* 251, de 25-11-2016).

15. Esse entendimento estava pacificado junto aos Tribunais Superiores, tal como se verifica na ementa que segue transcrita: "Este Tribunal e o Pretório Excelso firmaram o entendimento de ser expressamente vedada a execução provisória de pena restritiva de direitos, o que deve ocorrer apenas após o trânsito em julgado da decisão condenatória, nos termos do art. 147 da Lei n. 7.210/84 (LEP) (HC 89.504/SP, rel.

De ver, entretanto, que o entendimento jurisprudencial que permitiu a execução provisória de pena privativa de liberdade enquanto pendente de julgamento recurso especial ou extraordinário, tal como se estabeleceu nas Cortes Superiores a partir do julgamento do *Habeas Corpus* 126.292/SP, ocorrido em 17 de fevereiro de 2016 no Plenário do Supremo Tribunal Federal, mantido quando do julgamento dos pedidos de liminares nas Ações Declaratórias de Constitucionalidade (ADC) n. 43 e 44 e do Recurso Extraordinário com Agravo (ARE) 964.246/SP, que teve repercussão geral reconhecida, permitiu interpretação no sentido de ser possível a execução provisória de penas restritivas de direitos antes do trânsito em julgado definitivo, quando ainda pendente de julgamento recurso especial ou extraordinário.

Na linha do pensamento anteriormente exposto, o Supremo Tribunal Federal passou a decidir que a execução provisória de pena restritiva de direitos, ainda que pendente o efetivo trânsito em julgado da condenação, não ofendia o princípio constitucional da presunção de inocência[16].

Em sentido contrário, a Terceira Seção do Superior Tribunal de Justiça, "em sessão realizada no dia 14-6-2017, no julgamento do EREsp 1.619.087, por maioria de votos, firmou orientação no sentido da impossibilidade de execução provisória das penas restritivas de direitos, devendo-se aguardar, portanto, o trânsito em julgado da condenação, nos termos do art. 147 da LEP"[17]. No dia 24 de outubro de 2018, ao julgar o AgRg no HC 435.092/SP, a Terceira Seção novamente cuidou dessa matéria e manteve seu posicionamento[18].

Essa discussão está superada, por agora, e isso em razão da decisão proferida pelo Supremo Tribunal Federal no dia 7 de novembro de 2019, ao ensejo da apreciação final das Ações Declaratórias de Constitucionalidade (ADC) 43, 44 e 54, que foram julgadas procedentes, que com efeito *erga omnes* inverteu o posicionamento firmado em 2016, agora para reconhecer a impossibilidade de execução provisória da pena em razão de condenação mantida ou imposta em segundo grau de jurisdição.

Nos dias que correm, junto às Cortes Superiores[19] não há entendimento juris-

---

Min. Jane Silva, *DJU* 18-12-2007 e STF, HC 88.413/MG, rel. Min. Cezar Peluso, *DJU* 23-5-2006" (STJ, HC 98.807/RS, 5ª T., rel. Min. Napoleão Nunes Maia Filho, j. 15-9-2009, *DJe* de 13-10-2009).

16. STF, HC 141.978 AgR/SP, 1ª T., rel. Min. Luiz Fux, j. 23-6-2017, *DJe* de 168, de 1-8-2017; STF, RE 1.153.996 AgR/SP, 1ª T., rel. Min. Roberto Barroso, j. 28-9-2018, *DJe* de 230, de 29-10-2018.

17. STJ, EREsp 1.619.087/SC, Terceira Seção, rela. Mina. Maria Thereza de Assis Moura, rel. p/ o acórdão Min. Jorge Mussi, j. 14-6-2017, *DJe* de 24-8-2017. *No mesmo sentido*: STJ, AgRg no AREsp 971.132/SP, 5ª T., rel. Min. Ribeiro Dantas, j. 28-3-2017, *DJe* de 5-4-2017; STJ, AgRg no HC 404.848/SC, 6ª T., rela. Mina. Maria Thereza de Assis Moura, j. 3-10-2017, *DJe* de 9-10-2017.

18. STJ, AgRg no HC 435.092/SP, Terceira Seção, rel. Min. Rogério Schietti Cruz, rel. p/ o Acórdão Min. Reynaldo Soares da Fonseca, j. 24-10-2018, *DJe* de 26-11-2018.

19. "O Supremo Tribunal Federal, consoante o estabelecido no julgamento de medidas liminares nas ADCs 43 e 44, no HC n. 126.292/SP e no ARE 964.246/SP, adotava o entendimento de que a execução provisória de pena imposta em segunda instância, ainda que pendente o trânsito em julgado da sentença, não ofendia o princípio constitucional da presunção de inocência. A Terceira Seção desta Corte Superior, no julgamento do EREsp n. 1.619.087/SC, também havia assentado não ser possível, ausente manifestação expressa da Suprema Corte a respeito da amplitude conferida ao Tema 925, concernente à execução antecipada da sanção penal, executar provisoriamente a pena privativa de

prudencial que acolha a possibilidade de execução provisória de pena restritiva de direitos.

2.3. Execução provisória de *sursis*

É constitucionalmente inviável a execução provisória de *sursis*, pois tal proceder representaria indevido cumprimento de pena antes do trânsito em julgado definitivo da sentença ou acórdão penal condenatório.

O art. 160 da LEP é expresso ao dizer que a execução do *sursis* só tem cabimento após o trânsito em julgado de sentença penal condenatória, e essa regra está em conformidade com o disposto no art. 5º, LVII, da CF, que trata da presunção de inocência.

Também aqui valem as reflexões lançadas no tópico anterior, no que diz respeito à possibilidade de execução provisória que se estabeleceu desde o julgamento do *Habeas Corpus* 126.292/SP, ocorrido em 17 de fevereiro de 2016 no Plenário do Supremo Tribunal Federal, e o julgamento definitivo das Ações Declaratórias de Constitucionalidade (ADC) 43, 44 e 54, concretizado na mesma Corte no dia 7 de novembro de 2019.

Inadmitida a execução provisória com o viés de antes, está superada a discussão, no presente instante, e não há fundamento que legitime a execução provisória do *sursis*.

3. SUPERVENIÊNCIA DE DOENÇA MENTAL

Nos precisos termos do art. 26 do CP, "é isento de pena o agente que, por doença mental ou desenvolvimento mental incompleto ou retardado, era, ao tempo da ação ou da omissão, inteiramente incapaz de entender o caráter ilícito do fato ou de determinar-se de acordo com esse entendimento". Tal constatação deve observar o disposto no art. 149 do CPP.

A *superveniência de doença mental ao fato delituoso*, apurada no curso do processo de conhecimento, acarreta a suspensão deste, a teor do disposto no art. 152 do CPP.

Se *no curso da execução* o condenado for acometido de doença mental, será internado em hospital de custódia e tratamento psiquiátrico, conforme decorre do art. 108 da LEP[20].

Discute-se na doutrina e jurisprudência a questão relativa ao prazo da medida de segurança a ser aplicada em substituição a pena privativa de liberdade, em caso de doença mental aflorada no curso da execução.

---

liberdade convertida em restritiva de direitos, consoante a disposição do art. 147 da Lei de Execução Penal. III — Contudo, o Supremo Tribunal Federal, no julgamento das Ações Declaratórias de Constitucionalidade n. 43, n. 44 e n. 54, assentou a constitucionalidade do art. 283 do Código de Processo Penal, que prevê o trânsito em julgado da ação penal como condição para a execução da reprimenda. Por conseguinte, atualmente, já não se admite a execução antecipada da pena, seja privativa de liberdade, seja restritiva de direitos" (STJ, AgRg no HC 516.340/PR, 5ª T., rel. Min. Felix Fischer, j. 25-8-2020, *DJe* de 4-9-2020).

20. Ver arts. 99 a 101 e 183 da LEP; arts. 41, 42 e 97 do CP.

Sobre o assunto existem duas posições:

1ª) *Deve ser observado o prazo da pena corporal imposta*: "A substituição da pena privativa de liberdade por medida de segurança quando no curso da execução sobrevém doença mental ou perturbação da saúde mental ao condenado, prevista no art. 183 da Lei 7.210/84, não guarda relação direta e imediata com a prática de um fato típico, nem está vinculada à periculosidade que a lei presume no inimputável. Pelo crime o agente imputável teve a retribuição da pena, na medida de sua culpabilidade. A doença ou a perturbação da saúde mental posterior à condenação definitiva não suprime, retroativamente, a imputabilidade presente no momento da prática do ilícito penal e que legitimou a punição. A chamada medida de segurança substitutiva não se identifica e nem tem os mesmos pressupostos da medida de segurança prevista no art. 96, I, do CP, embora as providências importem a internação do doente ou perturbado mental em hospital de custódia e tratamento psiquiátrico"[21].

2ª) *Deve durar até que cesse a periculosidade*: "Sobrevindo doença mental ao sentenciado, durante a execução da pena, a medida de segurança substitutiva desta, que tem a mesma natureza daquela que é imposta no processo de conhecimento, deve durar até que cesse sua periculosidade. Nesse caso, o término da pena não pode ser utilizado como marco final da medida, devendo prevalecer o prazo referido no § 1º do art. 97 do CP"[22].

Adotamos a primeira posição, pelas mesmas razões acima expostas.

A respeito da duração da medida de segurança, **a Súmula 527 do STJ** tem o seguinte teor: "O tempo de duração da medida de segurança não deve ultrapassar o limite máximo da pena abstratamente cominada ao delito praticado", mas, segundo pensamos, tal raciocínio **não se aplica em relação à medida de segurança substitutiva**, de que ora se cuida.

4. CUMPRIMENTO E EXTINÇÃO DA PENA

O art. 107 do CP, cujo rol não é taxativo, elenca várias hipóteses de extinção da punibilidade.

Nos precisos termos do art. 109 da LEP, "cumprida ou extinta a pena, o condenado será posto em liberdade, mediante alvará do juiz, se por outro motivo não estiver preso".

Cumprida ou extinta a pena aplicada ao réu e sob execução, é intuitivo que após a decisão que assim a considerar deverá ser expedido alvará de soltura em seu favor, que então será imediatamente cumprido e o executado colocado em liberdade caso não deva permanecer preso por outra razão — por exemplo, se ainda houver outra pena a cumprir, por outra condenação, ou se também estiver preso em decorrência de decreto de

---

21. TJSP, Ag. 71.408/3, 4ª Câm., rel. Des. Dante Busana, *RT*, 640/294; *No mesmo sentido*: STJ, HC 130.160/SP, 5ª T., rel. Min. Arnaldo Esteves Lima, j. 19-11-2009, *DJe* de 14-12-2009; STJ, HC 130.162/SP, 6ª T., rela. Mina. Maria Thereza de Assis Moura, j. 2-8-2012, *DJe* de 15-8-2012.

22. *RT*, 762/654.

prisão cautelar em processo de conhecimento.

Previamente à extinção da pena é imperioso se proceda à oitiva do Ministério Público, cuja presença em todos os atos referentes à execução da pena e seus incidentes constitui formalidade essencial.

No caso de morte do executado o juiz só poderá julgar extinta a punibilidade depois de juntada aos autos a respectiva certidão do assento de óbito e colhida a prévia manifestação do Ministério Público a respeito (art. 62 do CPP).

É preciso redobrada cautela diante de tal situação, pois se a certidão for falsa e ainda assim o juiz julgar extinta a punibilidade, a execução não poderá ser reaberta, restando apenas a possibilidade de buscar a responsabilização criminal daqueles que falsificaram e usaram o documento.

Capítulo IX

DOS REGIMES

Sumário: 1. Regimes de cumprimento de pena privativa de liberdade. 1.1. A declarada inconstitucionalidade do § 1º do art. 2º da Lei n. 8.072/90 e seus reflexos na execução penal. 2. Condenação por mais de um crime.

1. REGIMES DE CUMPRIMENTO DE PENA PRIVATIVA DE LIBERDADE

Incumbe ao juiz, por ocasião da sentença condenatória, estabelecer o regime inicial de cumprimento da pena privativa de liberdade eventualmente aplicada.

A teor do disposto no art. 33, *caput*, do CP, a pena de *reclusão* deve ser cumprida em regime fechado, semiaberto ou aberto, e a de *detenção*, em **regime semiaberto**, ou aberto, salvo a necessidade de transferência a **regime fechado**, tema tratado no capítulo destinado ao estudo da regressão de regime prisional.

A pena de *prisão simples* deverá ser executada sem rigor penitenciário, em estabelecimento especial ou seção especial de prisão comum, em regime semiaberto ou aberto.

Com o advento da Lei n. 8.072/90, criou-se o **regime *integral fechado***, aplicável, nos termos da lei, aos condenados pela prática de crimes hediondos, tráfico ilícito de entorpecentes e drogas afins e terrorismo. Entretanto, no dia 23 de fevereiro de 2006, por maioria de votos (6 contra 5), julgando o *Habeas Corpus* 82.959/SP, de que foi relator o Min. Marco Aurélio, o Plenário do Supremo Tribunal Federal declarou a inconstitucionalidade do regime integral fechado previsto no § 1º do art. 2º da Lei n. 8.072/90, e no dia 29 de março de 2007 entrou em vigor a Lei n. 11.464/2007, que deu nova redação ao § 1º do art. 2º da Lei n. 8.072/90, que passou a determinar que a pena decorrente de condenação por tais crimes será cumprida ***inicialmente* em regime fechado**, extinguindo o regime integral fechado. Em reforço, a mesma Lei passou a permitir expressamente progressão de regime no cumprimento de pena decorrente da prática de crime hediondo ou assemelhado.

No julgamento do *Habeas Corpus* 111.840/ES, de que foi relator o Min. Dias Toffoli, o Plenário do Supremo Tribunal Federal declarou a inconstitucionalidade do § 1º do art. 2º da Lei n. 8.072/90, que determinava o cumprimento de pena dos crimes hediondos, de tortura, de tráfico ilícito de entorpecentes e de terrorismo no *regime inicial fechado*.

Acertadamente, o entendimento que agora predomina, e que por nós sempre foi defendido, é no sentido de que "Se a Constituição Federal menciona que a lei regulará a individualização da pena, é natural que ela exista. Do mesmo modo, os critérios para a fixação do regime prisional inicial devem se harmonizar com as garantias constitucionais, sendo necessário exigir-se sempre a fundamentação do regime imposto, ainda que se trate de crime hediondo ou equiparado"[1].

A quantidade da pena é o principal critério para a fixação de seu regime inicial de cumprimento. Todavia, trata-se do *principal* critério, e não do único.

Com efeito, dispõe o art. 33 do CP que, o condenado a pena superior a oito anos deverá começar a cumpri-la em regime fechado (§ 2º, *a*); o condenado não reincidente, cuja pena seja superior a quatro anos e não exceda a oito, poderá, desde o princípio, cumpri-la em regime semiaberto (§ 2º, *b*); e o condenado não reincidente, cuja pena seja igual ou inferior a quatro anos, poderá, desde o início, cumpri-la em regime aberto (§ 2º, *c*).

Considera-se regime fechado a execução da pena em estabelecimento de segurança máxima ou média[2], regime semiaberto a execução da pena em colônia agrícola, industrial ou estabelecimento similar[3], e regime aberto a execução da pena em casa de albergado ou estabelecimento adequado[4].

Encerrada a instrução e ultrapassada a fase das alegações no processo de conhecimento, na sentença condenatória em que se impuser pena privativa de liberdade o juiz estabelecerá o regime no qual o condenado iniciará o cumprimento, observando o disposto nos arts. 33 e 59 do CP[5].

1. STF, HC 114.568/ES, 1ª T., rel. Min. Dias Toffoli, j. 16-10-2012, *DJe* n. 220, de 8-11-2012.

2. Art. 33, § 1º, *a*, do CP.

3. Art. 33, § 1º, *b*, do CP.

4. Art. 33, § 1º, *c*, do CP.

5. Nas condenações por crimes tipificados na Lei n. 11.343/2006 (Lei de Drogas), também deve ser observado o disposto em seu art. 42. Imperioso não perder de vista, ainda, as implicações que decorrem do disposto no art. 387, § 2º, do CPP: "O § 2º do art. 387 do CPP, com redação dada pela Lei n. 12.736/12, não guarda relação com o instituto da progressão de regime, revelado na execução penal, eis que o legislador cuidou de abranger o referido dispositivo no Título XII — Da Sentença. Diante de tal fato e em razão do próprio teor do dispositivo, que se refere a regime inicial de cumprimento de pena, incumbe ao juiz sentenciante a verificação da possibilidade de se estabelecer um regime inicial mais brando, tendo em vista a detração no caso concreto. Notabiliza-se que o mencionado artigo não evidencia progressão de regime, motivo pelo qual não há falar em exame dos critérios objetivo (lapso temporal) e subjetivo (comportamento carcerário), até porque tal avaliação invadiria a competência do Juízo das Execuções prevista no art. 66, III, *b*, da Lei de Execuções Penais" (STJ, HC 321.808/SP, 6ª T., rela. Mina. Maria Thereza de Assis Moura, j. 9-6-2015, *DJe* de 18-6-2015). "A jurisprudência deste Sodalício posicionou-se no sentido de que a verificação da ocorrência de detração penal, em sentença proferida antes da vigência da Lei n. 12.736/2012, é matéria afeta ao Juízo das Execuções Penais" (STJ, AgRg no AREsp 359.931/SP, 5ª T., rel. Min. Jorge Mussi, j. 5-3-2015, *DJe* de 17-3-2015).

Para alguns, a sentença condenatória sem pena ou indicação do regime de cumprimento é nula[6]. Para outros, não há nulidade por falta de prejuízo[7].

Segundo pensamos, razões várias estão a recomendar que tais omissões não devam acarretar a nulidade do *decisum*.

Nesse sentido, o Supremo Tribunal Federal já teve oportunidade de se pronunciar sobre o assunto e decidir que "a omissão do estabelecimento do regime inicial da condenação não acarreta a nulidade da sentença, nem comporta a fixação desse regime diretamente pelo Supremo Tribunal Federal, em *habeas corpus*, pois, trata-se de matéria de competência do Juízo de conhecimento, não cabendo ao tribunal de apelação, tampouco ao juízo da execução suprir tal omissão"[8].

Também já se decidiu que não é possível a fixação do regime em grau de recurso, "sob pena de excluir-se uma instância, o que esbarra até numa impossibilidade jurídica processual, eis que nada existe a ser devolvido à apreciação do Tribunal, que não é competente para conhecer originariamente do pedido"[9].

O Tribunal de Justiça de São Paulo já decidiu que "a fixação do regime prisional deve ser feita pela sentença condenatória, não podendo fazê-la, originariamente, o Tribunal sob pena de supressão do duplo grau de jurisdição e desprezo aos princípios da ampla defesa e do devido processo legal"[10].

Entendemos que a omissão quanto à pena aplicada ou ao regime prisional deve ser suprida, inicialmente, por meio de embargos de declaração, em face da manifesta omissão da sentença que assim decidir. Contudo, se vencido o prazo para a interposição dos embargos, nada impede que a matéria seja debatida em sede de apelação sem que se possa falar em violação ao princípio da ampla defesa, já que permitida a contrariedade ao recurso. Acrescente-se que toda a prova indicadora da pena e do regime a serem aplicados já foi produzida, sob o crivo do contraditório constitucional, assegurada a ampla defesa; assim, não há falar em qualquer "surpresa" ao réu, ainda que o regime fixado em grau de recurso seja o mais severo.

Também não vemos supressão de instância e ausência de *devolução* da matéria ao tribunal, porquanto não apreciada em 1ª instância. É que a omissão do juízo sentenciante, por si só, não exclui a realidade fática, qual seja, a instrução probatória e as discussões que se estabeleceram nos momentos oportunos sobre o destino do processo, pena, regime etc.

De tal sorte, a omissão da pena ou do regime na sentença pode ser suprida em grau de recurso, sem que tal decidir acarrete qualquer violação de princípios reguladores do devido processo legal.

---

6. *RT*, 712/421.

7. *RT*, 741/647.

8. STF, HC 75.211/0-SP, 1ª T., rel. Min. Octávio Gallotti, *RT*, 747/577.

9. TRF-3ª Região, ACrim. 93.03.012158-9, 2ª T., rela. Juíza Sylvia Steiner, *RT*, 749/769.

10. TJSP, Ap. 158.113-3/5, 2ª Câm., rel. Juiz Silva Pinto, *RT*, 728/523.

É intuitivo, por outro lado, que o juízo de conhecimento não pode delegar a fixação do regime prisional ao juízo da execução por implicar tal conduta violação ao art. 381 do CPP.

"Nada obsta que o regime da pena seja retificado, ainda que em benefício do réu, no recurso acusatório, provido para esse fim"[11]; por outro lado, "configura constrangimento ilegal a alteração, em prejuízo do condenado, do regime prisional fixado, ainda que erroneamente, pela sentença, em julgamento de recurso de apelação, interposto pela defesa"[12].

Se transitar em julgado sentença em que não se tenha fixado regime inicial de cumprimento da pena privativa de liberdade aplicada, deve prevalecer o regime mais brando, qual seja, o aberto, independentemente da natureza do crime e da quantidade da pena a ser cumprida.

Ressalvadas as hipóteses de progressão (LEP, art. 112) e regressão (LEP, art. 118), o regime inicial de cumprimento da pena não pode ser modificado pelo juízo da execução, sob pena de violação da coisa julgada (art. 5º, inc. XXXVI, da CF).

1.1. A declarada inconstitucionalidade do § 1º do art. 2º da Lei n. 8.072/90 e seus reflexos na execução penal

Conforme regra disposta no art. 33, § 2º, do CP, e tendo por base o *quantum* da pena fixada: *a*) o condenado a pena superior a 8 (oito) anos deverá começar a cumpri-la em regime fechado; *b*) o condenado não reincidente, cuja pena seja superior a 4 (quatro) anos e não exceda a 8 (oito), poderá, desde o princípio, cumpri-la em regime semiaberto; *c*) o condenado não reincidente, cuja pena seja igual ou inferior a 4 (quatro) anos, poderá, desde o início, cumpri-la em regime aberto.

Não se desconhece a possibilidade de fixação de regime prisional mais severo que aquele determinado pelo *quantum* da pena, inclusive por força do disposto no § 3º do art. 33 do CP, segundo o qual "A determinação do regime inicial de cumprimento da pena far-se-á com observância dos critérios previstos no art. 59 deste Código". Em casos tais, todavia, na sentença o Juiz deverá fundamentar convenientemente a escolha/fixação do regime mais severo[13].

---

11. *RT*, 711/339.

12. STF, HC 72.139/7-DF, 1ª T., rel. Min. Ilmar Galvão, *RT*, 724/561.

13. "A exigência de motivação dos atos jurisdicionais constitui, hoje, postulado constitucional inafastável, que traduz poderoso fator de limitação ao exercício do próprio poder estatal, além de configurar instrumento essencial de respeito e proteção às liberdades públicas. Com a constitucionalização desse dever jurídico imposto aos magistrados — e que antes era de extração meramente legal — dispensou-se aos jurisdicionados uma tutela processual significativamente mais intensa, não obstante idênticos os efeitos decorrentes de seu descumprimento: a nulidade insuperável e insanável da própria decisão. A importância jurídico-política do dever estatal de motivar as decisões judiciais constitui inquestionável garantia inerente à própria noção do Estado Democrático de Direito. Fator condicionante da própria validade dos atos decisórios, a exigência de fundamentação dos pronunciamentos jurisdicionais reflete uma expressiva prerrogativa individual contra abusos eventualmente cometidos pelos órgãos do Poder Judiciário" (STF, HC 69.013/PI, 1ª T., rel. Min. Celso de Mello, *RTJ* 140/870).

Não é por razão diversa que foi editada a **Súmula 719 do STF**, que tem o seguinte teor: "A imposição do regime de cumprimento mais severo do que a pena aplicada permitir exige motivação idônea".

Com a vigência da Lei n. 11.464/2007, o § 1º do art. 2º da Lei n. 8.072/90 passou a dispor que o réu condenado por crime hediondo ou assemelhado deveria iniciar o cumprimento da pena privativa de liberdade no regime fechado.

Impôs-se, portanto, regime inicial fechado *ex lege*, sem outros questionamentos em linhas de individualização, de modo a tolher a atividade individualizadora conferida aos magistrados, e malferir garantia fundamental do acusado, assegurada no art. 5º, XLVI, da CF.

Por força de equivocada interpretação lastreada no § 1º do art. 2º da Lei n. 8.072/90, em condenações proferidas, invariavelmente juízes e tribunais se descuidaram do dever de individualizar de maneira adequada a escolha do regime prisional de cumprimento da pena inicialmente fixado.

Ocorre que em 26 de junho de 2012, quando do julgamento do *Habeas Corpus* 111.840/ES, de que foi relator o Ministro Dias Toffoli, o Plenário do Supremo Tribunal Federal julgou inconstitucional o § 1º do art. 2º da Lei n. 8.072/90, por malferir o princípio da individualização da pena, que também se aplica à individualização do regime prisional.

Por se tratar de declaração incidental, sem efeito *erga omnes*, apesar de consolidada a jurisprudência da Suprema Corte no sentido da inconstitucionalidade, as instâncias inferiores continuaram a fixar o regime inicial fechado *ex lege*, e em novembro de 2017 o Plenário do Supremo Tribunal Federal declarou a inconstitucionalidade do regime inicial fechado, com repercussão geral, quando do julgamento do ARE 1.052.700/MG, de que foi relator o Min. Edson Fachin. Essa decisão é objeto do "Tema 972", e foi fixada a seguinte tese: "É inconstitucional a fixação *ex lege*, com base no art. 2º, § 1º, da Lei 8.072/1990, do regime inicial fechado, devendo o julgador, quando da condenação, ater-se aos parâmetros previstos no artigo 33 do Código Penal"[14].

Disso decorre que, nas execuções criminais em andamento, se a condenação versar sobre crime hediondo ou assemelhado, faz-se imprescindível verificar se o regime inicial fora fixado tão somente com base no dispositivo em testilha e, sendo caso, proceder-se ao ajuste do regime em sede de execução, e isso por força do disposto no art. 33, § 2º, do CP, na Súmula 719 do STF e no art. 66, I, da LEP, segundo o qual compete ao Juiz

14. STF, ARE 1.052.700/MG, Tribunal Pleno, rel. Min. Edson Fachin, j. 2-11-2017, *DJe*-018, de 1-2-2018. "(a) É inconstitucional a fixação do regime inicial fechado com base na natureza do delito. (b) No julgamento do Tema 972, relativo à possibilidade de fixação de regime inicial fechado para cumprimento de pena, com base unicamente na natureza hedionda do delito, o Plenário do Supremo Tribunal Federal fixou a seguinte tese, dotada de Repercussão Geral: 'É inconstitucional a fixação *ex lege*, com base no art. 2º, §1º, da Lei 8.072/1990, do regime inicial fechado, devendo o julgador, quando da condenação, ater-se aos parâmetros previstos no artigo 33 do Código Penal' (ARE 1.052.700/MG, Tribunal Pleno, rel. Min. Edson Fachin, *DJe* 1-2-2018)" (STF, Rcl 37.356 AgR/SP, 1ª T., rel. Min. Luiz Fux, j. 27-3-2020, *DJe*-085, de 7-4-2020).

da Execução "aplicar aos casos julgados lei posterior que de qualquer modo favorecer o condenado".

Veja-se, a propósito, o teor da **Súmula 611 do STF**: "Transitada em julgado a sentença condenatória, compete ao juízo das execuções a aplicação de lei mais benigna".

A esse respeito: "Tratando-se de lei penal nova e mais benéfica, é de ser aplicada, *ope constitutionis*, aos casos pretéritos. A aplicação da *Lex mitior* compete ao juiz da execução, nos termos da legislação e da Súmula 611 do STF" (STF, 1ª T., rel. Min. Celso de Mello, *DJU* de 12-6-1992, p. 9028). "A competência para a análise da aplicabilidade da lei penal benigna é do juízo da execução penal, nos termos do artigo 66, inciso I, da Lei de Execução Penal, razão pela qual é inviável a deliberação da matéria diretamente pelo Superior Tribunal de Justiça, sob pena de supressão de graus de jurisdição. Súmula n. 611/STF"[15].

Incabível afastar a incidência da citada **Súmula 611 do STF** ao argumento de que não se trata de *lei nova*, mas de decisão do Supremo Tribunal Federal.

Bem por isso o entendimento do Colendo Superior Tribunal de Justiça é firme no sentido de que, fixado o regime inicial fechado com base no § 1º do art. 2º da Lei n. 8.072/1990, posteriormente declarado inconstitucional pelo Supremo Tribunal Federal, após o trânsito em julgado da condenação, cabe ao Juízo da Execução reavaliar os elementos concretos dos autos, à luz do art. 33, §§ 2º e 3º, do Código Penal, para verificar qual o regime inicial adequado[16].

A manutenção do condenado em regime fixado exclusivamente com fundamento em regra inconstitucional materializa indesculpável constrangimento ilegal.

Não é ocioso destacar que o art. 66, I, da LEP se refere à aplicação da norma "posterior que de qualquer modo favorecer o condenado", e a **Súmula 611 do STF** trata da necessária incidência da regra posterior "mais benigna".

É fora de dúvida, portanto, que, na hipótese tratada, a adequação do regime inicial na fase execucional só poderá se verificar de forma benéfica ao executado, jamais *in pejus*.

2. CONDENAÇÃO POR MAIS DE UM CRIME

Dispõe o art. 111 da LEP que, "quando houver condenação por mais de um crime, no mesmo processo ou em processos distintos, a determinação do regime de cumprimento será feita pelo resultado da soma ou unificação das penas, observada, quando for o caso, a detração ou remição". E arremata seu parágrafo único: "Sobrevindo condenação no curso da execução, somar-se-á pena ao restante da que está sendo cumprida, para determinação do regime".

As penas são executadas tendo em consideração o resultado alcançado com a soma de todas as condenações, inclusive quando impostas penas de reclusão e de detenção[17].

15. STJ, AgRg no HC 250.812/SP, 5ª T., rel. Min. Jorge Mussi, j. 25-2-2014, *DJe* de 10-3-2014.

16. Nessa mesma linha de orientação: STJ, HC 292.155/MG, 5ª T., rel. Min. Felix Fischer, j. 4-11-2014, *DJe* de 17-11-2014; STJ, HC 288.376/SP, 6ª T, rela. Mina. Marilza Maynard, j. 18-8-2014, *DJe* de 25-8-2014.

17. "O art. 111 da Lei de Execução Penal estabelece que, em condenação por mais de um crime, para a determinação do regime de cumprimento considera-se o resultado da soma ou unificação das penas, independentemente de serem de detenção ou reclusão. É firme a jurisprudência deste Supremo

Havendo várias condenações, a fixação do regime na execução deve levar em conta a totalidade das penas aplicadas e o regime prisional condizente[18].

De tal sorte, pode o executado ter sofrido **várias condenações com penas fixadas no regime aberto**, e em sede de execução iniciar o cumprimento destas no regime semiaberto ou fechado, como decorrência do art. 111 da LEP[19], isso em razão do *quantum* apurado com a soma das penas, observadas as diretrizes do art. 33 do CP.

Sendo duas ou mais as condenações submetidas à execução, o regime só será determinado após a soma das penas, o que corresponde dizer que não há direito adquirido ao cumprimento das penas nos regimes fixados em cada sentença ou acórdão condenatório[20].

É necessário, entretanto, que o réu tenha sido condenado por outro crime, não bastando a simples instauração de outro processo.

Tribunal Federal no sentido de que a soma ou unificação das penas em execução definem o regime prisional de seu cumprimento, podendo o resultado implicar a regressão. Precedentes" (STF, RHC 118.626/MS, 2ª T., rela. Mina. Cármen Lúcia, j. 26-11-2013, *DJe* n. 236, de 2-12-2013). "A teor do art. 111 da Lei n. 7.210/1984, na unificação das penas, devem ser consideradas cumulativamente tanto as reprimendas de reclusão quanto as de detenção para efeito de fixação do regime prisional, porquanto constituem penas de mesma espécie, ou seja, ambas são penas privativas de liberdade. As reprimendas de reclusão e de detenção devem ser somadas para fins de unificação da pena, haja vista que ambas são modalidades de pena privativa de liberdade e, portanto, configuram sanções de mesma espécie. Precedentes do STF e desta Corte Superior de Justiça (HC 484.690/SC, rel. Ministro Ribeiro Dantas, Quinta Turma, julgado em 30-5-2019, *DJe* 4-6-2019)" (STJ, AgRg no HC 541.826/ES, 5ª T., rel. Min. Reynaldo Soares da Fonseca, j. 6-2-2020, *DJe* de 14-2-2020). "A Lei de Execuções Penais não diferencia, para efeitos de unificação, as reprimendas de detenção e reclusão, ambas penas privativas de liberdade e da mesma espécie. Prevalece a compreensão de que, por força do art. 111 da LEP, o Juiz das Execuções considerará cumulativamente todas as condenações em curso do sentenciado para determinação do regime prisional, observada, quando for o caso, a detração ou remição" (STJ, AgRg no HC 556.976/ES, 6ª T., rel. Min. Rogério Schietti Cruz, j. 4-8-2020, *DJe* de 14-8-2020).

18. Art. 33 e parágrafos do Código Penal. "A Lei de Execução Penal admite a transferência do apenado para regime mais rigoroso quando lhe sobrevier, no curso da execução, condenação por crime anterior cuja pena, somada ao restante daquela em execução, torne incabível a manutenção em regime prisional mais brando" (STJ, RHC 38.547/MG, 5ª T., rel. Min. Gurgel de Faria, j. 7-4-2015, *DJe* de 22-4-2015). "Consoante a jurisprudência desta Corte Superior, em se tratando de concurso material de crimes, o critério a ser observado para a fixação do regime prisional é o previsto no art. 111 da Lei de Execução Penal, segundo o qual 'quando houver condenação por mais de um crime, no mesmo processo ou em processos distintos, a determinação do regime de cumprimento será feita pelo resultado da soma ou unificação das penas, observada, quando for o caso, a detração ou remição'" (STJ, AgRg no HC 578.284/SC, 6ª T., rela. Mina. Laurita Vaz, j. 18-8-2020, *DJe* de 1-9-2020).

19. "Não há ilegalidade no estabelecimento do regime fechado para o cumprimento de pena, quando a soma das reprimendas resultar em patamar superior a quatro anos de reclusão, sendo o condenado reincidente" (STJ, HC 313.195/MG, 6ª T., rela. Mina. Maria Thereza de Assis Moura, j. 3-3-2015, *DJe* de 9-3-2015).

20. "Para definir o novo regime de cumprimento da pena, considerado aquele alusivo à execução em curso, soma-se a pena imposta na condenação superveniente, podendo o resultado implicar a regressão — inteligência dos artigos 111 e 118, inciso II, da Lei de Execução Penal" (STF, HC 96.824/RS, 1ª T., rel. Min. Marco Aurélio, j. 12-4-2011, *DJe* n. 086, de 10-5-2011).

Capítulo X

DA PROGRESSÃO DE REGIME

1. PROGRESSÃO DE REGIME E SEUS REQUISITOS

1.1. Progressão

De modo autoexplicativo, preceitua **o art. 112 da Lei de Execução Penal** que a pena privativa de liberdade será executada em forma progressiva, com a transferência para regime menos rigoroso, a ser determinada pelo juiz, quando o preso tiver cumprido ao menos:

I — 16% (dezesseis por cento) da pena, se o apenado for primário e o crime tiver sido cometido sem violência à pessoa ou grave ameaça;

II — 20% (vinte por cento) da pena, se o apenado for reincidente em crime cometido sem violência à pessoa ou grave ameaça;

III — 25% (vinte e cinco por cento) da pena, se o apenado for primário e o crime tiver sido cometido com violência à pessoa ou grave ameaça;

IV — 30% (trinta por cento) da pena, se o apenado for reincidente em crime cometido com violência à pessoa ou grave ameaça;

V — 40% (quarenta por cento) da pena, se o apenado for condenado pela prática de crime hediondo ou equiparado, se for primário;

VI — 50% (cinquenta por cento) da pena, se o apenado for:

a) condenado pela prática de crime hediondo ou equiparado, com resultado morte, se for primário, vedado o livramento condicional;

b) condenado por exercer o comando, individual ou coletivo, de organização criminosa estruturada para a prática de crime hediondo ou equiparado; ou

c) condenado pela prática do crime de constituição de milícia privada;

VII — 60% (sessenta por cento) da pena, se o apenado for reincidente na prática de crime hediondo ou equiparado;

VIII — 70% (setenta por cento) da pena, se o apenado for reincidente em crime hediondo ou equiparado com resultado morte, vedado o livramento condicional.

Dispõe o § 2º do art. 112 da LEP que a decisão que determinar a progressão será sempre motivada e precedida de manifestação do Ministério Público e do defensor.

Melhor interpretação da regra citada, e observada a imperiosa necessidade de respeito ao art. 93, IX, da CF, a rigor, deve ser fundamentada não apenas a *decisão que determinar a progressão*, mas também a **decisão que negar ou conceder** progressão de regime prisional.

O sistema progressivo adotado pela Lei de Execução Penal determina a mudança de regime, passando o condenado do mais severo para o menos rigoroso, falando-se aqui em *progressão*. Ocorrendo a ordem inversa, tem-se a *regressão*, matéria que será analisada no capítulo seguinte.

Na sua redação original, além do requisito objetivo, o art. 112 exigia expressamente a comprovação de *mérito* para a progressão, devendo a decisão do juízo ser motivada e precedida de parecer da Comissão Técnica de Classificação e do exame criminológico, quando necessário.

Embora agora a lei não mais exija *expressamente* a comprovação de mérito, tampouco condicione a progressão ao parecer da Comissão Técnica de Classificação ou a exame criminológico, ao contrário do que muitas vezes se tem sustentado, mesmo após o advento das Leis ns. 10.792/2003 e 13.964/2019 continuamos entendendo que o direito à progressão ainda repousa no binômio *tempo* e *mérito*.

A progressão de regime prisional, desde que satisfeitos os requisitos legais, constitui um direito público subjetivo do sentenciado. Integra-se ao rol dos direitos materiais penais.

Devem coexistir[1] os requisitos objetivo e subjetivo. Não basta à progressão a satisfação de apenas um deles.

1. "Nos termos do disposto no art. 112 da Lei de Execução Penal, para que o reeducando faça jus à promoção carcerária é necessário o preenchimento de requisitos objetivo e subjetivo" (STJ, AgRg no HC 573.892/SP, 5ª T., rel. Min. Jorge Mussi, j. 2-6-2020, *DJe* de 15-6- 2020). "Para a concessão do benefício da progressão de regime, deve o reeducando preencher os requisitos de natureza objetiva (lapso temporal) e subjetiva (bom comportamento carcerário), nos termos do art. 112 da Lei de Execução Penal" (STJ, AgRg no HC 582.068/SP, 6ª T., rel. Min. Sebastião Reis Júnior, j. 18-8-2020, *DJe* de 24-8-2020).

Consoante a **Súmula 717 do STF**: "Não impede a progressão de regime de execução da pena, fixada em sentença não transitada em julgado, o fato de o réu se encontrar em prisão especial".

1.1.1. *Progressão especial*

A Lei n. 13.769/2018 acrescentou no art. 112 da LEP seu atual § 3º e com ele instituiu modalidade de progressão especial de regime, que deve ser concedida à mulher gestante ou que for mãe ou responsável por crianças ou pessoas com deficiência, quando satisfeitos, cumulativamente, os seguintes requisitos: I — não ter cometido crime com violência ou grave ameaça a pessoa; II — não ter cometido o crime contra seu filho ou dependente; III — ter cumprido ao menos 1/8 (um oitavo) da pena no regime anterior; IV — ser primária e ter bom comportamento carcerário, comprovado pelo diretor do estabelecimento; V — não ter integrado organização criminosa.

As disposições legais transcritas não permitem dúvida quanto à finalidade e alcance, e por isso, em relação a elas, reputamos conveniente apenas registrar que, nos precisos termos do art. 1º, § 1º, da Lei n. 12.850/2013, "considera-se organização criminosa a associação de 4 (quatro) ou mais pessoas estruturalmente ordenada e caracterizada pela divisão de tarefas, ainda que informalmente, com objetivo de obter, direta ou indiretamente, vantagem de qualquer natureza, mediante a prática de infrações penais cujas penas máximas sejam superiores a 4 (quatro) anos, ou que sejam de caráter transnacional".

No ponto em testilha, por estarmos diante de regra gravosa à executada, sua interpretação há de ser sempre restritiva,[2] de modo que a progressão especial não poderá ser negada à executada que se encaixe na descrição do § 3º, sob o fundamento de ter cometido o delito em concurso de agentes ou, ainda, por integrar grupo ou associação criminosa.

---

2. "Na LEP foi incluído o § 3º no art. 112, prevendo progressão de regime especial. A norma exigiu a presença de cinco requisitos cumulativos para a concessão do benefício executório, dentre eles, o de 'não ter integrado organização criminosa'. O argumento de que o termo organização criminosa não se refere ao crime previsto na Lei n 12.850/2013, tratando-se, na verdade, de uma expressão genérica, a qual abrange todas as espécies de sociedades criminosas, não se coaduna com a correta exegese da norma. Com efeito, a referida regra tem conteúdo material (norma híbrida), porquanto trata de progressão de regime prisional, relacionado com o *jus libertatis*, o que impõe, ao intérprete, a submissão a todo o conjunto de princípios inerentes às normas penais. O inciso V do § 3º do art. 112, da LEP, é um exemplo de norma penal em branco com complemento normativo, pois o próprio Legislador, respeitando o princípio da taxatividade (decorrente do princípio da estrita legalidade), desincumbiu-se do ônus de apresentar, expressamente, a definição de organização criminosa ao editar a Lei n. 12.850/2013 (art. 1º e § 1º). Não é legítimo que o julgador, em explícita violação ao princípio da taxatividade da lei penal, interprete extensivamente o significado de organização criminosa a fim de abranger todas as formas de societas sceleris. Tal proibição fica ainda mais evidente quando se trata de definir requisito que restringe direito executório implementado por lei cuja finalidade é aumentar o âmbito de proteção às crianças ou pessoas com deficiência, reconhecidamente em situação de vulnerabilidade em razão de suas genitoras ou responsáveis encontrarem-se reclusas em estabelecimentos prisionais. A teleologia da norma e a existência de complemento normativo impõem exegese restritiva e não extensiva" (STJ, HC 522.651/SP, 6ª T., rel. Min. Laurita Vaz, j. 4-8-2020, *DJe* de 19-8-2020).

O § 4º do art. 112 diz que o cometimento de novo crime doloso ou falta grave implicará a revogação do benefício previsto no § 3º deste artigo.

De início cumpre observar a redundância expressa, facilmente identificada no dispositivo sob análise, visto que, a teor do disposto no art. 52, *caput*, primeira parte, da LEP, a prática de crime doloso configura falta grave.

Bastaria dizer, portanto, que a prática de falta grave acarretará a *revogação* da progressão especial.

Mas há outro erro no § 4º, pois a prática de falta grave, nos termos da LEP, acarreta a **regressão de regime**, tal como se verifica no também redundante art. 118, I. A denominada *revogação da progressão especial*, portanto, não é algo diverso da regressão.

Esse nosso raciocínio conduz não apenas à constatação dos lastimáveis equívocos técnicos do § 4º do art. 112, mas também à certeza quanto à total desnecessidade da regra, que traduz superfetação, tal como demonstra a vigência dos arts. 52, *caput*, primeira parte, e 118, I, da LEP.

Nos precisos termos do art. 72, VII, da LEP, constitui atribuição do Departamento Penitenciário Nacional, "acompanhar a execução da pena das mulheres beneficiadas pela progressão especial de que trata o § 3º do art. 112 desta Lei, monitorando sua integração social e a ocorrência de reincidência, específica ou não, mediante a realização de avaliações periódicas e de estatísticas criminais".

O acompanhamento a que se refere a regra transcrita é de atribuição do Departamento Penitenciário local ou órgão similar (art. 74, parágrafo único, da LEP).

Os resultados obtidos por meio do monitoramento e das avaliações periódicas previstas no inciso VII do *caput* do art. 72 "serão utilizados para, em função da efetividade da progressão especial para a ressocialização das mulheres de que trata o § 3º do art. 112 desta Lei, avaliar eventual desnecessidade do regime fechado de cumprimento de pena para essas mulheres nos casos de crimes cometidos sem violência ou grave ameaça".

1.2. Requisito objetivo

Por **requisito objetivo**, em sentido amplo, entenda-se a fração de pena a cumprir.

Com a vigência das alterações determinadas pela Lei n. 13.964/2019, observado o caso concreto, o atendimento do requisito objetivo demandará o cumprimento de 16%, 20%, 25%, 30%, 40%, 50%, 60% ou 70% da pena, conforme as regras do atual art. 112, I a VIII, da LEP.

Nas situações em que se revelar mais gravosa ao condenado, a nova fração de pena não poderá ser exigida como requisito para a progressão que se refira à condenação por delito praticado antes de sua vigência. Se mais benéfica, deverá ser utilizada como requisito para a progressão. Incide, na primeira hipótese, a regra da irretroatividade da lei mais severa e, na segunda, a retroatividade da lei mais benéfica.

No tocante ao requisito objetivo, a fração deve recair sobre o restante da pena a cumprir, e não sobre a totalidade da pena sob execução.

Pena cumprida é pena extinta, o que decorre, inclusive, de interpretação que se extrai do art. 113 do CP.

Tendo o condenado cumprido fração suficiente de sua pena no regime anterior e obtido a progressão de regime, para a nova progressão deverá cumprir nova e idêntica fração *da pena restante*, e não da pena total aplicada.

É importante enfatizar que, em se tratando de condenação pela prática de **crime hediondo ou assemelhado**, atende-se ao requisito objetivo com o cumprimento de:

- 40% da pena, se o condenado for primário;
- 50% da pena, se for: a) condenado pela prática de crime hediondo ou equiparado, com resultado morte, se for primário; b) condenado por exercer o comando, individual ou coletivo, de organização criminosa estruturada para a prática de crime hediondo ou equiparado;
- 60% da pena, se o condenado for reincidente na prática de crime hediondo ou equiparado; e
- 70% da pena, se o condenado for reincidente em crime hediondo ou equiparado com resultado morte.

As situações listadas não contemplam o condenado pela prática de crime hediondo ou assemelhado, reincidente em razão de precedente condenação por crime que não é hediondo nem assemelhado. Diante da omissão, impõe-se a analogia *in bonam partem*, e para o atendimento do requisito objetivo deverá ser cumprida a fração exigida de quem é primário: 40% ou 50%, conforme a hipótese.

O art. 112, VI, letra *c*, da LEP, se refere ao condenado pela prática de crime de **constituição de milícia privada**, que está tipificado no art. 288-A do CP, mas não se encontra relacionado na Lei n. 8.072/90 e, portanto, não pode ser classificado como crime hediondo ou equiparado.

Não se considera hediondo ou equiparado, para fins de progressão de regime prisional, o crime de tráfico de drogas previsto no § 4º do art. 33 da Lei n. 11.343/2006 (Lei de Drogas). Essa regra está expressa no § 5º do art. 112 da LEP e foi introduzida pela Lei n. 13.964/2019, com inegável efeito retroativo (art. 66, I, da LEP; Súmula 611 do STF), de modo a alcançar todas as condenações por crime de tráfico privilegiado praticado mesmo antes de sua vigência.

No julgamento do HC 115.254/SP, de que foi relator o Min. Gilmar Mendes, o Supremo Tribunal Federal "passou a adotar o posicionamento de que, por ter a decisão que concede a progressão de regime natureza meramente declaratória, o marco inicial para a concessão do benefício é a data do preenchimento dos requisitos estabelecidos no art. 112 da Lei de Execução Penal"[3].

O Superior Tribunal de Justiça tem entendimento firmado no sentido de que o termo inicial de contagem do lapso temporal para a progressão de regime deve corresponder à data em que o apenado efetivamente preencheu os requisitos legais do art. 112

3. STJ, AgRg no HC 540.250/SP, 5ª T., rel. Min. Jorge Mussi, j. 5-3-2020, *DJe* de 16-3-2020.

da LEP, ou seja, a data em que teria direito ao benefício, "devendo, pois, ser computado o tempo em que o apenado ficou no aguardo da análise do pedido"[4].

Nesta mesma linha de pensamento, a Corte Federal tem decidido que "a data inicial para progressão de regime deve ser aquela em que o apenado preencheu os requisitos do art. 112 da Lei de Execução Penal, e não a data da efetiva inserção do reeducando no regime atual"[5].

Em síntese, "Segundo reiterados precedentes, a data-base para verificação do implemento dos requisitos objetivo e subjetivo, previstos no art. 112 da Lei n. 7.210/1984, deverá ser definida de forma casuística, fixando-se como termo inicial o momento em que preenchido o último requisito pendente, seja ele o objetivo ou o subjetivo"[6].

1.2.1. Pagamento da multa cumulativamente imposta como requisito para progressão de regime

Muito embora o art. 112 da LEP, ou outro dispositivo qualquer, não exija o pagamento da multa cumulativamente imposta como requisito para progressão de regime prisional, **o atual entendimento do Supremo Tribunal Federal é no sentido de que, sem quitação não se deve conceder progressão**, salvo prova inequívoca de hipossuficiência econômica inviabilizadora do adimplemento.

Tal maneira de pensar passou a ser adotada nas execuções das condenações que decorreram da Ação Penal n. 470 — no caso vulgarmente conhecido como "mensalão" —, que envolveu, dentre outros marginais, alguns ocupantes de altos cargos junto ao Governo Federal, sob o comando do Partido dos Trabalhadores.

Desde então, reiteradas vezes a Excelsa Corte tem enfatizado que "O Plenário do Supremo Tribunal Federal firmou orientação no sentido de que o inadimplemento deliberado da pena de multa cumulativamente aplicada ao sentenciado impede a progressão no regime prisional. Precedente: EP 12-AgR, rel. Min. Luís Roberto Barroso. Tal regra somente é excepcionada pela comprovação da absoluta impossibilidade econômica do apenado em pagar a multa, ainda que parceladamente"[7].

---

4. STJ, HC 431.077/SP, 5ª T., rel. Min. Laurita Vaz, j. 20-12-2017, *DJe* de 1-2-2018.

5. STJ, AgRg no REsp n. 1.582.285/MS, 5ª T., rel. Min. Ribeiro Dantas, j. 9-8-2016, *DJe* de 24-8-2016, *RSTJ* 243/755. *No mesmo sentido*: STJ, HC 431.077/SP, 5ª T., rel. Min. Laurita Vaz, j. 20-12-2017, *DJe* de 1-2-2018.

6. STJ, AgRg no HC 587.903/SP, 6ª T., rel. Min. Sebastião Reis Júnior, j. 12-8-2020, *DJe* de 18-8-2020. "Revisão da jurisprudência da Quinta Turma desta Corte Superior, para adequar-se ao posicionamento firmado pelo Supremo Tribunal Federal no HC 115.254, Rel. Ministro Gilmar Mendes, Segunda Turma, julgado em 15-12-2015, *DJe* 26-2/2016, no sentido de que a data inicial para a progressão de regime deve ser aquela em que o apenado preencheu os requisitos do art. 112 da Lei de Execução Penal, e não a data da efetiva inserção do reeducando no atual regime. Aplica-se à progressão de regime, por analogia, o regramento da LEP sobre a regressão de regime em caso de falta grave (art. 118), que estabelece como data-base a prática do fato, e não da decisão posterior que reconhece a infração" (STJ, AgRg no REsp 1.582.285/MS, 5ª T., rel. Min. Ribeiro Dantas, j. 9-6-2016, *DJe* de 24-8-2016, *RSTJ* 243/755). No mesmo sentido: STJ, HC 526.825/SP, 5ª T., rel. Min. Leopoldo de Arruda Raposo, j. 12-11-2019, *DJe* de 20-11-2019.

7. STF, EP 16 ProgReg-AgR/DF, Tribunal Pleno, rel. Min. Roberto Barroso, j. 15-4-2015, *DJe* n. 093, de 20-5-2015. *No mesmo sentido:* STF, EP 12 ProgReg-AgR/DF, Tribunal Pleno, rel. Min. Roberto Barroso, j. 8-4-2015, *DJe* n. 111, de 11-6-2015.

Com a devida *vênia*, é evidente o desacerto do entendimento da Excelsa Corte, na medida em que termina por negar progressão de regime com base em requisito que a lei não exige, e restaurar, de certo modo, a prisão pelo inadimplemento da pena de multa.

1.2.2. Condenação por crime contra a administração pública

A Lei n. 10.763/2003 acrescentou um § 4º ao art. 33 do CP, com a seguinte redação: "O condenado por crime contra a administração pública terá a progressão de regime do cumprimento da pena condicionada à reparação do dano que causou, ou à devolução do produto do ilícito praticado, com os acréscimos legais".

Ao contrário do que ocorre em relação ao livramento condicional, no qual o art. 83, IV, do CP impõe como requisito objetivo à sua concessão, seja qual for a infração cometida, **a reparação do dano** causado, salvo efetiva impossibilidade de fazê-lo, na progressão **constitui *requisito objetivo específico ou especial***, a ser exigido concomitantemente com os demais, apenas e tão somente quando envolver *condenação por crime contra a administração pública*, sem qualquer ressalva.

Condicionar em tais casos a progressão de regime prisional à reparação do dano por certo acarretará uma série de problemas, e o benefício não poderá ser negado, por exemplo, quando o *quantum* da reparação depender, para sua apuração, de eventual liquidação de sentença.

Ademais, se comprovada *plenamente* a impossibilidade de reparação do dano ou recomposição do patrimônio lesado, a vedação da progressão seria contrária aos objetivos da Lei de Execução Penal, que sempre devem sobrepor-se ao desejo do legislador de, pela via da *coação penal*, buscar a reparação do dano ou a recomposição do erário público lesado.

Demonstrada a **impossibilidade de reparação do dano** e atendidos os requisitos gerais, concede-se a progressão, devendo a questão patrimonial ser demandada nas vias ordinárias.

1.2.3. Organizações criminosas

1.2.3.1. Dispensa do(s) requisito(s) objetivo(s)

A Lei n. 12.850/2013 definiu o que se deve entender por "organização criminosa" e ao dispor sobre as vantagens da colaboração premiada, em seu art. 4º, § 5º, estabelece que: "Se a colaboração for posterior à sentença, a pena poderá ser reduzida até a metade ou será admitida a progressão de regime ainda que ausentes os requisitos objetivos".

Muito embora a Lei n. 13.964/2019, evidentemente posterior àquela de 2013, tenha determinado a atual redação do art. 112, VI, alínea *b*, da LEP, de onde se retira que o condenado por exercer o comando, individual ou coletivo, de organização criminosa estruturada para a prática de crime hediondo ou assemelhado, para alcançar o requisito objetivo, indispensável à progressão de regime prisional, deve cumprir ao menos 50% da pena aplicada, permanece vigente o § 5º do art. 4º da Lei n. 12.850, inclusive por força do que está expresso no § 7º, II, parte final, desse mesmo artigo, onde consta que na análise da viabilidade da homologação do acordo de colaboração premiada o juiz deverá verificar, entre outros requisitos, a adequação dos benefícios pactuados àqueles previstos no *caput* e nos §§ 4º e 5º do art. 4º, sendo nulas as cláusulas que violem o critério de definição do regime inicial de cumprimento de pena do art. 33 do CP, as regras de cada um dos regimes previstos no Código Penal e na Lei de Execução Penal e os requisitos de progressão de regime não abrangidos pelo § 5º deste artigo.

Se na colaboração premiada posterior à sentença não for acordada a redução de **até metade** da pena aplicada, o acordo poderá especificar a dispensa do requisito objetivo. Aplica-se a regra segundo a qual *lex generalis non derogat lex specialis*.

Importante observar que, em regra, o único **requisito objetivo** exigido para a progressão de regime é o cumprimento da fração de pena indicada no art. 112 da LEP, conforme se tratar de uma ou outra dentre as variáveis listadas.

Todavia, se a hipótese versar sobre crime praticado contra a administração pública, por algum indivíduo, isoladamente, ou por organização criminosa, para a progressão de regime, além de cumprir a fração percentual da pena, o condenado deverá provar a satisfação de outro requisito objetivo. Em casos tais, por força do que dispõe o art. 33, § 4º, do CP, o condenado também deverá provar que reparou o dano que causou, ou que fez a devolução do produto do ilícito praticado, com os acréscimos legais.

1.2.3.2. A inconstitucionalidade do § 9º do art. 2º da Lei n. 12.850/2013

A Lei n. 13.964/2019 acrescentou ao art. 2º da Lei n. 12.850/2013 seu atual § 9º, que tem a seguinte redação: "O condenado expressamente em sentença por integrar organização criminosa ou por crime praticado por meio de organização criminosa não poderá progredir de regime de cumprimento de pena ou obter livramento condicional ou outros benefícios prisionais se houver elementos probatórios que indiquem a manutenção do vínculo associativo".

Reconhecer que o condenado por organização criminosa mantém o "vínculo associativo" implica dizer que continua a praticar crime de organização criminosa, mesmo estando preso, tendo em vista estarmos diante de crime permanente.

Por se tratar de situação em que o executado já fora condenado e cumpre pena por crime de organização criminosa, ainda que se tenha prova de que ele "continua a manter" o vínculo associativo, é força convir que não poderá ser novamente processado pelo mesmo crime. Admitir o contrário implicaria em condenável *bis in idem*.

Bem analisada, a proibição contida no § 9º do art. 2º da Lei n. 12.850/2013, com a redação determinada pela Lei n. 13.964/2019, está por instituir, para a hipótese regulada, o **cumprimento da pena integralmente no regime fechado**, determinado em sede de execução penal.

Ocorre que no dia 23 de fevereiro de 2006, por maioria de votos (6 contra 5), no julgamento do *Habeas Corpus* 82.959/SP, de que foi relator o Min. Marco Aurélio, o Plenário do Supremo Tribunal Federal declarou a inconstitucionalidade do regime integral fechado originalmente previsto no § 1º do art. 2º da Lei n. 8.072/90, e os mesmos fundamentos utilizados nesta decisão servem para a hipótese sob análise.

A previsão contida no § 9º em testilha materializa mais um desserviço do Poder Legislativo, que elaborou, e do Poder Executivo, que não vetou, regra evidentemente inconstitucional. No ponto, essa irresponsável e inconsequente comparsaria oficial gerou nova situação de insegurança jurídica, a tumultuar as instâncias judiciárias já assoberbadas.

Não se deve perder de vista que a individualização da pena se desenvolve no plano formal e judicial. Neste último enfoque a individualização se realiza no processo de conhecimento, por ocasião da decisão de condenação, e no processo execucional, durante o cumprimento da pena imposta.

Em síntese: **é inconstitucional o regime integral fechado que decorre da aplicação do § 9º do art. 2º da Lei n. 12.850/2013**, posto que sua aplicação vulnera, entre outros, o princípio da individualização da pena assegurado no art. 5º, XLVI, da CF.

1.3. Requisito subjetivo

No que toca ao requisito subjetivo, antes da Lei n. 10.792/2003, quando então se exigia expressamente a comprovação de *mérito* e o exame criminológico era obrigatório para a progressão do regime fechado ao semiaberto, sendo facultativo deste para o aberto, vários indicadores eram utilizados para sua aferição. No particular, já se negou progressão, por exemplo, quando constatado que o apenado continuava com indicativos de persistência de periculosidade, manifestada por sinais de hostilidade latente[8]; quando evidenciada a inaptidão pessoal do apenado, por informes que lhe prejudicavam a satisfação do requisito subjetivo, acossada pelo cometimento de faltas graves (fuga no curso de anterior benefício, seguida de posse de "maconha" no interior do presídio, depois de recapturado)[9]; quando elaborava crítica relativa à prática delituosa e tinha dificuldade para lidar com suas limitações e frustrações[10]; quando o exame criminológico revelava desequilíbrio emocional, havendo demonstrado o preso não possuir constrangimento pelos atos delituosos cometidos e não se sentir obrigado a conformar-se com os padrões vigentes da vida gregária. A prática de falta grave no cumprimento da pena sempre impôs óbices à progressão de regime prisional.

A apuração do mérito do condenado era feita pelo exame criminológico, que tinha a finalidade de fornecer ao juiz elementos técnicos suficientes para balizar "uma decisão mais consciente a respeito do benefício a ser concedido ao condenado"[11].

Na apuração do mérito, importante papel também era desenvolvido pela Comissão Técnica de Classificação, isso em decorrência das disposições então contidas no art. 6º e também no art. 7º, ambos da LEP. Contudo, com a reforma pontual introduzida pela Lei n. 10.792/2003 a Comissão Técnica de Classificação já não dispõe de todas as relevantes atribuições de que anteriormente dispunha, notadamente no campo da progressão de regimes.

---

8. *RT*, 736/695.
9. *RT*, 738/693.
10. *RJTACrimSP*, 38/67.
11. *RT*, 653/279.

A Lei n. 10.792/2003 deu nova redação ao art. 112 da LEP, porém, não retirou a necessidade de constatação de *condições subjetivas* para a obtenção de benefício por parte do condenado, muito embora tenha modificado o texto antigo para, entre outras coisas, excluir a exigência expressa de constatação de *mérito* para a progressão.

Com a mudança, o art. 112 da LEP deixou de exigir *expressamente* o *mérito*. Desde então, passou a ser **suficiente a comprovação de *bom comportamento carcerário***, a ser documentado em atestado firmado pelo diretor do estabelecimento.

Diz o atual § 1º do art. 112 da LEP, com a redação determinada pela Lei n. 13.964/2019, que, satisfeito o requisito objetivo, o apenado somente terá direito à progressão de regime prisional "se ostentar boa conduta carcerária, comprovada pelo diretor do estabelecimento".

A prova da "boa conduta" continua a ser feita com a apresentação do atestado firmado pelo diretor do estabelecimento prisional em que o condenado se encontrar.

Não se pode negar que referido "atestado" se presta exatamente a demonstrar a aptidão subjetiva do preso e, de consequência, a existência ou não de *mérito* para a progressão de regime, tanto assim que não é demais dizer que o preso que não ostentar bom comportamento carcerário não reunirá mérito para a progressão.

Por *mérito*, entenda-se: a aptidão psicológica; o resultado favorável de uma avaliação voltada à apuração de valores subjetivos para a concessão de um benefício no cumprimento da pena.

Qual a razão de exigir a comprovação de bom comportamento carcerário senão a aferição de certa probabilidade sobre o comportamento futuro penalmente relevante do encarcerado?

Quer queira quer não, o *atestado* exigido não deixa de ser uma forma de estabelecer certa prognose, e a previsão é, na verdade, necessária ao legislador que edita normas penais, ao julgador que aplica sanções e àquele que as executa, segundo Jorge de Figueiredo Dias e Manoel da Costa Andrade[12].

Comportando-se de forma ajustada no ambiente prisional o preso terá bom comportamento carcerário, vale dizer, terá mérito. Estará, em tese, subjetivamente apto para eventual benefício.

É evidente que os parâmetros balizadores de um *laudo criminológico* não são exatamente os mesmos em que se baseiam os diretores de estabelecimento para firmar atestados de conduta carcerária. Se os laudos criminológicos já se revelavam falhos na apresentação de elementos para a aferição do requisito subjetivo, o que se dizer então dos sobreditos *atestados*?

De todo condenável a opção do legislador pela exclusão do exame criminológico, e há tempos alertávamos para o risco então iminente[13].

---

12. Jorge de Figueiredo Dias e Manoel da Costa Andrade, *Criminologia*, p. 144.

13. Renato Marcão, Apontamentos sobre influências deletérias dos Poderes Legislativo e Executivo em matéria penal, *RT*, 806/431.

Com sua autoridade, ensinou Manoel Pedro Pimentel que "ingressando no meio carcerário o sentenciado se adapta, paulatinamente, aos padrões da prisão. Seu aprendizado, nesse mundo novo e peculiar, é estimulado pela necessidade de se manter vivo e, se possível, ser aceito no grupo. Portanto, longe de estar sendo *ressocializado* para a vida livre, está, na verdade, sendo *socializado* para viver na prisão. É claro que o preso aprende rapidamente as regras disciplinares na prisão, pois está interessado em não sofrer punições. Assim, um observador desprevenido pode supor que um preso de bom comportamento é um homem regenerado, quando o que se dá é algo inteiramente diverso: trata-se apenas de um homem *prisonizado*"[14].

Contundente também a esse respeito, Enrico Ferri advertiu: "Quanto aos elementos seguros para um diagnóstico psicológico sobre o fim da periculosidade, é evidente que a chamada 'boa conduta' do recluso não terá nenhum valor, porque é fruto, nos sistemas tradicionais, de hipocrisia ou de servilismo simulador"[15].

Não se deve desconsiderar, ainda, a observação feita por Cesare Lombroso, ao consignar que "Segundo Elam e Tocqueville, os piores detentos são os que melhor se comportam nas prisões, porque tendo mais talento do que outros e por serem mais bem tratados conseguem simular honestidade"[16].

Seja como for, bom comportamento carcerário é o comportamento daquele que se põe de forma ajustada aos regramentos de disciplina do estabelecimento prisional; bem por isso não há cogitar, no momento da elaboração do "atestado", sobre eventual propensão à reincidência, consciência e arrependimento quanto ao delito pelo qual foi recolhido preso.

Nos dias que correm, questão controvertida reside em saber se o juiz da execução pode determinar a realização de exame criminológico e valorar seu conteúdo na aferição do requisito subjetivo necessário para progressão de regime prisional.

Nas duas primeiras edições, defendemos que era possível; contudo, após outras reflexões, evoluímos e mudamos de posicionamento.

Com efeito, estamos definitivamente convencidos de que, embora até possa determinar a realização de exame criminológico, não é lícito ao juiz da execução negar progressão de regime com base em informações ou interpretações que possa extrair do laudo respectivo, o que torna sem sentido prático a realização do exame.

É que **o art. 112 da LEP exige *apenas o cumprimento do* requisito objetivo para a progressão, e a apresentação de *atestado de boa conduta carcerária***, firmado pelo diretor do estabelecimento prisional, como *requisito subjetivo*. **É o que basta para a progressão**.

---

14. Manoel Pedro Pimentel, *O crime e a pena na atualidade*, p. 158.

15. Enrico Ferri. *Delinquente e responsabilidade penal*, tradução de Fernanda Lobo, 1ª ed. São Paulo: Rideel, 2006, p. 220.

16. Cesare Lombroso. *O homem delinquente*. 3ª reimpressão, tradução de José Sebastião Roque, Ícone: São Paulo, 2016, p. 160.

Mesmo diante da clareza do ordenamento, após a alteração promovida em 2003 o Supremo Tribunal Federal passou a decidir reiteradamente que o modificado art. 112 da LEP não vedava a realização do exame criminológico[17].

Sem ao menos proceder à necessária interpretação histórica, quando então seria possível constatar o real desejo da mudança determinada pela Lei n. 10.792/2003, a Excelsa Corte firmou posicionamento, equivocado *data vênia*, no sentido de que a superveniência da Lei n. 10.792/2003 não havia dispensado, mas apenas tornado facultativa a realização de exames para a aferição da personalidade e do grau de periculosidade do sentenciado[18], enfatizando, contudo, que, embora facultativo, a realização do exame deveria ser precedida de "decisão devidamente fundamentada, com a indicação dos motivos pelos quais, considerando-se as circunstâncias do caso concreto, ele seria necessário"[19].

Nessa mesma linha de argumentação foi editada a **Súmula 439 do STJ**, nos seguintes termos: "Admite-se o exame criminológico pelas peculiaridades do caso, desde que em decisão motivada"[20].

A propósito da realização do exame criminológico visando aferir mérito para progressão em se tratando de crime hediondo ou assemelhado, foi editada a **Súmula Vinculante 26** com a seguinte redação: "Para efeito de progressão de regime no cumprimento de pena por crime hediondo, ou equiparado, o juízo da execução observará a inconstitucionalidade do art. 2º da Lei n. 8.072, de 25 de julho de 1990, sem prejuízo de avaliar se o condenado preenche, ou não, os requisitos objetivos e subjetivos do benefício, podendo determinar, para tal fim, de modo fundamentado, a realização de exame criminológico".

Não há fundamento lógico, tampouco jurídico, que autorize a persistência do entendimento surgido após a vigência da Lei n. 10.792/2003, que alterou o art. 112 da LEP e retirou a necessidade de exame criminológico para a aferição do mérito.

---

17. STF, HC 113.717/SP, 1ª T., rel. Min. Luiz Fux, j. 26-2-2013, *DJe* 052, de 19-3-2013; STF, HC 114.409/SP, 2ª T., rel. Min. Ricardo Lewandowski, j. 19-3-2013, *DJe* 160, de 16-8-2013. *No mesmo sentido*: STJ, HC 280.875-SP, 5ª T., rel. Min. Marco Aurélio Bellizze, j. 18-3-2014, *DJe* de 26-3-2014; STJ, HC 285.972-SP, 6ª T., rela. Mina. Maria Thereza de Assis Moura, j. 11-3-2014, *DJe* de 26-3-2014.

18. STF, HC 105.234/RS, 1ª T., rela. Mina. Cármen Lúcia, j. 15-2-2011, *DJe* 052, 21-3-2011.

19. STF, HC 106.477/RS, 1ª T., rel. Min. Dias Toffoli, j. 1º-2-2011, *DJe* 074, 19-4-2011. "A jurisprudência do Supremo Tribunal Federal é firme no sentido de que o deferimento da progressão de regime prisional está vinculado ao preenchimento, pelo condenado, de requisitos objetivos e subjetivos. Sendo certo que, na aferição dos pressupostos subjetivos, pode o Juiz da execução fazer do exame criminológico um dos elementos de sua convicção pessoal. Isso, é claro, sempre que o magistrado entender necessário à verificação do processo de reinserção social do apenado" (STF, HC 101.997/RS, 2ª T., rel. Min. Ayres Britto, j. 14-9-2010, *DJe* 020, 1º-2-2011).

20. "O requisito subjetivo, aferido também por meio de atestado de bom comportamento carcerário expedido pelo diretor do estabelecimento prisional, não obsta a que o magistrado da execução indefira o benefício quando entender não preenchida a exigência, desde que aponte peculiaridades da situação fática que demonstrem a ausência de mérito do condenado" (STJ, AgRg no HC 573.892/SP, 5ª T., rel. Min. Jorge Mussi, j. 2-6-2020, *DJe* de 15-6-2020). No mesmo sentido: STJ, AgRg no HC 547.130/SP, 5ª T., rel. Min. Joel Ilan Paciornik, j. 4-8-2020, *DJe* de 10-8-2020; STJ, AgRg no HC 577.446/SP, 6ª T., rel. Min. Nefi Cordeiro, j. 4-8-2020, *DJe* de 13-8-2020.

Com efeito, a Lei n. 13.964/2019 alterou substancialmente o art. 112 da LEP e, no que diz respeito à satisfação do requisito subjetivo, voltou a deixar claro que não mais se exige o exame criminológico.

Se a lei exige apenas o cumprimento de parte da pena à satisfação do requisito objetivo e a comprovação de bom comportamento carcerário para atender a *alguma valoração subjetiva*, embora falha, é o que basta que se prove para obter a progressão.

Essa clara opção não pode ser desconsiderada pela atividade jurisdicional. Nesse tema, não há vazio que possa ser *suprido* pelo Poder Judiciário, e não é ocioso registrar que a magistratura não integra os quadros do legislativo, tampouco da segurança pública.

Desde as respectivas edições, a **Súmula 439 do STJ** e a **Súmula Vinculante 26** materializam inaceitáveis afrontas ao ordenamento vigente, e a Lei n. 13.964/2019 tornou ainda mais clara a necessidade de revogação de ambas.

Fosse mesmo intenção do Poder Legislativo permitir a realização de exame criminológico para a aferição do requisito subjetivo indispensável à progressão de regime prisional, por certo não teria *perdido a oportunidade* disponibilizada pela edição da Lei n. 13.964/2019, que determinou profunda reformulação no sistema progressivo, no que diz respeito ao requisito objeto — a maior e mais impactante desde a vigência da Lei de Execução Penal — mas manteve íntegro o requisito subjetivo, alcançado tão somente com a prova de boa conduta carcerária, materializada em atestado firmado pelo diretor do estabelecimento prisional em que se encontrar o apenado.

Em linhas finais, é preciso anotar que, na doutrina, há quem entenda que o atestado de conduta carcerária traduz requisito objetivo[21], com o que jamais concordamos.

Segundo nosso entendimento, referido atestado serve para a comprovação de requisito *subjetivo*, porquanto indicativo de equilíbrio emocional, de submissão às regras de convivência no ambiente carcerário etc.

Embora possa ser traduzida objetivamente, a boa, regular ou má *conduta carcerária* decorrerá sempre de aspectos e valores subjetivos. Consistirá na exteriorização do subjetivismo a que está submetido o encarcerado e que impulsiona o seu agir. É na *conduta* que se podem identificar as variações do caráter do encarcerado. É no comportamento que se exterioriza sua índole, daí o inegável subjetivismo.

1.3.1. *"Habeas corpus" visando progressão de regime*

Embora estreitos os limites do *habeas corpus*, o advento da Lei n. 10.792/2003 ampliou a possibilidade de sua utilização em sede de progressão de regime prisional. Essa realidade jurídica restou ainda mais evidente na vigência do atual art. 112 da LEP, com a redação determinada pela Lei n. 13.964/2019.

---

21. Nesse sentido: Guilherme de Souza Nucci, *Primeiras linhas sobre a Lei 10.792/03*, obtido pela Internet: http://www.cpc.adv.br/Doutrina/default.htm.

É que a avaliação do requisito subjetivo, que antes constituía o maior entrave à obtenção de progressão pela via do remédio heroico, já não reclama a realização de exame criminológico e ampla avaliação de complexo material probatório.

Reiteradas vezes os Tribunais já decidiram que o *habeas corpus* não se presta à obtenção de progressão de regime, devendo o interessado valer-se do recurso de agravo em execução (art. 197 da LEP), visto que os limites estreitos do *writ* não permitem análise e discussão de material probatório relacionado ao mérito do condenado.

Tal forma de pensar era adequada, porém não subsiste desde a Lei n. 10.792/2003, e para os *resistentes* e também àqueles que permanecem em dúvida a esse respeito, a vigência das alterações introduzidas no sistema progressivo pela Lei n. 13.964/2019 nos parecem suficientemente esclarecedoras.

O art. 112 exige de forma expressa somente o cumprimento de fração da pena (requisito objetivo) e atestado de boa conduta carcerária (requisito subjetivo). A presença de ambos é o que basta para a progressão.

Apresentado o pedido de progressão de regime no juízo competente, eventual óbice injustificado à obtenção do benefício evidenciará constrangimento ilegal sujeito à sanação pela via do *habeas corpus*.

Desde a Lei n. 10.792/2003, reafirmada nesse particular aspecto pela Lei n. 13.964/2019, a presença do requisito subjetivo é de fácil constatação, que pode ser feita em sede de *writ*. Basta observar o teor do atestado de conduta carcerária[22].

O que não se admite, sob pena de supressão de instância, é a impetração de *habeas corpus* junto ao Tribunal, sem que antes tenha sido formulado pedido de progressão de regime no Juízo das Execuções Criminais.

1.3.2. Exame criminológico obrigatório e exame criminológico facultativo

Falava-se em *exame criminológico obrigatório* e em *exame criminológico facultativo*.

Era *obrigatório* o exame criminológico em se tratando de progressão do regime fechado para o semiaberto. A respeito, observe-se que o art. 8º, *caput*, da LEP, ***cuidando da classificação do condenado***, é peremptório ao estabelecer que o condenado ao cumprimento de pena privativa de liberdade, em regime fechado, *será* submetido a exame criminológico.

Facultativo era o exame criminológico no caso de progressão do regime semiaberto para o aberto, na exata medida em que o parágrafo único do art. 8º da lei, também cuidando da ***classificação do condenado***, dita que ao exame criminológico *poderá* ser submetido o condenado ao cumprimento da pena privativa de liberdade em regime semiaberto.

---

22. Em sentido contrário: "É firme o posicionamento desta Corte Superior no sentido de ser inviável, em sede de *habeas corpus*, desconstituir a conclusão a que chegaram as instâncias ordinárias sobre o não preenchimento do requisito subjetivo para a concessão de benefícios da execução penal, uma vez que tal providência implica o reexame do conjunto fático-probatório dos autos da execução" (STJ, AgRg no HC 582.068/SP, 6ª T., rel. Min. Sebastião Reis Júnior, j. 18-8-2020, *DJe* de 24-8-2020).

Em termos de *classificação do condenado*, a distinção persiste, mas isso diz respeito ao **exame criminológico de entrada**, tal como referimos no "Capítulo II" deste livro.

Por outro vértice, desde as mudanças introduzidas pela Lei n. 10.792/2003 **já não há falar em exame criminológico obrigatório ou facultativo *para efeito de progressão de regime***, visto que a lei não mais o reclama para a aferição do requisito subjetivo (mérito do executado).

Na visão do Supremo Tribunal Federal, entretanto, a determinação do exame criminológico visando aferir mérito para a progressão de regime constitui discricionariedade[23], faculdade outorgada ao juízo competente, a ser enfrentada em decisão convenientemente fundamentada[24], "com a indicação dos motivos pelos quais, considerando-se as circunstâncias do caso concreto, ele seria necessário"[25]. Na mesma linha segue o entendimento do Superior Tribunal de Justiça (**Súmula 439**).

2. PROGRESSÃO POR SALTO

O condenado que cumpre pena no regime fechado não pode progredir diretamente para o regime aberto. Para obter a progressão, deverá, antes, cumprir no regime semiaberto o tempo de pena necessário, e demonstrar a satisfação de seu mérito, preenchendo assim os requisitos objetivo e subjetivo.

Não se admite progressão por salto, com a passagem do regime mais rigoroso para o mais brando, sem estágio no regime intermediário, mesmo na hipótese de já ter cumprido o condenado tempo de pena suficiente no regime fechado.

A propósito do tema, a **Súmula 491 do STJ** tem a seguinte redação: "É inadmissível a chamada progressão *per saltum* de regime prisional".

3. COMPETÊNCIA

Compete ao juízo das execuções criminais, nos precisos termos do art. 66, III, *b*, da LEP, decidir sobre a progressão de regime.

---

23. STF, RHC 103.735/RJ, 2ª T., rel. Min. Gilmar Mendes, j. 5-10-2010, *DJe* 204, 25-10-2010.

24. "A exigência de motivação dos atos jurisdicionais constitui, hoje, postulado constitucional inafastável, que traduz poderoso fator de limitação ao exercício do próprio poder estatal, além de configurar instrumento essencial de respeito e proteção às liberdades públicas. Com a constitucionalização desse dever jurídico imposto aos magistrados — e que antes era de extração meramente legal — dispensou-se aos jurisdicionados uma tutela processual significativamente mais intensa, não obstante idênticos os efeitos decorrentes de seu descumprimento: a nulidade insuperável e insanável da própria decisão. A importância jurídico-política do dever estatal de motivar as decisões judiciais constitui inquestionável garantia inerente à própria noção do Estado Democrático de Direito. Fator condicionante da própria validade dos atos decisórios, a exigência de fundamentação dos pronunciamentos jurisdicionais reflete uma expressiva prerrogativa individual contra abusos eventualmente cometidos pelos órgãos do Poder Judiciário" (STF, HC 69.013/PI, 1ª T., rel. Min. Celso de Mello, *RTJ* 140/870).

25. STF, HC 94.503/RS, 1ª T., rela. Mina. Cármen Lúcia, j. 28-10-2008, *DJe* 236, 12-12-2008.

"A progressão de regime prisional é da competência originária do juízo da execução, com eventual recurso para a superior instância. Portanto, não pode o tribunal já apreciar de antemão a matéria, porque estaria suprimida uma instância"[26].

3.1. Condenado transferido

A transferência do condenado impõe imediata modificação de competência. "A administração da execução da pena e a solução dos respectivos incidentes, inclusive mudança do regime, competem ao juízo de onde se encontre o transferido"[27].

Consoante o disposto no art. 7º da Resolução n. 113/2010 do Conselho Nacional de Justiça — CNJ, "modificada a competência do juízo da execução, os autos serão remetidos ao juízo competente, excetuada a hipótese de agravo interposto e em processamento, caso em que a remessa dar-se-á após eventual juízo de retratação".

4. NECESSIDADE DE PRÉVIA OITIVA DO MINISTÉRIO PÚBLICO E DA DEFESA

Ao Ministério Público incumbe a fiscalização da execução da pena e da medida de segurança, oficiando no processo executivo e nos incidentes da execução.

De rigor, pois, a prévia oitiva do Ministério Público, antes da apreciação do pedido de progressão pelo juízo, **sob pena de nulidade absoluta** do *decisum*.

Para cuidar da matéria de forma expressa, a Lei n. 10.792/2003 já havia acrescentado ao art. 112 da LEP um § 1º, dispondo que a decisão sobre progressão de regime será sempre motivada "e precedida de manifestação do Ministério Público e do defensor", e em tempos mais recentes a Lei n. 13.964/2019 determinou a atual redação do § 2º do mesmo art. 112, onde consta que a decisão do juiz a respeito de progressão de regime será sempre motivada e precedida de manifestação do Ministério Público e do defensor.

No âmbito do devido processo legal, observadas garantias constitucionais como a da ampla defesa e do contraditório, sempre se exigiu, para a legalidade do processo de execução, a manifestação do Ministério Público e da Defesa previamente à decisão do juízo. Na prática, entretanto, muitas vezes a exigência de prévia manifestação da Defesa cai no esquecimento e permanece inquestionada em segunda instância, quando deveria ser severamente atacada.

5. FALTA GRAVE E PROGRESSÃO

Esse tema sempre esteve envolto em profundo debate doutrinário.

Sempre entendemos que a prática de falta grave revela absoluta ausência de méri-

---

26. *RT*, 760/555.

27. STJ, CComp 19.549/SP, Terceira Seção, rel. Min. Luiz Vicente Cernicchiaro, j. 10-6-1998, *DJU*, 3-8-1998, p. 75.

to e interrompe o lapso temporal para a progressão de regime prisional. Afeta, portanto, os requisitos subjetivo e objetivo.

Cometida a falta grave pelo condenado no curso do cumprimento da pena privativa de liberdade, inicia-se a partir de tal data a nova contagem da fração de pena exigida como requisito objetivo da progressão[28].

No **Superior Tribunal de Justiça**, por ocasião do julgamento do REsp 1.364.192/RS, a Terceira Seção pacificou o entendimento da Corte ao decidir que "a prática de falta grave interrompe o prazo para a progressão de regime, acarretando a modificação da data-base e o início de nova contagem do lapso necessário para o preenchimento do requisito objetivo"[29].

Confira-se, a propósito, a **Súmula 534 do STJ**, que tem o seguinte enunciado: "A prática de falta grave interrompe a contagem do prazo para a progressão de regime de cumprimento de pena, o qual se reinicia a partir do cometimento dessa infração".

O **Supremo Tribunal Federal** já teve oportunidade de tratar da matéria e decidir no mesmo sentido, conforme ementa que segue: "Em caso de falta grave, é de ser reiniciada a contagem do prazo exigido para a obtenção do benefício da progressão no regime de cumprimento da pena. Adotando-se como paradigma, então, o *quantum* remanescente da pena. Em caso de fuga, este prazo apenas começa a fluir a partir da recaptura do sentenciado. Entendimento contrário implicaria tornar despidas de sanção as hipóteses de faltas graves cometidas por sentenciados que já estivessem cumprindo a pena em regime fechado, de modo que não seria possível a regressão no regime (sabido que o fechado já é o mais severo) nem seria reiniciada a contagem do prazo, conduzindo ao absurdo de o condenado, imediatamente após sua recaptura, tornar a pleitear a progressão prisional com apoio em um suposto 'bom comportamento'"[30].

Em sentido contrário, muitos se animaram a sustentar que a interrupção do lapso temporal para a concessão de benefícios em razão do cometimento de falta grave feria o princípio da legalidade, por não existir no ordenamento previsão legal autorizadora de tal conclusão[31].

---

28. Súmula 535: "A prática de falta grave não interrompe o prazo para fim de comutação de pena ou indulto".

29. STJ, REsp 1.364.192/RS, Terceira Seção, rel. Min. Sebastião Reis Júnior, *DJe* de 17-9-2014. No mesmo sentido: STJ, HC 197.075/SP, 5ª T., rel. Min. Gilson Dipp, j. 19-5-2011, *DJe* de 8-6-2011; STJ, HC 307.487/SP, 5ª T., rel. Min. Felix Fischer, j. 12-5-2015, *DJe* de 15-6-2015; STJ, HC 312.977/RS, 6ª T., rel. Min. Ericson Maranho, j. 18-6-2015, *DJe* de 30-6-2015; STJ, AgRg no HC 313.105/MG, 6ª T., rel. Min. Rogério Schietti Cruz, j. 18-6-2015, *DJe* de 1-7-2015.

30. STF, HC 85.141-0/SP, 1ª T., rel. Min. Carlos Britto, j. 5-4-2005, *DJ*, 12-5-2006. No mesmo sentido: STF, HC 101.757/SP, 1ª T., rel. Min. Dias Toffoli, j. 18-5-2010, *DJe* n. 145, de 6-8-2010; STF, HC 102.664/SP, 1ª T., rel. Min. Marco Aurélio, j. 9-8-2011, *DJe* n. 174, de 12-9-2011; STF, HC 115.770/SP, 1ª T., rel. Min. Roberto Barroso, j. 22-10-2013, *DJe* n. 225, de 14-11-2013; STF, HC 102.652/RS, 2ª T., rel. Min. Gilmar Mendes, j. 29-6-2010, *DJe* n. 154, de 20-8-2010, *Informativo STF* n. 593; STF, RHC 116.190/DF, 2ª T., rela. Mina. Cármen Lúcia, j. 7-5-2013, *DJe* n. 108, de 10-6-2013; STF, RHC 114.967/GO, 2ª T., rel. Min. Teori Zavascki, j. 22-10-2013, *DJe* n. 219, de 6-11-2013.

31. STJ, HC 176.143/RS, 6ª T., rela. Mina. Maria Thereza de Assis Moura, j. 17-5-2011, *DJe*, 1º-6-2011.

A Lei n. 13.964/2019 encerrou a discussão, pois introduziu no art. 112 da LEP seu atual § 6º, que tem a seguinte redação: "O cometimento de falta grave durante a execução da pena privativa de liberdade interrompe o prazo para a obtenção da progressão no regime de cumprimento da pena, caso em que o reinício da contagem do requisito objetivo terá como base a pena remanescente".

6. GRAVIDADE DO DELITO

Doutrina e jurisprudência divergem sobre a possibilidade/necessidade de a gravidade do delito influenciar na progressão de regime prisional, dificultando a concessão do benefício.

Segundo entendemos, a gravidade da infração influencia a individualização judicial da pena no processo de conhecimento, onde, ao final, será estabelecida a pena e o regime, levando-se em conta todos os indicadores subjetivos e objetivos que devem ser analisados para o deslinde do processo. Tais parâmetros, portanto, não poderão ser reutilizados no momento da apuração da progressão, sob pena de ensejar ***bis in idem* danoso ao condenado**.

A teor do disposto no art. 112, para obter progressão de regime deverá o executado contar com conduta carcerária recomendada em atestado firmado pelo diretor do estabelecimento e ter cumprido a fração mínima da pena no regime em que se encontrar. É o que basta para a concessão do benefício.

A gravidade do delito **servirá para a individualização da execução da pena**, conforme determina o art. 5º da LEP. Todavia, isso não significa que os mesmos indicativos irão influenciar negativamente na progressão, se presentes os requisitos legais.

É evidente que a individualização da execução e mesmo o exame criminológico de entrada a que poderá ser submetido o condenado deverão levar em conta a gravidade do crime, os antecedentes e a personalidade do condenado, mas isso não quer dizer que será legítima a imposição de óbice ou dificuldade para a progressão só por conta da gravidade do delito, desprezando-se os verdadeiros parâmetros idealizados pelo legislador, estampados claramente no art. 112 da LEP.

Conforme a gravidade do delito, para alcançar requisito objetivo a lei já fixou fração percentual de pena mais dilatada, de modo a revelar claramente o que se considera suficiente em casos tais. De tal forma, não cabe exigir mais do que a lei determina, sob pena de se patrocinar injurídica violação à opção expressa do Poder legitimado.

O Superior Tribunal de Justiça tem posição consolidada nesse sentido:

"Impende ressaltar que, recentemente, no julgamento do AgRg no HC n. 519301/SP, afetado à Terceira Seção desta Corte, por unanimidade, manteve-se entendimento de que 'a gravidade abstrata do crime praticado não justifica diferenciado tratamento para a progressão prisional' (julgamento concluído em 27-11-2019)"[32].

32. STJ, AgRg no HC 554.365/SP, 5ª T., rel. Min. Reynaldo Soares da Fonseca, j. 3-3-2020, *DJe* de 9-3-2020.

7. A PROGRESSÃO DE REGIME EM FACE DO ART. 75, § 1º, DO CÓDIGO PENAL

Com a redação determinada pela Lei n. 13.964/2019, dispõe o art. 75, *caput*, do CP que "o tempo de cumprimento das penas privativas de liberdade não pode ser superior a 40 (quarenta) anos", acrescentando o § 1º que, "quando o agente for condenado a penas privativas de liberdade cuja soma seja superior a 40 (quarenta) anos, devem elas ser unificadas para atender ao limite máximo deste artigo".

Quando o art. 75 limitava a pena ao máximo de 30 (trinta) anos, o Supremo Tribunal Federal tinha entendimento consolidado no sentido de que a unificação que limitava o cumprimento da pena não influenciava na contagem das frações necessárias à obtenção de possíveis benefícios no curso do processo execucional, tanto que a respeito do tema editou a **Súmula 715**, com o seguinte enunciado: "A pena unificada para atender ao limite de trinta anos de cumprimento, determinado pelo art. 75 do Código Penal, não é considerada para a concessão de outros benefícios, como o livramento condicional ou regime mais favorável de execução".

Com o atual regramento, subsiste o entendimento da Excelsa Corte e deve ser ajustada a redação de sua Súmula 715.

8. FALTA DE VAGAS EM ESTABELECIMENTO ADEQUADO

Como é cediço, o sistema carcerário brasileiro funciona à margem das regras internas e internacionais pertinentes. Há um enorme e inadmissível distanciamento entre o ideal normativo e a realidade prática, e tanto isso é exato que em setembro de 2015, no julgamento da Arguição de Descumprimento de Preceito Fundamental 347 (ADPF 347), de que foi relator o Ministro Marco Aurélio, o Supremo Tribunal Federal reconheceu que o "estado de coisas inconstitucional" do sistema carcerário brasileiro.

Avultam as deficiências, que passam pelo despreparo do pessoal penitenciário e culminam com a reinante ausência de vagas em estabelecimentos adequados. Bem por isso a execução não tem proporcionado o alcance de algumas das finalidades da pena privativa de liberdade defendidas pela doutrina, notadamente a ressocialização.

Tal realidade impõe o dilemático problema de se lidar com a falta ou inexistência de vagas em estabelecimento adequado para o cumprimento da pena conforme o regime determinado na sentença.

Do impasse, duas posições surgiram na doutrina e na jurisprudência.

Uma delas entendendo que a ausência de vagas em estabelecimento adequado evidencia a desídia do Estado-Administrador, e o ônus que daí decorre não pode ser debitado ao condenado, que tem o direito líquido e certo de resgatar sua conta penal conforme o provimento jurisdicional, devendo o impasse ser solucionado a seu favor.

Com essa vertente argumentou-se que, "com a promulgação da Constituição Federal de 1988, a execução da pena adquiriu *status* de garantia constitucional, como se depreende do art. 5º, XXXIX, XLVI, XLVII, XLVIII e XLIX, tornando o sentenciado sujeito de relação processual, detentor de obrigações, deveres e ônus, e também, titular de direitos, faculdades e poderes", de tal forma que: "O inadimplemento, por parte do Estado, das obrigações que lhe foram impostas pela Lei de Execução Penal não pode repercutir, de modo negativo, na esfera jurídica do sentenciado, frustrando-lhe, injustamente, o exercício de direitos subjetivos a ele assegurados pelo ordenamento positivo ou reconhecidos em sentença emanada de órgão judiciário competente, sob pena de configurar-se, se e quando ocorrente tal situação, excesso de execução"[33].

Nessa ordem de ideias e na falta de melhor opção, reiteradas foram as decisões no sentido de que, em se tratando de **pena a ser cumprida no regime aberto**, inexistindo casa de albergado ou estabelecimento adequado para o cumprimento, o condenado tem o direito de cumpri-la em regime de prisão domiciliar.

Com o mesmo raciocínio, em se tratando de **pena a ser resgatada no regime semiaberto**, sempre foram recorrentes as decisões apontando que, na falta de vaga em colônia penal agrícola, admite-se excepcionalmente o recolhimento domiciliar, pois réu condenado a regime prisional semiaberto não pode cumprir pena em regime fechado.

De modo a pacificar o debate, no dia 29 de junho de 2016 o Supremo Tribunal Federal editou a **Súmula Vinculante 56**, que tem o seguinte enunciado: "A falta de estabelecimento penal adequado não autoriza a manutenção do condenado em regime prisional mais gravoso, devendo-se observar, nesta hipótese, os parâmetros fixados no Recurso Extraordinário (RE) 641.320"[34].

No julgamento do RE 641.320/RS, de que foi relator o Min. Gilmar Mendes, ficou decidido que o cumprimento de pena em regime mais rigoroso que o devido configura violação aos arts. 1º, III (dignidade da pessoa humana), e 5º, XXXIX (legalidade) e XLVI (individualização da pena), da Constituição Federal.

A Terceira Seção do Superior Tribunal de Justiça também já pacificou o entendimento da Corte. Essa matéria constitui objeto do "Tema Repetitivo 993", e a respeito foi fixada a seguinte "Tese Jurídica": "'A inexistência de estabelecimento penal adequado ao regime prisional determinado para o cumprimento da pena não autoriza a concessão imediata do benefício da prisão domiciliar, porquanto, nos termos da Súmula Vinculante nº 56, é imprescindível que a adoção de tal medida seja precedida das providências estabelecidas no julgamento do RE nº 641.320/RS, quais sejam: (i) saída antecipada de outro sentenciado no regime com falta de vagas, abrindo-se, assim, vagas para os reeducandos que acabaram de progredir; (ii) a liberdade eletronicamente monitorada ao sentenciado que sai antecipadamente ou é posto em prisão domiciliar por falta de vagas; e (iii) cumprimento de penas restritivas de direitos e/ou estudo aos sentenciados em regime aberto'".[35]

---

33. STF, HC 93.596/SP, 2ª T., rel. Min. Celso de Mello, j. 8-4-2008, *DJe* n. 081, de 7-5-2010.

34. "A Súmula Vinculante n. 56/STF é inaplicável ao preso provisório" (STJ, RHC 99.006/PA, 5ª T., rel. Min. Jorge Mussi, j. 7-2-2019, *DJe* de 14-2-2019).

35. STJ, REsp 1.710.674/MG, Terceira Seção, rel. Min. Reynaldo Soares da Fonseca, j. 22-8-2018.

9. REGIME INTEGRAL FECHADO E REGIME INICIAL FECHADO *EX LEGE*

9.1. A inconstitucionalidade de ambos

Atendendo ao disposto no art. 5º, XLIII, da Constituição Federal[36], o Congresso Nacional elaborou a Lei n. 8.072/90, que dispõe sobre os crimes hediondos.

Grande polêmica surgiu com a vedação à progressão de regime prisional, ao se estabelecer que a pena imposta como decorrência de condenação pela prática de crimes hediondos, a prática da tortura, o tráfico ilícito de entorpecentes e drogas afins e o terrorismo deveria ser cumprida *integralmente* em regime fechado, conforme dispunha o art. 2º, § 1º, da Lei n. 8.072/90.

Imediatamente a doutrina e a jurisprudência estabeleceram discussões profundas sobre a constitucionalidade do regime *integral* fechado.

Desde então, doutrinadores passaram a sustentar que o regime integral fechado chocava-se frontalmente com o princípio constitucional da individualização da pena, estabelecido no art. 5º, XLVI, da CF. Não faltaram acórdãos nessa linha argumentativa, autorizando a progressão de regime na execução das penas decorrentes da prática de crimes hediondos e assemelhados, mesmo após o advento da Lei n. 8.072/90.

Sustentava-se, ainda, que o regime integral fechado também feria o princípio da humanização da pena, e constituía tratamento cruel ao condenado.

Outro argumento utilizado amiúde contra o regime integral fechado assentava suas conclusões em interpretação jurídica conclusiva no sentido de que o art. 7º do Pacto Internacional de Direitos Civis e Políticos, ratificado pelo Brasil, em 24-1-1992, revogou o art. 2º da Lei n. 8.072/90.

O Supremo Tribunal Federal vinha entendendo constitucional o cumprimento integral da pena em regime fechado, nas hipóteses de crimes hediondos e assemelhados; entretanto, no dia 23 de fevereiro de 2006, por maioria de votos (6 contra 5), julgando o ***Habeas Corpus* 82.959/SP**, de que foi relator o Min. Marco Aurélio, o Plenário da Augusta Corte declarou a inconstitucionalidade do regime integral fechado previsto no § 1º do art. 2º da Lei 8.072/90, e passou a permitir progressão de regime no cumprimento de pena decorrente de condenação pela prática de crime hediondo ou assemelhado.

No dia 29 de março de 2007, data de sua publicação, entrou em vigor a **Lei n. 11.464/2007**, que deu nova redação ao art. 2º da Lei n. 8.072/1990.

Com as modificações impostas, o § 1º do art. 2º da Lei n. 8.072/90 passou a determinar que a pena por crime hediondo ou assemelhado deveria ser cumprida **inicialmente no regime fechado**, e assim acabou definitivamente com o regime integral fechado.

---

36. "A lei considerará crimes inafiançáveis e insuscetíveis de graça ou anistia a prática da tortura, o tráfico ilícito de entorpecentes e drogas afins, o terrorismo e os definidos como crimes hediondos, por eles respondendo os mandantes, os executores e os que, podendo evitá-los, se omitirem."

Em 26 de junho de 2012, quando do julgamento do *Habeas Corpus* 111.840/ES, de que foi relator o Ministro Dias Toffoli, o Plenário do Supremo Tribunal Federal julgou inconstitucional o § 1º do art. 2º da Lei n. 8.072/90, por malferir o princípio da individualização da pena, que também se aplica à individualização do regime prisional, e em novembro de 2017 **o Plenário do Supremo Tribunal Federal declarou a inconstitucionalidade do regime inicial fechado**, com repercussão geral, quando do julgamento do ARE 1.052.700/MG, de que foi relator o Ministro Edson Fachin. Essa decisão versa sobre o "**Tema 972**", e foi fixada a seguinte tese: "É inconstitucional a fixação *ex lege*, com base no art. 2º, § 1º, da Lei 8.072/1990, do regime inicial fechado, devendo o julgador, quando da condenação, ater-se aos parâmetros previstos no artigo 33 do Código Penal"[37]

Nos dias que correm, a progressão de regime, no caso de condenado em razão da prática de crime hediondo ou equiparado, dar-se-á após o cumprimento de 40%, 50%, 60% ou 70% da pena, nos moldes regulados no art. 112, V, VI, VII e VIII, da LEP.

10. DA PROGRESSÃO PARA O REGIME ABERTO

Considera-se regime aberto ou de albergue, relembre-se, a execução da pena em casa de albergado ou estabelecimento adequado, conforme preceitua o art. 33, § 1º, *c*, do CP.

Fisicamente, "casa do albergado imprime ideia de local sem as características de cárcere, próprio para o cumprimento de penas em regime fechado ou semiaberto"[38].

Vedada a progressão por salto, a saída do regime semiaberto, também denominado intermediário, para o ingresso no regime aberto pela via da progressão pressupõe a satisfação dos **requisitos de ordem objetiva e subjetiva** ditados pelo **art. 112** da LEP, conforme já discorremos em linhas anteriores, quando iniciamos os comentários sobre o tema "progressão de regimes".

Para o ingresso no regime aberto não são suficientes, entretanto, o cumprimento de fração da pena no regime atual (requisito objetivo) e o atestado de conduta carcerária firmado pelo diretor do estabelecimento (requisito subjetivo).

Preceitua o **art. 113** da LEP que o ingresso do condenado em regime aberto supõe, também, a aceitação de seu programa e das condições impostas pelo juiz.

Decorre do **art. 114** que somente poderá ingressar no regime aberto o condenado que: I — estiver trabalhando ou comprovar a possibilidade de fazê-lo imediatamente; II — apresentar, pelos seus antecedentes ou pelo resultado dos exames a que foi submetido, fundados indícios de que irá ajustar-se, com autodisciplina e senso de responsabilidade, ao novo regime[39].

As Turmas que integram a **Terceira Seção do Superior Tribunal de Justiça** "consagraram o entendimento de que a regra do art. 114, I, da LEP, a qual exige do condenado,

37. STF, ARE 1.052.700/MG, Tribunal Pleno, rel. Min. Edson Fachin, j. 2-11-2017, *DJe*-018, de 1-2-2018.

38. STJ, RHC 2.028/7-MS, 6ª T., rel. Min. Luiz Vicente Cernicchiaro, *RT*, 692/330.

39. "Parágrafo único. Poderão ser dispensadas do trabalho as pessoas referidas no art. 117 desta Lei."

para ingressar no regime aberto, a comprovação de trabalho ou a possibilidade imediata de fazê-lo (apresentação de proposta de emprego), deve sofrer temperamentos, ante a realidade brasileira"[40].

O juiz, diz o **art. 115**, poderá estabelecer condições especiais para a concessão de regime aberto, sem prejuízo das seguintes condições gerais e obrigatórias: I — permanecer no local que for designado, durante o repouso e nos dias de folga; II — sair para o trabalho e retornar, nos horários fixados; III — não se ausentar da cidade onde reside, sem autorização judicial; IV — comparecer a juízo, para informar e justificar as suas atividades, quando for determinado.

Tais condições se subdividem em ***condições judiciais***, também denominadas *especiais*, e ***condições legais***, também conhecidas como *gerais*.

Bastante elucidativo a respeito o item 123 da Exposição de Motivos da Lei de Execução Penal ao dispor que "as primeiras serão impostas segundo o prudente arbítrio do magistrado, levando em consideração a natureza do delito e as condições pessoais de seu autor. As outras têm caráter obrigatório".

Dispõe a **Súmula 493 do STJ**: "É inadmissível a fixação de pena substitutiva (art. 44 do CP) como condição especial ao regime aberto".

Extrai-se dos itens 121 e 122 da Exposição de Motivos da Lei de Execução Penal que, "segundo a orientação da LEP, a prisão-albergue é espécie do regime aberto. O ingresso do condenado em tal regime poderá ocorrer no início ou durante a execução. Na primeira hipótese, os requisitos são os seguintes: a) pena igual ou inferior a quatro anos; b) não ser o condenado reincidente; c) exercício do trabalho ou comprovação da possibilidade de trabalhar imediatamente; d) apresentar, pelos antecedentes ou resultados dos exames a que foi submetido, fundados indícios de que irá ajustar-se, com autodisciplina e senso de responsabilidade, ao novo regime (Projeto de revisão da Parte Geral do Código Penal, letra *c*, § 2º, arts. 33 e 113 do presente Projeto)". Para a segunda hipótese, isto é, a passagem do regime semiaberto para o aberto (progressão), além dos requisitos indicados nas letras *c* e *d*, exige-se, também, o cumprimento de fração da pena no regime anterior, nos termos dispostos no art. 112 da LEP.

Conforme Antônio Luiz Pires Neto e José Eduardo Goulart, os requisitos para o ingresso no regime aberto são de duas ordens, a saber: 1) de ordem material = a possibilidade de vir o sentenciado a exercer imediatamente emprego e 2) de ordem pessoal = o ajustamento com responsabilidade e autodisciplina ao novo regime. E concluem os juristas: "Como resulta claro, a promoção ao regime aberto, que vai implicar, na generalidade dos casos, retorno à vida comunitária sob certas condições, está a exigir que o processo de adesão referido venha reforçado ou qualificado por noções de responsabilidade e autodisciplina. Tais circunstâncias, todavia, não invalidam a necessidade de que a adesão voluntária do sentenciado deva desenvolver-se ao longo de todo o cumprimento de sua pena, objetivando possibilitar sua integração social"[41].

---

40. STJ, HC 292.764/RJ, 6ª T., rela. Mina. Maria Thereza de Assis Moura, j. 10-6-2014, *DJe* 27-6-2014; STJ, HC 285.115/SP, 5ª T., rel. Min. Gurgel de Faria, j. 24-3-2015, *DJe* de 8-4-2015.

41. Antônio Luiz Pires Neto e José Eduardo Goulart, *Execução penal — visão do TACrimSP*, p. 60.

Observadas as situações particulares, desde que as circunstâncias assim o recomendem, **o juiz poderá modificar as condições estabelecidas**, de ofício, a requerimento do Ministério Público, da autoridade administrativa ou do condenado, conforme autoriza o **art. 116** da LEP.

11. DA PRISÃO-ALBERGUE DOMICILIAR

A prisão-albergue domiciliar é modalidade de prisão aberta.[42] Na letra da lei, trata-se de um "regime aberto em residência particular", conforme dispõe o **art. 117** da LEP.

Levando em conta certas situações particulares, o legislador houve por bem abrandar o rigor punitivo, mesmo em se tratando de pena a ser resgatada no regime aberto. De tal sorte, estabeleceu a possibilidade de expiação da pena, em residência particular, portanto fora de estabelecimento penal, nas seguintes hipóteses: I — condenado maior de setenta anos; II — condenado acometido de doença grave; III — condenada com filho menor ou deficiente físico ou mental; IV — condenada gestante.

Não se pode confundir a prisão-albergue com a prisão domiciliar.

O regime aberto ou prisão-albergue como regra não admite a execução da pena em residência particular. Pena em regime aberto, já o dissemos, deve ser cumprida em casa de albergado ou estabelecimento adequado, conforme deflui do art. 33, § 1º, *c*, do CP.

Há um **equívoco recorrente na prática forense**, em sede de execução penal, nas hipóteses em que a condenada encontra-se grávida[43]. É incorreto formular pedido de progressão para o regime aberto, na modalidade domiciliar, estando a condenada a cumprir pena em regime fechado, amparando-se a pretensão no art. 117, IV, da LEP.

É evidente que tal postulação não pode ser deferida.

A **impossibilidade de progressão por salto** impede o acolhimento da pretensão. Necessário observar o sistema progressivo com a passagem pelo regime intermediário (semiaberto), e só depois do ingresso no regime aberto, também por progressão, é que se pode cogitar da concessão de albergue domiciliar.

A conclusão decorre evidente do *caput* do art. 117 da LEP, onde se lê que somente se admitirá o recolhimento *do beneficiário de regime aberto* em residência particular nas hipóteses que enumera.

---

42 " O cumprimento de prisão domiciliar não impede a liberdade de culto, quando compatível com as condições impostas ao reeducando, atendendo à finalidade ressocializadora da pena. Não havendo notícia do descumprimento das condições impostas pelo juízo da execução, admite-se ao executado, em prisão domiciliar, ausentar-se de sua residência para frequentar culto religioso, no período noturno. Considerada a possibilidade de controle do horário e de delimitação da área percorrida por meio do monitoramento eletrônico, o comparecimento a culto religioso não representa risco ao cumprimento da pena" (STJ, REsp 1.788.562/TO, 6ª T., rel. Min. Nefi Cordeiro, j. 17-9-2019, *DJe* de 23-9-2019).

43. "A condenada ao cumprimento de pena em regime aberto, em estado de gestante, com filhos menores, tem assegurado o direito de recolhimento em residência particular, nos termos do art. 117, III e IV, da Lei de Execução Penal" (*RT*, 726/741).

Como se vê, na letra da lei, só se pode conceder a modalidade domiciliar ao condenado que se encontre em regime aberto, e desde que evidenciada uma das situações especialíssimas elencadas nos incisos do art. 117 da LEP.

Não é ocioso enfatizar que os requisitos para a progressão especial para mulher gestante estão tipificados no § 3º do art. 112 da LEP.

A Lei n. 12.403/2011 entre outras providências deu nova redação aos arts. 317 e 318 do CPP e instituiu a **prisão cautelar domiciliar substitutiva da prisão preventiva**[44], que não se confunde com a prisão-albergue domiciliar.

11.1. Monitoramento eletrônico

Nos precisos termos do art. 146-B, IV, da LEP, introduzido com a **Lei n. 12.258/2010**, o juiz poderá definir a fiscalização por meio de monitoramento eletrônico quando conceder a prisão-albergue domiciliar.

11.2. Prisão-albergue domiciliar em razão da ausência de estabelecimento adequado para o cumprimento de pena no regime aberto

É incontroverso que o sistema penitenciário não traduz, em grande parte, as exigências normativas[45].

É no cumprimento da pena no regime aberto que o descaso do Poder Executivo para com a segurança pública em sentido amplo revela-se na sua mais absoluta e odiosa grandeza.

Sem medo de errar, é possível afirmar que na grande maioria das comarcas inexistem estabelecimentos penais adequados ao cumprimento de pena no regime aberto.

A situação por aqui é ainda mais preocupante do que aquela evidenciada com a ausência de vagas para o cumprimento de pena em regime fechado ou semiaberto. Nestas duas últimas hipóteses, embora a deficiência seja gritante e vergonhosa, ainda é possível contar com um número razoável de estabelecimentos penais, o que não ocorre, efetivamente, em relação ao regime aberto.

O que impera não é a *ausência de vagas*. Por aqui prevalece a *ausência de estabelecimentos* mesmo.

Em outras palavras, não é que os estabelecimentos existentes não disponibilizem vagas suficientes, como no caso dos regimes fechado e semiaberto. Faltam os estabelecimentos propriamente ditos.

---

44. Sobre a matéria, conferir: Renato Marcão, *Prisões cautelares, liberdade provisória e medidas cautelares restritivas*, 2ª ed., São Paulo, Saraiva, 2012; *Curso de processo penal*, 6ª ed., São Paulo, Saraiva, 2020, e *Código de Processo Penal comentado*, São Paulo, Saraiva, 2016.

45. STJ, RHC 2.028/7-MS, 6ª T., rel. Min. Luiz Vicente Cernicchiaro, *RT*, 692/330.

Assim, na maioria das vezes, o cumprimento de pena em estabelecimento destinado ao regime aberto é algo que se verifica apenas no plano do ideal.

Em sendo assim, é inegável que o sistema progressivo encontra-se mortalmente ferido por mais um golpe. Com ele padecem agonizantes todas as reflexões penitenciaristas e os ideais de ressocialização do condenado. Secam pela anemia imposta como decorrência da realidade prática alguns dos fins secularmente estudados e atribuídos à pena, legitimadores de sua imposição pelo Estado aos cidadãos, e aqui destacadamente as teorias da prevenção especial e prevenção geral, em seus diversos ângulos e enfoques.

A realidade prática revela o Poder Executivo definhando mortalmente a finalidade ressocializadora da pena de prisão, por muitos defendida como base estrutural e justificadora da sanção pública estatal.

Da realidade caótica constatada decorrem posições jurisprudenciais que buscam solucionar com alternativas jurídicas ou de política criminal o problema da ausência de estabelecimentos e vagas destinados ao cumprimento de pena no regime aberto. A discussão centra suas forças na possibilidade, ou não, de se permitir o cumprimento da pena privativa de liberdade em regime aberto na modalidade domiciliar.

Com efeito, a prisão-albergue na modalidade domiciliar encontra-se regulada no art. 117 da LEP, e, segundo já pronunciou o Supremo Tribunal Federal, em decisão plenária, as hipóteses elencadas no referido dispositivo são taxativas[46], não comportando o rol qualquer ampliação. Daí decorre concluir, a rigor, pela impossibilidade de se conceder o benefício da prisão-albergue domiciliar a quem se encontra submetido à prisão aberta, que deve ser cumprida em casa do albergado ou estabelecimento adequado.

Nessa linha de argumentação, já se decidiu que "a inexistência de casa de albergado não autoriza o deferimento da prisão domiciliar a sentenciado cuja pena deva ser cumprida em regime aberto"[47], impondo-se observar o caráter taxativo das hipóteses de cabimento da prisão domiciliar enumeradas no art. 117 da LEP.

O entendimento contrário é no sentido de que, "havendo falta de Casa do Albergado, é possível o início de cumprimento da pena imposta ao condenado ao regime aberto em prisão-albergue domiciliar, em caráter excepcional, a fim de se evitar constrangimento ilegal, pois embora a enumeração sobre sua concessão seja taxativa e não exemplificativa, não podendo o Magistrado estender seu alcance, a jurisprudência, nesses casos, abre esta possibilidade"[48].

A respeito do assunto o **Superior Tribunal de Justiça** chegou a proferir acórdão no qual se fez consignar: "Ou o Estado se prepara para a execução penal, como prescrita em lei, ou o juiz terá que encontrar soluções para os impasses. E uma destas é a

46. *RTJ*, 153/540; *RT*, 642/387 e 753/512.

47. STF, HC 73.045/RS, rel. Min. Maurício Corrêa, j. 13-8-1996, *Informativo STF*, 21 ago. 1996, Brasília, n. 40.

48. *RJTACrimSP*, 36/390.

prisão domiciliar, se o condenado faz jus à prisão-albergue, por aplicação analógica do art. 117 da Lei de Execução Penal, quando inexista casa do albergado ou outro local adequado"[49].

Soluções alternativas têm sido proclamadas na jurisprudência, ora se permitindo que o condenado cumpra a pena do regime aberto em cela especial da cadeia pública ante a falta de casa do albergado[50]; ora se permitindo que a pena seja cumprida em local contíguo ao presídio, separado do interior deste, sem o rigor penitenciário, baseado na autodisciplina e no senso de responsabilidade[51].

O que não se deve permitir, entretanto, é que a execução da pena em regime aberto seja suspensa "até que o Poder Executivo instale referido estabelecimento penitenciário ou até que ocorra a prescrição"[52].

Mesmo sem desconhecer a proclamada taxatividade do **art. 117 da LEP**, a realidade prática impõe, todos os dias, a concessão de albergue domiciliar[53] a quem deveria expiar sua reprimenda no regime aberto, em casa de albergado, isso em razão da ausência de estabelecimento adequado e da falta de outra opção razoável, e é assim que deve ser, enquanto perdurar tal estado de desídia.

De modo a pacificar o debate, no dia 29 de junho de 2016 o Supremo Tribunal Federal editou a **Súmula Vinculante 56**, que tem o seguinte enunciado: "A falta de estabelecimento penal adequado não autoriza a manutenção do condenado em regime prisional mais gravoso, devendo-se observar, nesta hipótese, os parâmetros fixados no Recurso Extraordinário (RE) 641.320"[54].

No julgamento do RE 641.320/RS, de que foi relator o Min. Gilmar Mendes, ficou decidido que o cumprimento de pena em regime mais rigoroso que o devido configura violação aos arts. 1º, III (dignidade da pessoa humana), e 5º, XXXIX (legalidade) e XLVI (individualização da pena), da Constituição Federal.

São reiteradas as decisões do Superior Tribunal de Justiça a indicar que "Constitui flagrante ilegalidade a manutenção do apenado em regime mais gravoso durante a execução da pena, em decorrência da ausência de vagas no estabelecimento prisional ade-

---

49. STJ, REsp 32.180/7-SP, 5ª T., rel. Min. Assis Toledo, *RT*, 695/396.

50. *RJTACrimSP*, 30/363.

51. STJ, RHC 2.028/7-MS, 6ª T., rel. Min. Luiz Vicente Cernicchiaro, *RT*, 692/330.

52. *RJTACrimSP*, 38/65.

53. "O cumprimento de prisão domiciliar não impede a liberdade de culto, quando compatível com as condições impostas ao reeducando, atendendo à finalidade ressocializadora da pena. Não havendo notícia do descumprimento das condições impostas pelo juízo da execução, admite-se ao executado, em prisão domiciliar, ausentar-se de sua residência para frequentar culto religioso, no período noturno. Considerada a possibilidade de controle do horário e de delimitação da área percorrida por meio do monitoramento eletrônico, o comparecimento a culto religioso não representa risco ao cumprimento da pena" (STJ, REsp 1.788.562/TO, 6ª T., rel. Min. Nefi Cordeiro, j. 17-9-2019, *DJe* de 23-9-2019).

54. "A Súmula Vinculante n. 56/STF é inaplicável ao preso provisório" (STJ, RHC 99.006/PA, 5ª T., rel. Min. Jorge Mussi, j. 7-2-2019, *DJe* de 14-2-2019).

quado, devendo ser, excepcionalmente, permitido o cumprimento da pena em regime aberto ou em prisão domiciliar até o surgimento de vaga"[55].

A Terceira Seção do Superior Tribunal de Justiça pacificou o entendimento da Corte no seguinte sentido: Tema Repetitivo 993. Tese Jurídica: "'A inexistência de estabelecimento penal adequado ao regime prisional determinado para o cumprimento da pena não autoriza a concessão imediata do benefício da prisão domiciliar, porquanto, nos termos da Súmula Vinculante nº 56, é imprescindível que a adoção de tal medida seja precedida das providências estabelecidas no julgamento do RE nº 641.320/RS, quais sejam: (i) saída antecipada de outro sentenciado no regime com falta de vagas, abrindo-se, assim, vagas para os reeducandos que acabaram de progredir; (ii) a liberdade eletronicamente monitorada ao sentenciado que sai antecipadamente ou é posto em prisão domiciliar por falta de vagas; e (iii) cumprimento de penas restritivas de direitos e/ou estudo aos sentenciados em regime aberto'"[56].

11.2.1. *Hipóteses excepcionais*

São detectadas na jurisprudência algumas situações excepcionais em que se tem concedido a modalidade domiciliar mesmo quando o sentenciado não está no regime aberto e dentre elas sobressaem aquelas em que o preso se encontra em **estado grave de saúde**.

Invocando a lição de Gustav Radbruch, já se decidiu que "'o Direito deve-se prolongar para fora de nós mesmos, para que façamos coincidir com a realidade, de acordo com as necessidades de sua aplicação ao caso concreto. Por isso, a jurisprudência nem sequer tem princípios estáveis e critérios universais: umas vezes pedirá à própria lei a regra da sua aplicação, reduzindo a lei à letra do texto ou interpretando-a pelo espírito que guiou o legislador; outras vezes abandonará a lei, para invocar os princípios que estão de certo modo consagrados pela doutrina, ou até os sentimentos naturais de equidade, que todos os homens se orgulham de possuir'. Diante de uma doença misteriosa, altamente contagiosa, cujos efeitos maléficos e perniciosos ainda não estão suficientemente conhecidos pela Ciência moderna, concede-se ao condenado aidético o direito de cumprir a pena em prisão domiciliar, ressalvada a hipótese do surgimento de circunstâncias posteriores que aconselhem ou autorizem a revogação ou substituição da medida"[57].

55. STJ, HC 346.839/RS, 5ª T., rel. Min. Joel Ilan Paciornik, j. 16-6-2016, *DJe* de 24-6-2016. "A jurisprudência deste Superior Tribunal possui entendimento consolidado de que a ineficiência do Estado em disponibilizar vagas ou assegurar instituições adequadas ao cumprimento da pena em regime semiaberto autoriza, ainda que em caráter excepcional, o cumprimento da reprimenda em regime aberto ou em prisão domiciliar" (STJ, HC 329.432/RS, 6ª T., rel. Min. Sebastião Reis Júnior, j. 19-4-2016, *DJe* de 28-4-2016). No mesmo sentido: STJ, HC 344.479/RS, 6ª T., rel. Min. Ericson Maranho, j. 3-3-2016, *DJe* de 16-3-2016; STJ, HC 359.744/RS, 5ª T., rel. Min. Felix Fischer, j. 18-10-2016, *DJe* de 14-11-2016.

56. STJ, REsp 1.710.674/MG, Terceira Seção, rel. Min. Reynaldo Soares da Fonseca, j. 22-8-2018, *DJe* de 3-9-2018, *RSTJ* 252/1082.

57. TJES, HC 9.218, 1ª Câm., rel. Des. Antônio José Miguel Feu Rosa, *RT*, 623/334.

Em **situações especiais** o Superior Tribunal de Justiça tem decidido que "é possível a concessão de prisão domiciliar ao sentenciado, em cumprimento de pena em regime fechado ou semiaberto, quando comprovada sua debilidade extrema por doença grave e a impossibilidade de recebimento do tratamento adequado no estabelecimento prisional"[58].

Convém ponderar, entretanto, que, sempre que o tratamento necessário puder ser prestado no estabelecimento em que se encontra o condenado ou pela rede pública, é de ser negado o benefício da prisão domiciliar.

---

58. STJ, HC 365.633/SP, 5ª T., rel. Min. Ribeiro Dantas, j. 18-5-2017, *DJe* de 25-5-2017. "Esta Corte tem posicionamento de que, embora o art. 117 da LEP estabeleça como requisito para o deferimento da prisão domiciliar o cumprimento da pena no modo aberto, é possível a extensão de tal benefício aos sentenciados recolhidos no regime fechado ou semiaberto quando a peculiaridade concreta do caso demonstrar sua imprescindibilidade. Precedente" (STJ, AgRg no HC 589.442/SP, 5ª T., rel. Min. Ribeiro Dantas, j. 4-8-2020, *DJe* de 13-8-2020). "Segundo o entendimento desta Turma, a melhor exegese do art. 117 da Lei n. 7.210/1984, extraída dos recentes precedentes da Suprema Corte, é na direção da possibilidade da prisão domiciliar em qualquer momento do cumprimento da pena, ainda que em regime fechado, desde que a realidade concreta assim o imponha (HC n. 366.517/DF, Ministro Rogerio Schietti Cruz, Sexta Turma, *DJe* 27-10-2016" (STJ, RHC 110.641/RS, 6ª T., rel. Min. Sebastião Reis Júnior, j. 12-5-2020, *DJe* de 19-5-2020). No mesmo sentido: STJ, HC 352.947/RS, 5ª T., rel. Min. Felix Fischer, j. 2-8-2016, *DJe* de 12-8-2016; STJ, HC 358.682/PR, 6ª T., rela. Mina. Maria Thereza de Assis Moura, j. 1-9 2016, *DJe* de 12-9-2016; STJ, AgRg no HC 580.192/SP, 5ª T., rel. Min. Reynaldo Soares da Fonseca, j. 9-6-2020, *DJe* de 17-6-2020.

Capítulo XI

DA REGRESSÃO DE REGIME

Sumário: 1. Generalidades. 2. Condutas ensejadoras de regressão. 2.1. Prática de fato definido como crime doloso. 2.2. Prática de falta grave. 2.2.1. Repercussões da falta grave. 2.3. Condenação, por crime anterior, cuja pena, somada ao restante da pena em execução, torne incabível o regime. 2.3.1. Unificação de penas e data-base para a concessão de posteriores benefícios. 2.4. Frustrar os fins da execução. 2.5. Não pagar, podendo, a multa cumulativamente imposta. 2.6. Violação de deveres relacionados com o monitoramento eletrônico. 3. Ampla defesa e contraditório. 3.1. Executado que abandona o regime aberto e vai para lugar desconhecido. 4. Regressão cautelar.

1. GENERALIDADES

O "sistema progressivo" de cumprimento da pena pressupõe a passagem do condenado, na expiação de sua reprimenda, de um estabelecimento penal mais severo para outro menos rigoroso.

Se iniciado o cumprimento da pena no regime fechado, atendidos os requisitos do art. 112 da LEP, o condenado *progredirá* para o regime semiaberto, e deste, em igual situação, ao regime aberto (observado o disposto no art. 114 da LEP). Estando no aberto e presente uma das hipóteses do art. 117 da LEP, terá direito à obtenção do albergue domiciliar (pena no regime aberto a ser cumprida em residência particular).

Iniciado o cumprimento da pena no regime semiaberto, *progredirá* ao aberto quando atendidos os requisitos legais.

Se por um lado o mérito do condenado, detectado no cumprimento da pena, autoriza a progressão até que alcance a liberdade definitiva, **a *ausência de mérito* é causa determinante de sua *regressão***, que implicará a ordem inversa da progressão. Vale dizer: a regressão acarreta o ingresso no regime semiaberto, estando o condenado no aberto, ou no fechado, se na ocasião se encontrar no regime intermediário ou semiaberto.

É vedada a regressão por salto. De tal sorte, **exceto na hipótese do art. 111 da LEP** não se poderá transferir o condenado que se encontre no regime aberto diretamente ao fechado, pela regressão, sem antes passar pelo regime semiaberto.

Assim como a *progressão* pressupõe a seguinte ordem: regime fechado, regime semiaberto e regime aberto, a *regressão* determina a ordem inversa: regime aberto, regime semiaberto e regime fechado.

Muito embora o art. 118, *caput*, da LEP autorize a regressão com a transferência do condenado para *qualquer* dos regimes mais rigorosos, de tal redação não se extrai autorização para mudança de regime que não seja escalonada, por salto.

Para cada regressão deve haver uma causa justificadora, e não se pode, por um único motivo ou ainda que por vários, apuráveis de uma só vez, determinar a regressão do aberto para o semiaberto e logo em seguida, com o mesmo fundamento e pelas mesmas razões, impor nova regressão, agora para o regime fechado. Embora aqui não se possa falar em regressão por salto, haveria flagrante injustiça decorrente de *bis in idem* danoso ao condenado: uma única causa, ou mesmo mais de uma, aferível num único instante, estaria a ensejar dupla e subsequente punição.

2. CONDUTAS ENSEJADORAS DE REGRESSÃO

A teor do disposto no **art. 118 da LEP**, a execução da pena privativa de liberdade ficará sujeita à forma regressiva, com a transferência para qualquer dos regimes mais rigorosos, quando o condenado: I — praticar fato definido como crime doloso ou falta grave; II — sofrer condenação, por crime anterior, cuja pena, somada ao restante da pena em execução, torne incabível o regime (art. 111).

Preceitua o § 1º do artigo precitado que o condenado será transferido do regime aberto se, além das hipóteses referidas nos incisos anteriores, frustrar os fins da execução ou não pagar, podendo, a multa cumulativamente imposta. E arremata o § 2º esclarecendo que, nas hipóteses do inciso I e do parágrafo anterior, deverá ser ouvido, previamente, o condenado.

O art. 146-C, parágrafo único, I, da LEP, se refere à regressão de regime, por violação relacionada com monitoramento eletrônico.

2.1. Prática de fato definido como crime doloso

O inciso I do art. 118 da LEP determina a regressão pela simples *prática* de fato definido como *crime doloso*. Não é preciso aguardar que o executado venha a ser condenado pela prática do referido crime doloso. A prática de crime culposo ou contravenção penal não autoriza, sob tal fundamento, a regressão de regime.

Não é necessário que o crime doloso tenha sido objeto de sentença condenatória transitada em julgado[1].

No Superior Tribunal de Justiça, a Terceira Seção pacificou o entendimento das Turmas Criminais, e editou a **Súmula 526**, que tem o seguinte teor: "O reconhecimento de falta grave decorrente do cometimento de fato definido como crime doloso no cumprimento da pena prescinde do trânsito em julgado de sentença penal condenatória no processo penal instaurado para apuração do fato".

1. STF, HC 114.001/RS, 1ª T., rel. Min. Luiz Fux, j. 21-5-2013, *DJe* 105, de 5-6-2013; STF, HC 97.218/RS, 2ª T., rela. Mina. Ellen Gracie, j. 12-5-2009, *DJe* de 29-5-2009; STJ, HC 276.201/RS, 5ª T., rel. Min. Marco Aurélio Bellizze, j. 11-3-2014, *DJe* de 19-3-2014.

Não ocorre, na hipótese, violação ao princípio da *presunção de inocência* ou *estado de inocência*.

Se sobrevier o arquivamento do inquérito policial ou absolvição, a decisão proferida no processo execucional deverá ser desconstituída[2].

2.2. Prática de falta grave

A jurisprudência do Superior Tribunal de Justiça é firme no sentido de que "O cometimento de falta grave durante a execução penal autoriza a regressão do regime de cumprimento de pena, mesmo que seja estabelecido de forma mais gravosa do que a fixada na sentença condenatória (art. 118, I, da Lei de Execução Penal — LEP), não havendo falar em ofensa à coisa julgada"[3].

Dispõe o art. 50 da LEP que comete falta grave o condenado à pena privativa de liberdade que: I — incitar ou participar de movimento para subverter a ordem ou a disciplina[4]; II — fugir[5]; III — possuir, indevidamente, instrumento capaz de ofender a

---

2. "A decisão que reconhece a prática de falta grave disciplinar deverá ser desconstituída diante das hipóteses de arquivamento de inquérito policial ou de posterior absolvição na esfera penal, por inexistência do fato ou negativa de autoria, tendo em vista a atipicidade da conduta: STJ, HC 524.396/SP, 5ª T., rel. Min. Reynaldo Soares da Fonseca, 5ª T., j. 15-10-2019, *DJe* 22-10-2019; STJ, HC 462.463/RS, 5ª T., rel. Min. Felix Fischer, j. 13-12-2018, *DJe* 1-2-2019; STJ, HC 284.309/SP, 6ª T., rel. Min. Ericson Maranho (Desembargador Convocado do TJ/SP), j. 4-8-2015, *DJe* 19-8-2015; STJ, RHC 33.827/RJ, 6ª T., rel. Min. Sebastião Reis Júnior, j. 20-11-2014, *DJe* 12-12-2014; STJ, HC 265.284/SP, rel. Min. Moura Ribeiro, 5ª T., j. 22-5-2014, *DJe* 27-5-2014" (STJ — Jurisprudência em Teses, Edição n. 145).

3. "STJ, AgRg no REsp 1.778.649/PA, 5ª T., rel. Ministro Ribeiro Dantas, j. 18-2-2020, *DJe* 28-2-2020; STJ, AgRg no HC 525.652/SP, 6ª T., rela. Mina. Laurita Vaz, j. 19-11-2019, *DJe* 5-12-2019; STJ, AgRg no REsp 1.789.438/RO, 6ª T., rl. Min. Rogério Schietti Cruz, j. 6-8-2019, *DJe* 13-8-2019; STJ, AgRg no REsp 1.743.956/RO, 6ª T., rel. Min. Nefi Cordeiro, j. 27-11-2018, *DJe* 6-12-2018; STJ, AgRg na Rcl 33.852/SP, Terceira Seção, rel. Ministro Jorge Mussi, j. 22-11-2017, *DJe* 29-11-2017; STJ, AgRg no HC 317.869/MG, 5ª T., rel. Min. Felix Fischer, j. 23-2-2016, *DJe* 17-3-2016" (Jurisprudência em Teses, Edição n. 144). "A prática de falta grave no curso da execução penal acarreta, dentre outros efeitos, a interrupção do prazo para a progressão de regime" (STJ, AgRg no HC 542.111/SP, 5ª T., rel. Min. Joel Ilan Paciornik, j. 10-3-2020, *DJe* de 24-3-2020).

4. "A jurisprudência do Superior Tribunal de Justiça fixou-se no sentido de que, de acordo com o art. 118, I, da Lei n. 7.210/84 (LEP), o cometimento de falta disciplinar de natureza grave pode acarretar a transferência do condenado para qualquer dos regimes mais rigorosos" (STJ, AgRg no HC 287.493/MG, 5ª T., rel. Min. Jorge Mussi, j. 19-8-2014, *DJe* de 27-8-2014). "A teor dos arts. 50, V, e 118, I, ambos da Lei n. 7.210/1984, o descumprimento pelo condenado das condições impostas ao regime aberto impõe a regressão do regime prisional. Assim, não fere o princípio da proteção à coisa julgada o cumprimento da pena pelo sentenciado em regime mais gravoso daquele estabelecido na sentença condenatória. Precedentes" (STJ, HC 239.090/MS, 6ª T., rela. Mina. Marilza Maynard, j. 7-8-2014, *DJe* de 22-8-2014).

5. "A Lei de Execução Penal, em seu art. 118, inciso I, determina que o apenado ficará sujeito à transferência para o regime mais gravoso se praticar fato definido como crime doloso ou falta grave. 'O não recolhimento injustificado ao estabelecimento prisional caracteriza violação das regras estabelecidas para o cumprimento da pena no regime semiaberto, podendo dar ensejo à regressão para o regime mais gravoso' (HC 56.600/MS, 5ª T, rel. Min. Arnaldo Esteves Lima, *DJ* 19-3-2007)" (STJ, HC 148.936/MG, 5ª T., rela. Mina. Laurita Vaz, j. 4-10-2011, *DJe* de 13-10-2011).

integridade física de outrem; IV — provocar acidente de trabalho; V — descumprir, no regime aberto, as condições impostas; VI — inobservar os deveres previstos nos incisos II e V do art. 39 desta lei[6]; VII — tiver em sua posse, utilizar ou fornecer aparelho telefônico, de rádio ou similar, que permita a comunicação com outros presos ou com o ambiente externo[7]; e VIII — recusar submeter-se ao procedimento de identificação do perfil genético.

Assim, o condenado que incitar ou participar de motim cometerá falta grave ensejadora de regressão de regime.

"A fuga configura falta grave de natureza permanente, porquanto o ato de indisciplina se prolonga no tempo, até a recaptura do apenado: STJ, HC 527.625/SP, 5ª T., rel. Min. Reynaldo Soares da Fonseca, j. 12-11-2019, *DJe* 26-11-2019; STJ, AgRg no REsp 1.781.494/CE, 6ª T., rel. Min. Nefi Cordeiro, j. 5-11-2019, *DJe* 11-11-2019; STJ, AgRg no HC 463.077/MG, 6ª T., rel. Min. Sebastião Reis Júnior, j. 6-6-2019, *DJe* 18-6-2019; STJ, HC 490.653/SP, 5ª T., rel. Min. Joel Ilan Paciornik, j. 26-3-2019, *DJe* 8-4-2019; STJ, AgRg no AREsp 1.201.036/MS, 6ª T., rel. Min. Rogério Schietti Cruz, j. 22-3-2018, *DJe* 3-4-2018; STJ, AgInt no AgRg no AREsp 958.602/RS, 6ª T., rel. Min. Antonio Saldanha Palheiro, j. 7-2-2017, *DJe* 16-2-2017" (STJ — Jurisprudência em Teses, Edição n. 146).

"O marco inicial da prescrição para apuração da falta grave em caso de fuga é o dia da recaptura do foragido: STJ, HC 527.625/SP, 5ª T., rel. Min. Reynaldo Soares da Fonseca, j. 12-11-2019, *DJe* 26-11-2019; STJ, AgRg no REsp 1.781.494/CE, 6ª T., rel. Min. Nefi Cordeiro, j. 5-11-2019, *DJe* 11-11-2019; STJ, HC 490.653/SP, 5ª T., rel. Min. Joel Ilan Paciornik, j. 26-3-2019, *DJe* 8-4-2019; STJ, AgInt no HC 457.047/MG, 6ª T., rela. Mina. Laurita Vaz, j. 5-2-2019, *DJe* 22-2-2019; STJ, HC 362.895/RS, 5ª T., rel. Min. Felix Fischer, j. 14-2-2017, *DJe* 22-2-2017; STJ, HC 324.299/MG, 5ª T., rel. Min. Gurgel de Faria, j. 25-8-2015, *DJe* 10-9-2015" (STJ — Jurisprudência em Teses, Edição n. 146).

6. "Art. 39. Constituem deveres do condenado: (...) II — obediência ao servidor e respeito a qualquer pessoa com quem deva relacionar-se; (...) V — execução do trabalho, das tarefas e das ordens recebidas."

"Consoante previsão dos art. 50, VI, e art. 39, V, da LEP, configura falta grave a recusa pelo condenado à execução de trabalho interno regularmente determinado pelo agente público competente, não havendo que se confundir o dever de trabalho, referendado pela Convenção Americana de Direitos Humanos (art. 6º), com a pena de trabalho forçado, vedada pela Constituição Federal — art. 5º, XLVIII, *c*: STJ, AgRg no HC 429.608/SP, 5ª T., rel. Min. Felix Fischer, j. 17-4-2018, *DJe* 27-4-2018; STJ, HC 264.989/SP, 6ª T., rel. Min. Ericson Maranho (Desembargador Convocado do TJ/SP), j. 4-8-2015, *DJe* 19-8-2015" (STJ — Jurisprudência em Teses, Edição n. 146).

7. "É prescindível a perícia de aparelho celular apreendido para a configuração da falta disciplinar de natureza grave do art. 50, VII, da Lei n. 7.210/1984: STJ, AgRg no HC 506.102/SP, 6ª T., rela. Mina. Laurita Vaz, j. 5-12-2019, *DJe* 17-12-2019; STJ, AgRg no HC 501.489/SP, 5ª T., rel. Min. Jorge Mussi, j. 1-10-2019, *DJe* 10-10-2019; STJ, AgRg no HC 530.988/SP, 5ª T., rel. Min. Ribeiro Dantas, j. 24-9-2019, *DJe* 30-9-2019; STJ, AgRg no HC 447.961/SP, 5ª T., rel. Min. Joel Ilan Paciornik, j. 16-5-2019, *DJe* 23-5-2019; STJ, AgRg no HC 391.209/SP, 5ª T., rel. Min. Felix Fischer, j. 12-9-2017, *DJe* 18-9-2017; STJ, HC 345.954/RS, 6ª T., rel. Min. Antonio Saldanha Palheiro, j. 23-8-2016, *DJe* 1-9-2016" (STJ — Jurisprudência em Teses, Edição n. 145).

"A posse de fones de ouvido no interior do presídio é conduta formal e materialmente típica, configurando falta de natureza grave, uma vez que viabiliza a comunicação intra e extramuros: STJ, AgRg no HC 522.425/SP, 6ª T., rela. Mina. Laurita Vaz, j. 10-9-2019, *DJe* 30-9-2019; STJ, AgRg no HC 438.835/SP, 6ª T., rel. Min. Sebastião Reis Júnior, j. 27-11-2018, *DJe* 7-12-2018; STJ, AgRg no HC 419.902/SP, 5ª T., rel. Min. Felix Fischer, j. 6-2-2018, *DJe* 16-2-2018; STJ, EDcl no HC 211.747/SP, 5ª T., rel. Min. Moura Ribeiro, j. 5-8-2014, *DJe* 12-8-2014" (STJ — Jurisprudência em Teses, Edição n. 145).

Também cometerá falta grave o condenado que fugir[8], inclusive se isso ocorrer aproveitando-se da concessão do benefício de saída temporária[9].

A posse indevida de estilete, faca, arma de fogo ou qualquer outro instrumento capaz de ofender a integridade física de outrem caracteriza falta grave[10], apta a determinar a regressão. Entenda-se: arma em sentido próprio e impróprio.

Na letra da lei, também caracterizam falta grave: provocar acidente de trabalho; descumprir, no regime aberto, as condições impostas, e inobservar os deveres de obediência ao servidor e respeito a qualquer pessoa com quem deva relacionar-se, e de execução do trabalho, das tarefas e das ordens recebidas.

Há que se considerar, entretanto, que *acidente* pressupõe acontecimento causal, infortúnio. Assim, é equivocada a redação do inciso IV do art. 50 da LEP. Só deve ser considerada falta grave a conduta dolosa.

Com o advento da Lei n. 11.466/2007, ficou resolvida antiga controvérsia a respeito de constituir falta grave, ou não, a conduta consistente em **portar aparelho de telefone celular** no interior do estabelecimento prisional.

Antes não era falta grave, por inexistir disposição expressa. Agora está no texto legal.

Registre-se, por oportuno, que a Lei n. 12.012/2009 acrescentou o art. 349-A ao Código Penal brasileiro, e passou a definir como crime, punido com detenção, de 3 (três) meses a 1 (um) ano, as condutas consistentes em ingressar, promover, intermediar, auxiliar ou facilitar a entrada de aparelho telefônico de comunicação móvel, de rádio ou similar, sem autorização legal, em estabelecimento prisional.

Por fim, importa enfatizar que, conforme nosso entendimento já exposto, a coleta compulsória de material genético é inconstitucional, e, de consequência, padece da mesma mácula a modalidade de falta grave tipificada no inc. VIII do art. 50, consistente em recusar o condenado a submeter-se ao procedimento de identificação do perfil genético.

2.2.1. *Repercussões da falta grave*

Sobre este tema, que é extremamente relevante, para evitar o enfaro da repetição, recomendamos que o estimado leitor consulte o Capítulo X, item 5, "Falta grave e progressão", mas, desde já, enfatizamos que a matéria está pacificada nos Tribunais

8. STF, HC 86.031-1/RJ, 1ª T., rel. Min. Ricardo Lewandowski, j. 10-10-2006, *DJU* de 6-11-2006, *RT* 857/524; STJ, HC 148.936/MG, 5ª T., rela. Mina. Laurita Vaz, j. 4-10-2011, *DJe* de 13-10-2011.

9. STJ, HC 175.254/RS, 6ª T., rel. Min. Sebastião Reis Júnior, j. 18-10-2011, *DJe* de 17-11-2011.

10. "O reconhecimento de falta grave prevista no art. 50, III, da Lei n. 7.210/1984 dispensa a realização de perícia no objeto apreendido para verificação da potencialidade lesiva, por falta de previsão legal: STJ, AgRg no HC 475.585/DF, 6ª T., rel. Min. Sebastião Reis Júnior, j. 7-11-2019, *DJe* 22-11-2019; STJ, HC 476948/DF, 5ª T., rel. Min. Felix Fischer, j. 7-2-2019, *DJe* 19-2-2019; STJ, AgRg no HC 460.890/SC, 6ª T., rel. Min. Nefi Cordeiro, j. 8-11-2018, *DJe* 22-11-2018; STJ, AgRg no HC 420.419/DF, 5ª T., rel. Min. Joel Ilan Paciornik, j. 6-2-2018, *DJe* 19-2-2018; STJ, HC 301.626/DF, 5ª T., rel. Min. Ribeiro Dantas, j. 23-8-2016, *DJe* 29-8-2016" (STJ — Jurisprudência em Teses, Edição n. 145).

Superiores, e no âmbito do **Superior Tribunal de Justiça**, por ocasião do julgamento do REsp 1.364.192/RS, a Terceira Seção decidiu que "a prática de falta grave interrompe o prazo para a progressão de regime, acarretando a modificação da data-base e o início de nova contagem do lapso necessário para o preenchimento do requisito objetivo"[11].

Nesta mesma linha de pensamento, o Superior Tribunal de Justiça editou a **Súmula 534**, que tem o seguinte enunciado: "A prática de falta grave interrompe a contagem do prazo para a progressão de regime de cumprimento de pena, o qual se reinicia a partir do cometimento dessa infração".

Dispõe o atual § 6º do art. 112 da LEP, introduzido pela Lei n. 13.964/2019, que "O cometimento de falta grave durante a execução da pena privativa de liberdade interrompe o prazo para a obtenção da progressão no regime de cumprimento da pena, caso em que o reinício da contagem do requisito objetivo terá como base a pena remanescente".

Desde a vigência da Lei n. 13.964/2019, o art. 83, III, *b*, do CP, aponta que constitui requisito para a concessão de livramento condicional o "não cometimento de falta grave nos últimos 12 (doze) meses".

Entre outras repercussões previstas na Lei de Execução Penal, não é ocioso registrar que a falta grave conduz à revogação da autorização para trabalho externo (art. 137, parágrafo único); pode autorizar a inclusão no regime disciplinar diferenciado (art. 52); desautoriza a especial progressão de regime para gestante (art. 112, § 4º); autoriza regressão de regime prisional (art. 118, I); constitui causa de revogação da autorização de saída temporária (art. 125); é causa de revogação de tempo remido (art. 127); acarreta repercussão que decorre da revogação do monitoramento eletrônico (art. 146-D); e autoriza a conversão da pena restritiva de direitos em privativa de liberdade (art. 181, § 1º, *d*).

2.3. Condenação, por crime anterior, cuja pena, somada ao restante da pena em execução, torne incabível o regime

Diz o art. 111 da LEP que, havendo condenação por mais de um crime, no mesmo processo ou em processos distintos, a determinação do regime de cumprimento será feita pelo resultado da soma ou unificação das penas, observada, quando for o caso, a detração ou remição.

Em harmonia com tal regra estabelece o inciso II do art. 118 da LEP que ocorrerá a regressão se o executado sofrer condenação, por crime anterior, cuja pena, somada ao restante da pena em execução, torne incabível o regime.

Resulta de tais disposições que o regime de cumprimento de pena só será determinado após a soma das penas, não prevalecendo o regime isolado de cada uma delas.

De tal sorte, se o réu vier a sofrer várias condenações com a imposição das respectivas penas no regime aberto, nada impede que em sede de execução se estabeleça regi-

---

11. STJ, REsp 1.364.192/RS, Terceira Seção, rel. Min. Sebastião Reis Júnior, *DJe* de 17-9-2014. No mesmo sentido: STJ, HC 197.075/SP, 5ª T., rel. Min. Gilson Dipp, j. 19-5-2011, *DJe* de 8-6-2011; STJ, HC 307.487/SP, 5ª T., rel. Min. Felix Fischer, j. 12-5-2015, *DJe* de 15-6-2015.

me mais rigoroso como decorrência do somatório das penas, observado que, se da operação resultar pena igual ou inferior a quatro anos, o regime será o aberto; se a pena for superior a quatro anos e não exceder a oito, o regime será o semiaberto, e, se for superior a oito, deverá começar o cumprimento em regime fechado (art. 33 do CP).

Em suma, **à pena em execução somar-se-á a nova pena imposta. Dessa soma deverá resultar o regime**.

Nas palavras do Ministro Marco Aurélio, "Uma vez verificada a unificação de penas, tem-se o recálculo quanto ao regime de cumprimento da sanção"[12].

Impõe-se salientar que nem sempre o somatório acarretará a regressão. Esta ficará condicionada, sempre, a admissibilidade do regime em que o executado se encontrar, devendo observar-se para a solução da questão os parâmetros ditados pelo art. 33 do CP, conforme acima anotado.

Por outro vértice, se do somatório resultar elevação da pena total para além dos quatro anos, será obrigatória a regressão para o regime semiaberto, e, se a soma implicar total superior a oito anos, a regressão será para o regime fechado, o que constitui, nesta última hipótese, verdadeira e compreensível exceção à impossibilidade de regressão "por salto", visto que o condenado passará direto, e por força de regressão imposta pela soma das penas, do regime aberto para o regime fechado.

2.3.1. *Unificação de penas e data-base para a concessão de posteriores benefícios*

Questões dilemáticas dizem respeito à unificação de penas em sede de execução e à apuração da data-base para a concessão de posteriores benefícios.

No dia 18 de dezembro de 2018, por ocasião do julgamento do ProAfR no REsp 1.753.509-PR, de que foi relator o Min. Rogério Schietti Cruz, a Terceira Seção do Superior Tribunal de Justiça pacificou a jurisprudência da Corte a respeito dessa matéria, que agora está delimitada no "Tema Repetitivo 1006", nos seguintes termos: "a unificação de penas não enseja a alteração da data-base para concessão de novos benefícios executórios".

Em razão da inegável relevância, e para que se possa refletir melhor sobre os fundamentos da citada decisão, é proveitoso transcrever a ementa que segue:

"A superveniência de nova condenação no curso da execução penal enseja a unificação das reprimendas impostas ao reeducando. Caso o *quantum* obtido após o somatório torne incabível o regime atual, está o condenado sujeito a regressão a regime de cumprimento de pena mais gravoso, consoante inteligência dos arts. 111, parágrafo único, e 118, II, da Lei de Execução Penal. A alteração da data-base para concessão de novos benefícios executórios, em razão da unificação das penas, não encontra respaldo legal. Portanto, a desconsideração do período de cumprimento de pena desde a última prisão ou desde a última infração disciplinar, seja por delito ocorrido antes do início da execução da pena, seja por crime praticado depois e já apontado como falta disciplinar grave,

12. STF, HC 133.299/SP, 1ª T., rel. Min. Marco Aurélio, j. 28-11-2017, *DJe*-287, de 13-12-2017.

configura excesso de execução. Caso o crime cometido no curso da execução tenha sido registrado como infração disciplinar, seus efeitos já repercutiram no bojo do cumprimento da pena, pois, segundo a jurisprudência consolidada do Superior Tribunal de Justiça, a prática de falta grave interrompe a data-base para concessão de novos benefícios executórios, à exceção do livramento condicional, da comutação de penas e do indulto. Portanto, a superveniência do trânsito em julgado da sentença condenatória não poderia servir de parâmetro para análise do mérito do apenado, sob pena de flagrante *bis in idem*. O delito praticado antes do início da execução da pena não constitui parâmetro idôneo de avaliação do mérito do apenado, porquanto evento anterior ao início do resgate das reprimendas impostas não desmerece hodiernamente o comportamento do sentenciado. As condenações por fatos pretéritos não se prestam a macular a avaliação do comportamento do sentenciado, visto que estranhas ao processo de resgate da pena. Recurso especial representativo da controvérsia não provido, assentando-se a seguinte tese: a unificação de penas não enseja a alteração da data-base para concessão de novos benefícios executórios"[13].

No Supremo Tribunal Federal prevalece entendimento diverso[14], em ambas as Turmas, onde são reiteradas as decisões no sentido de que, em se tratando de unificação de penas, "modifica-se a data-base para a concessão de benefícios, sendo considerado como termo inicial o trânsito em julgado da última condenação" (STF, RE 1.239.389 AgR/RS, 1ª T., rel. Min. Alexandre de Moraes, j. 29-11-2019, *DJe*-274, de 11-12-2019).

Nesses termos, verificada a unificação, altera-se a data-base para a concessão de novos benefícios, e o termo inicial para a contagem passa a ser a data do trânsito em julgado da última condenação[15].

---

13. STJ, ProAfR no REsp 1.753.509-PR, Terceira Seção, rel. Min. Rogério Schietti Cruz, j. 18-12-2018, *DJe* de 11-3-2019.

14. "Firmou-se na Turma o entendimento de que, sobrevindo nova condenação no curso da execução penal, a contagem do prazo para a concessão de benefícios é interrompida e passa a ter como parâmetro a pena unificada ou somada, considerando-se como termo inicial para a contagem do período aquisitivo, a data do trânsito em julgado da última condenação, não importando se o delito é anterior ou posterior ao início da execução penal. Precedentes" (STF, RHC 121.849/MG, 1ª T., rel. Min. Dias Toffoli, j. 22-4-2014, *DJe*-116, de 17-6-2014).
"A jurisprudência do Supremo Tribunal Federal se fixou no sentido de que 'a superveniência de nova condenação definitiva no curso da execução criminal sempre altera a data-base para concessão de benefícios, ainda que o crime tenha sido cometido antes do início de cumprimento da pena. A data do trânsito em julgado da nova condenação é o termo inicial de contagem para concessão de benefícios, que passa a ser calculado a partir do somatório das penas que restam a ser cumpridas" (HC 101.023, Primeira Turma, Rel. Min. Ricardo Lewandowski, *DJe* de 26-3-2010)" (STF, RHC 135.826 AgR/MG, 1ª T., rel. Min. Luiz Fux, j. 26-5-2017, *DJe*-125, de 13-6-2017).
No mesmo sentido: STF, ARE 1.154.175, ARE 1.151.739, RE 1.174.886, ARE 1.184.237, RE 1.192.201, RE 1.167.680, RE 1.190.855; STF, ARE 948.738 AgR/PR, 2ª T;. rela. M ina. Cármen Lúcia, j. 3-5-2016, *DJe*-100, de 17-5-2016; STF, HC 137.440/SP, 1ª T., rel. Min. Marco Aurélio, j. 15-8-2017, *DJe*-193, de 30-8-2017; STF, HC 144.459 AgR/MG, 2ª T., rel. Min. Gilmar Mendes, j. 27-4-2018, *DJe*-090, de 10-5-2018.

15. STF, ARE 1.253.868 AgR/MS, 2ª T., rela. Mina. Cármen Lúcia, j. 29-5-2020, *DJe*-138, de 4-6-2020.

2.4. Frustrar os fins da execução

Encontrando-se no regime aberto, o condenado será transferido para o semiaberto se praticar fato definido como crime doloso ou falta grave; sofrer condenação por crime anterior cuja pena, somada ao restante da pena em execução, torne incabível o regime, ou *frustrar os fins da execução*.

Frustrar, aqui, é o mesmo que ***não corresponder às expectativas da execução***.

Questão complexa é a de saber quais são verdadeiramente *os fins da execução*.

Sem ingressarmos no acalorado debate sobre os *fins da pena* ou *da execução penal* como decorrência, e observando apenas os termos do art. 1º da LEP, temos que a execução penal tem por objetivo ou finalidade efetivar as disposições de sentença ou decisão criminal e proporcionar condições para a harmônica integração social do condenado e do internado.

Destarte, qualquer ato atentatório a tais finalidades poderá ser considerado suficiente à regressão do regime aberto para o semiaberto, sempre lembrando que não se admite a regressão *per saltum*.

Dada a amplitude de possibilidades e a multiplicidade do comportamento humano, é de rigor que se tenha extrema cautela e razoabilidade na avaliação das condutas que se pretenda indicar como atentatórias aos fins da execução.

2.5. Não pagar, podendo, a multa cumulativamente imposta

O não pagamento *injustificado* da pena de multa cumulativamente imposta (privativa de liberdade + multa) determinava a regressão do regime aberto para o semiaberto. Contudo, tal situação não mais persiste desde o advento da Lei n. 9.268/96.

A lei passou a considerar a multa como *dívida de valor*, e impediu sua conversão em pena de prisão no caso de não pagamento, como ocorria até então.

Reflexamente, "com o advento da Lei 9.268/96, o inadimplemento da pena de multa não pode gerar prisão ou regressão de regime prisional, como previsto no art. 118, § 1º, da Lei 7.210/84, para forçar o pagamento da sanção pecuniária imposta na sentença condenatória, pois, como dívida ativa da Fazenda Pública, o Estado deve se servir dos meios legais e jurídicos postos à sua disposição para a cobrança do valor"[16].

2.6. Violação de deveres relacionados com o monitoramento eletrônico

Nos precisos termos do art. 146-B, IV, da LEP, o juiz poderá determinar a fiscalização por meio de monitoramento eletrônico quando conceder saída temporária no regime semiaberto.

16. *RT*, 766/617.

Na dicção do art. 146-C, *caput*, concedido o benefício, o condenado deverá ser instruído acerca dos cuidados que deverá adotar com o equipamento eletrônico e dos seguintes deveres: I — receber visitas do servidor responsável pela monitoração eletrônica, responder aos seus contatos e cumprir suas orientações; II — abster-se de remover, de violar, de modificar, de danificar de qualquer forma o dispositivo de monitoração eletrônica ou de permitir que outrem o faça.

A violação injustificada e provada dos deveres previstos no art. 146-C, I e II, poderá acarretar, a critério do juiz da execução, ouvidos o Ministério Público e a defesa, a *regressão de regime prisional*[17], para o fechado (art. 146-C, parágrafo único, I, da LEP), caso não se revele suficiente a simples *advertência escrita* a que faz referência o art. 146-C, parágrafo único, VII, da LEP.

3. AMPLA DEFESA E CONTRADITÓRIO

A execução penal reclama a observância de diversos princípios, dentre eles alguns de *status* constitucional.

Os elevados princípios da ampla defesa e do contraditório têm lugar destacado no processo de execução, muito embora na prática algumas vezes a constatação seja outra bem diversa.

A regressão de regime prisional é medida judicial de intensa gravidade que afeta os destinos da execução e revela-se extremamente danosa aos interesses do condenado. De tal sorte, antes de sua efetivação é imperioso providenciar o necessário com o objetivo

17. "O rompimento da tornozeleira eletrônica configura falta disciplinar de natureza grave, a teor dos art. 50, VI e art. 146-C da Lei n. 7.210/1989 — LEP: STJ, HC 527.117/RS, 5ª T., rel. Min. Leopoldo de Arruda Raposo (Desembargador Convocado do TJ/PE), j. 3-12-2019, *DJe* 10-12-2019; STJ, HC 465.565/RS, 5ª T., rel. Min. Reynaldo Soares da Fonseca, j. 25-9-2018, *DJe* 2-10-2018; STJ, HC 460.440/RS, 5ª T., rel. Min. Felix Fischer, j. 18-9-2018, *DJe* 25-9-2018; STJ, AgRg no AREsp 708.127/RO, 6ª T., rel. Min. Rogério Schietti Cruz, j. 28-3-2017, *DJe* 6-4-2017; STJ, HC 364.261/RS, 5ª T., rel. Min. Ribeiro Dantas, j. 7-2-2017, *DJe* 15-2-2017; STJ, HC 304.614/RS, 5ª T., rel. Min. Jorge Mussi, j. 26-4-2016, *DJe* 3-5-2016" (STJ — Jurisprudência em Teses, Edição n. 146).

"A inobservância do perímetro estabelecido para monitoramento de tornozeleira eletrônica configura falta disciplinar de natureza grave, nos termos dos art. 50, VI, e art. 39, V, da LEP: STJ, AgRg no HC 537.620/SP, 5ª T., rel. Min. Leopoldo de Arruda Raposo (Desembargador Convocado do TJ/PE), j. 5-12-2019, *DJe* 13-12-2019; STJ, AgRg no HC 474.327/TO, 5ª T., rel. Min. Ribeiro Dantas, j. 12-3-2019, *DJe* 19-3-2019; STJ, HC 462.719/RS, 5ª T., rel. Min. Joel Ilan Paciornik, j. 9-10-2018, *DJe* 24-10-2018; STJ, HC 438.756/RS, 5ª T., rel. Min. Felix Fischer, j. 5-6-2018, *DJe* 11-6-2018" (STJ — Jurisprudência em Teses, Edição n. 146).

"A utilização de tornozeleira eletrônica sem bateria suficiente configura falta disciplinar de natureza grave, nos termos dos art. 50, VI, e art. 39, V, da LEP: STJ, REsp 1.861.590/RS, 5ª T., rel. Min. Ribeiro Dantas, j. 9-3-2020, publicado em 11-3-2020; STJ, REsp 1.848.164/RS, 6ª T., rela. Mina. Laurita Vaz, j. 18-12-2019, publicado em 3-2-2020; STJ, AREsp 1.569.684/TO, 5ª T., rel. Min. Jorge Mussi, j. 18-11-2019, publicado em 19-11-2019; STJ, REsp 1.789.419/RO, rel. Min. Nefi Cordeiro, 6ª T., j. 27-10-2019, publicado em 30-10-2019; STJ, AgRg no REsp 1.766.006/TO, 6ª T., rel. Min. Rogério Schietti Cruz, j. 6-12-2018, *DJe* 19-12-2018; STJ, HC 342.466/SP, 6ª T., rela. Mina. Maria Thereza de Assis Moura, j. 2-6-2016, *DJe* 14-6-2016" (STJ — Jurisprudência em Teses, Edição n. 146).

de proceder à oitiva deste[18], permitindo-lhe o exercício pleno de sua defesa, observando, ainda, o contraditório constitucional, salvo hipótese de regressão cautelar, nos termos em que adiante veremos.

Resulta evidente que **o desrespeito a tais princípios dá ensejo a odioso constrangimento ilegal; fulmina e invalida a decisão de regressão**. Nessa ordem de ideias se tem decidido reiteradas vezes que "é nulo o procedimento de apuração de infração disciplinar que determina, de forma definitiva, regressão ao regime fechado, sem oitiva do condenado e sem intervenção de defensor técnico, pois nega vigência aos princípios da ampla defesa e do contraditório, constitucionalmente consagrados, e, ainda que assim não fosse, a Lei de Execução Penal possui disposição expressa no sentido de que a oitiva do sentenciado é providência prévia que deve ser observada para a regressão prisional"[19].

Se o Ministério Público pretender a oitiva de testemunha na audiência de justificação, deverá requer previamente e providenciar a indicação do rol para intimação[20].

Se o executado desejar **produzir prova oral**, deverá peticionar nos autos em tempo hábil, e indicar o rol para intimação, ou comparecer à audiência de justificação acompanhado de sua(s) testemunha(s), quando então a defesa deverá informar o juiz a respeito de tal pretensão, e, então, após a oitiva do executado o magistrado deliberará sobre a pertinência de tal prova, e, sendo caso, procederá à sua colheita.

Caso o executado pretenda **produzir prova documental**, o correto é apresentá-la até a data da audiência de justificação ou requerer a juntada aos autos, logo após o término de sua oitiva.

Há casos em que o executado comparece à audiência desprovido de qualquer prova abonadora de sua versão, e apenas durante sua fala, em linhas de justificação, é que se percebe a existência de prova — oral ou documental — apta a ser considerada em abono de sua tese. Em casos tais, em homenagem aos princípios constitucionais incidentes, **é possível seja a prova colhida em momento distinto**, antes da decisão que irá avaliar a justificativa apresentada.

---

18. "Nos termos do art. 118, § 2º, da Lei n. 7.210/84 (LEP), o condenado deve ser ouvido pessoalmente pelo magistrado antes da regressão definitiva de regime, sendo insuficiente a apresentação de justificação por escrito pelo advogado ou pelo próprio condenado. Precedentes" (STJ, HC 316.703/RN, 6ª T., rel. Min. Ericson Maranho, j. 2-6-2015, *DJe* de 11-6-2015). "Confirmada a não oitiva do paciente antes da decisão definitiva de regressão de regime prisional, resta violado o comando do artigo 118, § 2º, da LEP, que não é suprido pela oitiva administrativa" (STJ, HC 301.622/RJ, 6ª T., rel. Min. Nefi Cordeiro, j. 18-12-2014, *DJe* de 12-2-2015).

19. *RJTACrimSP*, 37/67.

20. "A palavra dos agentes penitenciários na apuração de falta grave é prova idônea para o convencimento do magistrado, haja vista tratar-se de agentes públicos, cujos atos e declarações gozam de presunção de legitimidade e de veracidade: STJ, AgRg no HC 550.207/SP, 5ª T., rel. Min. Reynaldo Soares da Fonseca, j. 18-2-2020, *DJe* 28-2-2020; STJ, AgRg no HC 527.087/SP, 5ª T., rel. Min. Joel Ilan Paciornik, j. 17-10-2019, *DJe* 24-10-2019; STJ, HC 468.742/RS, 5ª T., rel. Min. Felix Fischer, j. 23-10-2018, *DJe* 31-10-2018; STJ, HC 254.312/SP, 5ª T., rela. Mina. Laurita Vaz, j. 6-8-2013, *DJe* 13-8-2013" (STJ — Jurisprudência em Teses, Edição n. 145).

Importante enfatizar, por fim, que para que a defesa seja realmente ampla e efetiva é indispensável a **presença de defesa técnica**, a ser exercida por profissional habilitado (advogado ou defensor público).

3.1. Executado que abandona o regime aberto e vai para lugar desconhecido

Na rotina forense, são recorrentes os casos em que o executado abandona o cumprimento de pena no regime aberto e se coloca em lugar incerto e não sabido.

Diante da situação tratada, deve o juiz designar **audiência de justificação e determinar a intimação** do executado e seu defensor, bem como do representante do Ministério Público, para comparecimento no dia e hora marcados para a formalização do ato.

Se o executado não for encontrado nos endereços disponíveis nos autos, o juiz deverá determinar sua **intimação por edital**.

Note-se que constitui condição obrigatória para permanência no regime aberto, fixada no art. 115, III, da LEP, "não se ausentar da cidade onde reside, sem autorização judicial". Disso decorre não ser correto pretender que o juiz determine diligências infindáveis — como é o caso da expedição de ofícios a diversos órgãos públicos e empresas particulares — com o objetivo de obter informações sobre o paradeiro daquele que, deliberadamente, e com o fim de frustrar a execução da pena que lhe foi imposta, colocou-se em lugar desconhecido.

O não comparecimento do executado à audiência designada, para a qual fora regularmente intimado, aliado à ausência de justificativa acolhível, tem como consequência inevitável sua **regressão para o regime prisional semiaberto**, com a imediata expedição de mandado de prisão em seu desfavor.

4. REGRESSÃO CAUTELAR

É inerente à função jurisdicional o *poder geral de cautela*, que tem sede de aplicação tanto no processo de conhecimento quanto no de execução, **sempre que presentes o *fumus boni iuris* e o *periculum in mora***, requisitos indispensáveis à cautelaridade.

Dentro de tal órbita, tem o juiz da execução o poder-dever, diante do caso concreto, de determinar medidas que entender emergenciais visando assegurar os fins e a efetividade do processo executivo, inibindo qualquer ato atentatório aos destinos da execução.

No tema sob análise se insere a regressão cautelar ou sustação provisória de regime, cabível e aconselhável nos casos em que o executado cometeu falta grave[21].

21. "A prática de falta grave pode ensejar a regressão cautelar do regime prisional sem a prévia oitiva do condenado, que somente é exigida na regressão definitiva: STJ, HC 184.988/RJ, 6ª T., rela. Mina. Maria Thereza de Assis Moura, j. 5-2-2013, *DJe* 18-2-2013; STJ, HC 240.643/SP, 5ª T., rela. Mina. Laurita Vaz, j. 6-11-2012, *DJe* 16-11-2012; STJ, AgRg no HC 249.110/MG, 5ª T., rel. Min. Marco Aurélio Bellizze, j. 9-10-2012, *DJe* 17-10-2012; STJ,

Em se tratando de *regressão cautelar*, **não é necessária prévia oitiva do condenado**, como determina o § 2º do art. 118 da LEP. Tal exigência contraria a finalidade da medida e só impõe observância em se tratando de *regressão definitiva*. Com efeito, "se, até antes da condenação, pode o denunciado ser preso preventivamente, para assegurar a aplicação da lei penal, não é de se inferir que o sistema constitucional e processual penal impeçam a adoção de providências, do Juiz da Execução, no sentido de prevenir novas fugas, de modo a se viabilizar o cumprimento da pena já imposta, definitivamente, com trânsito em julgado. Essa providência cautelar não obsta que o réu se defenda, quando vier a ser preso. O que não se pode exigir do Juiz da Execução é que, diante da fuga, instaure a sindicância, intime o réu por edital, para se defender, alegando o que lhe parecer cabível para justificar a fuga, para só depois disso determinar a regressão ao regime anterior de cumprimento de pena. Essa determinação pode ser provisória, de natureza cautelar, antes mesmo da recaptura do paciente, para que este, uma vez recapturado, permaneça efetivamente preso, enquanto justifica a grave quebra de dever disciplinar, prevista no artigo 50, II, da Lei de Execução Penal, qual seja, a fuga, no caso. Tal medida não encontra obstáculo no art. 118, I, §§ 1º e 2º, da mesma lei. É que aí se trata da imposição definitiva da sanção de regressão, e não de simples providência cautelar, tendente a viabilizar o cumprimento da pena, até que aquela seja realmente imposta"[22].

REsp 1.054.086/RJ, 5ª T., rel. Min. Jorge Mussi, j. 21-9-2010, *DJe* 11-10-2010; STJ, HC 236.441/SP, 5ª T., rela. Mina. Marilza Maynard (Desembargadora Convocada do TJ/SE), j. 7-6-2013, publicado em 25-6-2013; STJ, RHC 036.757/PI, 6ª T., rel. Min. Sebastião Reis Júnior, j. 31-5-2013, publicado em 5-6-2013" (STJ — Jurisprudência em Teses, Edição n. 7).

22. STF, HC 76.271/5-SP, 1ª T., rel. Min. Sydney Sanches, j. 24-3-1998, *DJU*, 18-9-1998, p. 3.

Capítulo XII

DAS AUTORIZAÇÕES DE SAÍDA

1. GENERALIDADES

As *autorizações de saída* constituem gênero do qual são espécies a *permissão de saída* (arts. 120 e 121) e a *saída temporária* (arts. 122 a 125).

Integram o rol dos direitos dos presos e têm por escopo permitir àquele que se encontra sob o cumprimento de pena privativa de liberdade o restabelecimento gradual do contato com seus familiares fora do ambiente carcerário e o mundo exterior, com atividades que interessam à (re)estruturação de sua formação moral, ética e profissional, como mecanismos aptos a viabilizar sua (re)integração social.

Conforme consignado nos itens 127, 128 e 131 da Exposição de Motivos da Lei de Execução Penal, "As autorizações de saída (permissão de saída e saída temporária) constituem notáveis fatores para atenuar o rigor da execução contínua da pena de prisão. Não se confundem tais autorizações com os chamados favores gradativos que são característicos da matéria tratada no Cap. IV do Tít. II (mais especialmente dos direitos e da disciplina). As autorizações de saída estão acima da categoria normal dos direitos (art. 41), visto que constituem, ora aspectos da assistência em favor de todos os presidiários, ora etapa da progressão em favor dos condenados que satisfaçam determinados requisitos e condições. No primeiro caso estão as permissões de saída (art. 120 e incisos) que se fundam em razões humanitárias. Na lição de Elias Neuman, as autorizações de saída representam um considerável avanço penalógico e os seus resultados são sempre proveitosos quando outorgados mediante bom senso e adequada fiscalização (*Prisión abierta*, Buenos Aires, 1962, p. 136-7)".

2. DA PERMISSÃO DE SAÍDA

A permissão de saída, regulada nos arts. 120 e 121 da LEP, funda-se basicamente em razões humanitárias e tem por finalidade permitir aos condenados que cumprem pena em regime fechado ou semiaberto e aos presos provisórios sair do estabelecimento, mediante escolta, em caso de falecimento ou doença grave do cônjuge, companheira ou companheiro, ascendente, descendente, irmão ou irmã, ou em caso de necessidade de tratamento médico.

As hipóteses previstas no art. 120 da LEP são exaustivas e não meramente enumerativas; só podem realizar-se nos limites previstos em lei.

Como medida de natureza administrativa que é, a permissão de saída será apreciada e concedida, ou não, pelo diretor do estabelecimento onde se encontrar o preso; a permanência deste fora do estabelecimento terá a duração necessária à finalidade da saída.

Embora a apreciação do pedido se encontre submetida às atividades de administração do estabelecimento prisional, nada impede a apreciação judicial do pedido, conforme decorre do art. 66, IV e VI, da LEP, com a necessária fiscalização do Ministério Público.

Pela própria natureza do instituto, reafirmada pelas hipóteses autorizadoras, vê-se que a permissão de saída destina-se a breves ausências do estabelecimento penal, nas situações taxativamente previstas, sempre mediante escolta.

Poderá receber o benefício o *preso definitivo* que se encontrar no cumprimento de pena no regime fechado ou semiaberto, bem como o *preso provisório*, assim entendido aquele contra quem ainda não há sentença penal condenatória com trânsito em julgado definitivo.

Para obter o benefício, o preso deverá comprovar o falecimento ou a doença grave por documentos, assim como a relação de parentesco, observado, nesse caso, o disposto no art. 155, parágrafo único, do CPP. Apenas com relação à companheira ou companheiro é que, diante da eventual impossibilidade de comprovação documental da união estável, restará ao preso buscar a comprovação por qualquer outro meio idôneo de prova (escritura pública de declaração, p. ex.), que então deverá ser submetida à prudente e cautelosa análise do diretor do estabelecimento prisional.

De ressaltar que a doença grave não precisa ser incurável, nem o doente precisa encontrar-se em fase terminal, já que o inciso I do art. 120 refere-se apenas e tão somente à "doença grave", sem qualquer outra especificação.

Para que se conceda a permissão de saída com fundamento no inciso II do art. 120 da LEP, é preciso que o estabelecimento a que se encontre submetido o preso não disponha de condições para o tratamento. Tal regra precisa ser interpretada em harmonia com o disposto no § 2º do art. 14 da Lei, onde está previsto que, "quando o estabelecimento penal não estiver aparelhado para prover a assistência médica necessária, esta será prestada em outro local, mediante autorização da direção do estabelecimento". Sendo assim, havendo estrutura e aparelhamento adequados ao tratamento reclamado pelo paciente, tal se verificará nas dependências do estabelecimento prisional, impondo seja negada a permissão de saída.

Visa-se permitir que a deficiência do sistema de saúde disponibilizado seja suprida com a possibilidade de saída momentânea para o tratamento, pois, "diante da pública e notória total falência das instituições prisionais em nosso País, não podem as autoridades responsáveis pelo acompanhamento das execuções penais deixarem de tomar certas atitudes humanitárias em prol dos sentenciados, sob pena de permitirem verdadeiras violações aos mais elementares direitos do ser humano"[1].

Destinando-se aos presos que se encontrem no regime fechado ou semiaberto, revela-se absolutamente inviável a permissão de saída em se tratando de condenado que cumpre pena no regime aberto. A propósito, se o executado estiver no regime aberto, verificada a hipótese do art. 120, II, poderá ser caso de se conceder a prisão-albergue domiciliar, conforme decorre do disposto no art. 117, II, da LEP.

2.1. Prazo da permissão de saída

Ao contrário do que fez em relação à saída temporária, conforme veremos a seguir, a Lei de Execução Penal não estabeleceu o prazo de duração da permissão de saída.

Em razão da particularidade das situações autorizadoras, o legislador deixou de imaginar que eventualmente, na hipótese do inciso II do art. 120, a saída poderá alongar-se demasiadamente, indo *além* até mesmo dos sete dias que se permitem à saída temporária (art. 124 da LEP), o que acarretará sérios problemas, inclusive em razão da necessidade de escolta permanente durante todo o período.

Em tais situações, o pedido deverá ser obrigatoriamente submetido ao juízo das execuções criminais (art. 66, IV e VI, da LEP), com a fiscalização do Ministério Público (art. 67 da LEP), em razão da indeterminação do tempo influenciar decisivamente nos rumos da execução.

3. DA SAÍDA TEMPORÁRIA

3.1. Hipóteses autorizadoras e requisitos

Nos precisos termos do art. 122 da LEP, os condenados que cumprem pena em regime semiaberto poderão obter autorização para saída temporária do estabelecimento, sem vigilância direta, vale dizer, sem escolta, nos seguintes casos: I — visita à família[2]; II — frequência a curso supletivo profissionalizante, bem como de instrução do segundo grau ou superior, na comarca do juízo da execução; III — participação em atividades que concorram para o retorno ao convívio social.

---

1. TJSP, Ag. 234.175/3, 2ª CCrim., rel. Des. Egydio de Carvalho, j. 15-9-1997.

2. "A Lei de Execução Penal não prevê hipótese de concessão de saída temporária para visita a amigo" (STJ, AgRg no HC 544.503/RJ, 6ª T., rel. Min. Rogério Schietti Cruz, j. 23-6-2020, *DJe* de 1-7-2020).

A Lei n. 13.964/2019 introduziu no art. 122 da LEP seu atual § 2º, que **veda a concessão de saídas temporárias** ao preso que cumpre pena decorrente de condenação pela prática de **crime hediondo com resultado morte**.

A leitura apressada do dispositivo citado pode induzir o leitor desatento a concluir que a regra é inócua, tendo em vista que a condenação por crime hediondo com resultado morte sempre vai resultar na fixação do regime inicial fechado, e as saídas temporárias só podem ser concedidas ao condenado que cumpre pena no regime semiaberto.

A correta compreensão desse conflito aparente impõe considerar que o § 2º tem por alvo o condenado que, tendo iniciado o cumprimento da pena no regime fechado, venha a ingressar, por progressão, no regime semiaberto.

A denominação *saída temporária* é apropriada, já que a ausência **será autorizada *por tempo determinado*** e não poderá ultrapassar o *tempo* máximo de sete dias, daí a denominação *temporária*, contrapondo-se à permissão de saída, onde *não há um tempo determinado* por lei para a ausência autorizada e com escolta.

A ***visita à família*** é causa autorizadora de saída temporária, e se verificará em datas comemorativas, tais como o domingo de Páscoa; o Dia das Mães, o Dia dos Pais; aniversário de um filho; Natal e festividades de final de ano. O termo "família" compreende o cônjuge, o companheiro ou companheira, ascendentes, padrasto ou madrasta, descendentes, irmãos e mesmo outros familiares mais próximos com os quais o executado mantenha estreitos laços de consideração e afeto.

Visa-se com tal benefício o fortalecimento de valores ético-sociais, de sentimentos nobres, o estreitamento dos laços afetivos e de convívio social harmônico pautado por responsabilidade, imprescindíveis para a ressocialização do sentenciado, bem como o surgimento de contraestímulos ao crime.

A saída temporária para ***frequentar curso supletivo profissionalizante***, bem como de instrução do segundo grau ou superior, é de grande valia ao ideal ressocializador, entretanto cumpre aqui ao juiz das execuções criminais mais uma vez permear a interpretação da regra com acentuado bom-senso, de maneira a não restringir a autorização para a frequência apenas *na comarca do juízo da execução*, como determina o inciso II do artigo em comento.

É que muitas vezes o curso é ministrado em comarca próxima, quando não contígua, e uma interpretação literal do texto afastaria a possibilidade de se conceder a saída temporária para tal finalidade.

Aflora do inciso III do art. 122 da LEP a possibilidade de se conceder saída temporária visando permitir ao preso sua ***participação em atividades que concorram para o retorno ao convívio social***.

A regra comporta interpretação consideravelmente ampla, por não haver qualquer limitação ao alcance do texto.

O problema é delimitar quais as atividades que podem ser consideradas positivas para o retorno ao convívio social. Neste passo, temos que devem assim ser consideradas as atividades esportivas, culturais, artísticas, religiosas e mesmo as de recreação, cumprindo ao juízo das execuções criminais avaliar em cada caso a pertinência e razoabilidade da pretensão deduzida.

Ao contrário da permissão de saída, quando haverá escolta policial durante o prazo de sua duração, **a saída temporária será autorizada sem vigilância direta**.

É **pressuposto** para a obtenção de saída temporária que o condenado se encontre no regime semiaberto. Não se concede o benefício a preso provisório, ressalvada a hipótese de condenação sem trânsito em julgado definitivo em que se tenha aplicado regime inicial semiaberto, pendente de recurso exclusivo da defesa, pois em tal caso jamais será possível modificação do regime para o fechado. Em razão de clara vedação legal, também não se concede saída temporária a quem se encontre no regime fechado.

Com razão ALEXANDRE DE MORAES, quando afirma que "os destinatários da previsão legal são, em princípio, somente os presos que se encontram em *regime semiaberto*. Entretanto, apesar da especificidade legal se referir somente aos sentenciados em regime *semiaberto*, concordamos com o Ministro Celso de Mello, quando afirma que 'as saídas temporárias — não obstante as peculiaridades do regime penal aberto — revelam-se acessíveis aos condenados que se acham cumprindo a pena em prisão-albergue, pois, o instituto da autorização de saída constitui instrumento essencial, enquanto estágio necessário que é, do sistema progressivo de execução das penas privativas de liberdade. Mais do que isso, impõe-se não desconsiderar o fato de que a recusa desse benefício ao preso albergado constituiria verdadeira *contradictio in terminis*, pois conduziria a uma absurda situação paradoxal, eis que o que cumpre pena em regime mais grave (semiaberto) teria direito a um benefício legal negado ao que, precisamente por estar em regime aberto, demonstrou possuir condições pessoais mais favoráveis de reintegração à vida comunitária'"[3].

A autorização será **concedida por ato motivado do juiz da execução**, ouvidos o Ministério Público e a administração penitenciária, e dependerá da satisfação dos seguintes requisitos[4], cumulativamente[5]: I — comportamento adequado; II — cumprimento mínimo de um sexto da pena[6], se o condenado for primário, e um quarto, se reincidente; III — compatibilidade do benefício com os objetivos da pena.

---

3. Alexandre de Moraes, *Legislação penal especial*, p. 180-181.

4. "O art. 123 da Lei de Execução Penal estabelece como requisitos para a concessão de saídas temporárias o comportamento adequado do apenado, o cumprimento de 1/6 da pena, para o réu primário, e de 1/4, caso seja reincidente, bem como a compatibilidade do benefício com os objetivos da pena" (STJ, HC 551.780/RJ, 5ª T., rel. Min. Reynaldo Soares da Fonseca, j. 4-2-2020, *DJe* de 12-2-2020).

5. "A concessão da saída temporária para o trabalho externo do preso em cumprimento de pena definitiva em regime inicialmente semiaberto depende do cumprimento de requisitos objetivos e subjetivos a serem avaliados pelo Juízo das Execuções no curso do cumprimento da pena" (STJ, AgRg no RHC 119.680/PA, 5ª T., rel. Min. Joel Ilan Paciornik, j. 11-2-2020, *DJe* de 21-2-2020). "O fato de o condenado encontrar-se no regime semiaberto não é suficiente para garantir-lhe os benefícios da saída temporária ou de trabalho externo, quando ausentes outras condições especificadas em lei" (STJ, AgRg no HC 465.958/RJ, 6ª T., rel. Min. Antonio Saldanha Palheiro, j. 4-8-2020, *DJe* de 10-8-2020).

6. "O entendimento desta Corte Superior é no sentido de que, à luz do disposto no art. 123, inciso II, da Lei de Execução Penal, o condenado deve atender ao requisito do prazo mínimo de cumprimento da pena, mesmo nos casos de condenados em regime inicial semiaberto" (STJ, AgRg no HC 550.844/SP, 6ª T., rela. Mina. Laurita Vaz, j. 17-12-2019, *DJe* de 4-2-2020).

Requisito subjetivo indispensável é a comprovação de comportamento adequado, que será aferido por informações da administração penitenciária. Ao preso que reconhecidamente tiver praticado falta disciplinar devidamente apurada em procedimento apropriado não se concederá o benefício, por evidente ausência de mérito[7].

Constitui ***requisito objetivo*** o cumprimento mínimo de um sexto da pena, se o condenado for primário, e um quarto, se reincidente[8].

Ingressando o condenado por progressão no regime semiaberto, se já tiver cumprido um sexto da pena no regime fechado, não será necessário que cumpra mais um sexto, agora no regime semiaberto, para que possa obter o benefício de saída temporária.

A propósito do tema, a **Súmula 40 do STJ** dispõe que, "para obtenção dos benefícios de saída temporária e trabalho externo, considera-se o tempo de cumprimento da pena no regime fechado".

Por fim, é de verificar, em conjugação com os demais requisitos, se *há compatibilidade do benefício com os objetivos da pena*, e aqui se impõe redobrada cautela e bom senso ao juiz da execução, sob pena de se inviabilizar por inteiro a concessão do benefício se levada ao extremo a complexa e filosófica análise das teorias que tentam desde longa data estabelecer os verdadeiros objetivos e fins da pena.

Impõe-se uma análise mais empírica do que filosófica.

Verificados os requisitos legais, a saída temporária é direito público subjetivo do condenado, e conforme o texto legal, ressalte-se, só pode ser concedida a quem se encontre cumprindo pena no regime semiaberto, nas hipóteses taxativamente previstas.

Nesse contexto, é oportuno registrar importante e correta decisão do Superior Tribunal de Justiça no sentido de que, "Ao apenado em regime semiaberto que preencher os requisitos objetivos e subjetivos do art. 122 e seguintes da Lei de Execuções Penais, deve ser concedido o benefício das saídas temporárias. Observado que o benefício da saída temporária tem como objetivo a ressocialização do preso e é concedido ao apenado em regime mais gravoso — semiaberto —, não se justifica negar a benesse ao reeducando que se encontra em regime menos gravoso — aberto, na modalidade de prisão domiciliar —, em razão de ausência de vagas em estabelecimento prisional compatível com o regime semiaberto"[9].

---

7. "O cometimento de falta grave é motivo idôneo para o indeferimento do benefício da saída temporária, por ausência de preenchimento do requisito subjetivo: STJ, HC 514.230/RJ, 5ª T., rel. Min. Joel Ilan Paciornik, j. 17-9-2019, *DJe* 24-9-2019; STJ, HC 487.885/MG, 5ª T., rel. Min. Reynaldo Soares da Fonseca, j. 7-2-2019, *DJe* 15-2-2019; STJ, HC 389.302/SC, 5ª T., rel. Min. Felix Fischer, j. 27-4-2017, *DJe* 25-5-2017" (STJ — Jurisprudência em Teses, Edição n. 146).

8. Sobre reincidência, ver arts. 63 e 64 do Código Penal, e art. 7º do Decreto-lei n. 3.688, de 3-10-1941 (LCP).

9. STJ, HC 489.106/RS, 6ª T., rel. Min. Nefi Cordeiro, j. 13-8-2019, *DJe* de 26-8-2019.

3.2. Competência

A autorização de saída temporária é **ato de competência privativa do juiz da execução** (art. 66, IV, c/c o art. 123, *caput*, da LEP), a ser concedida ou negada de forma motivada, impondo-se a prévia oitiva do Ministério Público e da administração penitenciária.

Consoante a **Súmula 520 do STJ:** "O benefício de saída temporária no âmbito da execução penal é ato jurisdicional insuscetível de delegação à autoridade administrativa do estabelecimento prisional".

"A teor do disposto no art. 123, I, II e III, da LEP, a autorização quanto às saídas temporárias é ato jurisdicional não sujeito à delegação ao diretor do presídio e só poderá ser concedido mediante o preenchimento, pelo apenado, dos requisitos subjetivos e objetivos legalmente previstos. Assim, constitui flagrante contrariedade à lei de regência a concessão ou a renovação automática do aludido benefício, realizada a cargo do administrador do presídio, sem o exame de quaisquer requisitos e sem a oitiva prévia do Ministério Público acerca da conveniência da concessão do benefício. Precedentes"[10].

"Constitui evidente constrangimento ilegal, sanável via *habeas corpus*, a demora injustificável na tramitação do pedido de saída temporária, formulado pelo apenado, que preenche o requisito necessário à concessão do benefício, qual seja, o cumprimento da pena em regime semiaberto"[11].

3.3. Prazo

À luz do disposto no art. 124 da LEP, atendidos os requisitos legais, a autorização de saída temporária será concedida por prazo não superior a sete dias, podendo ser renovada por mais quatro vezes durante o ano.

No total o preso poderá obter até cinco autorizações de saída temporária a cada ano, não podendo cada uma delas exceder a sete dias.

Não há compensação de dias. Não se trata de direito adquirido a estar fora do ambiente carcerário por 35 dias a cada ano. Sendo assim, se uma saída for autorizada por prazo inferior a sete dias não haverá como computar a diferença até este total para crédito em outra saída.

Cabe aqui observar, entretanto, que o Superior Tribunal de Justiça já abrandou a regra ao decidir que, "Em atenção ao princípio da ressocialização, a concessão de um maior número de saídas temporárias de menor duração, uma vez respeitado o limite de dias imposto na Lei de Execuções, alcança o objetivo de reintegrar gradualmente o condenado à sociedade"[12].

Quando se tratar de frequência a curso profissionalizante, de instrução de ensino médio ou superior, o tempo de saída será o necessário para o cumprimento das ativida-

---

10. STJ, RMS 19.928/RS, 6ª T., rel. Min. Nefi Cordeiro, j. 18-12-2014, *DJe* de 12-2-2015.
11. STJ, RHC 6.715/RJ, 5ª T., rel. Min. Cid Flaquer Scartezzini, *RJTACrimSP*, 37/561.
12. STJ, REsp 1.166.251/RJ, Terceira Seção, rela. Mina. Laurita Vaz, j. 14-12-2012, *DJe* de 3-9-2012.

des discentes[13], cabendo ao postulante provar o tempo pelo qual se faz necessária a saída temporária.

Nos demais casos, as autorizações de saída somente poderão ser concedidas com prazo mínimo de quarenta e cinco dias de intervalo entre uma e outra.

3.4. Saídas automatizadas

A concessão de cada autorização de saída deve ser precedida da análise dos requisitos legais; uma a cada vez.

Diante disso, é condenável a conduta do juízo das execuções criminais que de uma única vez, em uma só decisão, já defere o benefício de saída temporária por mais de uma vez ao longo do ano — as denominadas "saídas automatizadas" —, sem se preocupar com a apreciação do mérito do executado ao tempo de cada saída. É evidente que o encarcerado poderá apresentar *comportamento adequado* (art. 123, I, da LEP) ao tempo da apreciação de um primeiro pedido e não contar com o mesmo requisito em tempo futuro.

Esse entendimento foi pacificado no âmbito do Superior Tribunal de Justiça, que no julgamento do REsp 1.166.251/RJ[14] firmou compreensão no sentido de ser descabida a concessão automática de saídas temporárias pelo Juízo da Execução, devendo cada pedido ser apreciado de forma individualizada[15].

Entretanto, no dia 14 de setembro de 2016, por ocasião do julgamento do REsp 1.544.036/RJ, de que foi relator o Ministro Rogério Schietti Cruz, a Terceira Seção do Superior Tribunal de Justiça relativizou o posicionamento da Corte, e, mantida a vigência da Súmula 520, passou a admitir "saídas automatizadas" em razão de certas peculiaridades atreladas à morosidade causadora de violações a direitos, tendo firmado as teses que seguem transcritas:

Primeira tese: "É recomendável que cada autorização de saída temporária do preso seja precedida de decisão judicial motivada. Entretanto, se a apreciação individual do pedido estiver, por deficiência exclusiva do aparato estatal, a interferir no direito subjetivo do apenado e no escopo ressocializador da pena, deve ser reconhecida, excepcionalmente, a possibilidade de fixação de calendário anual de saídas temporárias por ato judicial único, observadas as hipóteses de revogação automática do artigo 125 da LEP".

Segunda tese: "O calendário prévio das saídas temporárias deverá ser fixado, obrigatoriamente, pelo juízo das execuções, não se lhe permitindo delegar à autoridade pri-

---

13. A regra está contida no parágrafo único do art. 124, § 2º, da LEP.

14. "A autorização das saídas temporárias é ato jurisdicional da competência do Juízo das Execuções Penais, que deve ser motivada com a demonstração da conveniência de cada medida. Não é possível delegar ao administrador do presídio a fiscalização sobre diversas saídas temporárias, autorizadas em única decisão, por se tratar de atribuição exclusiva do magistrado das execuções penais, sujeita à ação fiscalizadora do *Parquet*" (STJ, REsp 1.166.251/RJ, Terceira Seção, rela. Mina. Laurita Vaz, j. 14-12-2012, *DJe* de 3-9-2012).

15. STJ, AgRg no HC 356.927/SC, 6ª T., rel. Min. Antonio Saldanha Palheiro, j. 9-8-2016, *DJe* de 24-8-2016.

sional a escolha das datas específicas nas quais o apenado irá usufruir os benefícios. Inteligência da Súmula 520 do STJ".

Terceira tese: "Respeitado o limite anual de 35 dias, estabelecido pelo artigo 124 da LEP, é cabível a concessão de maior número de autorizações de curta duração".

Quarta tese: "As autorizações de saída temporária para visita à família e para participação em atividades que concorram para o retorno ao convívio social, se limitadas a cinco vezes durante o ano, deverão observar o prazo mínimo de 45 dias de intervalo entre uma e outra. Na hipótese de maior número de saídas temporárias de curta duração, já intercaladas durante os 12 meses do ano e muitas vezes sem pernoite, não se exige o intervalo previsto no artigo 124, parágrafo 3º, da LEP".

3.5. Condições para o gozo de saída temporária

A Lei n. 12.258/2010 deu nova redação ao art. 124 da LEP e acrescentou condições para o gozo de saídas temporárias.

Ao conceder saída temporária, o juiz imporá condições obrigatórias, sem prejuízo de outras — ditas judiciais —, que entender compatíveis com as circunstâncias do caso e a situação pessoal do condenado.

As *condições obrigatórias* listadas no § 1º do art. 124 devem ser aplicadas conjuntamente. Não há escolha. São elas: I — fornecimento do endereço onde reside a família a ser visitada ou onde poderá ser encontrado durante o gozo do benefício; II — recolhimento à residência visitada, no período noturno; III — proibição de frequentar bares, casas noturnas e estabelecimentos congêneres.

Além destas, outras poderão ser impostas pelo juízo concedente, que para tanto deverá observar critérios de razoabilidade e proporcionalidade, bem como estrita relação com o crime praticado pelo condenado, do qual resultou a pena sob execução, além de suas condições pessoais no momento do benefício. São as denominadas *condições judiciais* ou *facultativas*.

Não se admite a inclusão de condição aleatória, sem qualquer relação com o fato-crime, tampouco que o juiz se afaste dos irrenunciáveis critérios de individualização das condições.

Não é por outra razão que a lei diz expressamente que o juiz poderá especificar outras condições "que entender compatíveis com as circunstâncias do caso e a situação pessoal do condenado".

3.6. Monitoramento eletrônico

Nos precisos termos do art. 146-B, II, da LEP, o juiz poderá determinar a fiscalização por meio de monitoramento eletrônico quando conceder a saída temporária.

Em conformidade com tal regra, dispõe o § 1º do art. 122 da LEP que a ausência de vigilância direta não impede a utilização de dispositivo de monitoramento eletrônico pelo condenado beneficiado com saída temporária, quando assim determinar o juiz da execução.

3.7. Revogação do benefício

O benefício de saída temporária será automaticamente revogado quando o condenado praticar fato definido como crime doloso, for punido por falta grave, desatender as condições impostas na autorização ou revelar baixo grau de aproveitamento do curso.

O art. 125, *caput*, da LEP, considera *a prática* de fato definido como crime doloso e *a punição* por falta grave como causas de revogação automática do benefício de saída temporária, sendo certo que *a prática* de fato definido como crime doloso ou de falta grave impõe a regressão de regime prisional, conforme o disposto no art. 118, I, da mesma lei. Sendo assim, estando o preso condenado e cumprindo pena no regime semiaberto quando da obtenção do benefício de saída temporária, tais condutas acarretarão, pela via da regressão, seu ingresso no regime fechado, no qual não se admite o benefício de saída temporária.

A revogação também ocorrerá se o preso desatender às condições impostas na autorização ou revelar baixo grau de aproveitamento do curso. É que em tais hipóteses restará evidente que a autorização de saída temporária não estará alcançando sua verdadeira finalidade, não se justificando seja mantida.

O juiz poderá determinar a fiscalização por meio de monitoramento eletrônico quando conceder saída temporária (art. 146-B, IV, da LEP).

Na dicção do art. 146-C, *caput*, concedido o benefício, o condenado deverá ser instruído acerca dos cuidados que deverá adotar com o equipamento eletrônico e dos seguintes deveres: I — receber visitas do servidor responsável pela monitoração eletrônica, responder aos seus contatos e cumprir suas orientações; II — abster-se de remover, de violar, de modificar, de danificar de qualquer forma o dispositivo de monitoração eletrônica ou de permitir que outrem o faça.

A violação injustificada e provada dos deveres previstos no art. 146-C, I e II, poderá acarretar, a critério do juiz da execução, ouvidos o Ministério Público e a defesa, a ***revogação da autorização de saída temporária*** (art. 146-C, parágrafo único, II, da LEP), caso não se revele suficiente a aplicação da medida de *advertência escrita* a que se refere o inciso VII do parágrafo único do art. 146-C da LEP.

A revogação automática do benefício não viola o princípio constitucional da ampla defesa. Como punição que é, impõe-se seja célere, e, assim, deve acontecer antes de se ver escoar o tempo total da saída autorizada, inclusive porque a própria Lei de Execução Penal prevê a possibilidade de posterior restabelecimento do benefício, o que afasta qualquer possibilidade de lesão ou ameaça a direito.

3.8. Da recuperação do direito

A recuperação do direito à saída temporária, diz o parágrafo único do art. 125 da LEP, dependerá da absolvição no processo penal, do cancelamento da punição disciplinar ou da demonstração do merecimento do condenado.

Somente absolvição criminal definitiva, com trânsito em julgado ao menos para o Ministério Público, é que pode permitir a recuperação do benefício.

O cancelamento da punição disciplinar poderá decorrer de decisão administrativa ou judicial.

Absolvido o preso no processo penal que deu causa à revogação do benefício, cancelada a punição disciplinar ensejadora da punição ou havendo demonstração de merecimento por parte do executado, **volta-se ao *statu quo ante***. Sendo assim, restaura-se o direito à obtenção de saída temporária, que a cada pedido dependerá da satisfação dos mesmos requisitos objetivos e subjetivos, cumprindo ao juiz a que se submeter a apreciação decidir de forma motivada, sem prescindir da prévia oitiva do Ministério Público.

Sobre o assunto doutrinam Antônio Luiz Pires Neto e José Eduardo Goulart: "Prevê a Lei Executória Penal a revogação do benefício por motivos idênticos àqueles determinantes da regressão de regime, acima referidos, acrescentando-se o baixo grau de aproveitamento do aluno a curso escolar. Poderá, no entanto, o condenado recuperar o direito a saída temporária, caso absolvido da acusação que lhe foi feita, se cancelada punição disciplinar ou venha ele, novamente, a demonstrar merecimento"[16].

16. Antônio Luiz Pires Neto e José Eduardo Goulart, *Execução penal — visão do TACrimSP*, p. 64.

Capítulo XIII

DA REMIÇÃO

Sumário: 1. Noção. 2. Generalidades. 3. Requisitos. 3.1. Remição pelo trabalho. 3.1.1. Horário especial. 3.1.2. Atividades laborativas. 3.2. Remição pelo estudo. 3.2.1. Quem pode remir pena pelo estudo. 3.2.2. Remição cumulativa. 3.3. Remição pela leitura. 3.4. Remição virtual ou ficta. 4. Como se procede ao abatimento dos dias remidos. 5. Procedimento e decisão judicial. 6. Perda dos dias remidos. 6.1. Ampla defesa e contraditório.

1. NOÇÃO

A palavra "remição" vem de *redimere*, que no latim significa reparar, compensar, ressarcir. É preciso não confundir "remição" com "remissão"; esta, segundo o léxico, significa a ação de perdoar[1].

Pelo instituto da remição, o sentenciado pode **reduzir o tempo de cumprimento de pena**, contanto que se dedique rotineiramente ao trabalho e/ou estudo, observadas as regras dos arts. 126 a 128 da LEP.

Como bem observou Julio F. Mirabete, "trata-se de um meio de abreviar ou extinguir parte da pena. Oferece-se ao preso um estímulo para corrigir-se, abreviando o tempo de cumprimento da sanção para que possa passar ao regime de liberdade condicional ou à liberdade definitiva. Segundo Maria da Graça Morais Dias, trata-se de um instituto completo, 'pois reeduca o delinquente, prepara-o para sua reincorporação à sociedade, proporciona-lhe meios para reabilitar-se diante de si mesmo e da sociedade, disciplina sua vontade, favorece a sua família e sobretudo abrevia a condenação, condicionando esta ao próprio esforço do penado'"[2].

2. GENERALIDADES

A remição será **declarada pelo juiz da execução**, ouvido o Ministério Público, conforme decorre, inclusive, do disposto nos arts. 66, III, *c*, e 67, ambos da LEP. Também o

1. Antônio Houaiss, *Dicionário Houaiss da língua portuguesa*, p. 2.425.
2. Julio F. Mirabete, *Execução penal*, 9. ed., p. 425-426.

executado, por seu defensor, deverá ser ouvido a respeito, quando não for o autor do pedido.

O **preso provisório** não está obrigado ao trabalho em razão do princípio segundo o qual ninguém será considerado culpado até o trânsito em julgado de sentença penal condenatória (art. 5º, LVII, da CF).

Diante da possibilidade de execução provisória da sentença condenatória que não transitou em julgado para a defesa (art. 2º da LEP; Súmula 716 do STF), é recomendável, entretanto, que o preso provisório se submeta ao trabalho, tendo em vista a ausência de proibição legal (art. 31, parágrafo único, da LEP) e a possibilidade de remição (art. 126 da LEP), com consequente redução do prazo de execução da pena, desde que o trabalho se verifique nos moldes exigidos pela Lei n. 7.210/84.

O **condenado por crime político** também não está obrigado ao trabalho[3].

Para o **condenado a cumprir pena de prisão simples**, que não excede a quinze dias, o trabalho é facultativo[4].

"Não tem direito à remição o agente que está submetido à medida de segurança de internação em hospital de custódia e tratamento psiquiátrico, ainda que essa internação possa ser objeto de detração penal, pois o sentenciado não estará cumprindo a pena segundo as regras do regime fechado ou semiaberto, expostas no *caput* do art. 126 da LEP"[5].

3. REQUISITOS

3.1. Remição pelo trabalho

O condenado que cumpre a **pena em regime fechado ou semiaberto** poderá remir, por trabalho, parte do tempo de execução da pena.

A Súmula 562 do STJ dispõe que "É possível a remição de parte do tempo de execução da pena quando o condenado, em regime fechado ou semiaberto, desempenha atividade laborativa, ainda que extramuros".

Não há falar em remição de pena pelo trabalho estando o **condenado no regime aberto ou em livramento condicional**, visto que não há autorização legal neste sentido, e isso porque nestes casos o trabalho é condição de ingresso e permanência, respectivamente, conforme decorre dos arts. 114, I, e 132, § 1º, *a*, ambos da LEP.

A Lei n. 12.433/2011 não alterou o sistema de remição de pena pelo trabalho *no que tange à proporção de dias trabalhados para que se consiga o direito à remição.*

Para cada 3 (três) dias de trabalho regular, nos moldes do art. 33 da LEP, será **um dia de abatimento da pena** a cumprir (art. 126, § 1º, II, da LEP[6]).

---

3. Art. 200 da LEP.

4. Art. 6º, § 2º, do Decreto-lei n. 3.688, de 3-10-1941 (LCP).

5. Alexandre de Moraes, *Legislação penal especial*, p. 186.

6. "O art. 126 da Lei de Execução Penal permite ao condenado que cumpre pena em regime fechado ou semiaberto remir, por trabalho, parte do tempo de execução da pena, determinando que a

Todo trabalho pressupõe responsabilidade, organização e disciplina. Para fins de remição não é diferente, já que é preciso incutir tais valores na mente e na rotina do executado, como forma de readaptá-lo à vida ordeira, dentro dos conceitos de uma sociedade produtiva.

A jornada laborativa que assegura o direito à remição deve observar o disposto no art. 33 da LEP e, por isso, não poderá ser inferior a seis, nem superior a oito horas, com descanso nos domingos e feriados.

Está consolidado o entendimento no sentido de que "para que seja possível a remição da pena pelo trabalho, permitida pelo art. 126 da Lei 7.210/84, não basta o trabalho esporádico, ocasional, do condenado. Deve haver certeza de efetivo trabalho, bem como conhecimento dos dias trabalhados. Exige-se que a atividade seja ordenada, empresarial e, antes de mais nada, remunerada, garantidos ao sentenciado os benefícios da Previdência Social, com o fim de educar o preso, entendendo-se o presídio como verdadeira empresa"[7].

Assim, "para o deferimento do pedido de remição de penas, necessário se faz o cômputo preciso dos dias em que o preso labutou, excluídos os dias do descanso obrigatório e aqueles em que a atividade laborativa foi inferior a seis horas, vedadas compensações. Tal exigência objetiva, justamente, evitar a ocorrência de fraudes"[8].

É necessário que se comprovem os dias trabalhados com a **apresentação de atestado** que satisfaça todas as exigências legais para o fim a que se destina, especificando quais os dias em que o sentenciado efetivamente trabalhou e se não cometeu faltas. Nesse sentido, o atestado firmado pelo diretor do estabelecimento penal goza de plena idoneidade, tratando-se de presunção *juris tantum*, pois os documentos oriundos da Administração Pública são válidos até prova em contrário.

Se os documentos apresentados forem imprecisos, vagos, não constando a chancela do diretor do estabelecimento penal, são imprestáveis para instruir pedido de remição. Todavia, com acerto já se decidiu que "o sentenciado não pode ser prejudicado por falhas no registro das horas e dias trabalhados. Havendo dúvida quanto ao número de dias, devem ser considerados como trabalhados o maior número possível de dias"[9].

Nos precisos termos do **art. 129 da LEP**, a autoridade administrativa encaminhará, mensalmente, ao juízo da execução cópia do registro de todos os condenados que estejam trabalhando e dos dias de trabalho de cada um deles.

---

contagem do tempo seja feita à razão de 1 dia de pena a cada 3 dias de trabalho. Nesse contexto, nos termos do REsp 1.381.315/RJ, julgado sob a sistemática dos recursos repetitivos (rel. Ministro Rogerio Schietti Cruz, Terceira Seção, julgado em 13-5-2015, *DJe* 19-5-2015), é possível a remição de parte do tempo de execução da pena quando o condenado, em regime fechado ou semiaberto, desempenha atividade laborativa" (STJ, AgRg no HC 581.293/PB, 5ª T., rel. Min. Ribeiro Dantas, j. 9-6-2020, *DJe* de 17-6-2020).

7. *RT*, 616/323.

8. *RT*, 727/526.

9. *RJDTACrimSP*, 2/50; *RJTJSP*, 116/497.

Configura o crime do art. 299 do CP declarar ou atestar falsamente prestação de serviço para o fim de instruir pedido de remição.

3.1.1. *Horário especial*

Poderá ser atribuído **horário especial de trabalho** aos presos designados para os serviços de conservação e manutenção do estabelecimento penal.

Muitas vezes a natureza do serviço, sua localização ou outros fatores podem indicar a conveniência de que a prestação laboral ocorra em horários especiais. Ainda nessas hipóteses, é necessário que o preso trabalhe com habitualidade e aproveitamento razoável para merecer as vantagens da remição.

Dada a especialidade da prestação, o dia trabalhado pelos sentenciados que se encontram em horário especial de trabalho, em jornada que atinja doze horas diárias, por exemplo, há que levar em conta a carga horária efetivamente trabalhada e não somente o dia trabalhado.

Em outros termos, trabalhando doze horas e descansando no dia seguinte, para retornar no imediato, o sentenciado tem uma jornada de seis horas diárias de trabalho.

Muitas vezes a especialidade do trabalho a ser prestado impõe a necessidade de sua efetivação também aos domingos e feriados. Outras são os próprios condenados que solicitam autorização para o trabalho aos domingos e feriados, justificando que a ociosidade não os favorece, ao contrário do trabalho. Nesses casos, "desde que o trabalho realizado pelo preso em horas excedentes e em domingos e feriados tenha sido expressamente determinado pela autoridade competente, não seria justo deixar de contá-lo para fins de remição da pena"[10]. "É certo que o artigo 33 da Lei 7.210/84 dispõe que 'a jornada normal de trabalho não será inferior a seis nem superior a oito horas, com descanso nos domingos e feriados'. A restrição, no entanto, deve ser interpretada em favor, e não contra o sentenciado, tanto que o parágrafo único do dispositivo admite a atribuição de horário especial para os serviços de conservação e manutenção do estabelecimento penal. Assim, o trabalho exercido aos domingos e feriados em serviço necessário à manutenção do presídio deve ser computado para fins de remição de pena"[11].

3.1.2. *Atividades laborativas*

Na atribuição do trabalho, diz o art. 32 da LEP, deverão ser levadas em conta a habilitação, a condição pessoal e as necessidades futuras do preso, bem como as oportunidades oferecidas pelo mercado. Visa-se (re)educar o preso para o trabalho e prepará-lo para o mercado.

Os maiores de sessenta anos poderão solicitar ocupação adequada à sua idade, e os doentes ou deficientes físicos somente exercerão atividades apropriadas ao seu estado.

---

10. *RT*, 631/322; *RJTJSP*, 114/551.

11. *RT*, 631/298.

Antes de tudo é necessário que o trabalho desenvolvido seja lícito.

Normalmente se cuida de trabalho desenvolvido em parceria com algumas empresas que atuam no ramo da confecção de bolas, cadeiras, mesas. São ainda exemplos de atividades que autorizam a remição, desde que atendidos os requisitos legais: faxina, auxiliar de enfermagem, tarefas burocráticas designadas pela administração do estabelecimento e destinadas à manutenção[12].

O simples fato de o condenado costumeiramente **elaborar petições** por seus colegas de cárcere, endereçadas ao juízo das execuções criminais, não autoriza a concessão do benefício, não se computando tal atividade para efeito de cálculo de remição da pena, inclusive em razão da total ausência de controle sobre o exercício de tal atividade. Por outro lado, se o trabalho for desempenhado sob a tutela e o controle efetivo da administração, será justo e necessário o cômputo.

O **trabalho artesanal** sem expressão econômica deverá ser limitado, tanto quanto possível, salvo nas regiões de turismo, conforme deflui do § 1º do art. 32 da LEP.

Note-se que não é proibido o trabalho artesanal. Trata-se, ademais, de uma recomendação legal destinada ao administrador do estabelecimento prisional, tanto assim que, se o trabalho for realizado com a regularidade determinada pelo art. 33 da LEP, ainda que o preso não se encontre em região de turismo, estará assegurado o direito à remição[13].

Nesse sentido os tribunais têm decidido reiteradas vezes que "é admissível, em se tratando de remição, a realização de trabalhos artesanais pelo preso, quando ausentes condições para execução de outras atividades laborativas — por exemplo, no caso de preso recolhido à Cadeia Pública, pois o art. 32, § 1º, da Lei 7.210/84 não proíbe tal modalidade de trabalho, mas apenas a considera, em regra, desaconselhável"[14]. Também já se decidiu que "não há como abusar da boa-fé do preso que, colaborando na própria redução, se dispõe a trabalhar. Ademais deve ser permitido o trabalho artesanal se não for possível a execução de outras tarefas diante da impossibilidade de recursos materiais da administração"[15].

Evidentemente, seria absurdo dar ou negar benefícios com base na região onde o preso cumpre pena.

---

12. *RT*, 644/300.

13. "Todo trabalho tem papel ressocializador, inclusive a jurisprudência tem flexibilizado o art. 126 da LEP para permitir a remição da pena pela leitura e pelo estudo por conta própria, não sendo razoável impedir o benefício por atividade laboral de artesanato promovida e reconhecida pela própria administração do estabelecimento prisional, ao argumento de ausência de comprovação da supervisão e do cumprimento de jornada" (STJ, HC 534.258/RS, 6ª T., rela. Mina. Laurita Vaz, j. 30-6-2020, *DJe* de 4-8-2020).

14. *RJTACrimSP*, 35/86. No mesmo sentido: STJ, REsp 1.720.785/RO, rel. Min. Ribeiro Dantas, j. 12-3-2018, *DJe* de 14-3-2018.

15. TJSP, Ag. 216.450/3, 2ª CCrim., rel. Des. Silva Pinto.

3.2. Remição pelo estudo

Na falta de regra específica na lei, doutrina e jurisprudência divergiam sobre a possibilidade de remição pelo estudo.

De nossa parte, sempre entendemos cabível a remição tomando por base o tempo dedicado ao aprimoramento estudantil.

A melhor interpretação que se deve dar à lei é aquela que mais favoreça a sociedade e o preso, e por aqui não é possível negar que a dedicação rotineira deste ao aprimoramento de sua cultura por meio do estudo contribui decisivamente para os destinos da execução, influenciando de forma positiva em sua (re)adaptação ao convívio social. Aliás, não raras vezes o estudo acarretará melhores e mais sensíveis efeitos no presente e no futuro do sentenciado, vale dizer, durante o período de cumprimento de pena e no momento da reinserção social, do que o trabalho propriamente dito.

Tanto quanto possível, em razão de seus inegáveis benefícios, o aprimoramento cultural por meio do estudo deve constituir um objetivo a ser alcançado na execução penal, e um grande estímulo na busca deste ideal é a possibilidade de remir a pena privativa de liberdade pelo estudo.

Marcando seu posicionamento a respeito, o Superior Tribunal de Justiça editou a **Súmula 341**, com a seguinte redação: "A frequência a curso de ensino formal é causa de remição de parte do tempo de execução de pena sob regime fechado ou semiaberto".

Com vistas a incrementar o estudo formal no ambiente prisional, a Lei n. 12.245/2010 acrescentou um § 4º ao art. 83 da LEP, dispondo que nos estabelecimentos penais, conforme a sua natureza, serão instaladas salas de aulas destinadas a cursos de **ensino básico e profissionalizante**, e a Lei n. 13.163/2015 introduziu na Lei de Execução Penal seu art. 18-A, que trata da implantação nos presídios do **ensino médio**, **regular** ou **supletivo**.

Pois bem. Resolvendo definitivamente a discussão, uma das inovações saudáveis determinadas pela Lei n. 12.433/2011 foi a alteração do art. 126 da LEP, para incluir a normatização da remição pelo estudo.

Pela atual redação, o art. 126, *caput*, e § 1º, I, da LEP assegura o direito à remição pelo estudo, na proporção de 1 (um) dia de pena a cada 12 (doze) horas de frequência escolar — atividade de ensino fundamental, médio, inclusive profissionalizante, ou superior, ou ainda de requalificação profissional — divididas, no mínimo, em 3 (três) dias.

Isso quer dizer que o estudo poderá ter carga horária diária desigual, mas, para que se obtenha direito à remição, é imprescindível que estas horas somadas resultem em 12 (doze) a cada 3 (três) dias para que se alcance o abatimento de 1 (um) dia de pena; portanto, se o preso tiver jornada de 12 (doze) horas de estudos em um único dia, isso não irá proporcionar isoladamente 1 (um) dia de remição.

Tais atividades de estudo poderão ser desenvolvidas de forma presencial ou por metodologia de ensino a distância, e deverão ser certificadas pelas autoridades educacionais competentes dos cursos frequentados (§ 2º), por meio de documento idôneo, que cumpra os requisitos da Recomendação n. 44 de 26/11/2013 do Conselho Nacional de Justiça[16].

O preso impossibilitado, *por acidente*, de prosseguir no trabalho ou nos estudos continuará a beneficiar-se com a remição (§ 4º).

Outra previsão louvável voltada à ressocialização pelo aprimoramento cultural vem expressa no § 5º do art. 126, nos seguintes termos: "O tempo a remir em função das horas de estudo será acrescido de 1/3 (um terço) no caso de conclusão do ensino fundamental, médio ou superior durante o cumprimento da pena, desde que certificada pelo órgão competente do sistema de educação".

O Conselho Nacional de Justiça editou a Recomendação n. 44 de 26/11/2013, que, em seu art. 1º, inc. IV, regulamentando o § 5º do art. 126 da Lei de Execução Penal, dispõe sobre a possibilidade de remição por aprovação nos exames nacionais que certificam a conclusão de ensino fundamental (ENCCEJA)[17].

A Colenda 6ª Turma do Superior Tribunal de Justiça, "no julgamento do HC n. 420.682/SC, relator Ministro Rogerio Schietti Cruz, fixou a remição de 10 dias para cada uma das 5 áreas do ensino médio completada, e de cerca de 13 dias para cada uma das 5 áreas do ensino fundamental, com o acréscimo de 1/3 quando da conclusão da referida etapa do ensino, em observância ao art. 126, § 5º, da Lei de Execução Penal"[18].

3.2.1. Quem pode remir pena pelo estudo

Segundo o art. 126, *caput*, têm direito à remição pelo estudo os presos que se encontrarem no regime fechado ou semiaberto.

Já pela redação do § 6º do art. 126, o condenado que cumpre pena em regime aberto ou semiaberto e o que usufrui liberdade condicional (entenda-se: condenado que se encontre sob livramento condicional) poderão remir, pela frequência a curso de ensino regular ou de educação profissional, parte do tempo de execução da pena ou do período de prova, à razão de 1 (um) dia de pena a cada 12 (doze) horas de frequência escolar — atividade de ensino fundamental, médio, inclusive profissionalizante, ou superior, ou ainda de requalificação profissional — divididas, no mínimo, em 3 (três) dias.

Nos precisos termos do art. 126, § 7º, da LEP, é possível a remição pelo estudo também em relação ao preso cautelar, ficando a possibilidade de abatimento condicionada, é claro, à superveniência de eventual condenação.

Como se vê, caiu por terra a **Súmula 341 do STJ**, que teve importante efeito em termos de orientação antes da Lei n. 12.433/2011.

---

16. STJ, AgRg no HC 580.613/SC, 5ª T., rel. Min. Felix Fischer, j. 18-8-2020, *DJe* de 31-8-2020.
17. STJ, AgRg no HC 593.675/SC, 5ª T., rel. Min. Felix Fischer, j. 8-9-2020, *DJe* de 15-9-2020.
18. STJ, AgRg no HC 578.066/SC, 6ª T., rel. Min. Antonio Saldanha Palheiro, j. 30-6-2020, *DJe* de 4-8-2020.

3.2.2. *Remição cumulativa*

Admite-se a acumulação dos casos de remição (trabalho + estudo), desde que exista compatibilidade das horas diárias (§ 3º); sendo assim, o preso que trabalhar e estudar regularmente e com atendimento à carga horária diária que a lei reclama para o trabalho e também para o estudo poderá, a cada 3 (três) dias, reduzir 2 (dois) dias de sua pena.

3.3. Remição pela leitura

Pelas mesmas razões já apresentadas quando da análise da remição pelo estudo formal, é **juridicamente possível, mediante interpretação extensiva *in bonam partem***, admitir remição pela leitura.

O aprimoramento cultural proporcionado pela leitura amplia horizontes antes limitados pela ignorância; permite amealhar estímulos positivos no enfrentamento ao ócio da criatividade; combate a anemia aniquiladora de vibrações e iniciativas virtuosas; e disponibiliza, como consequência natural de seu acervo, acesso à felicidade que decorre de novas perspectivas atreladas a realizações antes não imaginadas.

Diante dessa realidade que não se pode negar, são incontáveis os frutos benfazejos — generosa e harmoniosamente cedidos pelo aprimoramento cultural — e deles a execução penal não pode prescindir.

No plano normativo específico, a Portaria Conjunta n. 276, de 20 de junho de 2012[19] (*DOU* de 22-6-2012, n. 120, Seção 1, p. 25), do Ministério da Justiça e do Departamento Penitenciário Nacional, dispõe sobre a possibilidade de remição pela leitura no âmbito das Penitenciárias Federais — "Projeto Remição Pela Leitura", o que também constitui objeto da Recomendação n. 44/2013 do Conselho Nacional de Justiça. No Estado de São Paulo, a Lei n. 16.648/2018 instituiu, no âmbito dos estabelecimentos carcerários, a possibilidade de remição da pena pela leitura.

No julgamento do *Habeas Corpus* 312.486/SP, de que foi relator o Ministro Sebastião Reis Júnior, a 6ª Turma do Superior Tribunal de Justiça decidiu que: "A norma do art. 126 da LEP, ao possibilitar a abreviação da pena, tem por objetivo a ressocialização do condenado, sendo possível o uso da analogia *in bonam partem*, que admita o benefício em comento, em razão de atividades que não estejam expressas no texto legal (REsp n. 744.032/SP, Ministro Felix Fischer, Quinta Turma, *DJe* 5-6-2006). O estudo está estreita-

---

19. "O Superior Tribunal de Justiça fixou posicionamento mediante o qual se admite a remição da pena pela leitura, nos termos da Portaria conjunta n. 276/2012, do Departamento Penitenciário Nacional/MJ e do Conselho da Justiça Federal, bem como da Recomendação n. 44/2013 do Conselho Nacional de Justiça. Assim, na análise do pedido, 'a comissão deverá apresentar análise da resenha apresentada pelo reeducando, observando 'os aspectos relacionados à compreensão e compatibilidade do texto com o livro trabalhado' e, posteriormente, encaminhar ao Juízo da Execução competente para que 'este decida sobre o aproveitamento da leitura realizada' (HC n. 413.501/SP, relator Ministro Ribeiro Dantas, Quinta Turma, julgado em 26-6-2018, *DJe* 1-8-2018)" (STJ, AgRg no HC 589.363/SP, 6ª T., rel. Min. Antonio Saldanha Palheiro, j. 4-8-2020, *DJe* de 10-8-2020).

mente ligado à leitura e à produção de textos, atividades que exigem dos indivíduos a participação efetiva enquanto sujeitos ativos desse processo, levando-os à construção do conhecimento. A leitura em si tem função de propiciar a cultura e possui caráter ressocializador, até mesmo por contribuir na restauração da autoestima. Além disso, a leitura diminui consideravelmente a ociosidade dos presos e reduz a reincidência criminal. Sendo um dos objetivos da Lei de Execução Penal, ao instituir a remição, incentivar o bom comportamento do sentenciado e sua readaptação ao convívio social, a interpretação extensiva do mencionado dispositivo impõe-se no presente caso, o que revela, inclusive, a crença do Poder Judiciário na leitura como método factível para o alcance da harmônica reintegração à vida em sociedade"[20].

A Colenda 6ª Turma do Superior Tribunal de Justiça "consolidou o entendimento de que a base de cálculo da carga horária, a fim de dar aplicação ao disposto no art. 126 da Lei de Execução Penal aos apenados que realizam estudos por conta própria, é aquela prevista no art. 4º, incisos II, III e parágrafo único, da Resolução n. 3/2010 do Conselho Nacional de Educação"[21].

Por consequência de interpretação extensiva, também já se admitiu remição em razão de efetiva participação em outras atividades culturais positivas, como é exemplo a atividade musical realizada em coral[22].

3.4. Remição virtual ou ficta

A controvérsia a respeito deste tema decorre da realidade cotidiana, na qual se constata que parte considerável dos estabelecimentos prisionais não dispõem de condições para o trabalho, estudo ou leitura.

Nada obstante o deplorável quadro fático, é condenável a prática de conceder remição ao preso que não trabalhou, sob a justificativa de ausência de condições para o trabalho no estabelecimento prisional, debitando-se tal situação ao Estado, diga-se, à sociedade.

Ao contrário do que se tem decidido amiúde, o trabalho não está catalogado na lei como *direito do preso* e *obrigação do Estado*.

Nesse sentido, é forçoso concluir que "o pedido de remição da pena embasado no fato de se encontrar recolhido o sentenciado em estabelecimento penal inadequado, onde teve cerceado seu direito de trabalhar e assim remir parte de sua pena, posto inexistir no local condições para o exercício de atividade laborterápica, não encontra amparo legal vez que inexiste previsão do trabalho como direito do condenado e obrigação do

20. STJ, HC 312.486/SP, 6ª T., rel. Min. Sebastião Reis Júnior, j. 9-6-2015, *DJe* de 22-6-2015.

21. STJ, AgRg no HC 591.151/SC, 6ª T., rel. Min. Antonio Saldanha Palheiro, j. 1-9-2020, *DJe* de 4-9-2020.

22. STJ, REsp 1.666.637/ES, 6ª T., rel. Min. Sebastião Reis Júnior, j. 26-9-2017, DJe de 9-10-2017. "Esta Corte Superior firmou orientação no sentido de que é 'viável a concessão da remição por atividades não expressas na lei, diante de uma interpretação extensiva *in bonam partem* do artigo 126 da Lei de Execução Penal' (AgRg no AREsp n. 696.637/SP, Quinta Turma, Rel. Min. Jorge Mussi, *DJe* de 4-3-2016)" (STJ, AgInt no HC 574.754/SC, 5ª T., rel. Min. Felix Fischer, j. 12-5-2020, *DJe* de 18-5-2020).

Estado em nenhum dispositivo legal seja no CP (*v.g.* arts. 34, § 1º, e 35, § 1º), seja na Lei de Execução Penal (art. 126). Diversamente, neles o trabalho surge sempre como imposição da lei e obrigação do sentenciado, consequência da execução da pena privativa de liberdade"[23].

Não existe juridicamente a figura da *remição virtual ou ficta*, assim considerada aquela concedida sem que o executado tenha de fato e comprovadamente trabalhado, conforme a carga horária exigida, fundamentada na ausência de oferecimento de condições para o trabalho por parte do Estado.

Semelhante raciocínio se impõe em relação à impossibilidade de remição pelo estudo ou leitura, em razão da ausência de estrutura adequada no estabelecimento prisional.

Já decidiu o STF que "O direito à remição pressupõe o efetivo exercício de atividades laborais ou estudantis por parte do preso, o qual deve comprovar, de modo inequívoco, seu real envolvimento no processo ressocializador, razão por que não existe a denominada remição ficta ou virtual. Por falta de previsão legal, não há direito subjetivo ao crédito de potenciais dias de trabalho ou estudo em razão da inexistência de meios para o desempenho de atividades laborativas ou pedagógicas no estabelecimento prisional"[24].

4. COMO SE PROCEDE AO ABATIMENTO DOS DIAS REMIDOS

Sempre foi relevante saber a fórmula a ser empregada para o desconto dos dias remidos, pois sobre tal questão existiam duas posições, e da adoção de uma ou outra resultava manifesto benefício ou prejuízo ao sentenciado.

1ª posição: o tempo remido deve ser somado ao tempo de pena cumprida;

2ª posição: o tempo remido deve ser abatido do total da pena aplicada.

A primeira posição apontada é a correta e se revela mais benéfica ao sentenciado, mas na prática judiciária não prevalecia, especialmente no Primeiro Grau, o que terminava por ensejar a interposição de recursos evitáveis.

---

23. *RT*, 698/375.

24. STF, RHC 124.775/RO, 1ª T., rel. Min. Dias Toffoli, j. 11-11-2014, *DJe* n. 250, de 19-12-2014. No mesmo sentido: STJ, AgRg no HC 208.619/RO, 5ª T., rel. Min. Jorge Mussi, j. 5-8-2014, *DJe* de 14-8-2014; STJ, RHC 39.710/MS, 5ª T., rel. Min. Reynaldo Soares da Fonseca, j. 11-6-2015, *DJe* de 17-6-2015; STJ, HC 261.514/SP, 6ª T., rel. Min. Sebastião Reis Júnior, j. 19-8-2014, *DJe* de 1-9-2014; STJ, AgRg no AREsp 10.960/RO, 6ª T., rel. Min. Rogério Schietti Cruz, j. 4-9-2014, *DJe* de 15-9-2014.
Ainda sobre o tema: "Remição ficta ou virtual da pena. Impossibilidade. Ausência de ilegalidade ou abuso de poder. 1. A remição da pena pelo trabalho configura importante instrumento de ressocialização do sentenciado. 2. A orientação jurisprudencial do Supremo Tribunal Federal é no sentido de que a remição da pena exige a efetiva realização de atividade laboral ou estudo por parte do reeducando. Precedentes. 3. Não caracteriza ilegalidade flagrante ou abuso de poder a decisão judicial que indefere a pretensão de se contar como remição por trabalho período em relação ao qual não houve trabalho. 4. *Habeas Corpus* denegado" (STF, HC 124.520/RO, 1ª T., rel. Min. Marco Aurélio, rel. p/o Acórdão Min. Roberto Barroso, j. 15-5-2018, *DJe* 127, de 27-6-2018).

O Superior Tribunal de Justiça já havia se posicionado reiteradas vezes nesse sentido, inclusive indicando expressamente nossa forma de pensar.

Colocando fim à controvérsia, a Lei n. 12.433/2011 deu ao **art. 128 da LEP** a seguinte redação: "O tempo remido será computado como pena cumprida, para todos os efeitos".

A regra é impositiva.

Está encerrada a discussão.

5. PROCEDIMENTO E DECISÃO JUDICIAL

O condenado autorizado a estudar fora do estabelecimento penal, sob pena de revogação do benefício, deverá comprovar mensalmente à autoridade administrativa do estabelecimento penal em que se encontrar, por meio de declaração da respectiva unidade de ensino, a frequência e o aproveitamento escolar.

A autoridade administrativa deverá encaminhar mensalmente ao juízo da execução cópia do registro de todos os condenados que estejam trabalhando ou estudando, com informação dos dias de trabalho ou das horas de frequência escolar ou de atividades de ensino de cada um deles (art. 129 da LEP).

Formulado o pedido de remição pelo executado, após as iniciais providências cartorárias, os autos deverão ser encaminhados com vista ao Ministério Público a fim de que se manifeste, e só depois o juiz decidirá sobre o pedido.

Enviada a documentação comprobatória pela administração do estabelecimento prisional em que o executado se encontrar cumprindo pena, após as providências a cargo da serventia judicial, os autos serão enviados com vista ao Ministério Público a fim de que se manifeste, e depois a defesa será intimada a se manifestar. Colhidos tais pronunciamentos ou vencidos os prazos sem qualquer deles ou de ambos, será proferida a decisão judicial.

Em qualquer das hipóteses tratadas, antes de decidir o juiz poderá, acolhendo a pedido ou *ex officio*, determinar diligências a fim de melhor instruir o expediente, sendo caso.

Seja como for, a remição só tem eficácia se for deferida judicialmente.

Após a decisão judicial, ao condenado será dada a relação de seus dias remidos (§ 2º do art. 129 da LEP).

Contra a decisão que concede ou nega remição cabe recurso de agravo em execução (art. 197 da LEP).

6. PERDA DOS DIAS REMIDOS

A perda dos dias remidos estava regulada no **art. 127 da LEP**, com a seguinte redação: "O condenado que for punido por falta grave perderá o direito a tempo remido, começando o novo período a partir da data da infração disciplinar".

O rol das faltas consideradas graves no cumprimento de pena privativa de liberdade encontra-se no **art. 50 da LEP**.

Doutrina e jurisprudência debatiam sobre a possibilidade, ou não, de perda integral dos dias remidos, em razão do cometimento de falta grave.

Segundo nosso entendimento, **a perda dos dias remidos não viola direito adquirido ou coisa julgada**.

Nessa mesma linha, o Supremo Tribunal Federal já decidiu reiteradas vezes que o sentenciado não tem direito adquirido ao tempo remido, pois o art. 127 da Lei n. 7.210/84 o subordina à condição do não cometimento de falta grave, sob pena de perda daquele período, e terminou por editar a **Súmula Vinculante 9**, que tem a seguinte redação: "O disposto no artigo 127 da Lei n. 7.210/84 foi recebido pela ordem constitucional vigente e não se lhe aplica o limite temporal previsto no *caput* do artigo 58".

Diz o atual art. 127 da LEP que, *em caso de falta grave*, o juiz *poderá* revogar *até 1/3 (um terço) do tempo remido*,[25] observado o disposto no art. 57 da LEP, segundo o qual, na aplicação das sanções disciplinares, levar-se-ão em conta a natureza, os motivos, as circunstâncias e as consequências do fato, bem como a pessoa do faltoso e seu tempo de prisão, recomeçando a contagem a partir da data da infração disciplinar.

A nova redação não está imune a críticas, pois permite preocupantes discussões onde não deveria.

Com efeito, na redação antiga o legislador dizia claramente: o condenado *que for punido* por falta grave *perderá* o direito ao tempo remido. Reclamava-se expressamente

---

25. "O reconhecimento de falta grave no curso da execução penal justifica a perda de até 1/3 do total de dias trabalhados pelo apenado até a data do ato de indisciplina carcerária, ainda que não haja declaração judicial da remição, consoante a interpretação sistemática e teleológica do art. 127 da LEP: STJ, HC 541.649/SP, 5ª T., rel. Min. Leopoldo de Arruda Raposo (Desembargador Convocado do TJ/PE), j. 12-11-2019, *DJe* 20-11-2019; STJ, REsp 1.672.643/RS, 6ª T., rel. Min. Rogério Schietti Cruz, j. 3-10-2017, *DJe* 9-10-2017; STJ, REsp 1.517.936/RS, 6ª T., rela. Mina. Maria Thereza de Assis Moura, j. 1-10-2015, *DJe* 23-10-2015; STJ, HC 286.791/RS, 5ª T., rel. Min. Moura Ribeiro, j. 3-6/2014, *DJe* 6-6-2014" (STJ — Jurisprudência em Teses, Edição n. 145).
"A nova redação do art. 127 da Lei de Execução Penal — LEP, que prevê a limitação da perda dos dias remidos a 1/3 (um terço) do total no caso da prática de falta grave, deve ser aplicada retroativamente por se tratar de norma penal mais benéfica: STJ, HC 426.740/SP, 5ª T., rel. Min. Felix Fischer, j. 15-5-2018, *DJe* 24-5-2018; STJ, HC 210.062/SC, 5ª T., rel. Min. Gurgel de Faria, j. 19-3-2015, *DJe* 6-4-2015" (STJ — Jurisprudência em Teses, Edição n. 145).
"Com o advento da Lei n. 12.433, de 29 de junho de 2011, o cometimento de falta grave não mais enseja a perda da totalidade do tempo remido, mas limita-se ao patamar de 1/3, cabendo ao juízo das execuções penais dimensionar o *quantum*, segundo os critérios do art. 57 da LEP: STJ, HC 259.417/SP, 6ª T., rel. Min. Rogério Schietti Cruz, j. 12-11-2013, *DJe* 29-11-2013; STJ, HC 262.572/RS, 6ª T., rela. Mina. Maria Thereza de Assis Moura, j. 12-11-2013, *DJe* 28-11-2013; STJ, HC 230.659/SP, 5ª T., rela. Mina. Laurita Vaz, j. 5-11-2013, *DJe* 19-11-2013; STJ, HC 250.671/MS, 5ª T., rel. Min. Moura Ribeiro, j. 5-11-2013, *DJe* 11-11-2013; STJ, HC 276.668/SP, 6ª T., rela. Mina. Assusete Magalhães, j. 17-10-2013, *DJe* 20-11-2013; STJ, AgRg no HC 268.073/SP, 6ª T., rel. Min. Sebastião Reis Júnior, j. 2-5-2013, *DJe* 13-5-2013; STJ, AgRg no REsp 1.226.706/RS, 5ª T., rel. Min. Marco Aurélio Bellizze, j. 5-2-2013, *DJe* 15-2-2013" (STJ — Jurisprudência em Teses, Edição n. 7).

a *devida apuração da falta grave e punição* pelo seu cometimento e, neste caso, a perda dos dias remidos era consequência jurídica inafastável.

Agora a lei não faz referência expressa à necessidade de *punição* por falta grave, o que pode sugerir suficiente, na interpretação de alguns, o simples cometimento, e fala, na situação tratada, que o juiz *poderá* revogar tempo remido, indicando mera faculdade conferida ao juiz.

Com efeito, mesmo nos termos do regramento novo, observadas as balizas do art. 127 da LEP, não basta o simples cometimento de falta grave. Somente a falta devidamente apurada e reconhecida judicialmente justifica a declaração de perda de dias remidos, conforme decorre do princípio da presunção de inocência e do *due process of law*.

Apurada a falta, poderá ou não o juiz determinar a perda de dias remidos. Essa consequência deixou de ser automática e agora é uma faculdade conferida ao magistrado, guiada pelas norteadoras do art. 57 da LEP.

Há mais.

Reconhecida judicialmente a prática de falta grave, e feita a opção sancionatória, poderá o juiz **quantificar a revogação em até 1/3 (um terço) dos dias remidos**, cumprindo seja balizada sua decisão em critérios de necessidade, utilidade, razoabilidade e proporcionalidade, com adequada fundamentação (art. 93, IX, da CF)[26] no tocante a sua escolha entre os limites mínimo (1 dia) e máximo (1/3) [27].

Como se percebe, deixou de ter aplicação prática a Súmula Vinculante 9, exceto para afirmar a constitucionalidade da perda de dias remidos, em razão do cometimento de falta grave. Acabou a discussão quanto à recepção do art. 127 pela ordem constitucio-

---

26. "A exigência de motivação dos atos jurisdicionais constitui, hoje, postulado constitucional inafastável, que traduz poderoso fator de limitação ao exercício do próprio poder estatal, além de configurar instrumento essencial de respeito e proteção às liberdades públicas. Com a constitucionalização desse dever jurídico imposto aos magistrados — e que antes era de extração meramente legal — dispensou-se aos jurisdicionados uma tutela processual significativamente mais intensa, não obstante idênticos os efeitos decorrentes de seu descumprimento: a nulidade insuperável e insanável da própria decisão. A importância jurídico-política do dever estatal de motivar as decisões judiciais constitui inquestionável garantia inerente à própria noção do Estado Democrático de Direito. Fator condicionante da própria validade dos atos decisórios, a exigência de fundamentação dos pronunciamentos jurisdicionais reflete uma expressiva prerrogativa individual contra abusos eventualmente cometidos pelos órgãos do Poder Judiciário" (STF, HC 69.013/PI, 1ª T., rel. Min. Celso de Mello, *RTJ* 140/870). "O Juízo da Execução, ao homologar a falta grave, se entender necessário, razoável e proporcional, declarará a perda dos dias remidos, que se limitará ao máximo de 1/3 (um terço) do total, sendo necessário justificar o *quantum* eleito. Inteligência dos artigos 57 e 127 da Lei de Execução Penal" (STJ, AgRg no HC 591.564/SP, 5ª T., rel. Min. Jorge Mussi, j. 18-8-2020, *DJe* de 25-8-2020).

27. "O cometimento de falta especialmente grave constitui fundamento idôneo para a decretação de perda dos dias remidos na fração legal máxima de 1/3 (art. 127 da Lei n. 7.210/1984 — Lei de Execução Penal: STJ, Agrg no HC 550.207/SP, 5ª T., rel. Min. Reynaldo Soares da Fonseca, j. 18-2-2020, *DJe* 28-2-2020; STJ, HC 487.886/MG, 5ª T., rel. Min. Felix Fischer, j. 7-2-2019, *DJe* 19-2-2019; STJ, HC 328.236/RS, 5ª T., rel. Min. Joel Ilan Paciornik, j. 7-6-2016, *DJe* 13-6-2016; STJ, HC 232.929/DF, 6ª T., rel. Min. Rogério Schietti Cruz, j. 3-6-2014, *DJe* 20-6-2014" (STJ, Jurisprudência em Teses, Edição n. 144).

nal vigente, como também está resolvida a questão relacionada ao limite de perda dos dias remidos.

As modificações determinadas pelo art. 127 da LEP têm aplicação retroativa, alcançando os fatos ocorridos antes de sua vigência, por força do disposto no art. 5º, XL, da CF, na Súmula 611 do STF e no art. 66, I, da LEP, do que decorre a necessidade de revisão *ex officio* das decisões que determinaram perda de dias remidos em razão de falta grave, visto que, no máximo, será caso de decotar 1/3 (um terço) dos dias remidos, o que implicará a imediata *devolução* a estes executados de, no mínimo, 2/3 (dois terços) dos dias que haviam perdido.

6.1. Ampla defesa e contraditório

Garantias constitucionais como a ampla defesa e o contraditório, já dissemos, não podem ser desconsideradas no processo execucional.

Não se admite, por conseguinte, perda ou redução de direitos sem que sejam observados tais princípios, absolutamente irrenunciáveis no Estado de Direito Democrático. Eventual decisão violadora de tais dogmas estará fulminada de nulidade.

Noticiada nos autos da execução criminal a prática de falta grave, cumpre ao juiz competente designar data para a oitiva do executado, intimando-se-o para o necessário comparecimento. Embora assegurado o direito ao silêncio constitucional, será essa a oportunidade de justificar-se perante aquele que irá decidir sobre os reflexos de seu comportamento nos destinos do processo executivo. Para a audiência de justificação também serão intimados o representante do Ministério Público e o defensor, que deverão pronunciar-se nos autos antes da decisão do juízo.

O procedimento acima indicado não pode ser substituído pela simples valoração judicial da sindicância realizada pela direção do estabelecimento prisional visando a apuração da falta.

Capítulo XIV

DO LIVRAMENTO CONDICIONAL

1. CONCEITO E NOÇÃO

O livramento condicional, conforme José Frederico Marques, "é a liberdade provisória concedida, sob certas condições, ao condenado que não revele periculosidade, depois de cumprida uma parte da pena que lhe foi imposta"[1]. Ele "aparece como uma das providências inteligentemente concebidas no sentido de se conseguir, cada vez mais, na prática, a relativa indeterminação da sentença criminal", asseverou Basileu Garcia[2].

Cuida-se de elemento integrante do sistema progressivo irlandês, sendo considerado por Roberto Lyra a última etapa do sistema penitenciário progressivo[3].

Atendidos os pressupostos objetivos e subjetivos, o liberado condicionalmente deverá cumprir o restante de sua pena em liberdade, submetendo-se a determinadas condições, sob pena de revogação do benefício e imediato retorno ao convívio carcerário. Seu tempo de duração corresponde ao restante da pena privativa de liberdade em execução.

---

1. José Frederico Marques, *Tratado de direito penal*, v. 3, p. 274.
2. Basileu Garcia, *Instituições de direito penal*, 2. ed., v. 1, t. 2, p. 555.
3. Roberto Lyra, *Comentários ao Código Penal*, v. 2, p. 472.

Se preenchidos os requisitos legais, trata-se de **direito subjetivo do condenado**, e na visão de DAMÁSIO E. DE JESUS "É medida penal de natureza restritiva da liberdade. Não é um benefício. É forma de execução da pena privativa da liberdade"[4].

Segundo o item 136 da Exposição de Motivos da Lei de Execução Penal, "no quadro da execução (arts. 131 e s.) o tema do livramento condicional acompanhou as importantes modificações introduzidas pela Lei 6.416/77, que alterou os arts. 710 e s. do Código de Processo Penal. Além do minucioso e adequado repertório de obrigações, deu-se ênfase à solenidade da audiência de concessão da medida e adotaram-se critérios de revogação fiéis ao regime de legalidade, de necessidade e de oportunidade. A observação cautelar e a proteção social do liberado constituem medidas de grande repercussão humana e social ao substituírem a chamada 'vigilância da autoridade policial' prevista pelo Código de 1940 onde não existisse (e não existem em quase lugar algum do País!) patronato oficial ou particular".

Trata-se de um estímulo fecundo à regeneração do executado, na feliz expressão de BENTO DE FARIA[5].

2. PRESSUPOSTOS

A concessão do livramento condicional reclama a satisfação de pressupostos ***objetivos* e *subjetivos***.

Na dicção do art. 131 da LEP, o livramento condicional poderá ser concedido pelo juiz da execução, se presentes os requisitos do art. 83, incisos e parágrafo único, do CP, ouvidos o Ministério Público e o Conselho Penitenciário.

De ver, entretanto, que a Lei n. 10.792/2003 deu nova redação ao inciso I do art. 70 da LEP, retirando do Conselho Penitenciário a atribuição para emitir parecer em pedido de livramento condicional, e também modificou o *caput* do art. 112 da mesma lei, para excluir a necessidade de apuração do mérito do preso por exame criminológico antecedente à apreciação do pedido de progressão de regime, acrescentando ao mesmo dispositivo legal um § 2º, onde cuidou de estabelecer que igual procedimento será adotado na tramitação do pedido de livramento condicional, dispensando, de tal forma, a antiga necessidade expressa de exame criminológico para aferição de mérito, bem como o parecer prévio do Conselho Penitenciário.

No Código Penal, os requisitos para a concessão de livramento condicional estão assim listados:

> Art. 83 — O juiz poderá conceder livramento condicional ao condenado a pena privativa de liberdade igual ou superior a 2 (dois) anos, desde que:
>
> I — cumprida mais de um terço da pena se o condenado não for reincidente em crime doloso e tiver bons antecedentes;

4. Damásio E. de Jesus, *Código Penal anotado*, em CD-ROM.
5. Bento de Faria, *Código Penal brasileiro comentado*, v. 3, p. 109.

II — cumprida mais da metade se o condenado for reincidente em crime doloso;

III — comprovado:

a) bom comportamento durante a execução da pena;

b) não cometimento de falta grave nos últimos 12 (doze) meses;

c) bom desempenho no trabalho que lhe foi atribuído; e

d) aptidão para prover a própria subsistência mediante trabalho honesto;

IV — tenha reparado, salvo efetiva impossibilidade de fazê-lo, o dano causado pela infração;

V — cumpridos mais de dois terços da pena, nos casos de condenação por crime hediondo, prática de tortura, tráfico ilícito de entorpecentes e drogas afins, tráfico de pessoas e terrorismo, se o apenado não for reincidente específico em crimes dessa natureza.

Parágrafo único — Para o condenado por crime doloso, cometido com violência ou grave ameaça à pessoa, a concessão do livramento ficará também subordinada à constatação de condições pessoais que façam presumir que o liberado não voltará a delinquir.

A Lei n. 13.964/2019 não modificou diretamente a redação de qualquer dos artigos 131 a 146, que regulam o livramento condicional no processo execucional, mas alterou profundamente o art. 112, todos da LEP, e o atual § 2º desse dispositivo determina que a decisão sobre livramento condicional será sempre motivada e precedida de manifestação do Ministério Público e do defensor.

A obrigação de respeito ao devido processo legal, ao contraditório, que pressupõe a oportuna oitiva das partes, e de fundamentação das decisões judiciais, decorre de disposições expressas nos arts. 5º, LIV e LV, e 93, IX, respectivamente, da CF.

2.1. Pressupostos objetivos

2.1.1. *Quantidade da pena*

O primeiro pressuposto objetivo diz respeito à **quantidade da pena imposta**, já que o livramento somente poderá ser concedido ao condenado a pena privativa de liberdade igual ou superior a dois anos, como decorre do art. 83, *caput*, do CP.

As penas que correspondam a infrações diversas deverão ser somadas para efeito do livramento (art. 84 do CP).

Ainda que isoladamente as penas não alcancem o patamar mínimo de dois anos, se a soma delas atingir o limite imposto resultará satisfeito o primeiro pressuposto ou requisito.

Atendido o acima indicado, o segundo pressuposto a observar diz respeito ao *cumprimento de parte da pena imposta*: 1) **cumprimento de *mais de um terço* da pena** se o condenado não for reincidente em *crime doloso* e tiver bons antecedentes (art. 83, I, do CP) e 2) **cumprimento de *mais da metade* da pena** se o condenado for reincidente em *crime doloso* (art. 83, II, do CP).

O atual art. 83, III, alínea *b*, do CP, com a redação da Lei n. 13.964/2019, exige **que o executado não tenha cometido falta grave nos últimos 12 (doze) meses**, o que configura requisito subjetivo, mas determina refletirmos a respeito, posto que sua correta interpretação nos conduz a concluirmos que **a prática de falta grave interrompe a contagem do prazo para obtenção de livramento condicional**, e que, portanto, perdeu eficácia e deve ser cancelada a **Súmula 441 do STJ**, cuja ementa assim dispõe: "A falta grave não interrompe o prazo para obtenção de livramento condicional".

Fala-se em ***livramento condicional simples*** quando o liberado não é reincidente em crime doloso e tem bons antecedentes, e em ***livramento condicional qualificado*** quando o liberado for reincidente em crime doloso[6].

A *reincidência*[7] *dolosa* determina, como se vê, a elevação do prazo mínimo imposto como requisito objetivo. Considera-se que o condenado reincidente revela, em tese, maior periculosidade e está por merecer maior rigor penal, já que a condenação anterior não serviu de contraestímulo ao seu estímulo criminoso.

Somente a *reincidência dolosa* é que eleva a fração de cumprimento da pena como condição do benefício, agravando a situação do executado; a culposa em nada interfere. Se um dos crimes for culposo, ou todos, será exigido apenas o percentual de um terço.

A reincidência envolvendo *contravenção penal* não induz óbice ou agravamento das condições para a concessão do benefício, já que a lei se refere à reincidência em *crime doloso*.

Sendo o executado primário, porém com maus antecedentes, obrigatoriamente deverá cumprir metade da pena e não só a fração de um terço.

Em se tratando de **condenação por crime hediondo** (Lei n. 8.072/90), prática da **tortura** (Lei n. 9.455/97) **tráfico de drogas (Lei n. 11.343/2006)**, **tráfico de pessoa** ou **terrorismo**, deverá cumprir *mais de dois terços da pena* (art. 83, V, do CP).

Cuidando-se dos crimes referidos, é de atender ainda a um outro pressuposto objetivo: *ausência de reincidência específica em crimes dessa natureza.*

Não se trata de reincidência por *crime idêntico ou semelhante*[8]; basta a reincidência específica em *crimes dessa natureza.*

Nos precisos termos do art. 112, VI, alínea *a*, e VIII, da LEP, com a redação da Lei n. 13.964/2019 **é vedada a concessão de livramento condicional ao condenado pela prática de crime hediondo ou equiparado, com resultado morte**.

Conforme dispõe o parágrafo único do art. 44 da Lei n. 11.343/2006 (Lei de Drogas), em se tratando de **crime de tráfico** (art. 33, *caput*, e § 1º) e também das figuras tí-

6. Alberto Antonio Zvirblis, *Livramento condicional e prática de execução penal*, p. 64.

7. Ver arts. 63 e 64 do CP.

8. É inadequada a expressão "reincidente *no mesmo* crime". Há impropriedade lógica, material e temporal na infeliz colocação.

picas previstas nos arts. 34 a 37 da mesma Lei, "dar-se-á o livramento condicional após o cumprimento de dois terços da pena, vedada sua concessão ao reincidente específico".

De ver, contudo, que a Lei n. 13.344/2016 deu nova redação ao inc. V do art. 83 do CP, e desde então, se não for reincidente específico em crime dessa natureza, para obter a concessão de livramento condicional o condenado por **crime tráfico de drogas** deverá cumprir *mais* de 2/3 (dois terços) da pena.

Não há inconstitucionalidade no dispositivo legal que estabelece prazo maior de cumprimento de pena para obtenção do livramento, tampouco quando impõe vedação.

O § 5º do atual art. 112 da LEP, com a redação determinada pela Lei n. 13.964/2019, diz que "Não se considera hediondo ou equiparado, para os fins deste artigo, o crime de tráfico de drogas previsto no § 4º do art. 33 da Lei nº 11.343, de 23 de agosto de 2006".

O dispositivo legal se refere ao tráfico privilegiado, e é evidente que se essa modalidade típica não pode ser considerada hedionda ou equiparada, para fins de progressão, não poderá ocorrer interpretação diversa para qualquer outra situação, inclusive para a finalidade de se reconhecer o direito à obtenção de livramento condicional e aferir seus requisitos.

2.1.1.1. Sobre o art. 75 do Código Penal

Segundo o atual art. 75 do CP, com a redação determinada pela Lei n. 13.964/2019, o tempo de cumprimento das penas privativas de liberdade não pode ser superior a quarenta anos. E acrescenta seu § 1º: "Quando o agente for condenado a penas privativas de liberdade cuja soma seja superior a 40 (quarenta) anos, devem elas ser unificadas para atender ao limite máximo deste artigo".

Estabeleceu-se na doutrina e na jurisprudência severa discussão sobre a influência de tais regras em tema de livramento condicional.

Sobre o assunto formaram-se **duas correntes** bem distintas:

A *primeira*, francamente majoritária, entende que o prazo unificado não serve de parâmetro para benefícios, pois a unificação da pena em quarenta anos "atém-se tão somente à delimitação do *quantum* de pena a ser cumprida pelo sentenciado, não podendo esse patamar ser considerado para a concessão de quaisquer dos benefícios previstos na lei de execuções penais, uma vez que estes serão regulados pelo total da pena imposta antes da unificação"[9].

A *segunda*, de cunho liberal, restou muito bem explicitada em v. Acórdão do Superior Tribunal de Justiça, de que foi relator o então Ministro Vicente Cernicchiaro, e está alicerçada nos seguintes argumentos: "O tempo máximo deve ser considerado para todos os efeitos penais. Quando o código registra o limite das penas projeta particularidade do sistema para ensejar o retorno à liberdade. Não se pode, por isso, suprimir os institutos que visam a adaptar o condenado à vida social, como é exemplo o livramento condicional. Na Itália, cuja legislação contempla o *ergastolo* (prisão perpétua), foi, quanto a ele,

9. *RT*, 744/581.

promovida arguição de inconstitucionalidade. A Corte Constitucional daquele país, todavia, rejeitou-a ao fundamento de admissível, na hipótese, o livramento constitucional. A Constituição do Brasil veda a pena perpétua (art. 5º, XLVII, *b*). Interpretação sistemática do Direito Penal rejeita, por isso, por via infraconstitucional, consagrá-la na prática. O normativo não pode ser pensado sem a experiência jurídica. Urge raciocinar com o tempo existencial da pena. Esta conclusão não fomenta a criminalidade. O art. 75, § 2º, do CP fornece a solução. Sobrevindo condenação por fato posterior ao início do cumprimento da pena, far-se-á nova unificação"[10].

Sob a égide da antiga redação, o Supremo Tribunal Federal expediu a **Súmula 715**, com o seguinte teor: "A pena unificada para atender ao limite de trinta anos de cumprimento, determinado pelo art. 75 do Código Penal, não é considerada para a concessão de outros benefícios, como o livramento condicional ou regime mais favorável de execução".

Majorado o limite, de 30 (trinta) para 40 (quarenta) anos, a Corte Suprema deverá atualizar a redação da Súmula, ou, quem sabe, proceder ao seu cancelamento, conforme orienta a convicção que alcançamos com a evolução de nossas reflexões no campo da penologia e da criminologia.

2.1.2. Reparação do dano

O ***último pressuposto objetivo*** é a reparação do dano causado pela infração, salvo efetiva impossibilidade de fazê-lo (art. 83, IV, do CP). Trata-se de um dos requisitos essenciais.

A condenação penal tem como um de seus efeitos tornar certa a obrigação de indenizar o dano causado pelo crime (art. 91, I, do CP). Aliás, o art. 63 do CPP regula a possibilidade de execução, no juízo cível, da sentença penal condenatória com trânsito em julgado, para o efeito da reparação do dano, e, nessa mesma linha, o art. 515, VI, do CPC, diz que a sentença penal condenatória transitada em julgado, constitui título executivo judicial.

Em diversos momentos o legislador penal tem procurado viabilizar a reparação do dano suportado pelo ofendido, chegando a elevar a composição dos danos civis a condição de causa de extinção da punibilidade nas hipóteses de infrações penais de pequeno potencial ofensivo, disciplinadas na Lei n. 9.099/95, em se tratando de ação penal de iniciativa privada ou de ação penal pública condicionada à representação, conforme dispõe o parágrafo único do art. 74 da citada lei. O art. 387, IV, do CPP, a seu turno, dispõe que, ao proferir sentença condenatória, o juiz fixará valor mínimo para reparação dos danos causados pela infração, considerando os prejuízos sofridos pelo ofendido.

Por aqui, atendidos os demais pressupostos, para a obtenção do livramento é preciso que o condenado ainda cumpra a condição de reparar o dano causado por sua conduta ilícita, ***salvo a efetiva impossibilidade de fazê-lo***.

---

10. STJ, RHC 3.808/SP, 6ª T., rel. Min. Vicente Cernicchiaro, *RT*, 712/467. *No mesmo sentido*: STF, HC 74.428-1/PR, 1ª T., rel. Min. Celso de Mello, j. 29-10-1996.

É certo, entretanto, que na esmagadora maioria dos casos a reparação dos danos não se tem efetivado em razão da sempre alegada impossibilidade de fazê-lo e a dilemática impossibilidade de se apurar a *efetiva* impossibilidade.

De tal contexto ao menos duas preocupações decorrem. A *primeira* refere-se à ineficácia da previsão por meio da qual se buscou viabilizar a reparação dos danos como satisfação ética, moral e pecuniária à vítima, refletindo, ainda, medida de economia processual no sentido de se evitar a existência de outro processo visando à satisfação dos danos. A *segunda* decorre do fato de que, se levada à risca a disposição legal, poderia restar inviabilizado o livramento condicional.

A efetiva impossibilidade de reparar o dano não se presume e também não se admite seja reconhecida com base em singelo atestado de pobreza firmado por autoridade policial.

O só fato de o patrimônio do executado estar submetido à constrição processual também não o desobriga da imposição de reparar o dano *ex delicto*.

Para que fique afastada a obrigação de reparar o dano é preciso que a insolvabilidade do agente fique comprovada estreme de dúvidas. É preciso uma comprovação real e concreta.

No caso de somatório das penas, como decorre do art. 84 do CP, será obrigatória a reparação dos danos em relação a todos os delitos, alcançando todas as vítimas.

Oportuno ressaltar que, por vezes, a dificuldade encontrada para apurar o valor do dano reparável constitui obstáculo à concreta aplicação do texto da lei, e bem por isso já se decidiu que "no caso em que o *quantum* da indenização depende, para sua apuração, de liquidar-se em execução de sentença, tal circunstância impede a satisfação do dano de imediato, e não pode constituir causa de indeferimento do benefício"[11].

2.2. Pressupostos subjetivos

Não basta à obtenção do livramento condicional a satisfação dos requisitos objetivos. É reclamada a **concomitante satisfação de requisitos subjetivos**, que segundo o inciso III do art. 83 do CP são os seguintes: a) bom comportamento durante a execução da pena; b) não cometimento de falta grave nos últimos 12 (doze) meses[12]; c) bom de-

11. *RT*, 522/412 e 743/722.

12. "A falta disciplinar grave impede a concessão do livramento condicional, por evidenciar a ausência do requisito subjetivo relativo ao comportamento satisfatório durante o resgate da pena, nos termos do art. 83, III, do Código Penal — CP: STJ, HC 554.833/SP, 5ª T., rel. Min. Joel Ilan Paciornik, j. 3-3-2020, *DJe* 16-3-2020; STJ, AgRg no HC 545.427/SP, 6ª T., rel. Min. Rogério Schietti Cruz, j. 17-12-2019, *DJe* 19-12-2019; STJ, RHC 119.928/RJ, 5ª T., rel. Min. Leopoldo de Arruda Raposo (Desembargador Convocado do TJ/PE), j. 5-12-2019, *DJe* 13-12-2019; STJ, AgRg no HC 536.450/SP, 5ª T., rel. Min. Jorge Mussi, j. 5-12-2019, *DJe* 13-12-2019; STJ, AgRg no HC 533.069/SP, 5ª T., rel. Min. Ribeiro Dantas, j. 22-10-2019, *DJe* 30-10-2019; STJ, AgRg no AREsp 1.467.632/MS, 6ª T., rel. Min. Nefi Cordeiro, j. 3-10-2019, *DJe* 8-10-2019; STJ, AgRg no HC 506.776/MS, 5ª T., rel. Min. Reynaldo Soares da Fonseca, j. 27-8-2019, *DJe* 10-9-2019" (STJ — Jurisprudência em Teses, Edição n. 146).

sempenho no trabalho que lhe foi atribuído; e d) aptidão para prover a própria subsistência mediante trabalho honesto.

No plano do ideal, o atendimento a tais requisitos constitui indicativo mais ou menos seguro de que o condenado não voltará a delinquir.

Ajustando-se ao ambiente carcerário, sabidamente de difícil convivência, de maneira a apresentar bom comportamento, já que sob tais condições não se pode exigir mais do que isso, é possível presumir que sua convivência em sociedade não será impossível, dentro dos padrões da vida ordeira. É claro, entretanto, que o simples fato de o executado ajustar-se ao meio carcerário não pode acarretar a ilusão de sua ressocialização, até porque no mais das vezes estará apenas submetido aos efeitos da "prisionização" a que se referia MANOEL PEDRO PIMENTEL[13] com o costumeiro acerto. Um homem excelente e ajustado a determinado núcleo social pode não se ajustar a outro, e isso mesmo sem pensarmos no ambiente carcerário.

Oportuno considerar, ainda, a advertência feita por CESARE LOMBROSO, ao consignar que "Segundo ELAM e TOCQUEVILLE, os piores detentos são os que melhor se comportam nas prisões, porque tendo mais talento do que outros e por serem mais bem tratados conseguem simular honestidade"[14].

Apresentando-se, entretanto, de forma satisfatória em seu comportamento, se não cometer falta grave nos últimos 12 (doze) meses, e se revelar dedicado na execução dos trabalhos que lhe forem atribuídos, a lei autoriza presumir que o executado estará a demonstrar grau maior de *recuperação* e aptidão ao retorno à vida social. Consequência lógica de tais indicativos, e último desdobramento do requisito subjetivo, é a aptidão para prover à própria subsistência mediante trabalho honesto.

Para o condenado por crime doloso, cometido com violência ou grave ameaça à pessoa, a concessão do livramento ficará também subordinada à constatação de condições pessoais que façam presumir que não voltará a delinquir.

Conforme se tem entendido, "a norma inscrita no parágrafo único do art. 83 do Código Penal, que faculta a realização de perícia médico-psiquiátrica do condenado por crime doloso, cometido com violência ou grave ameaça à pessoa, para obtenção do benefício do livramento condicional, revela-se materialmente compatível com a Carta Política de 1988, achando-se, consequentemente, em plena vigência. O magistrado, sempre que entender essencial ao deferimento do livramento condicional a constatação de condições pessoais que façam presumir que o sentenciado não voltará a delinquir, poderá, para efeito de formação do seu próprio convencimento, ordenar a perícia médico-psiquiátrica. O Supremo Tribunal Federal, muito embora acentue em seus pronunciamentos jurisprudenciais que o art. 83, parágrafo único, do Código Penal não torna compulsória a

---

13. Manoel Pedro Pimentel, *O crime e a pena na atualidade*, p. 158.

14. Cesare Lombroso. *O homem delinquente*. 3ª reimpressão, tradução de José Sebastião Roque, Ícone: São Paulo, 2016, p. 160.

perícia médica, adverte que esta não se acha vedada pela norma legal, submetendo-se, quanto à sua realização, à apreciação discricionária — e sempre motivada — do juiz"[15].

Tal posicionamento não é pacífico, notadamente em razão das disposições da Lei n. 10.792/2003, que para alguns revogou o parágrafo único do art. 83 do CP.

Entendemos que a regra contida no parágrafo único do art. 83 do CP permanece em vigor.

Doutrinando sobre o tema, MAURÍCIO KUEHNE apresenta sua posição contrária, nos seguintes termos: "Dúvidas surgirão, contudo, em relação ao livramento condicional, ante a regra contida no art. 83, parágrafo único, do Código Penal, vale dizer: *para o condenado por crime doloso, cometido com violência ou grave ameaça à pessoa, a concessão do livramento ficará também subordinada à constatação de condições pessoais que façam presumir que o liberado não voltará a delinquir.* (...) A nosso ver, o parágrafo único do art. 83 mencionado foi revogado. Ao menos é o que se infere das discussões havidas na Câmara dos Deputados, e do Parecer final do relator, Dep. Ibrahim Abi Ackel, que deixou expressa a intenção de aferir os requisitos tanto para o livramento condicional como para a progressão de regime, através, tão só, do fator temporal e do comportamento do preso, afastando, expressamente, o exame criminológico. As discussões, entretanto, deverão subsistir, mesmo porque, conforme lembra Thales Tácito Pontes Luz de Pádua Cerqueira em comentários efetivados à novel Lei — *site*: <http://www.ielf.com.br> — acesso em 26.12.03, já havia divergência quanto a necessidade do exame, havendo julgados do STJ e STF em sentidos divergentes (STJ — 6ª T. RE 690, *DJ* 05.11.90 — STF: *RT* 604/468)"[16].

Acrescente-se, também, que na valoração do requisito subjetivo, a existência de maus antecedentes não impede o benefício. A esse respeito o Superior Tribunal de Justiça já decidiu que, estando presentes os requisitos de ordem objetiva e subjetiva, o pedido de livramento condicional não deve ser simplesmente afastado sob o fundamento da ausência de bons antecedentes[17]. Cediço que é cabível livramento até mesmo em relação ao condenado reincidente, é sem sentido imaginar que a presença de antecedentes desabonadores possa constituir óbice ao deferimento.

Também a **gravidade do delito**, por si só, não impede o livramento, pois até mesmo em condenações pela prática de crimes hediondos a concessão não está totalmente proscrita.

3. OITIVA DO CONSELHO PENITENCIÁRIO, DO MINISTÉRIO PÚBLICO E DO DEFENSOR

O pedido de livramento condicional deverá ser endereçado ao juiz da execução competente, que antes de decidir deverá providenciar o necessário visando à colheita do

15. STF, HC 69.740/SP, 1ª T., rel. Min. Celso de Mello, j. 18-5-1993, *DJU*, 18-6-1993, p. 12.112.

16. Maurício Kuehne, Alterações à execução penal. Primeiras impressões, http://www.iusnet.com.br/webs/IELFNova/artigos/artigo_lido.cfm?ar_id=231.

17. *RT*, 745/514.

parecer do Ministério Público e também do defensor, conforme está expresso no § 2º do art. 112 da LEP.

Apesar do que se vê expresso no art. 131 da LEP, desde a reforma determinada pela Lei n. 10.792/2003, que alterou o art. 70 da LEP, está **afastada a obrigatoriedade do parecer do Conselho Penitenciário**.

3.1. Do Conselho Penitenciário

O Conselho Penitenciário é órgão consultivo e fiscalizador da execução da pena (art. 69 da LEP). Antes da Lei n. 10.792/2003, incumbia-lhe, a teor do disposto no art. 70, I, da LEP, emitir parecer sobre livramento condicional, indulto e comutação de pena.

Aliás, conforme muitas vezes anteriormente se decidiu, era "nula a decisão denegatória de livramento condicional se proferida sem o parecer do Conselho Penitenciário, nos termos do art. 131 da Lei 7.210/84, ainda que juntado posteriormente"[18]. A respeito desse tema, sempre entendemos que, se a decisão estivesse devidamente fundamentada, não havia como reconhecer nulidade.

Na **redação do inciso I do art. 70 da LEP**, determinada pela Lei n. 10.792/2003, retirou-se do Conselho Penitenciário a atribuição de emitir parecer em pedido de livramento condicional.

Ressalte-se, por oportuno, que antes da mudança ocorrida entendia-se que, embora a lei exigisse o parecer do Conselho em se tratando de pedido de livramento condicional, o juiz a ele não estava obrigado, como vinculado também nunca esteve à opinião de qualquer órgão consultivo. Embora recomendado pelo Conselho Penitenciário, o livramento condicional poderia ser indeferido.

3.2. Do Ministério Público

O Ministério Público fiscalizará a execução da pena e da medida de segurança, oficiando no processo executivo e nos incidentes da execução (art. 67 da LEP).

Como fiscal da lei, o Ministério Público **sempre deverá ser ouvido previamente** à decisão de apreciação do pedido de livramento condicional. A ausência de vista dos autos para sua manifestação acarreta nulidade absoluta, de maneira que, ajuizado o pedido pela defesa, os autos deverão seguir com vista ao promotor de justiça oficiante, que deverá requerer ao juízo da execução que providencie o necessário no sentido de aparelhar e instruir o pedido com os documentos indispensáveis, caso seja necessário. Nesse momento poderá pedir, por exemplo, a comprovação de reparação do dano etc. Após a adoção de todas as providências cabíveis os autos tornarão ao promotor de justiça, que então lançará seu parecer, opinando pela concessão ou não do livramento condicional.

Em razão da amplitude de suas elevadas atribuições, o Ministério Público pode postular livramento condicional em favor do executado.

---

18. *RT*, 760/605.

3.3. Do defensor

Decorrência do devido processo legal, da ampla defesa e do contraditório constitucional, embora ausente previsão expressa no texto original da Lei de Execução Penal, sempre se fez **imprescindível a oitiva do defensor**, cuja presença no processo de execução também sempre se exigiu.

A Lei n. 10.792/2003, entre outras modificações, acrescentou ao art. 112 da LEP um § 1º, estabelecendo que a decisão sobre progressão de regime deveria ser sempre motivada e precedida de manifestação do Ministério Público e do defensor, bem como um § 2º, que determina observância à mesma regra em se tratando de pedido de livramento condicional.

Como parte das alterações impostas ao art. 112 da LEP pela Lei n. 13.694/2019, as regras que antes se encontravam em seus §§ 1º e 2º agora se encontram concentradas no atual § 2º, onde se lê: "A decisão do juiz que determinar a progressão de regime será sempre motivada e precedida de manifestação do Ministério Público e do defensor, procedimento que também será adotado na concessão de livramento condicional, indulto e comutação de penas, respeitados os prazos previstos nas normas vigentes".

Feito, pois, o pedido de livramento, após devidamente instruído, antes da decisão judicial sobre ele deverão se pronunciar o Ministério Público e, depois, o defensor, nessa exata ordem.

Se o pedido de livramento feito pelo defensor vier devidamente instruído, por razões óbvias não haverá necessidade de sua oitiva após a manifestação do Ministério Público e antes da decisão judicial que o apreciar, caso nada de novo se tenha juntado ao expediente.

4. LIVRAMENTO CONDICIONAL A ESTRANGEIRO

Atendidos os requisitos legais, nada impede que o estrangeiro seja agraciado com o livramento.

Por outro lado, contando em seu desfavor com decreto de expulsão, já se decidiu que se revela inviável a concessão do livramento. Conforme tal compreensão, "o livramento condicional está sujeito à satisfação de algumas condições, tais como obtenção de ocupação lícita, comunicação periódica ao Juiz de sua ocupação e não mudança de território da comarca do Juízo; portanto, tratando-se de réu estrangeiro em situação irregular no país, e que não pode cumprir as exigências é de se negar o benefício"[19].

Segundo nosso entendimento, presentes os requisitos legais, não há como negar o livramento, e, como regra geral, nos termos do art. 83 do CP, *para a concessão*, basta que cumpra a fração de pena exigida na hipótese; prove bom comportamento durante a execução da pena e o não cometimento de falta grave nos últimos 12 (doze) meses; bom desempenho no trabalho que lhe foi atribuído e aptidão para prover à própria subsistên-

19. *RT*, 746/691.

cia mediante trabalho honesto, e tenha reparado, salvo impossibilidade de fazê-lo, o dano causado pela infração.

Também **a natureza das condições listadas no art. 132 da LEP não impede *a concessão* do livramento**, muito embora *o descumprimento* de qualquer uma delas possa acarretar consequências.

A pendência de questões relacionadas com a regularidade ou não da permanência em território nacional não constitui óbice à pretensão e tem sede própria de apreciação.

5. CONDIÇÕES DO LIVRAMENTO

5.1. Noção

Como o próprio nome está a indicar, trata-se de situação em que o condenado cumprirá o restante de sua pena em liberdade, todavia submetido a determinadas condições. Evidentemente, resulta inadmissível a existência de livramento *condicional* sem que se estabeleça um rol de condições a que ficará sujeito o liberado.

Tais condições se dividem em ***condições obrigatórias* e *facultativas***, e a elas se subordinará o executado, que deverá cumpri-las durante o período de prova, sob pena de revogação obrigatória ou facultativa do benefício. Na sentença que conceder o livramento o juiz da execução especificará as condições a que aquele ficará condicionado[20].

5.2. Condições obrigatórias

Preceitua o art. 132 da LEP que, deferido o pedido, o juiz especificará as condições a que fica subordinado o livramento, e serão sempre impostas ao liberado condicional as obrigações seguintes: *a*) obter ocupação lícita, dentro de prazo razoável se for apto para o trabalho; *b*) comunicar periodicamente ao juiz sua ocupação; *c*) não mudar do território da comarca do juízo da execução sem prévia autorização deste.

A *primeira* das condições obrigatórias especificada é a de ***obter ocupação lícita, dentro de prazo razoável se for apto para o trabalho***.

Absolutamente compreensível e recomendada a preocupação do legislador ao estabelecer tal condição. Com efeito, *obter ocupação*, aqui, tem o sentido de ativar-se, encaixar-se no mercado de trabalho, empregar-se licitamente. De igual sorte, a ressalva legal também é oportuna, pois, se o liberado *não for apto para o trabalho*, vale dizer, se suas condições de saúde física e/ou mental não o permitirem, não haverá como exigir o impossível. Impor uma condição que sabidamente não pode ser cumprida corresponde, em última análise, a negar o benefício.

Outra preocupação que se deve ter reside na dificuldade ou impossibilidade de se ativar em emprego lícito em prazo razoável, visto que por vezes certos segmentos de

20. Arts. 85 do Código Penal e 132 da LEP.

atividade laborativa apresentam índices elevados de desemprego. Acrescente-se a tudo que de regra o executado possui reduzido ou quase nenhum preparo intelectual e não conta com profissionalização adequada, desatendendo a diversos requisitos mínimos reclamados pelo mercado de trabalho, além, é claro, da particular condição de *condenado*, que o estigmatizará por longos anos, quando não por toda a vida.

Assim, ao cuidar do tema em comento deve o juízo das execuções estar atento à realidade da vida, a seu cotidiano, ao mercado de trabalho em que se ajusta o liberado condicionalmente, de maneira a ponderar, com o equilíbrio e a serenidade que sempre devem permear suas decisões.

A *segunda* condição obrigatória é a de ***comunicar periodicamente ao juiz sua ocupação***.

Desdobramento da primeira condição, a comunicação periódica da ocupação ao juízo das execuções permite que se possa exercer a contento a fiscalização das atividades do liberado e o acompanhamento de sua evolução e ajuste ao meio social em que se encontra.

Para o controle de tal condição, no ato da concessão do livramento deverá o juiz especificar a periodicidade da comprovação, que como regra acaba sendo mensal ou bimestral.

Por fim, como *terceira* e última condição obrigatória temos que o liberado condicionalmente não poderá ***mudar do território da comarca do juízo da execução sem prévia autorização deste***.

Pela letra da lei, não está o liberado proibido de mudar de endereço, dentro do território da comarca do juízo da execução, mesmo sem a *prévia autorização* deste. Exige-se a prévia autorização apenas quando se tratar de mudança de endereço que implique modificação da competência do juízo, vale dizer, mudança de uma comarca à outra. A ***mudança de residência*** é causa de revogação facultativa (art. 132, § 2º, *a*, da LEP), nos termos em que veremos no item seguinte.

5.3. Condições facultativas

Além das condições obrigatórias acima analisadas, *poderão* ser impostas ao liberado condicional, *entre outras obrigações*, as seguintes: a) *não mudar de residência sem comunicação ao juiz e à autoridade incumbida da observação cautelar e de proteção*; b) *recolher-se à habitação em hora fixada*; c) *não frequentar determinados lugares*. São as denominadas *condições facultativas*, que poderão ser aplicadas cumulativamente às obrigatórias.

Além das condições facultativas, **a lei autoriza a fixação de *outras*** que poderão ser escolhidas e determinadas pelo juízo. São **as denominadas *condições judiciais***.

A lei cuidou de indicar três condições facultativas, deixando aberta, entretanto, a possibilidade de se estabelecerem outras que se afigurem necessárias ou recomendadas a cada uma das hipóteses submetidas à apreciação do juízo.

A *primeira* das condições facultativas é a que impõe ao liberado a obrigação de ***não mudar de residência sem comunicação ao juiz e à autoridade incumbida da observação cautelar e de proteção***.

Fixado o endereço residencial do liberado, qualquer modificação superveniente, ainda que dentro dos limites da comarca do juízo da execução, deverá ser *comunicada* ao juiz e à autoridade incumbida da observação cautelar e de proteção. Não é necessário que o liberado obtenha *prévia autorização* para a mudança de endereço; é suficiente que faça as comunicações tão somente.

O juiz a ser comunicado é aquele a que se encontra submetido o processo de execução.

Por autoridade incumbida da observação cautelar e de proteção entenda-se, conforme lecionou Julio F. Mirabete, o patronato público ou particular, o serviço social penitenciário, ou o Conselho da Comunidade, "que colaboram na fiscalização do cumprimento das condições do livramento condicional"[21].

Nos precisos termos do art. 133 da LEP, "se for permitido ao liberado residir fora da comarca do Juízo da Execução, remeter-se-á cópia da sentença do livramento ao juízo do lugar para onde ele se houver transferido e à autoridade incumbida da observação cautelar e de proteção". Em tal hipótese o liberado será advertido da obrigação de apresentar-se imediatamente às autoridades referidas, como determina o art. 134 da mesma lei.

De ver, entretanto, que a mudança do liberado para outra comarca acarreta a modificação da competência do juízo para prosseguir na execução, razão pela qual, a rigor, não é caso de simples remessa de cópia da *sentença* do livramento nos moldes do art. 133, mas de remessa dos próprios autos de execução.

A segunda condição facultativa indicada é a que impõe ao liberado a obrigação de ***recolher-se à habitação em hora fixada***.

Visa-se com ela impedir ou dificultar o contato do liberado com ambientes que possam influenciar negativamente em seu processo de ressocialização. Por certo, a frequência a determinados locais em determinadas horas deve ser evitada por quem se encontre sob livramento condicional, recém-saído de estabelecimento prisional. Ademais, o recolhimento à habitação tem a vantagem, ao menos em tese, de fortalecer vínculos afetivos e de relacionamento entre o liberado e seus familiares.

Como *terceira* condição facultativa a lei indica a ***proibição de frequentar determinados lugares***.

Bares, prostíbulos, boates, casas de jogos etc. por certo não são locais que se possa permitir que o liberado, que ainda cumpre pena, venha a frequentar.

Inegável a influência deletéria que o convívio em tais ambientes pode causar na estrutura comportamental do executado e nos destinos da execução de sua pena.

Porquanto exemplificativo o rol das condições facultativas, é permitida sua ampliação, de maneira que o juízo da execução poderá estabelecer outras que entender adequadas, daí, com acerto, a denominação de ***condições judiciais***.

---

21. Julio F. Mirabete, *Execução penal*, p. 473.

Tais condições devem submeter-se a uma apreciação valorativa, a um juízo de individualização, quando da aplicação a cada um dos condenados. Não devem ser aplicadas aleatoriamente, sem qualquer relação com o fato-crime, com a pessoa do criminoso, com suas condições pessoais, de idade, saúde, cultura etc., o meio em que vive. É preciso ter em vista o destino que se pretende dar à execução e àquele que a ela se vê submetido.

Por raciocínio lógico, são proibidas eventuais condições vexatórias, que possam submeter o liberado a humilhação, como "também não é possível impor condição que constitua, em si mesma, pena não prevista ou restrinja direito individual preservado pela Constituição Federal"[22].

É importante ressaltar que as condições acima indicadas são *facultativas* para o juízo, que assim poderá fixá-las ou não. Já para o liberado, uma vez impostas, serão de cumprimento obrigatório. Se descumprida uma delas, o juízo terá também a *faculdade* de revogar ou não o livramento condicional.

5.4. Condições legais indiretas

Em tema de condições do livramento é preciso destacar, ainda, a existência das denominadas *condições legais indiretas*, assim consideradas aquelas que determinam a revogação obrigatória ou facultativa do benefício, **especificadas nos arts. 86 e 87 do CP**, respectivamente. Assim, durante o período de prova o liberado condicionalmente também não poderá *ser condenado a pena privativa de liberdade, em sentença irrecorrível, por crime cometido durante a vigência do benefício, ou mesmo por crime anterior, observado o disposto no art. 84 do Código Penal* (art. 86 do CP)[23], *ou sofrer condenação irrecorrível por crime ou contravenção, a pena que não seja privativa de liberdade* (art. 87 do CP).

6. CARTA E CERIMÔNIA DE LIVRAMENTO

Concedido o livramento condicional — diz o art. 136 da LEP —, será expedida a carta de livramento com a cópia integral da sentença em duas vias, remetendo-se uma à autoridade administrativa incumbida da execução e outra ao Conselho Penitenciário.

Por *autoridade administrativa incumbida da execução* entenda-se a autoridade administrativa encarregada do serviço ou do estabelecimento incumbido da observação cautelar e de proteção a que se refere o art. 133 da LEP. Sobre o Conselho Penitenciário, para evitar o enfaro da repetição, remetemos o leitor ao Capítulo VI (Dos Órgãos da Execução Penal).

Dispõe o **art. 137 da LEP** que a cerimônia do livramento condicional será realizada solenemente no dia marcado pelo presidente do Conselho Penitenciário, no estabelecimento onde está sendo cumprida a pena, observando-se o seguinte: I — a sentença será

22. Julio F. Mirabete, *Execução penal*, p. 473.

23. Art. 84 do CP: "As penas que correspondem a infrações diversas devem somar-se para efeito do livramento".

lida ao liberando, na presença dos demais condenados, pelo presidente do Conselho Penitenciário ou membro por ele designado, ou, na falta, pelo juiz; II — a autoridade administrativa chamará a atenção do liberando para as condições impostas na sentença de livramento; III — o liberando declarará se aceita as condições[24].

A cerimônia ou audiência de livramento é o **marco inicial da execução do livramento condicional**, e na esmagadora maioria das comarcas, onde não se encontra sediado Conselho Penitenciário, sua realização é presidida pelo juiz.

Aceitas as condições pelo liberado, e lavrado o termo respectivo, inicia-se o período de prova do livramento. Se o liberado não aceitar as condições fixadas, ficará sem efeito o livramento outrora concedido, e a pena privativa de liberdade continuará sendo executada.

7. MODIFICAÇÃO DAS CONDIÇÕES

Buscando a (re)integração social do condenado, as condições do livramento poderão ser ajustadas a qualquer tempo. Verificada a necessidade, poderá o juízo da execução agravá-las ou atenuá-las dentro de um processo individualizador, sempre que uma ou mais se apresentarem inadequadas ou insuficientes para a finalidade que ensejou sua fixação.

Nessa ordem de ideias, dispõe o **art. 144 da LEP** que "o juiz, de ofício, a requerimento do Ministério Público, da Defensoria Pública, ou mediante representação do Conselho Penitenciário, e ouvido o liberado, poderá modificar as condições especificadas na sentença, devendo o respectivo ato decisório ser lido ao liberado por uma das autoridades ou funcionários indicados no inciso I do art. 137 desta lei, observado o disposto nos incisos II e III e §§ 1º e 2º do mesmo artigo".

O Ministério Público poderá *requerer* a modificação das condições, e caso seu pedido não seja acolhido poderá ingressar com recurso de agravo em execução (art. 197 da LEP).

Dada sua posição no processo executivo, notadamente em se tratando de órgão consultivo e fiscalizador da execução da pena, ao Conselho Penitenciário caberá apenas *representar* sugerindo a modificação das condições, não podendo recorrer da decisão que acaso não acolha seu ponto de vista.

Poderá ainda o juiz da execução proceder ao ajuste das condições *ex officio*, sem qualquer provocação.

Embora não contemplada na lei a possibilidade de modificação das condições a pedido do executado, feito de próprio punho, temos que a providência revela-se perfeitamente possível. Sendo assim, poderá o liberado postular legitimamente a modificação das condições impostas no livramento, ajustando-as às suas condições pessoais. Sobre

---

24. "§ 1º De tudo, em livro próprio, será lavrado termo subscrito por quem presidir a cerimônia e pelo liberando, ou alguém a seu rogo, se não souber ou não puder escrever. § 2º Cópia desse termo deverá ser remetida ao juiz da execução."

tal pedido deverão ser ouvidos o Ministério Público e a defesa técnica, precedentemente à decisão do juízo da execução.

A modificação das condições também poderá decorrer do disposto no **art. 140, parágrafo único, da LEP**, que impõe ao juiz a obrigação de advertir ou agravar as condições quando mantido o livramento condicional, na hipótese de revogação facultativa.

Seja qual for a causa determinante da modificação das condições, antes que o ajuste para agravá-las se concretize é imprescindível se proceda à oitiva do liberado, acompanhado de defensor. Sob pena de nulidade, é imprescindível integral acatamento aos princípios da ampla defesa, do contraditório e do devido processo legal.

Acrescente-se, por fim, que a modificação das condições determina a realização de nova cerimônia de livramento, nos termos previstos no art. 137 da LEP, "a fim de que o liberado tome ciência das novas regras estabelecidas para o benefício"[25], mesmo que decorra de pedido seu.

8. SUSPENSÃO DO CURSO DO LIVRAMENTO CONDICIONAL

O descumprimento de condição imposta para o livramento ou a prática de outra infração penal no curso de seu período de prova revela comportamento destoante com o benefício e a inegável ausência de requisito subjetivo, indispensável para a *continuação* do mesmo.

Diante de tal realidade, diz o **art. 145 da LEP** que, "praticada pelo liberado outra infração penal, o juiz poderá ordenar a sua prisão, ouvidos o Conselho Penitenciário e o Ministério Público, suspendendo o curso do livramento condicional, cuja revogação, entretanto, ficará dependendo da decisão final".

A suspensão do livramento não é automática e também não configura consequência inafastável da prática de infração penal durante o período de prova. Constitui mera faculdade conferida ao juiz, a ser avaliada criteriosamente em cada caso concreto (praticada pelo liberado outra infração penal, o juiz *poderá*...).

Não se trata aqui de suspensão do benefício em razão do descumprimento de *qualquer condição* imposta (obrigatória ou facultativa). Não há previsão legal autorizando a suspensão do livramento por quebra de obrigação estabelecida na decisão que o concedeu. A suspensão **só é cabível quando for praticada pelo liberado *outra infração penal***. Entenda-se: novo delito, no curso do livramento; crime ou contravenção. Basta a *prática* da infração penal para que o juiz da execução determine, *ex officio* ou atendendo a requerimento do Ministério Público, ou, ainda, a representação do Conselho Penitenciário, a suspensão do livramento condicional, sem que tal configure violação ao princípio constitucional da presunção de inocência (art. 5º, LVII, da CF).

Por força dos princípios da ampla defesa e do contraditório (art. 5º, LV, da CF), sempre deverá ser oportunizada a **oitiva do executado previamente à decisão** que irá determinar ou

25. Julio Fabbrini Mirabete, *Execução penal*, p. 488.

não a suspensão do benefício, sob pena de nulidade do *decisum*. Nada impede, entretanto, que em situações excepcionais e plenamente justificadas se decida *cautelarmente* pela suspensão do livramento e retorno à prisão, quando presentes os requisitos da medida extrema (*fumus boni juris* e *periculum in mora*), providenciando-se posterior oitiva do executado.

Trata-se de um poder-dever que está subordinado à análise da gravidade ou intensidade da conduta praticada.

Oportunizada a justificativa do executado, em seguida falará o Ministério Público[26] e depois a defesa, após o que decidirá o juiz.

Determinada a suspensão, no corpo da mesma decisão o juiz ordenará a prisão do liberado[27], que, nessa hipótese, retornará ao estabelecimento prisional, onde voltará a cumprir sua pena privativa de liberdade. A revogação do livramento, entretanto, ficará dependendo da decisão final a ser proferida no novo processo[28].

Para efeito de aferir o tempo de cumprimento da pena, a depender da hipótese, serão considerados os períodos em que o executado esteve preso antes de obter o livramento, o tempo em que esteve solto condicionalmente e o tempo de prisão decorrente da decisão que determinou a suspensão do livramento e o retorno à prisão (tempo preso + período de prova em que esteve sob livramento + tempo de prisão em razão da suspensão do livramento).

Tratando da contagem do prazo no caso de revogação do benefício, diz o art. 141 que, "se a revogação for motivada por infração penal *anterior* à vigência do livramento, computar-se-á como tempo de cumprimento da pena o período de prova...". A *contrario sensu*, se a condenação decorrer de infração penal cometida *no curso* do livramento, o prazo do período de prova não será computado. Trata-se de uma punição justa àquele que se revelou desmerecedor do benefício.

A instauração de processo em razão da prática de novo crime no curso do livramento acarreta a ***prorrogação automática do período de prova***, pois, conforme determina o art. 89 do CP, "o juiz não poderá declarar extinta a pena, enquanto não passar em julgado a sentença em processo a que responde o liberado, por crime cometido na vigência do livramento".

Nesse sentido, reiteradas vezes já se decidiu que, "se durante a vigência do livramento condicional o liberado é acusado da prática de novo delito, o período de prova se prorroga até o trânsito em julgado da nova infração, não podendo, assim, a pena ser declarada extinta na pendência da ação penal"[29].

26. Art. 67 da LEP.

27. "Conforme jurisprudência desta Corte, cometidos novos delitos durante o período de prova do livramento condicional, deve o magistrado adotar a providência prevista no art. 145 do Código Penal, vale dizer, suspender cautelarmente o benefício, sob pena de extinção da reprimenda" (STJ, HC 308.634/RS, 6ª T., rela. Mina. Maria Thereza de Assis Moura, j. 19-3-2015, *DJe* de 27-3-2015).

28. "Praticada pelo liberado nova infração penal, não é o caso, enquanto não decidido o respectivo processo, de revogação do livramento condicional, mas de suspensão do benefício" (*RT*, 469/367).

29. *RT*, 660/309. "Conforme a jurisprudência desta eg. Corte Superior, nos moldes do que preceituam os arts. 145, da Lei de Execução Penal e 89, do Código Penal, havendo suspensão do livramento con-

É necessário, contudo, ter em vista o ensinamento de JULIO F. MIRABETE no sentido de que "após o transcurso do período de prova original não estão mais em vigor as condições impostas ao beneficiado, não constituindo a infração a essas regras causa de revogação do benefício, ainda que ocorra antes do trânsito em julgado da sentença referente ao processo instaurado na vigência do benefício"[30].

De ver, entretanto, que o art. 89 faz referência expressa à prática de *novo crime*, o que permite concluir que a prática de contravenção penal não acarreta a mesma consequência jurídica.

Procedente a nova ação penal, a condenação por delito cometido no curso do período de prova poderá determinar a revogação do livramento, conforme veremos logo a seguir, quando cuidarmos das causas de revogação obrigatória e facultativa.

Em síntese: operada a suspensão do livramento em razão da prática de nova infração penal no curso do período de prova, e determinada a prisão do executado, o encarceramento não poderá exceder o prazo previsto para a pena inicialmente aplicada.

Instaurada nova ação penal, prorroga-se automaticamente o período de **prova até o final deste novo processo**, pois, em caso de condenação, poderá ocorrer a revogação do livramento.

Vencido o prazo da pena inicialmente aplicada e sob execução, o condenado deverá ser colocado em liberdade (se por outra razão não for caso de permanecer preso), mas o juiz não poderá julgar extinta a pena enquanto não transitar em julgado decisão relativa ao novo processo instaurado.

Durante o período em que estiver solto, após o término do prazo da pena inicialmente aplicada e enquanto aguarda o julgamento do novo processo, o executado não ficará obrigado ao cumprimento das condições do livramento outrora aplicadas.

Ocorrendo **absolvição no novo processo**, após o trânsito em julgado da sentença ou acórdão o juiz julgará extinta a punibilidade em relação ao primeiro processo — aquele em que fora concedido o livramento depois suspenso. No caso de condenação, o livramento poderá ser revogado e o executado terá que cumprir a nova pena imposta, mais o tempo de pena em que permaneceu em liberdade, referente ao período de prova do livramento revogado.

9. REVOGAÇÃO DO LIVRAMENTO

9.1. Generalidades

A *concessão* do livramento submete-se à satisfação de determinadas condições ou requisitos, também denominadas pressupostos. Todavia, concedido o livramento após a

dicional durante o período de prova, não poderá haver a extinção da punibilidade até que ocorra o julgamento definitivo do delito cometido, pelo paciente, durante o curso da benesse" (STJ, HC 305.718/SP, 5ª T., rel. Min. Felix Fischer, j. 19-3-2015, *DJe* de 8-4-2015).

30. Julio F. Mirabete, *Execução penal*, p. 481.

constatação do atendimento das condições ou requisitos, fica o liberado submetido ao cumprimento de certas condições *para sua continuidade*. Vale dizer: se não cumprir as condições estabelecidas para o período de prova o livramento *será* revogado. Em outras situações, observada a gravidade da conduta do liberado, a Lei de Execução Penal apenas *faculta* ao juiz da execução a revogação ou não do livramento.

Fala-se, pois, em *revogação obrigatória* na primeira hipótese, e em *revogação facultativa* na segunda.

Seja uma ou outra (obrigatória ou facultativa), é inegável que a revogação sempre terá uma roupagem de *resposta punitiva*. Uma sanção imposta àquele que se revelou desmerecedor do benefício que recebeu. Uma punição, que em razão de sua natureza deve ser adequada e proporcional.

9.2. Revogação obrigatória

Diz o **art. 140 da LEP** que a revogação do livramento condicional dar-se-á nas hipóteses previstas nos arts. 86 e 87 do CP.

As causas ensejadoras de revogação obrigatória estão elencadas no art. 86 do CP, segundo o qual se revoga o livramento, se o liberado vem a ser condenado a pena privativa de liberdade, em sentença irrecorrível: I — por crime cometido durante a vigência do benefício; II — por crime anterior, observado o disposto no art. 84 deste Código.

Em se tratando de norma que deve ser interpretada restritivamente, a condenação pela prática de contravenção penal não determinará a revogação obrigatória do benefício, até porque constitui causa de revogação facultativa.

Se o liberado *praticar* novo crime no curso do período de prova, tal conduta por si só também não constituirá causa de *revogação* do benefício. É que a prática de nova infração, de que natureza for, poderá ensejar apenas a *suspensão* do livramento e o retorno à prisão, conforme decorre do art. 145 da LEP. À luz do disposto no art. 89 do CP, "o juiz não poderá declarar extinta a pena, enquanto não passar em julgado a sentença em processo a que responde o liberado, por crime cometido na vigência do livramento", o que implica prorrogação automática do período de prova.

A ***primeira hipótese de revogação obrigatória*** é a superveniência de condenação irrecorrível em que se impôs pena privativa de liberdade, por crime praticado no curso do livramento.

Se a pena imposta for tão somente de *multa*, a revogação será apenas facultativa (art. 87 do CP). Nessa hipótese devem ser consideradas três possibilidades: *1ª*) a pena de multa era a única cominada; *2ª*) a pena de multa foi a escolhida dentre as cominadas, ou *3ª*) a pena de multa decorreu de substituição[31]. Em todos os casos, sendo ela a pena final, a revogação será apenas facultativa.

Se a pena final for *restritiva de direitos* a revogação também não será obrigatória.

31. V., entre outros, os arts. 44, § 2º; 60, § 2º; 155, § 2º, 171, § 1º, todos do CP.

Muito embora as restritivas de direitos sempre decorram de substituição à pena privativa de liberdade genuinamente aplicada[32], é de reconhecer, na hipótese, que a conduta praticada não foi tão grave, e de consequência a revogação será apenas facultativa, cumprindo ao juízo da execução analisar com sua experiência e *prudente arbítrio* se a revogação se afigura recomendável no caso específico. Deverá observar, para tanto, as condições pessoais e de cultura do sentenciado; as circunstâncias e o meio em que o crime se deu, seu comportamento ao longo do processo executivo etc.

Como consequência da suspensão/prorrogação do período de prova do livramento ele poderá ser revogado após a data inicialmente prevista para seu término. Já decidiu o Supremo Tribunal Federal que, "tratando-se de crime cometido na vigência de livramento condicional e suspenso seu curso por decisão judicial, é indeclinável a revogação do benefício se o liberado vem a ser condenado por sentença irrecorrível, ainda que se dê após o término do período de prova previsto"[33].

Absolvido definitivamente o executado no novo processo, instaurado por crime cometido na vigência do livramento, será julgada extinta a pena referente à condenação que se encontrava sob execução.

A ***segunda hipótese de revogação obrigatória*** do livramento decorre da imposição de pena privativa de liberdade por sentença irrecorrível, por *crime* anterior[34], observado o disposto no art. 84 do CP, segundo o qual "as penas que correspondem a infrações diversas devem somar-se para efeito do livramento".

Por *crime* anterior entenda-se aquele praticado, a qualquer tempo, *antes da vigência do benefício.*

Sobrevindo nova condenação, deverão ser somadas as penas, e apurados os requisitos necessários à concessão do livramento. Se presentes, o livramento não será descontinuado, podendo ser concedido novamente, observada, agora, a totalização das penas em execução.

Evidentemente, não há falar em prorrogação do período de prova em se tratando de crime praticado antes da vigência deste. É o que decorre do art. 89 do CP, que se refere apenas a crime cometido na vigência do livramento.

A prática de crime após o término do prazo previsto para o livramento, ainda que não exista decisão judicial julgando extinta a pena, não acarreta a suspensão do livramento nem pode determinar sua revogação. É que para tal efeito deve-se considerar como término do benefício o escoamento do período de prova, e não a decisão que declara extinta a pena.

---

32. Cf. art. 44 do CP. Encontramos exceção na Lei n. 9.099/95, cujo art. 76 permite a proposta de transação penal com a *aplicação imediata de pena restritiva de direitos*, sem a precedente imposição de pena privativa de liberdade, contrariando o que sempre foi regra no direito penal brasileiro.

33. *RT*, 548/415.

34. "Sobrevindo condenação irrecorrível à pena privativa de liberdade por crime cometido anteriormente à concessão do livramento condicional, impõe-se a revogação do benefício, por imperativo legal, nos termos do disposto no inc. II do art. 86 do CP" (*RT*, 774/535).

9.3. Revogação facultativa

Considerando a gravidade da conduta praticada pelo liberado, o legislador houve por bem estabelecer determinadas hipóteses que elencou como de revogação facultativa do livramento, deixando ao critério do juiz da execução a opção de revogar ou não o benefício.

Consoante dispõe o art. 87 do CP, "o juiz poderá, também, revogar o livramento, se o liberado deixar de cumprir qualquer das obrigações constantes da sentença, ou for irrecorrivelmente condenado, por crime ou contravenção, a pena que não seja privativa de liberdade".

A ***primeira causa de revogação facultativa*** decorre da desídia do liberado no cumprimento das condições impostas para a permanência do benefício.

Conforme vimos anteriormente, deferido o pedido, o juiz especificará as regras a que ficará subordinado o livramento, estabelecendo as condições obrigatórias (art. 132, § 1º, da LEP) e eventualmente alguma(s) dentre as facultativas (art. 132, § 2º, da LEP). O descumprimento injustificado de uma das condições impostas, seja ela obrigatória ou facultativa, acarreta a possibilidade de revogação do livramento. Mesmo em se tratando do descumprimento de condição obrigatória, a revogação será apenas uma faculdade concedida ao juiz da execução.

De observar, todavia, que, "se o liberado descumpre alguma das condições da sentença que lhe concedeu o livramento condicional, mas nenhuma providência é tomada para a revogação no período de prova, a revogação não pode ser efetivada após esse período, porque, se o livramento não é revogado até o seu termo, extingue-se a pena privativa de liberdade, não se podendo dar efeito *ex tunc* a decisão revogatória"[35]. É que o descumprimento de obrigação fixada na sentença concessiva, ao contrário do que ocorre na hipótese da prática de nova infração penal, não acarreta a suspensão do período de prova.

A ***segunda causa de revogação facultativa*** decorre de condenação irrecorrível, por crime ou contravenção, a pena que não seja privativa de liberdade.

Se o liberado sofrer nova condenação por crime ou contravenção, praticados ou não no curso do livramento, desde que a pena imposta não seja privativa de liberdade, portanto, multa, restritiva de direitos, ou qualquer outra não privativa tipificada, a revogação será apenas facultativa.

Com efeito, a condenação por contravenção penal ou mesmo crime revelam certo grau de desajuste do executado, à primeira vista indicador da ausência de mérito para a continuidade do livramento. Todavia, a imposição de pena não privativa de liberdade permite concluir que a conduta não foi tão grave a ponto de determinar a revogação obrigatória do benefício, ficando, então, a critério do juízo a avaliação da opção mais indicada para a hipótese: ou revoga o livramento ou o mantém. É certo que tal decisão deverá estar sempre cercada por parâmetros de individualização da pena.

---

35. *RT*, 681/329.

É preciso destacar que o legislador se esqueceu de que a prática de algumas contravenções pode acarretar a imposição de pena privativa de liberdade (prisão simples), e, assim, não cogitou a hipótese de revogação facultativa em se tratando de condenação a que se impôs pena privativa de liberdade pela prática de contravenção penal. Entretanto, é evidente que o cochilo não exclui tal possibilidade. Seria incompreensível permitir ao juiz a revogação facultativa do livramento quando imposta pena de multa pela prática contravencional e não permitir a mesma providência quando a pena imposta for privativa de liberdade, sabidamente mais severa e com repercussões mais sensíveis.

10. OUTRAS CONSIDERAÇÕES

Embora seja possível a hipótese de revogação do livramento a pedido do liberado, o mais comum é que tal ocorra a requerimento do Ministério Público, mediante representação do Conselho Penitenciário, ou de ofício, pelo juiz[36].

É importante ressaltar que em qualquer das hipóteses de revogação, obrigatória ou facultativa, por imperativo constitucional é imprescindível que antes de decidir o juiz da execução proceda à oitiva do liberado em juízo, designando para tanto ***audiência de justificação***, permitindo-lhe o exercício da ampla defesa e do contraditório, quando então poderá justificar sua conduta e apresentar as razões que o levaram ao descumprimento da condição assumida. A regra decorre, também, do disposto no art. 143 da LEP.

A jurisprudência é no sentido de que "a execução penal deixou de ser relação jurídica meramente administrativa. Hoje, evidencia sentido jurisdicional. Em consequência, perda ou redução de direito reclama contraditório"[37]. Assim, "de acordo com o art. 143 da Lei 7.210/84, o livramento condicional somente poderá ser revogado por quebra de condição imposta ao gozo do benefício, após prévia audiência do liberado, assegurando-lhe o direito de fazer prova destinada a justificar a eventual transgressão cometida"[38]. De consequência, "a revogação do livramento condicional, sem que tenha sido ouvido o liberado, implica em cerceamento de defesa, causando a nulidade da decisão revogatória"[39].

Antes da decisão também deverá ser **ouvido o Ministério Público**, a quem compete fiscalizar a execução da pena[40].

Se mantido o livramento condicional, na hipótese da revogação facultativa, o juiz deverá advertir o liberado ou agravar as condições, conforme determina o parágrafo único do art. 140 da LEP.

Da decisão que revogar o livramento caberá **agravo em execução**, nos precisos termos do art. 197 da LEP.

---

36. Cf. art. 66, III, *e*, da LEP.

37. STJ, RHC 7.387/RJ, 6ª T., rel. originário Min. Anselmo Santiago, rel. para acórdão Min. Luiz Vicente Cernicchiaro, j. 23-6-1998, *DJU*, 31-8-1998, p. 120.

38. *RT*, 609/352.

39. *RT*, 771/645.

40. Art. 67 da LEP.

Determina o art. 141 da LEP que, "se a revogação for motivada por infração penal anterior à vigência do livramento, computar-se-á como tempo de cumprimento da pena o período de prova, sendo permitida, para a concessão de novo livramento, a soma do tempo das duas penas", e, conforme estabelece o art. 142 da mesma lei: "No caso de revogação por outro motivo, não se computará na pena o tempo em que esteve solto o liberado, e tampouco se concederá, em relação à mesma pena, novo livramento".

Cuidando dos efeitos da revogação, diz o art. 88 do CP que, "revogado o livramento, não poderá ser novamente concedido, e, salvo quando a revogação resulta de condenação por outro crime anterior àquele benefício, não se desconta na pena o tempo em que esteve solto o condenado".

11. EXTINÇÃO DA PENA PRIVATIVA DE LIBERDADE

Expirado o prazo do livramento sem causa de revogação, o juiz, de ofício, a requerimento do interessado, do Ministério Público ou mediante representação do Conselho Penitenciário, julgará extinta a pena privativa de liberdade, conforme determina o art. 146 da LEP, que está em consonância com a regra ditada pelo art. 90 do CP[41].

Todavia, como é intuitivo, "diante da possibilidade da prática de crime cometido na vigência do livramento (causa de sua prorrogação, CP, art. 89), ou mesmo de condenação por infração anterior, o Juiz de execução não poderá julgar extinta a pena privativa de liberdade sem que, antes, venha para os autos a necessária certificação da existência ou inexistência de processos pendentes contra o liberado"[42]. "Não pode ser julgada extinta a pena imposta ao liberado condicionalmente enquanto não passar em julgado a sentença proferida em processo por crime por ele perpetrado na vigência do livramento"[43].

Tendo o executado praticado alguma infração penal no curso do livramento e estando suspenso o período de prova respectivo, o juiz não poderá declarar extinta a punibilidade naquela data que seria a inicialmente prevista para o término da pena. Deverá aguardar o resultado final do novo processo instaurado, conforme decorre do disposto no art. 89 do CP, onde se lê que "o juiz não poderá declarar extinta a pena, enquanto não passar em julgado a sentença em processo a que responde o liberado, por crime cometido na vigência do livramento"[44]. As razões são óbvias. É que, se o executado acabar condenado no novo processo, tal decisão poderá acarretar a revogação do livramento, observadas as regras dos arts. 86 e 87 do CP, que cuidam das hipóteses de revogação obrigatória e facultativa. Por força do disposto no art. 141 da LEP, é de entender que o mesmo não ocorre em se tratando de revogação decorrente de condenação por delito praticado antes do início do livramento, onde se computará como tempo de cumprimento da pena o período de prova.

41. Diz o art. 90 do CP: "Se até o seu término o livramento não é revogado, considera-se extinta a pena privativa de liberdade".

42. *RT*, 766/718.

43. *RT*, 572/357.

44. *RJDTACrimSP*, 7/234.

Somente ocorrerá a prorrogação do período de prova do livramento, determinando que a pena seja julgada extinta após o prazo inicialmente previsto, se ocorrer hipótese de o liberado, no curso do benefício, praticar nova infração penal (art. 145 da LEP, c/c o art. 89 do CP). Não há qualquer outra situação ou conduta prevista em lei legitimando a prorrogação do período de prova do livramento. Trata-se, pois, de situação única.

Dispõe a **Súmula 617 do STJ** que "A ausência de suspensão ou revogação do livramento condicional antes do término do período de prova enseja a extinção da punibilidade pelo integral cumprimento da pena".

No tocante à data a ser considerada como a de extinção, segundo JULIO F. MIRABETE: "Como a pena fica extinta quando se expira o prazo do livramento sem ter ocorrido revogação, deve-se ter como data da extinção o último dia do prazo e não a data em que, nos autos, o juiz a declarar. A extinção da pena se dá pelo fato, ou seja, pelo término do prazo, e não pela sentença que a reconhece. Assim, por exemplo, para o efeito de reabilitação, o prazo de dois anos deve ser contado a partir da data do término do prazo e não da data em que se decreta a extinção da pena"[45].

45. Julio F. Mirabete, *Execução penal*, p. 491.

Capítulo XV

DO MONITORAMENTO ELETRÔNICO

Sumário: 1. Introdução. 2. Autoridade competente para determinar o monitoramento. 3. Cabimento. 4. Cuidados e deveres do executado submetido a monitoramento eletrônico. 4.1. Receber visitas do servidor responsável pelo monitoramento eletrônico, responder aos seus contatos e cumprir suas orientações. 4.2. Abster-se de remover, de violar, de modificar, de danificar de qualquer forma o dispositivo de monitoramento eletrônico ou de permitir que outrem o faça. 5. Violação dos deveres pelo executado. 5.1. Regressão de regime prisional. 5.2. Revogação da autorização de saída temporária. 5.3. Revogação da prisão domiciliar. 5.4. Advertência escrita. 6. Revogação do monitoramento. 6.1. Desnecessidade ou inadequação. 6.2. Violação de deveres. 6.3. Prática de falta grave.

1. INTRODUÇÃO

Discussão antiga e acalorada centra suas energias sobre a constitucionalidade; as vantagens e a adequação do monitoramento eletrônico em relação àqueles submetidos ao cumprimento de pena criminal[1].

Enquanto largamente adotado, e de variadas maneiras, em diversos países desenvolvidos (Estados Unidos e França, por exemplo), no Brasil o que se tinha eram experiências locais, inclusive em razão de algumas leis estaduais equivocadas e inconstitucionais sob certos aspectos, como é exemplo a péssima Lei Paulista n. 12.906/2008, que infelizmente serviu de base para a formulação de outras.

Embora timidamente, a **Lei n. 12.258/2010**[2], instituiu o monitoramento eletrônico no âmbito da execução penal (por ela denominado *monitoração*), alterando dispositivos da Lei de Execução Penal (arts. 122 e 124) e incluindo outros (arts. 146-B a 146-D), constituindo, ainda assim, e de alguma maneira, considerável avanço, porquanto indispensável o enfrentamento da questão no âmbito execucional.

---

1. Sobre a matéria, consultar: César Barros Leal, *Vigilância eletrônica à distância*, Curitiba, Juruá, 2011.

2. O art. 319, IX, do CPP, trata do monitoramento eletrônico como medida cautelar restritiva. Sobre o tema, conferir: Renato Marcão, *Prisões cautelares, liberdade provisória e medidas cautelares restritivas*, 2ª ed., São Paulo, Saraiva, 2012.

O Projeto que deu origem à Lei n. 12.258/2010 tinha contornos mais amplos e buscava permitir o monitoramento eletrônico também em relação aos executados submetidos a regime aberto; penas restritivas de direito; livramento condicional e suspensão condicional da pena, mas, em razão dos vetos sofridos, a lei que dele resultou passou a permitir o monitoramento apenas em relação àqueles beneficiados com saídas temporárias no regime semiaberto (arts. 122 a 125 c/c o art. 146-B, II, todos da LEP) e aos que se encontrarem em prisão domiciliar (art. 117 c/c o art. 146-B, IV, ambos da LEP).

As razões dos vetos estão expostas na Mensagem n. 310, de 15 de junho de 2010, nos seguintes termos: "A adoção do monitoramento eletrônico no regime aberto, nas penas restritivas de direito, no livramento condicional e na suspensão condicional da pena contraria a sistemática de cumprimento de pena prevista no ordenamento jurídico brasileiro e, com isso, a necessária individualização, proporcionalidade e suficiência da execução penal. Ademais, o projeto aumenta os custos com a execução penal sem auxiliar no reajuste da população dos presídios, uma vez que não retira do cárcere quem lá não deveria estar e não impede o ingresso de quem não deva ser preso".

De relevo, ainda, cabe registrar que o CNPCP — Conselho Nacional de Política Criminal e Penitenciária editou a Resolução n. 5/2017, que dispõe sobre a política de implantação de monitoração eletrônica e tem por objeto disciplinar a utilização do equipamento de monitoração eletrônica no âmbito de medidas protetivas de urgência, procedimentos investigatórios, processo penal de conhecimento e de execução penal.

Conforme o art. 2º da citada Resolução, "Considera-se monitoração eletrônica a vigilância telemática posicional à distância de pessoas submetidas a medida cautelar, condenadas por sentença transitada em julgado ou em medidas protetivas de urgência, executada por meios técnicos que permitam indicar a sua localização".

2. AUTORIDADE COMPETENTE PARA DETERMINAR O MONITORAMENTO

Nos precisos termos do art. 146-B da LEP, autoridade competente para definir a fiscalização por meio de monitoramento eletrônico é somente a judiciária. Entenda-se: **juiz ou Tribunal**.

A **autoridade administrativa** (diretor do estabelecimento prisional, secretário de segurança pública, secretário de justiça, secretário da administração penitenciária, por exemplo) não pode imiscuir-se nesse tema.

3. CABIMENTO

Em razão dos vetos a que fora submetido o Projeto que deu origem à Lei n. 12.258/2010, o monitoramento eletrônico somente poderá ser aplicado nas **duas hipóteses taxativamente previstas**: *1ª*) em relação àqueles beneficiados com saídas temporárias no regime semiaberto (arts. 122 a 125 c/c o art. 146-B, II, todos da LEP); *2ª*) aos que se encontrarem em prisão domiciliar (art. 117 c/c o art. 146-B, IV, ambos da LEP).

4. CUIDADOS E DEVERES DO EXECUTADO SUBMETIDO A MONITORAMENTO ELETRÔNICO

Determinado o monitoramento eletrônico por decisão judicial motivada (art. 93, IX, da CF), nos termos do art. 146-C, *caput*, da LEP, o condenado será instruído acerca dos cuidados que deverá adotar *com o equipamento eletrônico e também de seus deveres*, com vistas a garantir a eficácia da medida.

Para que não exista qualquer dúvida de que efetivamente foram passadas instruções ao condenado e também de seus exatos termos, embora a lei nada diga a respeito, é de boa cautela que tudo seja formalizado em audiência de advertência a respeito da concessão e aceitação das condições, e que tudo seja reduzido a termo e assinado pelo juiz, pelo representante do Ministério Público, a quem compete a fiscalização da execução em todos os seus termos (art. 67 da LEP), pelo executado e seu defensor, que deverão estar presentes ao ato judicial.

As cautelas acima apontadas são justificadas, visto que o descumprimento dos cuidados a que estará sujeito o executado poderá acarretar consequências graves aos destinos da execução, inclusive com a possibilidade de regressão de regime prisional, conforme veremos mais adiante.

4.1. Receber visitas do servidor responsável pelo monitoramento eletrônico, responder aos seus contatos e cumprir suas orientações

Embora a lei não trate adequadamente da matéria, nela há referência que autoriza concluir pela existência de corpo técnico envolvido com atribuições ligadas ao acompanhamento do monitoramento eletrônico (e nem poderia ser de forma diversa).

A lei faz sentir, ainda, que a medida de monitoramento deverá ser acompanhada de visitas e orientações periódicas que serão **realizadas e passadas por profissionais ligados ao Juízo da Vara das Execuções Criminais**, sempre visando a efetividade da medida.

Tais visitas **deverão ter por escopo** constatar as condições pessoais a que se encontra lançado o executado durante o monitoramento, pois, ainda que não venha a violar o equipamento ou descumprir de forma aparente qualquer condição de permanência sob tal situação vigiada, outras práticas não recomendadas e incompatíveis com sua condição de condenado poderão ser adotadas, cumprindo então ao profissional responsável, em tais hipóteses, efetivar as orientações que entender pertinentes, de tudo fazendo minucioso relatório que encaminhará ao juízo incumbido do processo execucional respectivo, para conhecimento e eventuais providências.

4.2. Abster-se de remover, de violar, de modificar, de danificar de qualquer forma o dispositivo de monitoramento eletrônico ou de permitir que outrem o faça

Como é intuitivo, para que permaneça sob monitoramento efetivo é imprescindível que o executado não adote quaisquer práticas que contrariem a eficiência da medida, e dentre elas a lei destaca que deverá abster-se de *remover, violar, modificar, danificar* de qualquer forma o dispositivo de monitoramento eletrônico ou permitir que outrem assim proceda.

Remover significa retirar do corpo o equipamento que permite o monitoramento.

Violar significa romper.

Modificar é o mesmo que adulterar o equipamento, mudando sua forma de funcionamento, com vistas a furtar-se ao monitoramento.

Danificar corresponde a causar dano que torne o equipamento imprestável à estrita finalidade a que originariamente fora destinado.

Soa evidente, sem sombra de dúvida, que qualquer das práticas acima listadas traduz absoluta incompatibilidade com a medida de monitoramento, visto externar, em qualquer delas, o desejo de furtar-se à efetividade e eficiência da vigilância aplicada, do que devem decorrer inevitáveis e proporcionais consequências nos rumos da execução da pena, sem prejuízo da instauração de nova ação penal por crime de dano qualificado contra o patrimônio público, conforme autoriza o art. 163, parágrafo único, III, do CP.

Para efeito de ver incidirem tais consequências, é indiferente tenha a prática proscrita sido adotada de mão própria pelo condenado ou por outrem, com seu consentimento.

Ocorrendo remoção, violação ou dano não intencional, o que pode decorrer de caso fortuito, cabe ao executado comunicar imediatamente o Juízo das Execuções Criminais a que estiver vinculado, prestando todas as informações pertinentes, para conhecimento e providências cabíveis.

A ausência de comunicação de falhas no sistema de monitoramento, por parte do executado, não poderá ser considerada violação de dever, para efeito de autorizar imposição de consequências a ele desfavoráveis, até porque o inciso III do parágrafo único do art. 146-C do Projeto que deu origem à Lei n. 12.258/2010 foi vetado, e lá estava expresso que constituía *dever do condenado* submetido a monitoramento eletrônico: "informar, de imediato, as falhas no equipamento ao órgão ou à entidade responsável pela monitoração eletrônica".

5. VIOLAÇÃO DOS DEVERES PELO EXECUTADO

Como não poderia ser de modo diverso, atendendo ao equilíbrio que deve haver entre direitos e deveres do condenado, a violação dos deveres relacionados à eficiência do monitoramento eletrônico acarreta mudança de rumo no processamento da execução.

O parágrafo único do art. 146-C da LEP dispõe que a ***violação comprovada*** dos deveres nele previstos poderá acarretar, *a critério do juiz da execução*, ouvidos o Ministério Público e a defesa: 1º) a regressão do regime; 2º) a revogação da autorização de saída temporária; 3º) a revogação da prisão domiciliar; e 4º) advertência, por escrito, para todos os casos em que o juiz da execução decida não aplicar alguma das medidas anteriormente mencionadas.

Por *violação comprovada* dos deveres entenda-se a violação noticiada nos autos e submetida ao ***contraditório***; à ***ampla defesa***; apurada mediante o irrenunciável *devido processo legal*, com *imparcialidade*, pelo *juiz natural*, devendo a *decisão* que a respeito dela tratar ser convenientemente *fundamentada*[3] e lastreada em *critérios* de *legalidade*, *razoabilidade* e *proporcionalidade*.

Dentro desse reinante panorama de garantias constitucionais, a oitiva do Ministério Público e da defesa, precedentes à decisão que avaliar a violação de deveres, é medida imperiosa, sob pena de nulidade da decisão que se proferir com ofensa à regra de contornos democráticos.

Nos precisos termos do art. 146-B da LEP, o monitoramento eletrônico só poderá ser concedido em duas únicas hipóteses: 1ª) condenado que receba autorização de saída temporária no regime semiaberto (arts. 122 a 125 da LEP); 2ª) condenado que se encontre cumprindo pena em albergue domiciliar (art. 117 da LEP).

A consequência mais severa para aquele que, estando no gozo de albergue domiciliar, praticar violação de dever relacionado com o monitoramento eletrônico a que se encontrar submetido está prevista no inciso VI do parágrafo único do art. 146-C da LEP: **revogação da prisão domiciliar**.

De tal ordem de ideias resulta que tanto a *regressão de regime prisional* quanto a *revogação da autorização de saída temporária* são sanções direcionadas àquele que se encontre no gozo de saída temporária. Não há outra conclusão lógica a extrair.

5.1. Regressão de regime prisional

Encontrando-se o condenado sob cumprimento de pena em regime semiaberto e estando no gozo de saída temporária (arts. 122 a 125 da LEP), se vier a praticar qualquer das condutas antes mencionadas poderá receber regressão de regime prisional, para o

3. "A exigência de motivação dos atos jurisdicionais constitui, hoje, postulado constitucional inafastável, que traduz poderoso fator de limitação ao exercício do próprio poder estatal, além de configurar instrumento essencial de respeito e proteção às liberdades públicas. Com a constitucionalização desse dever jurídico imposto aos magistrados — e que antes era de extração meramente legal — dispensou-se aos jurisdicionados uma tutela processual significativamente mais intensa, não obstante idênticos os efeitos decorrentes de seu descumprimento: a nulidade insuperável e insanável da própria decisão. A importância jurídico-política do dever estatal de motivar as decisões judiciais constitui inquestionável garantia inerente à própria noção do Estado Democrático de Direito. Fator condicionante da própria validade dos atos decisórios, a exigência de fundamentação dos pronunciamentos jurisdicionais reflete uma expressiva prerrogativa individual contra abusos eventualmente cometidos pelos órgãos do Poder Judiciário" (STF, HC 69.013/PI, 1ª T., rel. Min. Celso de Mello, *RTJ* 140/870).

fechado, conforme dispõe o art. 146-C, parágrafo único, I, da LEP, estando a imposição da consequência severa, como dito no item anterior, condicionada à observância do devido processo legal no momento da apuração da imputada violação.

Dentro do escalonamento previsto na lei (advertência, revogação da saída temporária e regressão de regime), a regressão, por ser a medida mais severa dentre as cominadas, só deverá ser aplicada diante de transgressão realmente grave, atendendo aos princípios da razoabilidade e proporcionalidade.

Em se tratando de **violação mais branda**, basta que se aplique a revogação da autorização de saída temporária (quando não se revelar suficiente a simples advertência escrita de que trataremos mais adiante), conforme cuidaremos de expor no item que segue, até porque a regressão de regime prisional do semiaberto para o fechado tem dupla consequência: a regressão em si considerada e também a revogação da autorização de saída temporária.

Explico: a regressão do regime semiaberto para o fechado em si já acarreta a revogação da autorização de saída temporária, porquanto incompatível a permanência desta com o regime fechado, à luz do disposto no art. 122 da LEP, que só permite saídas temporárias a quem se encontre no regime semiaberto[4].

Operada a regressão, não há como persistir a saída temporária, o que resulta em dupla punição por uma só violação (ou ainda que várias violações em um único contexto) a indicar a ocorrência de *bis in idem*.

Como se percebe, a *regressão de regime* não é de imposição tão simples como pode sugerir a leitura desatenta do texto legal.

5.2. Revogação da autorização de saída temporária

Admitida a regressão de regime prisional, mesmo com as dificuldades acima destacadas, temos que ela só deverá ser aplicada em caso de violação realmente severa, guardada a imprescindível proporcionalidade entre a falta cometida e a necessidade de adequada resposta judicial.

Para situações mais brandas de quebra de compromisso a sanção proporcionalmente recomendada é a simples revogação do benefício de saída temporária, ficando mantido o regime semiaberto. A propósito do tema, o art. 125 da LEP trata de outras hipóteses de revogação da saída temporária, bem como da recuperação do direito revogado, listando entre as causas de revogação a prática de fato definido como crime doloso, a punição por falta grave, o desatendimento às condições impostas na autorização ou o baixo grau de aproveitamento no curso frequentado pelo condenado.

5.3. Revogação da prisão domiciliar

O juiz poderá definir a fiscalização por meio de monitoramento eletrônico quando determinar a prisão domiciliar. É o que diz o art. 146-B, IV, da LEP.

4. "Os condenados que cumprem pena no regime semiaberto poderão obter autorização de saída temporária do estabelecimento, sem vigilância direta, nos seguintes casos."

As hipóteses de prisão domiciliar estão taxativamente previstas no art. 117 da LEP, contudo, diante da ausência de estabelecimento adequado para o cumprimento de pena no regime aberto, realidade infeliz na grande maioria das comarcas, o que se tem feito na prática execucional é permitir que a pena a ser expiada no regime aberto, entenda-se, em Casa de Albergado, seja cumprida na modalidade domiciliar, em verdadeiro desvio de execução e inaceitável quebra do sistema progressivo adotado na lei.

O descumprimento das condições de permanência sob monitoramento, segundo a previsão legal, acarreta a revogação da prisão domiciliar.

Consequências disso: cessará o monitoramento e o condenado deverá voltar a cumprir sua pena no regime aberto. Nada mais.

Não se revoga a prisão domiciliar e ao mesmo tempo se impõe regressão de regime para o semiaberto.

O problema, frise-se uma vez mais, é que na grande maioria das comarcas não há estabelecimento adequado ao cumprimento de pena no regime aberto. A alternativa, nesse caso, pouco usada na prática diga-se de passagem, é a aplicação do art. 180 da LEP e a *conversão da pena privativa de liberdade a ser cumprida no regime aberto em restritiva de direitos*, quando presentes os requisitos legais. Poucos se lembram dessa útil e virtuosa possibilidade em sede de execução penal.

5.4. Advertência escrita

A *advertência escrita* **é a sanção mais branda dentre as previstas** e serve como valioso instrumento de política criminal, na medida em que permite a manutenção do monitoramento, do regime semiaberto e da modalidade domiciliar, evitando a imposição de medidas mais severas.

Deve ser aplicada somente aos casos de transgressões mais leves, devidamente apuradas e provadas com as garantias do processo penal de modelo acusatório, que devem ser observadas em sede de execução penal.

Como advertência que é, presta-se muito bem como resposta a um primeiro descumprimento que não esteja permeado de conteúdo mais grave.

No caso de segunda falta, deixará de ter sentido a aplicação de simples advertência escrita, como de resto não se presta tal providência branda ao sancionamento de desvios mais contundentes.

6. REVOGAÇÃO DO MONITORAMENTO

As práticas elencadas no art. 146-C, *caput*, I e II, da LEP podem acarretar, como visto, a imposição de advertência escrita (cabível tanto em relação ao que se encontrar em albergue domiciliar quanto àquele faltoso que se encontrar no gozo de saída temporária); a revogação da prisão domiciliar (somente cabível em relação àquele que se encontre em prisão domiciliar, como é óbvio); e a regressão de regime prisional (destinada àquele que se encontrar no regime semiaberto, em gozo de saída temporária).

Embora a lei não diga expressamente, a revogação do monitoramento eletrônico é consequência natural da revogação da prisão domiciliar e da regressão de regime prisional, até porque não se admite o monitoramento quando o condenado estiver cumprindo pena no regime aberto (consequência da revogação da prisão domiciliar) ou no fechado (consequência da regressão).

Além dessas situações, diz expressamente a Lei de Execução Penal, em seu art. 146-D, que o monitoramento eletrônico *poderá* ser revogado: I — quando se tornar desnecessário ou inadequado; II — se o acusado ou condenado violar os deveres a que estiver sujeito durante a sua vigência ou cometer falta grave.

6.1. Desnecessidade ou inadequação

O monitoramento se tornará desnecessário, por exemplo, após gozado cada período de saída temporária, cumprindo lembrar, nesse passo, que a autorização de saída será concedida por prazo não superior a sete dias, até o limite de cinco vezes durante o ano (art. 124, *caput*, da LEP), salvo quando se tratar de frequência a curso profissionalizante, de instrução de ensino médio ou superior, situação na qual o tempo de saída será o necessário para o cumprimento das atividades discentes (art. 124, § 2º, da LEP).

Por outro vértice, tornar-se-á inadequado o monitoramento sempre que, por qualquer causa diversa daquelas previstas no art. 146-C, parágrafo único, da LEP, se concluir pela inviabilidade da continuação do sistema de vigilância, em razão de conduta praticada pelo condenado.

6.2. Violação de deveres

Haverá revogação do monitoramento sempre que o acusado ou condenado violar os deveres a que estiver sujeito durante o período de vigilância, conforme estabelecido no art. 146-C, I e II, da LEP (I — receber visitas do servidor responsável pela monitoração eletrônica, responder aos seus contatos e cumprir suas orientações; II — abster-se de remover, de violar, de modificar, de danificar de qualquer forma o dispositivo de monitoração eletrônica ou de permitir que outrem o faça).

É necessária uma ressalva importante: caberá a revogação do monitoramento por violação de deveres desde que não se aplique como consequência do descumprimento a advertência escrita de que trata o art. 146-C, parágrafo único, VII, da LEP. É que, nesse caso, a pouca gravidade da conduta faz suficiente a simples advertência escrita, sem outras implicações mais sérias.

6.3. Prática de falta grave

A Lei de Execução Penal trata taxativamente das faltas graves no cumprimento de pena privativa de liberdade nos arts. 50 e 52.

Dispõe o art. 146-D, II, parte final, da LEP que o monitoramento eletrônico ***poderá ser revogado*** se o acusado ou condenado cometer falta grave durante o período de monitoramento.

A apuração da falta considerada grave deve ocorrer com estrita observância aos princípios e garantias constitucionais, dentre os quais merecem destaque a ampla defesa, o contraditório e o devido processo legal.

A regra sob análise tem acertada relação com o disposto no art. 118 da LEP, que trata das hipóteses de regressão de regime, dentre as quais aponta, em seu inciso I, *a prática* de fato definido como crime doloso ou falta grave.

Também tem harmoniosa relação com o disposto no art. 125 da LEP, que dispõe sobre a revogação da saída temporária quando o executado *praticar* fato definido como crime doloso, for punido por falta grave, desatender às condições impostas na autorização ou revelar baixo grau de aproveitamento do curso que estiver frequentando.

Muito embora o texto da lei esteja no condicional quando diz que nas hipóteses mencionadas o monitoramento *poderá ser revogado*, quer-nos parecer que uma vez apurada a falta grave a revogação do monitoramento é de rigor, e não uma simples alternativa submetida à conveniência do julgador, até porque o reconhecimento de falta grave implica não só a revogação automática da saída temporária (art. 125, *caput*, da LEP), como também a regressão de regime prisional (art. 118 da LEP), tornando absolutamente incompatível ou inadequada, se assim se preferir dizer para usar a letra da lei, a continuação do monitoramento eletrônico.

Capítulo XVI

DAS PENAS RESTRITIVAS DE DIREITOS

1. INTRODUÇÃO

Segundo Maurício Antonio Ribeiro Lopes, as penas restritivas de direitos indicam "a ideia de *restrição de outros direitos que não o de liberdade de locomoção* ou *penas alternativas à pena de prisão*"[1].

Elas estão intimamente ligadas a uma tendência moderna de abrandamento do rigor punitivo do Estado, e reflexões *garantistas* colocam-nas à frente do que se revela uma nova postura penal.

Nessa ordem de ideias, visando a reformulação do sistema de penas, foi editada a Lei n. 9.714/98, que estabeleceu novas regras punitivas ao instituir "novas penas" e ampliar consideravelmente a possibilidade de substituição das penas privativas de liberdade por restritivas de direitos. A bem da verdade, são inúmeras as críticas listadas em desfavor da referida lei[2], e dentre elas é preciso destacar que acabou por "esvaziar"

---

1. Maurício Antonio Ribeiro Lopes, Penas restritivas de direitos: retrospectiva e análise das novas modalidades, in *Penas restritivas de direitos*, p. 283.

2. Para David Teixeira de Azevedo, "a nova lei contém notável falta de técnica e zelo legislativo, descumprindo princípios elementares de redação de artigos e parágrafos" (Penas restritivas de direitos: a destruição de um sistema punitivo, in *Penas restritivas de direitos*, p 48). Tal sentir também não passou despercebido aos olhos de Miguel Reale Júnior, que, escrevendo sobre o assunto, sentenciou: "A recente Lei modificativa do Capítulo das Penas do Código Penal irrompe no sistema como invasor bárbaro, fazendo tábula rasa da relação de harmonia que se pretendera presidisse minimamente a

o instituto da suspensão condicional da pena, o *sursis*, visto que este somente será aplicado quando não for indicada ou cabível a substituição da privativa de liberdade por restritiva de direitos.

É inegável que a Lei n. 9.714/98, assim como a Lei n. 9.099/95[3], foi editada com o objetivo de esvaziar os presídios, entretanto, como bem disse Miguel Reale Júnior, "a escusa da necessidade desta lei para esvaziar presídios era uma falácia, que os poucos meses de sua vigência já foram suficientes para desmascarar"[4].

De qualquer forma, admitida a inescondível crise na execução[5] das penas privativas de liberdade[6], busca-se no direito penal moderno a aplicação de penas alternativas à de prisão, que, aliás, nasceu como pena alternativa à de morte e outras violentas. Assim, são alternativas as medidas que não envolvam privação da liberdade de locomoção, entre as quais se inserem as penas restritivas de direitos.

A aplicação das penas restritivas de direitos leva em conta a presença de requisitos objetivos e subjetivos, revelando importante medida de política criminal, com justa e adequada punição longe do cárcere, observada a proporcionalidade, destinando-se àqueles condenados que praticaram infrações penais sem revelar acentuada periculosidade ou severo desvio de personalidade, que não reclamam resposta penal mais enérgica.

Sempre que presentes os requisitos objetivos e subjetivos, na sentença condenatória que aplicar pena privativa de liberdade o juiz substituirá esta por pena restritiva de direitos, cuja subsistência em sede de execução dependerá da satisfação de outros requisitos verificáveis no curso do processo executivo, conforme analisaremos ao cuidarmos do instituto *das conversões*, no Capítulo XX.

2. AS DENOMINADAS PENAS RESTRITIVAS DE DIREITOS

Com o advento da Lei n. 9.714/98, o Código Penal foi reformulado na parte referente às penas restritivas de direitos, arts. 43 e seguintes.

Segundo o texto legal[7], as penas restritivas de direitos **são as seguintes**: *1*) prestação pecuniária; *2*) perda de bens e valores; *3*) prestação de serviço à comunidade ou a

---

aplicação das diversas medidas penais. Desconhecendo por inteiro as relações entre os institutos, os autores da novel legislação, tal como os humos em terra alheia, saquearam o que havia de coerência e logicidade no sistema de penas existentes na Lei 7.209/84" (*Mens legis* insana, corpo estranho, in *Penas restritivas de direitos*, p. 43).

3. Renato Marcão, Direito penal brasileiro: do idealismo normativo à realidade prática, *RT*, 781/484.

4. Miguel Reale Júnior, *Mens legis* insana, corpo estranho, in *Penas restritivas de direitos*, p. 43.

5. Renato Marcão, *Crise na execução penal*, disponível na Internet em: http://www.ibccrim.org.br; http://www.mp.sp.gov.br/caexcrim; http://www1.jus.com.br.

6. Maurício Antonio Ribeiro Lopes entende que a denominação "penas privativas de liberdade" é equivocada, "vez que não pode haver privação total de liberdade — que tem sentido plural quanto às formas de expressão — mas tão somente restrição da liberdade de locomoção" (Penas restritivas de direitos: retrospectiva e análise das novas modalidades, in *Penas restritivas de direitos*, p. 283).

7. Art. 43 e incisos do CP.

entidades públicas; 4) interdição temporária de direitos; e 5) limitação de fim de semana. Fala-se, ainda, na pena de *prestação de outra natureza*, ou *pena inominada*, assim considerada aquela regulada no § 2º do art. 45 do CP, em que, se houver aceitação do beneficiário, *a prestação pecuniária* poderá consistir em *prestação de outra natureza*.

Comentando a "Lei de Penas Alternativas", Cezar Roberto Bitencourt assevera que "a denominação penas 'restritivas de direitos' não foi muito feliz, pois de todas as modalidades de sanções sob a referida rubrica, somente uma refere-se especificamente à 'restrição de direitos'. As outras — prestação pecuniária e perda de bens e valores — são de *natureza pecuniária*; prestação de serviços à comunidade e limitação de fim de semana referem-se mais especificamente à *restrição da liberdade* do apenado. Teria sido mais feliz a classificação geral das penas em: *privativas de liberdade* (reclusão e detenção); restritivas de liberdade (prisão domiciliar, limitação de fim de semana e prestação de serviços à comunidade); restritivas de direitos (compreendendo somente as efetivas interdições ou proibições); e pecuniárias (multa, prestações pecuniárias e perda de bens e valores)".

Para Maurício Antonio Ribeiro Lopes, "a classificação mais adequada tenderia a disciplinar o sistema geral de penas em: restritivas drásticas da liberdade (reclusão e detenção); restritivas de liberdade (prisão domiciliar, limitação de fim de semana e prestação de serviços à comunidade); restritivas de outros direitos (interdições de direitos e limitações de direitos); e pecuniárias (multa, prestações pecuniárias e perda de bens e valores)"[8].

Reconhecidas na sentença as circunstâncias favoráveis do art. 59, bem como as condições do art. 44, ambos do CP[9], a substituição da pena privativa de liberdade por restritiva de direitos torna-se obrigatória, por constituir verdadeiro direito subjetivo do réu, e "incumbe ao juízo o exame, de ofício, dos pressupostos autorizadores da substituição pela restritiva de direitos"[10].

---

8. Maurício Antonio Ribeiro Lopes, Penas restritivas de direitos: retrospectiva e análise das novas modalidades, in *Penas restritivas de direitos*, p. 283.

9. "Art. 44. As penas restritivas de direitos são autônomas e substituem as privativas de liberdade, quando: I — aplicada pena privativa de liberdade não superior a 4 (quatro) anos e o crime não for cometido com violência ou grave ameaça à pessoa ou, qualquer que seja a pena aplicada, se o crime for culposo; II — o réu não for reincidente em crime doloso; III — a culpabilidade, os antecedentes, a conduta social e a personalidade do condenado, bem como os motivos e as circunstâncias indicarem que essa substituição seja suficiente. § 1º (*Vetado*.). § 2º Na condenação igual ou inferior a 1 (um) ano, a substituição pode ser feita por multa ou por uma pena restritiva de direitos; se superior a 1 (um) ano, a pena privativa de liberdade pode ser substituída por uma pena restritiva de direitos e multa ou por duas restritivas de direitos. § 3º Se o condenado for reincidente, o juiz poderá aplicar a substituição, desde que, em face de condenação anterior, a medida seja socialmente recomendável e a reincidência não se tenha operado em virtude da prática do mesmo crime. § 4º A pena restritiva de direitos converte-se em privativa de liberdade quando ocorrer o descumprimento injustificado da restrição imposta. No cálculo da pena privativa de liberdade a executar será deduzido o tempo cumprido da pena restritiva de direitos, respeitado o saldo mínimo de 30 (trinta) dias de detenção ou reclusão. § 5º Sobrevindo condenação a pena privativa de liberdade, por outro crime, o juiz da execução penal decidirá sobre a conversão, podendo deixar de aplicá-la se for possível ao condenado cumprir a pena substitutiva anterior."

10. STF, HC 72.842/1-MG, 2ª T., rel. Min. Marco Aurélio, *RT*, 731/497.

O art. 44, *caput*, e o § 4º do art. 33, ambos da Lei de Drogas (Lei n. 11.343/2006), vedavam expressamente a conversão da pena privativa de liberdade em restritiva de direitos, em se tratando de condenação por crime de tráfico de droga (art. 33, *caput*, e § 1º) e também nos casos de condenação decorrente de qualquer dos crimes previstos nos arts. 34 a 37 da mesma Lei.

No julgamento do *Habeas Corpus* 97.256/RS, ocorrido em 1º de setembro de 2010, de que foi relator o Min. Ayres Britto, o Plenário do Supremo Tribunal Federal, por maioria, declarou a inconstitucionalidade de tais vedações e passou a determinar que o juiz do processo de conhecimento proceda, no caso concreto, à avaliação das condições objetivas e subjetivas do art. 44 do CP[11].

O art. 1º da Resolução n. 5/2012 do Senado Federal suspendeu a execução da expressão "vedada a conversão em penas restritivas de direitos", do § 4º do art. 33 da Lei n. 11.343/2006, declarada inconstitucional por decisão definitiva do Supremo Tribunal Federal nos autos do *Habeas Corpus* 97.256/RS.

3. DA EXECUÇÃO DAS PENAS RESTRITIVAS DE DIREITOS

3.1. Noções gerais

Verificado o trânsito em julgado da sentença que aplicou a pena restritiva de direitos, o Ministério Público deverá requerer a expedição ***guia de recolhimento***, *também denominada carta de guia* ou *guia de execução*, que será enviada ao juízo da execução competente, a quem caberá a execução do título judicial, podendo, para tanto, sempre que necessário, requisitar a colaboração de entidades públicas ou solicitá-la a particulares.

3.2. Prestação pecuniária

A pena de prestação pecuniária consiste no **pagamento em dinheiro** à vítima, a seus dependentes ou a entidade pública ou privada com destinação social[12], de importância fixada pelo juiz, não inferior a um salário mínimo nem superior a 360 salários mínimos, sendo certo que o valor pago será deduzido do montante de eventual condenação em ação de reparação civil, se coincidentes os beneficiários. É o que diz o § 1º do art. 45 do CP.

A execução da *prestação pecuniária* não está regulada na Lei de Execução Penal por constituir tal pena inovação trazida com a Lei n. 9.714/98[13]. Todavia, conforme nosso enten-

---

11. STF, RHC 119.832/AC, 1ª T., rel. Min. Dias Toffoli, j. 22-4-2013, *DJe* 106, de 3-6-2014; STF, HC 118.375-PR, 2ª T., rela. Mina. Cármen Lúcia, j. 8-4-2014, *DJe* 125, de 1-7-2014.

12. Ver: Resolução n. 154/2012 do Conselho Nacional de Justiça — CNJ: define a política institucional do Poder Judiciário na utilização dos recursos oriundos da aplicação da pena de prestação pecuniária (Disponibilizada no *DJe* 124/2012, em 16-7-2012, p. 2-3).

13. A Lei de Execução Penal é de 11 de julho de 1984.

dimento reformulado, transitada em julgado a sentença, deverá o juízo da condenação providenciar a expedição da *carta de guia* e encaminhá-la ao juízo de execução, que determinará a elaboração de conta de liquidação para a apuração do valor da pena e, em seguida, a abertura de vista ao Ministério Público e à Defesa para que sobre ela se manifestem, apresentando eventuais impugnações. Após o vencimento do prazo para tais manifestações, com ou sem elas os autos deverão seguir conclusos ao juiz para a apreciação das eventuais impugnações e homologação ou não da conta de liquidação. Homologando-a, o juiz deverá determinar a intimação do condenado para que efetive o pagamento ao beneficiário indicado, no prazo de dez dias. Assim como ocorre em relação à pena de multa, entendemos que é possível o parcelamento, a pedido, da pena de prestação pecuniária.

Se não houver necessidade de apuração do valor em conta de liquidação, por ter sido fixado em salários mínimos (5 salários mínimos, p. ex.), o juiz poderá, sem outras cautelas, determinar a intimação do executado para que providencie o pagamento.

Ocorrendo o pagamento, a pena será julgada extinta.

Se não ocorrer o pagamento voluntário e a pena de prestação pecuniária decorrer de *condenação em processo de conhecimento*, tenha ele tramitado perante o Juízo comum ou no Juizado Especial Criminal, deverá ser convertida em pena privativa de liberdade, observada a inicialmente aplicada, e esta será executada conforme os regramentos da Lei de Execução Penal, respeitado o regime inicial fixado na condenação.

É que em tal hipótese a prestação pecuniária foi aplicada em substituição à pena privativa de liberdade fixada na sentença condenatória, e, conforme dispõe o § 4º do art. 44 do CP: "A pena restritiva de direitos converte-se em privativa de liberdade quando ocorrer o descumprimento injustificado da restrição imposta".

Segundo já decidiu a 5ª Turma do Superior Tribunal de Justiça: "É possível a conversão da prestação pecuniária em pena privativa de liberdade, nos termos do art. 44, § 4º, do CP"[14].

Sobre o mesmo assunto, confira-se ainda o art. 181, *caput*, da LEP.

Se a pena de prestação pecuniária decorrer de ***transação penal***, em sede de Juizado Especial Criminal (Leis n. 9.099/95 e 10.259/2001), o não pagamento não autoriza sua conversão em pena privativa de liberdade, e, na falta de previsão expressa, evidenciada a necessidade de execução específica, o rito a ser observado é o dos arts. 164 e seguintes da LEP.

Para Cezar Roberto Bitencourt, a *prestação pecuniária*, a *perda de bens e valores* e a *multa* "são sanções penais da mesma natureza, isto é, todas as três são *penas pecuniárias*". E acrescenta: "Em princípio, devem receber idêntico tratamento político-jurídico, pois, afinal, além da mesma natureza, têm finalidade descaracterizadora e destinam-se a diminuir 'as riquezas' do infrator"[15].

---

14. STJ, REsp 613.308/MG, 5ª T., rela. Mina. Laurita Vaz, j. 17-8-2004, *DJU*, 13-9-2004, p. 283, *Revista Síntese de Direito Penal e Processual Penal*, n. 28, Ementário geral, p. 139-140. No mesmo sentido: STF, HC 122.563/MG, 2ª T., rel. Min. Teori Zavascki, j. 2-9-2014, *DJe* n. 179, de 16-9-2014; STJ, HC 264.368/MG, 6ª T., rel. Min. Rogério Schietti Cruz, j. 12-2-2015, *DJe* de 25-2-2015.

15. Cezar Roberto Bitencourt, *Novas penas alternativas*, p. 132.

É inegável que a *natureza jurídica* da pena de prestação pecuniária é a de *pena pecuniária*, muito embora o legislador a tenha inserido no rol das restritivas de direitos, conforme decorre do art. 43, I, do CP. Nesse sentido também é o pensamento de Damásio E. de Jesus[16].

Contudo, conforme acima anotamos, é possível sua conversão em caso de não pagamento, em se tratando de pena aplicada em substituição à pena privativa de liberdade, e a condenação deve retornar ao *status quo ante*, nos termos do § 4º do art. 44 do CP.

3.2.1. Prestação de outra natureza (ou prestação inominada)

Dispõe o § 2º do art. 45 do CP que a pena de prestação pecuniária poderá consistir em *prestação de outra natureza, se houver aceitação do beneficiário.*

Nos termos em que regulada, referindo-se o legislador à *prestação de outra natureza*, indica a possibilidade de qualquer outra imposição que não seja pecuniária (prestação pecuniária, multa ou perda de bens e valores). Ela se encontra *condicionada* à aceitação do beneficiário, que pode ser a vítima, seus dependentes, ou entidade pública ou privada com destinação social. Ausente a concordância, não será possível sua aplicação.

A *pena de prestação de outra natureza* ou *inominada* **padece de flagrante *inconstitucionalidade***, já que equivale a uma *pena indeterminada*, contrariando o *princípio da reserva legal* albergado no art. 1º do CP, de prestígio superior, conforme decorre do disposto no art. 5º, XXXIX, da CF.

Como diz Cezar Roberto Bitencourt: "Em termos de sanções criminais são inadmissíveis, pelo princípio da legalidade, expressões vagas, equívocas ou ambíguas. E a nova redação desse dispositivo, segundo Damásio de Jesus, 'comina sanção de conteúdo vago, impreciso e incerto'. Nesse sentido ensina Claus Roxin que: 'uma lei indeterminada ou imprecisa e, por isso mesmo, pouco clara não pode proteger ao cidadão da arbitrariedade, porque não implica uma autolimitação do *ius puniendi* estatal, ao qual se possa recorrer. Ademais, contraria o princípio da divisão dos poderes, porque permite ao juiz realizar a interpretação que quiser, invadindo, dessa forma, a esfera do legislativo'"[17].

3.3. Perda de bens e valores

Inicialmente prevista no art. 5º, XLVI, *b*, da CF, a pena de perda de bens e valores encontra-se regulada no art. 45, § 3º, do CP, e decorre das alterações determinadas pela Lei n. 9.714/98.

Conforme o texto legal, "a perda de bens e valores pertencentes aos condenados dar-se-á, ressalvada a legislação especial, em favor do Fundo Penitenciário Nacional, e seu valor terá como teto — o que for maior — o montante do prejuízo causado ou do provento obtido pelo agente ou por terceiro, em consequência da prática do crime".

Como a pena de prestação pecuniária e a de multa, *a pena de perda de bens e valores **é de natureza pecuniária***, e, na ausência de regramento específico no tocante à forma de sua execução, deverá seguir os parâmetros ditados pelo art. 164 da LEP.

16. Damásio E. de Jesus, *Penas alternativas*, p. 139.

17. Cezar Roberto Bitencourt, *Novas penas alternativas*, p. 125.

Sobre a possibilidade de conversão em privativa de liberdade, conferir as observações anteriores, referentes à pena de prestação pecuniária (item 3.2 deste Capítulo), que aqui também se aplicam.

3.4. Prestação de serviços à comunidade ou a entidades públicas

A *prestação de serviços à comunidade ou a entidades públicas* consiste na **atribuição de tarefas gratuitas ao condenado**, conforme a definição do art. 46, § 1º, do CP. Não é possível confundi-la com a *pena de trabalhos forçados*, que é proibida expressamente na Constituição Federal (art. 5º, XLVII, *c*).

Aplicada a pena de prestação de serviços à comunidade[18], conforme determina o **art. 149 da LEP**, caberá ao juiz da execução: I — designar a entidade ou programa comunitário ou estatal, devidamente credenciado ou convencionado, junto ao qual o condenado deverá trabalhar gratuitamente, de acordo com as suas aptidões; II — determinar a intimação do condenado, cientificando-o da entidade, dias e horário em que deverá cumprir a pena; III — alterar a forma de execução, a fim de ajustá-la às modificações ocorridas na jornada de trabalho.

O trabalho a que está obrigado o condenado terá a duração de oito horas semanais e será realizado aos sábados, domingos e feriados, ou em dias úteis, de modo a não prejudicar a jornada normal de trabalho, nos horários estabelecidos pelo juiz. Havendo comprovada necessidade, lembre-se, a forma de execução poderá ser alterada[19] pelo juiz, motivadamente.

Para efeito de cômputo da pena, considera-se que **a execução terá início** a partir da data do *primeiro comparecimento*, que deverá ser informado nos autos pela entidade beneficiada com a prestação. Aliás, referida entidade deverá encaminhar ao juiz da execução, mensalmente, relatório circunstanciado das atividades do condenado, bem como, a qualquer tempo, comunicação sobre ausência ou falta disciplinar, colaborando, assim, com a administração da execução da pena, a cargo do juízo.

18. "Art. 46. A prestação de serviços à comunidade ou a entidades públicas é aplicável às condenações superiores a 6 (seis) meses de privação da liberdade. § 1º A prestação de serviços à comunidade ou a entidades públicas consiste na atribuição de tarefas gratuitas ao condenado. § 2º A prestação de serviço à comunidade dar-se-á em entidades assistenciais, hospitais, escolas, orfanatos e outros estabelecimentos congêneres, em programas comunitários ou estatais. § 3º As tarefas a que se refere o § 1º serão atribuídas conforme as aptidões do condenado, devendo ser cumpridas à razão de 1 (uma) hora de tarefa por dia de condenação, fixadas de modo a não prejudicar a jornada normal de trabalho. § 4º Se a pena substituída for superior a 1 (um) ano, é facultado ao condenado cumprir a pena substitutiva em menor tempo (art. 55), nunca inferior à metade da pena privativa de liberdade fixada."

19. Art. 148 da LEP. "É vedado ao Juízo da Execução alterar a pena restritiva de direitos estabelecida em sentença condenatória transitada em julgado, sendo-lhe possível apenas alterar a forma de seu cumprimento adaptando-a às peculiaridades do caso concreto, a fim de possibilitar o regular cumprimento da medida pelo condenado, sem prejuízo de suas atividades profissionais. Precedentes do STJ" (STJ, HC 582.136/SP, 5ª T., rel. Min. Reynaldo Soares da Fonseca, j. 4-8-2020, *DJe* de 13-8-2020).

É destacado o papel da autoridade judiciária na execução das penas restritivas de direitos, notadamente nas de prestação de serviços à comunidade, impondo-se, de consequência, que estabeleça e mantenha tal organização e estrutura que possam viabilizar, junto às entidades, e por assim dizer, junto à sociedade de forma geral, a efetiva execução das penas.

Necessário consignar, entretanto, que "a responsabilidade da autoridade judiciária no cumprimento das penas restritivas de direitos é dividida com as pessoas jurídicas de direito público ou privado ou com os particulares beneficiados com a prestação de serviços gratuitos. Mas o seu desempenho não é minimizado pelo servidor ou pela burocracia, como sucede, atualmente, com a execução das penas privativas da liberdade"[20].

3.5. Interdição temporária de direitos

As interdições temporárias de direitos não se confundem com os efeitos da condenação regulados no art. 92 e incisos do CP. Estes, apesar das restrições que determinam, não são considerados sanções penais e constituem meras consequências reflexas ou efeitos da condenação.

São interdições temporárias de direitos, segundo a lição de René Ariel Dotti, "as restrições taxativamente previstas em lei e que impedem o gozo ou o exercício de determinados direitos do condenado. O vocábulo *interdição* deriva de *interdictio*, de *interdicere* (proibir, vedar), e exprime, em amplo sentido, toda proibição relativa à prática ou à execução de certos atos ou à privação de certas faculdades"[21].

As interdições temporárias de direitos estão previstas no **art. 47 do CP.** São elas: I — proibição do exercício de cargo, função ou atividade pública, bem como de mandato eletivo; II — proibição do exercício de profissão, atividade ou ofício que dependam de habilitação especial, de licença ou autorização do Poder Público; III — suspensão de autorização ou de habilitação para dirigir veículo; IV — proibição de frequentar determinados lugares; V — proibição de inscrever-se em concurso, avaliação ou exames públicos.

As interdições previstas nos incisos I e II só comportam aplicação em condenação por delitos praticados com abuso ou violação dos deveres inerentes ao cargo, função, profissão, atividade ou ofício. É imprescindível o nexo entre o mau uso do direito interditado e o delito praticado. "Caso contrário, a pena violaria o direito do cidadão de desenvolver livremente a atividade lícita que eleger, além de ser prejudicial à obtenção de meios para prover o sustento pessoal e de seus familiares"[22].

De igual maneira, a *suspensão de autorização ou de habilitação para dirigir veículos* só terá cabimento quando relacionada a delito cometido na condução de veículos. O nexo, aqui, também é indispensável.

O inciso IV do art. 47, *proibição de frequentar determinados lugares*, foi acrescentado pela Lei n. 9.714/98, e a bem da verdade constitui mais um de seus equívocos.

---

20. Item 140 da Exposição de Motivos da Lei de Execução Penal.

21. René Ariel Dotti, O sistema geral das penas, in *Penas restritivas de direitos*, p. 119.

22. Cezar Roberto Bitencourt, *Novas penas alternativas*, p. 143.

É que tal proibição não deveria estar incluída entre as interdições de direitos, por traduzir verdadeira pena de restrição de liberdade, "como ocorre com prisão domiciliar, limitação de fim de semana e prestação de serviços à comunidade"[23].

Porquanto *temporárias*, e vedada qualquer pena de caráter perpétuo, por força do art. 5º, XLVII, *b*, da CF, atendendo ao disposto no art. 55 do CP, "as penas restritivas de direitos terão a mesma duração da pena privativa de liberdade substituída", e, conforme decorre do art. 46, § 4º, do CP, "se a pena substituída for superior a um ano é facultado ao condenado cumprir a pena substitutiva em menor tempo, mas nunca inferior à metade da pena privativa de liberdade fixada".

Aplicada a pena, em sede de execução caberá ao juiz comunicar à autoridade competente a esse respeito e determinar outras providências adequadas à pena aplicada, bem como a intimação do condenado.

Conforme disciplinam os §§ 1º e 2º do art. 154 da LEP, respectivamente, "na hipótese de pena de interdição do art. 47, I, do CP, a autoridade deverá, em vinte e quatro horas, contadas do recebimento do ofício, baixar ato, a partir do qual a execução terá seu início", e, "nas hipóteses do art. 47, II e III, do CP, o Juízo da Execução determinará a apreensão dos documentos, que autorizam o exercício do direito interditado".

Para o efetivo acompanhamento da execução, se o executado descumprir a pena, diz o art. 155 da LEP que a autoridade *deverá* (obrigação, dever de ofício), e qualquer prejudicado *poderá* (mera faculdade), comunicar imediatamente o fato ao juiz da execução. É que, nos precisos termos do art. 181, § 3º, da LEP, a pena de interdição temporária de direitos será convertida em privativa de liberdade quando o condenado exercer, *injustificadamente*, o direito interditado.

3.6. Limitação de fim de semana

A pena de limitação de fim de semana constitui um recolhimento em local certo, por dias determinados e horas limitadas, com finalidade direcionada à reestruturação intelectual e social do condenado, sem perder o caráter punitivo. Embora acentuada sua finalidade didática, por imperativo constitucional encontra-se submetida aos princípios da individualização e da personalidade da pena.

Aquele que a ela estiver submetido deverá permanecer, aos sábados e domingos, por cinco horas diárias, em casa de albergado ou outro estabelecimento adequado. Visando sua ressocialização, vale dizer, seu reaproveitamento social, durante sua permanência no estabelecimento, a ele *poderão* ser ministrados cursos e palestras, ou atribuídas quaisquer atividades educativas[24].

Nos casos de **violência doméstica contra a mulher**, o juiz poderá determinar o comparecimento obrigatório do agressor a programas de recuperação e reeducação,

23. Cezar Roberto Bitencourt, *Novas penas alternativas*, p. 143.

24. A limitação de fim de semana consiste na obrigação de permanecer, aos sábados e domingos, por cinco horas diárias, em casa de albergado ou outro estabelecimento adequado, conforme dispõe o art. 48 do Código Penal.

conforme autoriza o parágrafo único do art. 152 da LEP, que foi introduzido pelo art. 45 da Lei n. 11.340/2006, que criou mecanismos para coibir a violência doméstica e familiar contra a mulher.

Segundo Eduardo Roberto A. Del-Campo, "corresponde a uma espécie de prisão descontínua ou interrompida, onde o sentenciado cumpre pena apenas nos dias de descanso ou lazer, mantendo nos demais o convívio com sua família, com o estudo e com suas atividades habituais"[25].

René Ariel Dotti, por sua vez, e acertadamente, afasta de sua definição a palavra *prisão*. Conforme ensina o jurista paranaense, "fala-se em *limitação de fim de semana* e não em *prisão de fim de semana*, posto que o sentenciado, no correr desse período, não perde inteiramente a sua liberdade".

Pois bem. Aplicada a pena de limitação de fim de semana, caberá ao juiz da execução determinar a intimação do condenado, cientificando-o do local, dias e horário em que deverá cumpri-la, sendo certo que a execução propriamente dita terá início a partir da data do primeiro comparecimento, que para efeito de elaboração da conta de liquidação deverá ser comunicado nos autos.

Visando ao efetivo controle do cumprimento da pena, o estabelecimento onde se der sua execução encaminhará mensalmente ao juiz competente relatório circunstanciado das atividades desenvolvidas, mencionando a participação e o aproveitamento do executado. Também deverão ser comunicadas ao juiz da execução eventuais ausências do condenado, assim como informações gerais sobre sua disciplina durante o período do recolhimento punitivo.

Se, apesar de devidamente cientificado a fazê-lo, o condenado não comparecer ao estabelecimento designado para o cumprimento da pena, recusar-se a exercer a atividade determinada pelo juiz ou ocorrer qualquer das hipóteses do art. 181, § 1º, *a*, *d* e *e*, da LEP, a limitação de fim de semana será convertida em pena privativa de liberdade, observados os termos da sentença condenatória, inclusive no tocante ao regime inicial de cumprimento.

3.7. Alteração da forma de cumprimento das penas de prestação de serviços à comunidade e de limitação de fim de semana

A dinâmica dos fatos sociais e de questões particulares determina modificações sensíveis na vida de cada um.

Preocupado com tal realidade, e vislumbrando, ainda, melhor individualização da reprimenda, o legislador buscou regular na Lei de Execução Penal[26] a possibilidade de modificação

25. Eduardo Roberto A. Del-Campo, *Penas restritivas de direitos*, p. 76.

26. Art. 148 da LEP." É vedado ao Juízo da Execução alterar a pena restritiva de direitos estabelecida em sentença condenatória transitada em julgado, sendo-lhe possível apenas alterar a forma de seu cumprimento adaptando-a às peculiaridades do caso concreto, a fim de possibilitar o regular cumprimento da medida pelo condenado, sem prejuízo de suas atividades profissionais. Precedentes do STJ" (STJ, HC 582.136/SP, 5ª T., rel. Min. Reynaldo Soares da Fonseca, j. 4-8-2020, *DJe* de 13-8-2020).

da forma de execução das penas de prestação de serviços à comunidade e de limitação de fim de semana, possibilitando ao juiz, em qualquer fase da execução, de forma motivada, ajustar a forma de cumprimento de tais penas às condições pessoais do condenado e às características do estabelecimento, da entidade ou do programa comunitário ou estatal.

Necessário destacar, entretanto, que alterar a forma de cumprimento significa proceder a determinados ajustes na maneira de execução, e não modificar a prestação de serviços ou a limitação de fim de semana por outro tipo de pena.

A alteração só será cabível havendo razões justificadas, devidamente demonstradas nos autos, e poderá ser requerida pelo próprio executado, por seu defensor e mesmo pelo representante do Ministério Público, a quem compete fiscalizar a execução e requerer todas as providências necessárias ao desenvolvimento do processo executivo (art. 67 c/c o art. 68, II, *a*, da LEP).

3.8. Execução provisória

Tendo em vista que só se faz possível a execução provisória da pena em relação àquele que se encontrar preso em razão de prisão preventiva — nos moldes analisados em tópicos anteriores —, e observado o disposto no art. 147 da LEP, que expressamente exige o trânsito em julgado da condenação, **não é cabível** a execução provisória de penas restritivas de direitos.

De ver, entretanto, que o entendimento jurisprudencial que permitiu a execução provisória de pena privativa de liberdade enquanto pendente de julgamento recurso especial ou extraordinário, tal como se estabeleceu nas Cortes Superiores a partir do julgamento do *Habeas Corpus* 126.292/SP, ocorrido em 17 de fevereiro de 2016 no Plenário do Supremo Tribunal Federal, mantido quando do julgamento dos pedidos de liminares nas Ações Declaratórias de Constitucionalidade (ADC) n. 43 e 44 e do Recurso Extraordinário com Agravo (ARE) 964.246/SP, **que teve repercussão geral reconhecida**, permitiu interpretação no sentido de ser possível a execução provisória de penas restritivas de direitos antes do trânsito em julgado definitivo, quando ainda pendente de julgamento recurso especial ou extraordinário.

Na linha do pensamento anteriormente exposto, o Supremo Tribunal Federal passou a decidir que a execução provisória de pena restritiva de direitos, ainda que pendente o efetivo trânsito em julgado da condenação, não ofendia o princípio constitucional da presunção de inocência[27].

Em sentido contrário, a Terceira Seção do Superior Tribunal de Justiça, "em sessão realizada no dia 14-6-2017, no julgamento do EREsp 1.619.087, por maioria de votos, firmou orientação no sentido da impossibilidade de execução provisória das penas restritivas de direitos, devendo-se aguardar, portanto, o trânsito em julgado da condenação, nos termos do art. 147 da LEP"[28]. No dia 24 de outubro de 2018, ao julgar o AgRg no HC

27. STF, HC 141.978 AgR/SP, 1ª T., rel. Min. Luiz Fux, j. 23-6-2017, *DJe* 168, de 1-8-2017.

28. STJ, EREsp 1.619.087/SC, Terceira Seção, rela. Mina. Maria Thereza de Assis Moura, rel. p/ o acór-

435.092/SP, a Terceira Seção novamente cuidou dessa matéria e manteve seu posicionamento[29].

Essa discussão está superada, por agora, e isso em razão da decisão proferida pelo Supremo Tribunal Federal no dia 7 de novembro de 2019, ao ensejo da apreciação final das Ações Declaratórias de Constitucionalidade (ADC) 43, 44 e 54, que foram julgadas procedentes, e com efeito *erga omnes* inverteu o posicionamento firmado em 2016, agora para reconhecer a impossibilidade de execução provisória da pena em razão de condenação mantida ou imposta em segundo grau de jurisdição. Desde então, ressalvada a possibilidade de execução provisória de pena privativa de liberdade, na hipótese em que o réu se encontrar preso por força da decretação de prisão preventiva, para que se instaure o momento execucional é imperioso o trânsito em julgado definitivo da condenação.

Nos dias que correm, junto às Cortes Superiores[30] não há entendimento jurisprudencial que acolha a possibilidade de execução provisória de pena restritiva de direitos.

-dão Min. Jorge Mussi, j. 14-6-2017, *DJe* de 24-8-2017. *No mesmo sentido*: STJ, AgRg no AREsp 971.132/SP, 5ª T., rel. Min. Ribeiro Dantas, j. 28-3-2017, *DJe* de 5-4-2017; STJ, AgRg no HC 404.848/SC, 6ª T., rela. Mina. Maria Thereza de Assis Moura, j. 3-10-2017, *DJe* de 9-10-2017.

29. STJ, AgRg no HC 435.092/SP, Terceira Seção, rel. Min. Rogério Schietti Cruz, rel. p/ o Acórdão Min. Reynaldo Soares da Fonseca, j. 24-10-2018, *DJe* de 26-11-2018.

30. "O Supremo Tribunal Federal, consoante o estabelecido no julgamento de medidas liminares nas ADCs 43 e 44, no HC n. 126.292/SP e no ARE 964.246/SP, adotava o entendimento de que a execução provisória de pena imposta em segunda instância, ainda que pendente o trânsito em julgado da sentença, não ofendia o princípio constitucional da presunção de inocência. A Terceira Seção desta Corte Superior, no julgamento do EREsp n. 1.619.087/SC, também havia assentado não ser possível, ausente manifestação expressa da Suprema Corte a respeito da amplitude conferida ao Tema 925, concernente à execução antecipada da sanção penal, executar provisoriamente a pena privativa de liberdade convertida em restritiva de direitos, consoante a disposição do art. 147 da Lei de Execução Penal. III — Contudo, o Supremo Tribunal Federal, no julgamento das Ações Declaratórias de Constitucionalidade n. 43, n. 44 e n. 54, assentou a constitucionalidade do art. 283 do Código de Processo Penal, que prevê o trânsito em julgado da ação penal como condição para a execução da reprimenda. Por conseguinte, atualmente, já não se admite a execução antecipada da pena, seja privativa de liberdade, seja restritiva de direitos" (STJ, AgRg no HC 516.340/PR, 5ª T., rel. Min. Felix Fischer, j. 25-8-2020, *DJe* de 4-9-2020).

Capítulo XVII

DA SUSPENSÃO CONDICIONAL DA PENA

1. A SUSPENSÃO CONDICIONAL DA PENA OU *SURSIS*

O instituto da suspensão condicional da pena, vulgarmente conhecido por *sursis*, está regulado nos arts. 77 a 82 do CP e constitui valioso instrumento a ser utilizado com vistas a evitar o encarceramento tradicional.

Consiste em permitir que o condenado não seja submetido ao cumprimento de pena privativa de liberdade, desde que durante determinado período — denominado período de prova — cumpra as condições que se fixar.

Na forma que se estabelecer, a execução da pena privativa de liberdade ficará suspensa, condicionalmente, do que decorre a acertada denominação.

Na visão sempre autorizada de René Ariel Dotti, "com a modificação introduzida pela Lei 6.416/77, o *sursis* ganhou novos contornos para ajustá-lo às necessidades de fazer de tal instituto um dos meios apropriados para evitar as penas curtas de prisão e proporcionar os objetivos exigidos da pena"[1].

Com a reforma penal determinada pela Lei n. 7.209/84, o *sursis* foi reformulado e passou a ser **modalidade de execução de pena**, adquiriu a natureza de pena efetiva, abandonando o antigo conceito de mero incidente de execução.

Após o advento da Lei n. 9.714/98, a denominada "Lei de Penas Alternativas", o instituto da suspensão condicional da pena restou esvaziado, sendo mais frequente a

1. René Ariel Dotti, *Bases e alternativas para o sistema de penas*, p. 489.

aplicação de penas alternativas onde outrora se aplicava o *sursis*, já que o art. 77, III, do CP, condiciona a aplicação do *sursis* à hipótese de não ser indicada ou cabível a substituição prevista no art. 44 do CP.

2. TIPOS DE *SURSIS*

Instituto de política criminal que é, voltado a afastar do cárcere condenados que tenham praticado ilícitos de menor gravidade, e por isso sancionados de forma mais branda, as únicas penas que admitem a suspensão condicional são as privativas de liberdade: reclusão, detenção e prisão simples. É impossível sua aplicação às penas restritivas de direitos e às pecuniárias.

Há quatro tipos de *sursis*: *a*) ***sursis simples***, previsto no art. 77 do CP;; *b*) ***sursis especial***, regulado no art. 78, § 2º, do CP[2]; *c*) ***sursis etário***, quando a execução da pena privativa de liberdade, não superior a quatro anos, poderá ser suspensa, por quatro a seis anos, desde que o condenado seja maior de setenta anos de idade; e *d*) ***sursis humanitário*** ou *por motivo de saúde*, que segue os mesmos parâmetros do *sursis* etário e é cabível quando *razões de saúde justificarem*, estando ambos regulados no § 2º do art. 77 do CP.

Competente para conceder ou não a suspensão condicional da pena é o juízo da condenação, em primeira ou segunda instância, cumprindo ressaltar que, se satisfeitos os requisitos da lei, a concessão do *sursis* é direito subjetivo do sentenciado, tanto assim que o art. 157 da LEP dispõe que o juiz ou tribunal, na sentença que aplicar pena privativa de liberdade não superior a dois anos, *deverá* pronunciar-se, motivadamente, sobre a suspensão condicional, quer a conceda, quer a denegue, constituindo tal análise verdadeira obrigação imposta ao órgão julgador. Sua inobservância acarreta injusto constrangimento ao *status libertatis* do condenado.

Conforme se tem decidido, "sua duração deve guardar adequabilidade ao tipo do delito, suas repercussões sociais e à situação pessoal do condenado"[3], sendo certo que a fixação do período de prova acima do mínimo legal enseja devida fundamentação[4],

---

2. Art. 77, § 2º: "Se o condenado houver reparado o dano, salvo impossibilidade de fazê-lo, e se as circunstâncias do art. 59 desde Código lhe forem inteiramente favoráveis, o juiz poderá substituir a exigência do parágrafo anterior pelas seguintes condições, aplicadas cumulativamente: *a*) proibição de frequentar determinados lugares; *b*) proibição de ausentar-se da comarca onde reside, sem autorização do juiz; *c*) comparecimento pessoal e obrigatório a juízo, mensalmente, para informar e justificar suas atividades". Anota Damásio E. de Jesus que para a concessão do *sursis* especial "é necessário que o condenado: 1º) Não seja reincidente em crime doloso; 2º) Tenha reparado o dano, salvo justa causa; 3º) Apresente circunstâncias judiciais favoráveis" (*Código Penal anotado*, p. 229).

3. *RT*, 719/386.

4. "A exigência de motivação dos atos jurisdicionais constitui, hoje, postulado constitucional inafastável, que traduz poderoso fator de limitação ao exercício do próprio poder estatal, além de configurar instrumento essencial de respeito e proteção às liberdades públicas. Com a constitucionalização desse dever jurídico imposto aos magistrados — e que antes era de extração meramente legal — dispensou-se aos jurisdicionados uma tutela processual significativamente mais intensa, não obstante

tanto porque, em havendo prejuízo ao condenado, existe o interesse deste em invocar o mandamento constitucional da motivação do ato judicial (art. 93, IX, da CF).

3. A EXECUÇÃO DO *SURSIS*

O juiz poderá suspender, pelo **período de dois a quatro anos**, a execução da pena privativa de liberdade, não superior a dois anos, na forma prevista nos arts. 77[5] a 82 do CP, hipótese em que especificará as condições a que ficará sujeito o condenado pelo prazo do período de prova, que começará a correr a partir da data da audiência admonitória prevista no art. 160 da LEP.

Não é possível cogitar hipótese de ***sursis* sem condições**, sendo obrigatória a imposição destas, e, quando a suspensão *condicional* da pena for concedida por tribunal, a este caberá estabelecer as condições do benefício, assim procedendo, também, quando modificar as condições estabelecidas na sentença recorrida. Todavia, ao conceder a suspensão condicional da pena, o tribunal poderá conferir ao juízo da execução a incumbência de estabelecer as condições do benefício, e, em qualquer caso, a de realizar a audiência admonitória[6].

Conforme decorre do § 1º do art. 158 da lei, as condições serão adequadas ao fato e à situação pessoal do condenado, o que indica uma **necessária individualização**, devendo ser incluída entre elas a de prestar serviços à comunidade, ou limitação de fim de semana, salvo hipótese do art. 78, § 2º, do CP (se o condenado houver reparado o dano, salvo impossibilidade de fazê-lo). Atendendo à atividade individualizadora, o juiz poderá, a qualquer tempo, de ofício, a requerimento do Ministério Público ou mediante proposta do Conselho Penitenciário, **modificar as condições** e regras estabelecidas na sentença. Necessário, em tal hipótese, se proceda à prévia oitiva do condenado, em homenagem aos princípios da ampla defesa, do contraditório, do devido processo legal etc., sob pena de nulidade do *decisum*.

Não obstante a imperiosa necessidade de impor condições ao *sursis*, casos ocorrem em que o benefício acaba sendo concedido sem que sejam elas fixadas em primeira

---

idênticos os efeitos decorrentes de seu descumprimento: a nulidade insuperável e insanável da própria decisão. A importância jurídico-política do dever estatal de motivar as decisões judiciais constitui inquestionável garantia inerente à própria noção do Estado Democrático de Direito. Fator condicionante da própria validade dos atos decisórios, a exigência de fundamentação dos pronunciamentos jurisdicionais reflete uma expressiva prerrogativa individual contra abusos eventualmente cometidos pelos órgãos do Poder Judiciário" (STF, HC 69.013/PI, 1ª T., rel. Min. Celso de Mello, *RTJ* 140/870).

5. Art. 77 do CP: "A execução da pena privativa de liberdade, não superior a 2 (dois) anos, poderá ser suspensa, por 2 (dois) a 4 (quatro) anos, desde que: I — o condenado não seja reincidente em crime doloso; II — a culpabilidade, os antecedentes, a conduta social e personalidade do agente, bem como os motivos e as circunstâncias autorizem a concessão do benefício; III — não seja indicada ou cabível a substituição prevista no art. 44 deste Código. § 1º A condenação anterior a pena de multa não impede a concessão do benefício. § 2º A execução da pena privativa de liberdade, não superior a 4 (quatro) anos, poderá ser suspensa, por 4 (quatro) a 6 (seis) anos, desde que o condenado seja maior de 70 (setenta) anos de idade, ou razões de saúde justifiquem a suspensão".

6. Art. 159 e parágrafos da LEP.

ou segunda instância. Em tais hipóteses, entendemos incabível a fixação das condições pelo juízo da execução, pois tal decisão implicaria inaceitável violação ao princípio que impede a *reformatio in pejus*. Há duas posições sobre o assunto, uma entendendo que o juízo da execução não pode fixar as condições e a outra sustentando que o juiz da execução pode impor as condições não impostas, nos termos do art. 158, § 2º, da LEP, uma vez que o trânsito em julgado só atinge a concessão ou não do *sursis*, e não as condições (arts. 157 e 159, § 2º, da LEP).

Verificado o trânsito em julgado da sentença ou acórdão condenatório em que se impôs *sursis*, e, nesta última hipótese, após a volta dos autos da segunda instância, o juiz designará a ***audiência de advertência***, também chamada *audiência admonitória*, e determinará a intimação do condenado para que compareça no local, dia e hora designados. Mesmo que revel no processo de conhecimento, para a audiência admonitória deverão ser esgotadas as tentativas de localização visando a intimação pessoal, e só depois estará autorizada a realização do ato por edital. Na audiência o juiz lerá a sentença ao condenado, *advertindo-o* das consequências de nova infração penal e do descumprimento das condições impostas.

Como está ressaltado no item 147 da Exposição de Motivos da Lei de Execução Penal, "a leitura da sentença pelo juiz, com advertência formal sobre as consequências de nova infração e do descumprimento das condições (art. 160), confere dignidade à mecânica do instituto, que não se pode manter como ato de rotina. A audiência especial presidida pelo magistrado visa emprestar à cerimônia dignidade compatível com o ato, evitando-se que a sentença e as condições sejam anunciadas por funcionários do cartório, que colhem, no balcão, a assinatura do condenado".

A ***competência*** *para a realização da audiência admonitória* é do juízo de conhecimento, do juízo da condenação, e não do juízo da execução, conforme decorre evidente do art. 160 da LEP, e a *expedição da guia* de recolhimento para a execução do julgado somente poderá ocorrer após a realização da advertência. A competência do juízo da execução inicia-se com a *efetiva suspensão da condenação, o que se dá com a realização da audiência de advertência.*

Realizada a audiência de advertência, expede-se **guia de recolhimento** e o respectivo expediente será então encaminhado ao juízo da execução, determinando-se o arquivamento do processo de conhecimento.

A competência para a realização da audiência de advertência, aliás, é indelegável[7].

"A exceção contida no art. 159, § 2º, da Lei 7.210/84, de sua vez, não infirma a regra: 'O tribunal, ao conceder a suspensão condicional da pena, poderá, todavia, conferir ao juízo da execução a incumbência de estabelecer as condições do benefício, e, em qual-

7. "Incumbe ao juiz da condenação impor as condições do *sursis*, pois a lei de execução penal determina que ele advirta, em audiência, o condenado das consequências de uma infração penal e do descumprimento das condições impostas. Por isso, não pode delegar sua fixação ao Juiz da execução penal. Com o advento da Lei n. 7.209, de 1984, concedido o *sursis*, tornou-se obrigatória a imposição de condições" (*RJDTACrimSP*, 6/160).

quer caso, a de realizar a audiência admonitória'. A disposição seria inócua se tal competência já lhe pertencesse por atribuição genérica"[8].

No Estado de São Paulo, entretanto, em janeiro de 2003 o E. Conselho Superior da Magistratura expediu o Provimento n. 794, dispondo que a realização de audiência admonitória quando da concessão de suspensão condicional da pena ou aplicação de pena restritiva de direitos é de competência do Juízo de Execução Penal, depois da expedição da guia de recolhimento pelo Juízo da condenação, logo após o trânsito em julgado da sentença condenatória.

Na prática, o problema mais grave que envolve o *sursis* refere-se à **fiscalização do cumprimento das condições** a ele impostas, e cuidando do assunto estabelecem os §§ 3º a 6º do art. 158 da LEP as seguintes regras:

"§ 3º A fiscalização do cumprimento das condições, regulada nos Estados, Territórios e Distrito Federal por normas supletivas, será atribuída a serviço social penitenciário, patronato, Conselho da Comunidade ou instituição beneficiada com a prestação de serviços, inspecionados pelo Conselho Penitenciário, pelo Ministério Público, ou ambos, devendo o juiz da execução suprir, por ato, a falta das normas supletivas.

§ 4º O beneficiário, ao comparecer periodicamente à entidade fiscalizadora, para comprovar a observância das condições a que está sujeito, comunicará, também, a sua ocupação e os salários ou proventos de que vive.

§ 5º A entidade fiscalizadora deverá comunicar imediatamente ao órgão de inspeção, para os fins legais, qualquer fato capaz de acarretar a revogação do benefício, a prorrogação do prazo ou a modificação das condições.

§ 6º Se for permitido ao beneficiário mudar-se, será feita comunicação ao juiz e à entidade fiscalizadora do local da nova residência, aos quais o primeiro deverá apresentar-se imediatamente".

3.1. *Sursis* ineficaz ou sem efeito

É recorrente na prática forense a confusão que se faz entre *sursis* ineficaz ou sem efeito e *sursis* revogado, e as consequências daí advindas são extremamente danosas ao condenado.

Na dicção do art. 161 da LEP, se, intimado pessoalmente ou por *edital com prazo de vinte dias*, o réu não comparecer *injustificadamente* à audiência admonitória, a suspensão ficará sem efeito e será executada imediatamente a pena. Em tal hipótese ocorrerá o denominado *sursis* ineficaz ou sem efeito, caso em que "a ausência do condenado à audiência admonitória não implica revogação do *sursis*, mas apenas torna ineficaz o benefício"[9].

Oportuna, a propósito, a lição de Julio F. Mirabete: "Não comparecendo o condenado, injustificadamente, à audiência a suspensão ficará sem efeito e será executada

8. *RT*, 615/260.

9. *RJTACrimSP*, 29/400.

imediatamente a pena. Na hipótese, embora normalmente se fale em 'cassação' do *sursis*, ocorre a determinação de sua ineficácia pelo não comparecimento à audiência admonitória"[10].

A vantagem ou o prejuízo que se pode extrair do fato de tratar-se de *sursis* ineficaz ou revogado decorre da data que se deve tomar para o efeito do início da **contagem do prazo prescricional**. Se a audiência admonitória ocorreu e depois sobreveio revogação do *sursis* por qualquer causa, a contagem do prazo prescricional terá como início a data da revogação do *sursis*, conforme determina o art. 112, I, do CP. Em se tratando de *sursis* ineficaz, considerando que a audiência admonitória não se realizou, e, portanto, não teve início o período de prova, não há falar em revogação daquilo que não começou, e, sendo assim, a data de início da contagem do lapso prescricional será a do trânsito em julgado da sentença condenatória para a acusação, conforme o mesmo art. 112, I, primeira parte, do mesmo *Codex*.

Ineficaz o *sursis*, o juiz determinará que se expeça mandado de prisão visando a execução da pena privativa de liberdade imposta, cumprindo que observe o regime fixado na sentença ou acórdão em que se impôs a condenação.

Se apesar de não comparecer à audiência admonitória o condenado apresentar justificativa acolhível (doença, acidente ou outro motivo de força maior), após a oitiva do Ministério Público, o juiz deverá proferir decisão, mantendo o benefício, e designar nova data para a audiência, determinando sua notificação para comparecimento, já que somente o não comparecimento *injustificado* à audiência torna sem efeito a suspensão condicional da pena.

Embora a lei não cuide expressamente da hipótese de **restabelecimento do *sursis*** que foi julgado sem efeito ou ineficaz, diante do caso concreto, guiado pelo bom senso e muitas vezes por razões de política criminal, é possível e até recomendável que o juiz restabeleça o benefício da suspensão condicional da pena.

A decisão judicial que cuidar do tema sob análise é atacável por agravo em execução, conforme estabelece o art. 197 da LEP.

Situação interessante é tratada por Julio F. Mirabete, quando diz que, "embora não expressa em lei, pode ocorrer outra hipótese de cassação do benefício, ou seja, de caso em que ele é tornado sem efeito". E explica: "Se, durante o período entre a concessão do *sursis* e a data da realização da audiência admonitória, registrar-se o trânsito em julgado de sentença condenatória proferida em outro processo, em que é imposta pena superior a dois anos ou é negado, por outra razão, o *sursis*, o benefício já concedido torna-se sem efeito. É absoluta a incompatibilidade de serem executadas, ao mesmo tempo, a pena privativa de liberdade e a suspensão condicional da pena. Não pode ele cumprir com as condições impostas na sentença e não é possível que corra o prazo de *sursis* estando o condenado cumprindo pena". E conclui: "Recebida a guia de recolhimento, o juiz da execução tornará sem efeito a suspensão, procedendo à soma ou unificação de penas"[11].

---

10. Julio F. Mirabete, *Execução penal*, p. 556.
11. Julio F. Mirabete, *Execução penal*, 9. ed., p. 569.

Muito embora em algum momento o citado jurista tenha se referido à *cassação*, a hipótese aventada, como concluiu, revela outra situação de "*sursis* sem efeito".

3.2. Prorrogação e revogação do período de prova

3.2.1. Prorrogação

Se o executado praticar **nova infração penal no curso do *sursis***, considera-se prorrogado automaticamente o período de prova do benefício.

A respeito do tema é expresso o art. 162 da LEP ao estabelecer que a revogação da suspensão condicional da pena e a prorrogação do período de prova dar-se-ão na forma do art. 81 e respectivos parágrafos do CP.

Nesse sentido, dispõe o § 2º do art. 81 do CP que: "Se o beneficiário está sendo processado por outro crime ou contravenção, considera-se prorrogado o prazo da suspensão até o julgamento definitivo". Conforme Celso Delmanto, Roberto Delmanto e Roberto Delmanto Junior, "a razão da prorrogação é dilatar o tempo de prova de quem, pelo fato de estar sendo processado, coloca em dúvida ter merecido, ou não, o *sursis* que recebeu". E concluem: "A prorrogação prevista neste § 2º é automática, não dependendo de decisão do juiz"[12].

A *prorrogação automática* independe de decisão judicial nos autos, e ocorrerá mesmo na hipótese de o beneficiário estar sendo processado por crime culposo. Se cometido novo crime durante o período de prova do *sursis*, fica ele automaticamente prorrogado, "ainda que o juiz da execução só tenha tomado conhecimento do novo feito instaurado após expirado o prazo originalmente estabelecido"[13].

Todavia, em sentido contrário já se decidiu que, "expirado sem revogação o período de prova do *sursis*, extingue-se automaticamente a pena, sendo irrelevante que tenha havido instauração nesse tempo, contra o beneficiado, de outro processo criminal, se a notícia somente veio a lume depois do término do prazo"[14]. Tal compreensão, *data venia*, não guarda conformidade com as regras que norteiam a matéria, e por isso dela dissentimos.

3.2.2. Revogação obrigatória e revogação facultativa

A decisão que concede *sursis* não faz coisa julgada material, por estar subordinada à cláusula *rebus sic stantibus*.

Cuidando das hipóteses de *revogação obrigatória* do *sursis*, dispõe o **art. 81 do CP** que a suspensão condicional da pena *será* revogada se, no curso do prazo, o beneficiário: I — é condenado, em sentença irrecorrível, por *crime doloso*; II — frustra, embora solvente, a execução de pena de multa ou não efetua, sem motivo justificado, a reparação do dano; III — descumpre a condição do § 1º do art. 78 deste Código.

12. Celso Delmanto, Roberto Delmanto e Roberto Delmanto Junior, *Código Penal comentado*, p. 160-161.

13. *RT*, 759/618.

14. *RT*, 753/568.

O mesmo dispositivo estabelece em seu § 1º as causas de *revogação facultativa* do *sursis* dispondo que a suspensão *poderá* ser revogada se o condenado descumprir qualquer outra condição imposta ou for irrecorrivelmente condenado, por *crime culposo* ou por *contravenção*, a pena privativa de liberdade ou restritiva de direitos.

As causas elencadas como de *revogação obrigatória* revelam a ausência de mérito do condenado para a fruição do benefício. Em razão da gravidade daquelas o juiz estará obrigado a revogar o *sursis*. Trata-se de regra cogente; de imposição legal.

Ao lado das causas de revogação obrigatória o legislador elenca as de *revogação facultativa*. São condutas de inferior gravidade, menos robustas, que determinam menor impacto nos rumos da execução do *sursis*, de maneira que caberá ao juiz da execução, seguindo parâmetros norteados pela experiência, pelo bom senso e por outros critérios de individualização da pena, optar entre a revogação do benefício *ou* a prorrogação de seu período de prova até o máximo autorizado, caso este não tenha sido o aplicado (art. 81, § 3º, do CP).

Se por ocasião da condenação o período de prova *já foi fixado no máximo* previsto e o executado praticou conduta ensejadora de revogação facultativa, *deverá* o juiz da execução determinar a revogação do *sursis*, já que só se poderá falar em prorrogação até o máximo do lapso quando este não foi o aplicado.

A revogação do *sursis* é possível mesmo depois do vencimento do lapso temporal do período de prova, se ficar demonstrado que ocorreu condenação definitiva durante seu curso, por crime doloso.

Destarte, a superveniência de sentença condenatória irrecorrível, por crime praticado durante a suspensão condicional da pena, faz revogar o benefício, mesmo que ultrapassado o lapso do período de prova.

O trânsito em julgado de nova condenação faz revogar o *sursis*, ainda que o crime a que ela se refira tenha sido praticado antes do outro que deu origem à condenação em que se concedeu a suspensão condicional.

É possível a revogação do *sursis* a pedido do executado, assim como a restauração, também a pedido, do *sursis* revogado (por descumprimento de condição, p. ex.), cumprindo ao juiz, nesta última hipótese, avaliar em cada caso a permissibilidade da postulação e, ainda quando seja ela cabível, se a medida é recomendada na hipótese em questão. A decisão que apreciar o pedido de restabelecimento do *sursis* deve ser convenientemente fundamentada (art. 93, IX, da CF).

No que tange à discussão sobre a incidência do contraditório e da ampla defesa por ocasião da revogação do *sursis*, ousamos discordar de Paulo Lúcio Nogueira, para quem esta é possível "sem audiência prévia do beneficiário, pois, descumpridas as condições impostas ou se houver justa causa para sua revogação, não há falar na hipótese em princípio do contraditório penal (*RT* 611/435)"[15].

Em razão dos princípios constitucionais que permeiam a execução penal, "não é lícito ao prolator da decisão revogar o *sursis* sem obediência ao devido processo legal,

15. Paulo Lúcio Nogueira, *Comentários à Lei de Execução Penal*, p. 251.

que compreende as garantias do contraditório e da ampla defesa"[16]. Qualquer decisão que desrespeite tais princípios é absolutamente nula, e se dela decorrer flagrante constrangimento ilegal será cabível o *habeas corpus* como remédio heroico.

3.2.3. *Duplo* sursis

É possível que em processos distintos o réu seja condenado e receba, ao final, duplo *sursis*. Um em cada processo.

Embora possível tal concessão nos processos de conhecimento, transitando em julgado uma das sentenças de condenação, o *sursis* será mantido em relação a ela. Contudo, transitando em julgado a outra condenação, em sede de execução os *sursis* **não poderão subsistir**, cumprindo sejam tornados sem efeito. De consequência, será executada a pena privativa de liberdade resultante do somatório das penas, observado o regime legal (art. 111 da LEP).

3.2.4. *Cassação do* sursis

Além das hipóteses de *prorrogação* do período de prova, *revogação obrigatória*, *revogação facultativa* e até mesmo de *revogação a pedido* da suspensão condicional da pena, existe a hipótese de *cassação* do benefício.

Ocorrerá *cassação* quando provido recurso em que se sustente ser ele incabível ou se, em virtude de recurso, for aumentada a pena de modo que exclua a concessão do benefício.

Em sede de execução não é possível a cassação do *sursis* por ter sido ele concedido indevidamente. Ainda que descabido na hipótese, o trânsito em julgado da sentença ou acórdão que o concedeu coloca sobre o assunto o manto da coisa julgada, que não poderá ser rescindida em prejuízo do condenado.

3.2.5. *Extinção da punibilidade*

Expirado o prazo do *sursis* sem que tenha havido revogação, considera-se extinta a pena privativa de liberdade, nos termos do que dispõe o art. 82 do CP.

Em razão do disposto no art. 67 da LEP, antes de declarar a extinção da punibilidade do executado em gozo de *sursis*, o juiz deve providenciar a abertura de vista dos autos da execução ao Ministério Público a fim de que se manifeste, requerendo o que entender de direito.

A esse respeito confira-se a **Súmula 292 do STF**, que tem o seguinte teor: "Constitui ofensa ao artigo 67 da LEP o Juízo da execução declarar extinta a punibilidade atribuída ao réu, em gozo de suspensão condicional da pena, pelo simples fato de estar vencido o período de prova, sem que antes abrisse vista dos autos ao Ministério Público, para seu pronunciamento".

Recebendo os autos com vista, após o término do período de prova, o promotor de justiça oficiante deverá requerer ao juiz da execução que requisite a folha de antece-

16. *RT*, 713/344.

dentes criminais (F.A.) atualizada em nome do executado, visando averiguar eventual causa de prorrogação ou revogação do *sursis*.

Após a juntada da folha de antecedentes aos autos, havendo nela a indicação de outro feito criminal diverso daquele de onde se originou o *sursis*, deverá o promotor de justiça requerer ao juiz que determine a vinda aos autos de certidão cartorária do referido feito, para posterior análise visando requerer o que de direito.

Ao contrário do que ocorre com a prorrogação do *sursis*, que é automática, o decurso do período de prova não acarreta, por si só, a extinção da punibilidade, que não é automática e por isso precisa ser declarada pelo juiz da execução.

3.2.6. Registro

Conforme determinam o art. 163 e parágrafos da LEP, a sentença condenatória será registrada, com a nota de suspensão, em livro especial do juízo a que couber a execução da pena, e, uma vez revogada a suspensão ou extinta a pena, será o fato averbado à margem do registro. O registro e a averbação serão sigilosos, salvo para efeito de informações requisitadas por órgão judiciário ou pelo Ministério Público, para instruir processo penal.

Acrescente-se, por derradeiro, que "o lançamento do nome do réu, beneficiado com a suspensão condicional da pena no rol dos culpados, não evidencia qualquer constrangimento ilegal, em face do disposto no art. 163 da Lei 7.210/84, uma vez que a Lei de Execução Penal apenas estabelece que o registro deve ser sigiloso, salvo para informações requisitadas por órgão do Poder Judiciário ou pelo Ministério Público para instruir processo penal"[17].

4. CABIMENTO DE *SURSIS* EM CONDENAÇÃO POR CRIME HEDIONDO OU ASSEMELHADO

É tormentosa a matéria e caloroso o debate que gravita em torno da questão de se admitir, ou não, a concessão de *sursis* na hipótese de condenação decorrente da prática de crime hediondo ou assemelhado.

Com efeito, não há na Lei n. 8.072/90 qualquer vedação expressa a concessão de *sursis*, e, sendo assim, não é possível cogitar de interpretação extensiva para o fim de deixar de conceder benefício que não está vedado. Não se pode admitir a interpretação ampliativa em prejuízo do réu.

Atendidos os requisitos exigidos no Código Penal, a suspensão condicional da pena **é direito assegurado do réu**.

Nos termos do que dispõe o art. 44, *caput*, da Lei n. 11/343/2006 (Lei de Drogas), em se tratando de condenação pela prática de crime de tráfico (art. 33, *caput* e § 1º), ou de qualquer dos crimes previstos nos arts. 34 a 37 da mesma Lei, é vedada a possibilidade de conceder *sursis*.

17. *RT*, 769/584.

5. EXECUÇÃO PROVISÓRIA

É constitucionalmente inviável a execução provisória de *sursis*, pois tal proceder representaria indevido cumprimento de pena, antes do trânsito em julgado definitivo da sentença ou acórdão penal condenatório.

O art. 160 da LEP é expresso ao dizer que a execução do *sursis* só tem cabimento após o trânsito em julgado da sentença penal condenatória, e essa regra está em conformidade com o disposto no art. 5º, LVII, da CF, que trata da presunção de inocência.

Também aqui valem as reflexões lançadas no capítulo anterior, no que diz respeito à possibilidade de execução provisória que se estabeleceu desde o julgamento do *Habeas Corpus* 126.292/SP, ocorrido em 17 de fevereiro de 2016 no Plenário do Supremo Tribunal Federal, e o julgamento definitivo das Ações Declaratórias de Constitucionalidade (ADC) 43, 44 e 54, concretizado na mesma Corte no dia 7 de novembro de 2019.

Inadmitida a execução provisória com o viés de antes, está superada a discussão, no presente instante, e não há fundamento que legitime a execução provisória do *sursis*.

Capítulo XVIII

DA PENA DE MULTA

Sumário: 1. Generalidades. 2. Do título executivo e da natureza jurídica. 3. Legitimação ativa. 4. Juízo competente. 5. Processamento. 6. Impossibilidade de conversão da multa em privativa de liberdade. 6.1. Sobre a impossibilidade de conversão nos Juizados Especiais Criminais. 7. Execução provisória. 8. Atualização monetária. 9. Detração. 10. Extinção da punibilidade sem o pagamento da multa.

1. GENERALIDADES

A pena de multa é modalidade punitiva prevista no art. 5º, XLVI, *c*, da CF.

Cuidando das espécies de pena, estabelece o art. 32 do CP que são elas privativas de liberdade, restritivas de direitos e de multa.

A pena de multa, como assinalou Feu Rosa, é de origem antiga, remontando aos tempos primitivos, "quando os delinquentes eram obrigados a pagar, a título de castigo, uma reparação pela sua falta, consistindo na entrega de cabeças de gado, ovelhas, pedras preciosas e outros valores à família da vítima ou ao Príncipe ou ao Chefe da cidade ou do Estado"[1].

Conforme Georg Rusche e Otto Kirchheimer, "Bentham abogó por el mayor uso posible de aquella, alegando un argumento que se repite con innumerables variaciones durante la primera mitad del siglo XIX: la pena pecuniaria posee el mérito de la perfecta aconomía ya que no solo evita todo sufrimiento superfluo al autor del delito, sino que además permite resarcir a la víctima. En otras palabras, constituye el principio perfecto de la proporcionalidad entre delito y pena"[2].

Nos dias que correm tem sido utilizada largamente como instrumento de política criminal em busca do abrandamento punitivo em relação a certos delitos, considerados de menor potencial ofensivo. A bem da verdade, entretanto, a pena de multa tem-se re-

1. Antonio José Miguel Feu Rosa, *Execução penal*, p. 379.
2. Georg Rusche e Otto Kirchheimer, *Pena y estructura social*, p. 203.

velado de pouca ou nenhuma eficácia intimidativa, não faltando quem defenda sua abolição, como é o caso de LUIGI FERRAJOLI[3], que a considera aberrante[4].

Discorrendo com propriedade sobre as vantagens e desvantagens da pena de multa, DEVIENNE FERRAZ assinalou: "Evidente que a adoção dessa pena de menor rigor, cada vez com maior intensidade e abrangendo maior número de infrações, tem suas vantagens e desvantagens. Quanto aos fatores positivos destacam-se, principalmente: a não retirada do condenado do convívio familiar e sua permanência no trabalho, com o qual ampara a si próprio e sua família, o que evita o desajuste social e não o corrompe, pois evita o contato deletério existente na prisão, além de atingir bem jurídico de menor importância que a liberdade, mas com força intimidativa, por recair sobre bens econômicos, importante na sociedade capitalista; possibilita melhor individualização da pena pelo juiz, por se basear na situação econômica do condenado, não sobrecarregando o erário público, pois pode constituir renda para o Estado. Por outro lado, dentre os aspectos negativos, ressaltam-se, especialmente: constituir-se em fonte de enriquecimento do Estado às custas do crime, sendo raramente executada, pois a grande maioria dos condenados é pobre e insolvente; ser inócua como prevenção, ao menos da criminalidade mais grave; ter sentido aflitivo desigual, por nada representar para quem tem muito economicamente e atingir demais quem tem pouco, neste caso, alcançando diretamente os familiares do condenado, privados de parte do ganho de quem lhes provê o sustento; possibilidade de até incitar o condenado à prática de outros crimes para obter o suficiente para efetuar o pagamento. Todavia, apesar disso tudo, parece ser o saldo positivo e, por essa razão, a opção por essa alternativa de resposta penal à delinquência vem ganhando corpo em nosso sistema, tal qual vem acontecendo com as penas restritivas de direitos, tudo sempre com o inescondível objetivo de conter o crescente aumento da população carcerária que superlota as prisões de nosso país, cada vez mais esquecidas pela Administração"[5].

O certo é que, após a edição das Leis n. 9.099/95 e 9.268/96, a pena de multa caiu no ridículo, estando tomada de total descrédito, resultando em verdadeiro estímulo à prática de outros crimes na grande maioria dos processos em que aplicada[6]. Assim, por aqui não tem cabimento a lição de RUSCHE e KIRCHHEIMER quando defendem que a pena pecuniária não significa custo algum para o Estado, ao mesmo tempo que produz o máximo de eficácia penal[7].

É o que veremos a seguir.

2. DO TÍTULO EXECUTIVO E DA NATUREZA JURÍDICA

Por força do disposto no art. 164 da LEP, transitando em julgado a sentença penal condenatória que tenha aplicado pena de multa, dela **será extraída certidão**, valendo esta como **título executivo judicial**.

3. Luigi Ferrajoli, *Diritto e ragione*, p. 415.

4. Leonardo Sica, *Direito penal de emergência e alternativas à prisão*, p. 127.

5. Devienne Ferraz, *Execução penal — visão do TACrimSP*, p. 113-114.

6. Renato Marcão e Bruno Marcon, Direito penal brasileiro: do idealismo normativo à realidade prática, *RT*, 781/484.

7. Georg Rusche e Otto Kirchheimer, *Pena y estructura social*, p. 204.

A Lei n. 9.268/96 deu nova redação ao art. 51 do CP, e desde então a pena de multa passou a ser **considerada *dívida de valor*.** Mesmo assim, a multa imposta pelo juízo criminal **não perdeu seu caráter de sanção penal**.

Essa interpretação segue inalterada na vigência do atual art. 51, com a redação da Lei n. 13.964/2019, onde está expresso que a multa decorrente de condenação no juízo criminal será executada perante o juiz da execução penal e será considerada dívida de valor, aplicáveis as normas relativas à dívida ativa da Fazenda Pública, inclusive no que concerne às causas interruptivas e suspensivas da prescrição.

3. LEGITIMAÇÃO ATIVA

Pela redação do art. 164 da LEP, o Ministério Público é que detém a legitimidade ativa para a execução da pena de multa, seja ela decorrente de condenação imposta em processo por crime de ação penal pública ou privada, em qualquer das modalidades previstas. Não se permite ao particular a execução da pena decorrente de condenação por crime de ação penal privada, pois a ele o Estado permitiu apenas o *jus persequendi in judicio* e não o exercício do *jus puniendi*.

Diz ainda o art. 164 que, "extraída certidão da sentença condenatória com trânsito em julgado, que valerá como título executivo judicial, o Ministério Público requererá, em autos apartados, a citação do condenado para, no prazo de dez dias, pagar o valor da multa ou nomear bens à penhora".

Ocorre, entretanto, que, **após o advento da Lei n. 9.268/96**, a questão deixou de ser tranquila na doutrina e na jurisprudência, que passaram a questionar reiteradamente a legitimação ativa para a execução, formando sobre o tema **três correntes bem distintas**.

A ***primeira corrente*** defendia que o Ministério ainda era parte legítima para a execução da pena pecuniária, por entender que a redação dada pela Lei n. 9.268/96 ao art. 51 do CP não autoriza "concluir que a reprimenda pecuniária foi transformada em simples débito monetário, perdendo a sua natureza sancionatória, tendo sido o termo 'dívida de valor' empregado para que se entenda que a multa terá o mesmo tratamento do crédito fiscal, sendo, portanto, obrigatória a sua atualização monetária. A Lei n. 9.268/96, visando dar mais eficiência, celeridade e força executória à ação de cobrança, aplicou à ação de execução da pena pecuniária o mesmo regime processual da execução fiscal, sem, no entanto, revogar o art. 164 da LEP, que confere legitimidade ao Ministério Público para promover a cobrança do valor da multa"[8].

Foram muitos os acórdãos nesse sentido[9].

Para a ***segunda corrente***, a legitimação ativa passou a ser da Fazenda Pública. Os que a ela se filiaram sempre sustentaram que, "desde o advento da Lei 9.268/96, com-

---

8. *RJTACrimSP*, 35/61.

9. TJSP, AE 227.174-3/0, rel. Des. Gonçalves Nogueira, j. 17-6-1997; TJSP, MS 245.470-3/2, 3ª CCrim., rel. Des. Walter Guilherme, j. 10-3-1998; *RJTACrimSP*, 34/54, 37/395, 40/47, 41/47, 41/49, 42/207 e 42/361; *RT*, 740/620, 744/600, 748/714, 753/605, 756/597 e 760/652.

pete ao Estado, através de seus procuradores, cobrar dívida correspondente à pena de multa, imposta em processo criminal (CP, art. 51)"[10].

Adotado tal entendimento, "transitando em julgado a sentença condenatória, a multa será considerada dívida de valor, aplicando-se-lhe as normas relativas à dívida ativa da Fazenda Pública, inclusive no que concerne às causas modificativas e interruptivas da prescrição. Com essa alteração, não cabe mais ao MP promover a execução da multa, mas sim à Fazenda Pública através do procedimento previsto na Lei 6.830/80, da competência do Juízo das Execuções Fiscais, observadas as regras do art. 578, e par. ún., do CPC"[11].

Também encontramos diversos acórdãos nesse sentido, em todas as instâncias judiciárias[12].

Já para a ***terceira corrente***, francamente minoritária, "no que concerne à execução dessa dívida de valor, a qual se conferiu característica de crédito fiscal, destina-se ao Fundo Penitenciário Nacional — FUNPEN, matéria essa de competência legislativa da União. Diante dessas observações resulta evidente que a competência para execução da dívida ativa da União, decorrente de multas penais, incumbe à Fazenda Nacional"[13]."A titularidade para a execução da pena de multa é da Fazenda Nacional, e não do Ministério Público, por ilegitimidade ativa *ad causam*; deste modo, foi transferida para o Juízo melhor aparelhado a execução fiscal da multa não paga — com exigência da juntada da certidão de dívida ativa —, sem que se possa ver nisso qualquer desprestígio à Justiça Criminal"[14].

De nossa parte, filiamo-nos à segunda linha de pensamento apontada. Não há dúvida de que, com o advento da Lei n. 9.268, que transformou a pena de multa em *dívida de valor*, **o Ministério Público deixou de ser parte legítima para a propositura da execução**, posto que parte legítima para executar os créditos é a Procuradoria da Fazenda Pública, ficando o processo executivo submetido aos percalços da Lei n. 6.830/80.

No âmbito do Superior Tribunal de Justiça, foi editada a **Súmula 521** com o seguinte enunciado: "A legitimidade para a execução fiscal de multa pendente de pagamento imposta em sentença condenatória é exclusiva da Procuradoria da Fazenda Pública".

Ao julgar a ADI 3.150/DF, em decisão salomônica, o Plenário do Supremo Tribunal Federal reconheceu a legitimidade ativa concorrente entre o Ministério Público e a Fazenda Pública, para o ajuizamento de execução de pena de multa imposta em condenação criminal, conforme ementa que segue:

---

10. STJ, REsp 184.906/SP, 1ª T., rel. Min. Humberto Gomes de Barros, j. 25-5-1999, *DJU*, 1º-7-1999, *RT*, 768/539.

11. TJSP, Ag. 215.970-3/0, 6ª Câm., rel. desig. Des. Augusto César, j. 27-12-1996.

12. *No mesmo sentido*: STJ, REsp 151.285/SP, 1ª T., rel. Min. Demócrito Reinaldo, j. 6-10-1998, *DJU*, 30-11-1998; *RJTACrimSP*, 41/33, 41/35, 41/45 e 41/293; *RT*, 740/596, 743/653, 744/583, 748/625, 757/519, 759/585, 762/577 e 763/564, 602.

13. TJSP, AE 267.336-3/2-00, 4ª Câm., rel. Des. Mattos Faria, j. 2-3-1999.

14. TACrimSP, AE 1.105.263/6, 5ª Câm., rel. Juiz Nogueira Filho, j. 29-7-1998.

"*1*. A Lei nº 9.268/1996, ao considerar a multa penal como dívida de valor, não retirou dela o caráter de sanção criminal, que lhe é inerente por força do art. 5º, XLVI, c, da Constituição Federal. *2*. Como consequência, a legitimação prioritária para a execução da multa penal é do Ministério Público perante a Vara de Execuções Penais. *3*. Por ser também dívida de valor em face do Poder Público, a multa pode ser subsidiariamente cobrada pela Fazenda Pública, na Vara de Execução Fiscal, se o Ministério Público não houver atuado em prazo razoável (90 dias). *4*. Ação direta de inconstitucionalidade cujo pedido se julga parcialmente procedente para, conferindo interpretação conforme à Constituição ao art. 51 do Código Penal, explicitar que a expressão 'aplicando-se-lhes as normas da legislação relativa à dívida ativa da Fazenda Pública, inclusive no que concerne às causas interruptivas e suspensivas da prescrição', não exclui a legitimação prioritária do Ministério Público para a cobrança da multa na Vara de Execução Penal. Fixação das seguintes teses: (i) O Ministério Público é o órgão legitimado para promover a execução da pena de multa, perante a Vara de Execução Criminal, observado o procedimento descrito pelos artigos 164 e seguintes da Lei de Execução Penal; (ii) Caso o titular da ação penal, devidamente intimado, não proponha a execução da multa no prazo de 90 (noventa) dias, o Juiz da execução criminal dará ciência do feito ao órgão competente da Fazenda Pública (Federal ou Estadual, conforme o caso) para a respectiva cobrança na própria Vara de Execução Fiscal, com a observância do rito da Lei 6.830/1980" (STF, ADI 3.150/DF, Tribunal Pleno, rel. Min. Marco Aurélio, rel. p/ o Acórdão Min. Roberto Barroso, j. 13-12-2018, *DJe*-170, de 6-8-2019).

Sem desconsiderarmos a ciência processual, com a devida *vênia*, não é possível concordarmos com a referida decisão.

Não há fundamento jurídico que nos permita aceitarmos a legitimação concorrente.

As reais dificuldades da prática execucional não justificam o impiedoso sacrifício imposto à técnica jurídica.

Fato é que, após a decisão do Plenário da Excelsa Corte, a Lei n. 13.964/2019 deu nova redação ao art. 51 do CP, e dele agora se extrai que, embora considerada dívida de valor, a multa será executada no juízo da execução penal. Consequentemente, **parte legítima para a execução da pena de multa é apenas o Ministério Público**. É de se recusar a atribuição de legitimação ativa a órgão diverso, para a execução de pena criminal, nos limites de competência do juízo da execução penal.

4. JUÍZO COMPETENTE

Como desdobramento da discussão que se estabeleceu outrora sobre a legitimação ativa para a execução da pena de multa, debateu-se com igual intensidade, a partir da edição da Lei n. 9.268, qual o juízo competente para a execução. Basicamente o debate centrou suas energias em saber se, estando legitimado o Ministério Público ou a Fazenda Pública, deveria a execução ser promovida na Vara das Execuções *Criminais* ou na Vara das Execuções *Fiscais*. Também foram proferidas decisões no sentido de que deveria tramitar na *Justiça Federal*, por considerar que a legitimação ativa para a execução era da Fazenda Nacional.

Entendendo que a competência continuava no juízo das execuções criminais[15], a *primeira corrente* assim se posicionou: "(...) para se verificar o desacerto da interpretação que remete às Varas de Fazenda Pública a execução da pena pecuniária, basta atentar-se para o artigo 4º da Lei n. 6.830/80, onde se enumera contra quem pode ser promovida a execução de dívida ativa da Fazenda Pública, mencionando o inciso VI que ela pode realizar-se contra 'os sucessores a qualquer título'. Ora, este artigo enumera uma sucessão perfeitamente cabível no cível, mas não em matéria criminal, pois, é princípio concebido desde Beccaria, da Revolução Francesa, da Revolução Americana e da Declaração Internacional dos Direitos do Homem e do Cidadão, que a pena não passa da pessoa do delinquente, fato reiterado pela Constituição Federal de 1988, quando preceitua, em seu artigo 5º, inciso XLV, que 'nenhuma pena passará da pessoa do condenado'"[16].

Argumentava-se que "a Lei n. 9.268/96, ao dar nova redação ao art. 51 do CP, não alterou a competência para a cobrança executória da pena de multa, que continua sendo do Juízo das Execuções Criminais, regido o processo pelos arts. 164/169 da LEP, e legitimado o Ministério Público para a sua promoção e acompanhamento"[17]. Assim, "o curso da execução deve ter início no Juízo das Execuções Criminais"[18], mesmo porque, "se ocorrer algum incidente na execução, o Juízo fazendário não tem competência para solucioná-lo, a teor do art. 118, § 1º, da LEP"[19].

Defendendo que a competência passou a ser da Vara das Execuções Fiscais[20], a *segunda corrente* apresentou os seguintes argumentos: "A pena de multa pecuniária imposta no Juízo Criminal como sanção secundária mantém íntegros os seus efeitos próprios, decorrentes da sentença penal condenatória, sendo que o *quantum* estabelecido traduz dívida de valor, na medida em que adquire características de dívida atualizável a todo tempo e corrigida no momento de seu resgate. E, como tal, porque só se torna executável após o trânsito em julgado da sentença que a impôs e caso o devedor, notificado nos próprios autos, não pagar, ou não requerer o parcelamento ou o desconto em seu salário é que será feita a sua inscrição em dívida ativa, tendo como legitimado exclusivo para a cobrança, no foro extrapenal, a Fazenda Pública. O legislador não altera a lei para que tudo fique como antes. Seria uma contradição inominável. Portanto, a alteração do art. 51 do Código Penal imposta pela Lei n. 9.268 mostra coerência, pois, ao mesmo tempo em que o legislador vedou a conversão da pena pecuniária em privativa de liberdade, deu-lhe caráter de dívida de valor, de natureza civil, embora com efeitos penais, pois se o Código Penal é um sistema conjugado de normas, a transformação de uma delas acarreta imediata repercussão nesse sistema"[21].

---

15. TJSP, MS 245.470-3/2, 3ª CCrim., rel. Des. Walter Guilherme, j. 10-3-1998; *RJTACrimSP*, 36/99, 40/47, 41/47, 41/49, 42/207 e 42/362; *RT*, 740/620, 744/600, 747/668, 748/714, 753/605 e 756/597.
16. TACrimSP, AE 1.040.287/1, 1ª Câm., rel. Juiz Damião Cogan, j. 20-2-1997.
17. TJSP, Ag. 227.174-3/0, rel. Des. Gonçalves Nogueira, j. 17-6-1997.
18. TACrimSP, AE 1.045.965-1, 11ª Câm., rel. Juiz Renato Nalini, j. 31-7-1997.
19. TACrimSP, AE 1.045.375, 15ª Câm., rel. Juiz Geraldo Lucena.
20. *RJTACrimSP*, 40/32, 41/35, 41/33, 41/45 e 41/293; *RT*, 740/596, 743/653, 744/583, 745/590, 754/617 e 759/585.
21. TACrimSP, AE 1.093.895/3, 13ª Câm., rel. Juiz Rui Stoco, j. 14-4-1998.

"Ao utilizar a expressão *dívida de valor*, o legislador deixou clara a intenção de transformar a multa penal em débito pecuniário, com determinação expressa de aplicação das normas da legislação relativa à dívida ativa da Fazenda Pública. Ora, a cobrança da dívida ativa da Fazenda Pública é feita através do procedimento previsto na Lei n. 6.830/80, da competência do Juízo das Execuções Fiscais, observadas as regras previstas no artigo 578 e parágrafo único do Código de Processo Civil"[22].

Por fim, sustentando a natureza de crédito fiscal da multa penal, e baseando-se na legitimidade ativa atribuída à Fazenda Nacional, a *terceira corrente* defendia que a execução deveria tramitar na Justiça Federal.

Guardada a necessária coerência com o que concluímos ser o nosso posicionamento em relação à legitimação ativa, que era da Fazenda Pública estadual, sustentávamos que o juízo competente para a execução da pena de multa era **a Vara da Fazenda Pública estadual**.

Em se tratando de multa decorrente de condenação em processo de competência da **Justiça Federal**, era necessário observar a legitimação ativa correspondente no âmbito federal, e a Vara competente na mesma esfera de jurisdição, para a execução dos créditos da União.

Novamente se faz imprescindível mencionar que ao julgar a ADI 3.150/DF, o Plenário do Supremo Tribunal Federal reconheceu a legitimidade ativa concorrente entre o Ministério Público e a Fazenda Pública, para o ajuizamento de execução de pena de multa imposta em condenação criminal, sendo competente para o processo execucional a Vara de Execuções Penais e a Vara de Execução Fiscal, respectivamente, conforme seja ajuizada por um ou outro dentre os legitimados.

No referido julgamento, não é ocioso enfatizar, foram fixadas as seguintes teses: "(i) O Ministério Público é o órgão legitimado para promover a execução da pena de multa, perante a Vara de Execução Criminal, observado o procedimento descrito pelos artigos 164 e seguintes da Lei de Execução Penal; (ii) Caso o titular da ação penal, devidamente intimado, não proponha a execução da multa no prazo de 90 (noventa) dias, o Juiz da execução criminal dará ciência do feito ao órgão competente da Fazenda Pública (Federal ou Estadual, conforme o caso) para a respectiva cobrança na própria Vara de Execução Fiscal, com a observância do rito da Lei 6.830/1980" (STF, ADI 3.150/DF, Tribunal Pleno, rel. Min. Marco Aurélio, rel. p/ o Acórdão Min. Roberto Barroso, j. 13-12-2018, *DJe*-170, de 6-8-2019).

Conforme registramos em linhas precedentes, a Lei n. 13.964/2019 deu nova redação ao art. 51 do CP, que agora se encontra grafado nos seguintes termos: "Transitada em julgado a sentença condenatória, a multa será executada perante o juiz da execução penal e será considerada dívida de valor, aplicáveis as normas relativas à dívida ativa da Fazenda Pública, inclusive no que concerne às causas interruptivas e suspensivas da prescrição".

---

22. TJSP, AE 226.111-3/6, 6ª CCrim., rel. Des. Augusto César, j. 24-4-1997.

Desde a vigência do regramento atual, **competente para a execução da pena de multa é apenas o juízo da execução penal, estadual ou federal**, conforme decorra de condenação imposta pela justiça estadual ou federal, respectivamente.

5. PROCESSAMENTO

Ocorrendo o trânsito em julgado da sentença ou acórdão em que se aplicou exclusivamente pena de multa, os autos serão encaminhados à contadoria do juízo criminal para o efeito de se apurar, em conta de liquidação, o valor atual da dívida. "Para a execução da pena de multa, embora as decisões condenatórias forneçam os parâmetros para apuração dos valores devidos, não o enunciam, sendo necessária a liquidação da sanção perante a Justiça Criminal, procedimento este que não integra o processo executório, mas complementa o de conhecimento, devendo a elaboração dos cálculos ser feita por Contador."[23]

Feita a conta de liquidação, sobre ela deverão manifestar-se o Ministério Público e a Defesa, apresentando eventuais impugnações. Em seguida os autos seguirão conclusos ao juiz, que então decidirá sobre as impugnações, acaso apresentadas, e homologará ou não a conta, determinando a intimação do condenado para o pagamento em dez dias, sob pena de inscrição do débito e subsequente execução.

O condenado poderá postular, ainda nessa fase, o **parcelamento do débito**, ou quitá-lo de uma só vez. A respeito do pagamento da multa em prestações mensais veja-se o disposto no art. 169 da LEP.

Não ocorrendo parcelamento ou o pagamento, **o Ministério Público deverá requerer a extração de certidão da dívida e, com os documentos necessários, promover a execução**. O processamento da execução por pena pecuniária deve seguir **o rito estabelecido na Lei n. 6.830/80**, que dispõe sobre a cobrança judicial da dívida ativa da Fazenda Pública.

Seguindo tal regramento, o valor da pena de multa deve ser inscrito como dívida ativa em favor da Fazenda Pública estadual.

Cumpre salientar que, embora a grande maioria da clientela penal seja reconhecidamente de baixa renda, o certo é que a insolvência não se presume por ser matéria de defesa do sentenciado, e a ele cabe a faculdade de alegá-la e prová-la.

Frise-se, por fim, que não é lícito ao juiz recusar a execução por entender que o valor da multa reclamada é irrisório.

Quando a multa for **aplicada cumulativamente**, feita a apuração do valor em conta de liquidação, sobre ela poderão manifestar-se o Ministério Público e a Defesa. Depois de homologada a conta, o executado será notificado para pagamento em 10 (dez) dias, sob pena de ser extraída certidão e promovida a inscrição e a execução.

6. IMPOSSIBILIDADE DE CONVERSÃO DA MULTA EM PRIVATIVA DE LIBERDADE

Em sua redação antiga, permitia o art. 51 do CP que em caso de não pagamento injustificado a multa fosse convertida em privativa de liberdade na mesma proporção. O

23. *RJTACrimSP*, 41/35.

não pagamento de dez dias-multa, por exemplo, acarretava a conversão em dez dias de detenção. Ocorrendo o pagamento do débito, a qualquer tempo, revogava-se a conversão, desaparecendo a ameaça de prisão; se já efetivada, o condenado seria colocado em liberdade. A regra era que após a conversão o condenado saldava o débito, como também ocorre nas hipóteses de decretação de prisão civil por débito alimentar, em que a iminência da prisão quase sempre determina o surgimento do dinheiro necessário e a quitação da pendência.

A Lei n. 9.268/96 deu nova redação ao art. 51 do CP e revogou a possibilidade jurídica de conversão em prisão da pena de multa impaga. Essa sistemática segue mantida na vigência do atual art. 51, com a redação determinada pela Lei n. 13.964/2019.

Em razão da impossibilidade de conversão da pena de multa em prisão, não se admite sua impugnação por *habeas corpus*.

6.1. Sobre a impossibilidade de conversão nos Juizados Especiais Criminais

Em sede de Juizado Especial Criminal, aplicada unicamente pena de multa, seu cumprimento far-se-á mediante pagamento na secretaria do Juizado[24]. Efetuado o pagamento, será julgada extinta a punibilidade, com as observações do parágrafo único do art. 84 da Lei n. 9.099/95.

Muitas vezes, entretanto, e infelizmente em boa parte delas, a pena de multa não é paga. É necessário, portanto, submetê-la à execução.

Cuidando da execução das penas aplicadas em sede de Juizado Especial Criminal, dispõe o art. 85 da Lei n. 9.099 que, não sendo efetuado o pagamento da multa, "será feita a conversão em pena privativa de liberdade, ou restritiva de direitos, nos termos previstos em lei".

Necessário enfatizar que a Lei n. 9.268/96 deu nova disciplina à matéria e revogou os §§ 1º e 2º do art. 51 do CP, atingindo também o disposto no art. 85, acima indicado.

Neste passo, é importante destacar v. Acórdão do Superior Tribunal de Justiça, de que foi relator o E. Min. Fernando Gonçalves, onde ficou consignado o entendimento no sentido de que "a sentença homologatória da transação tem, também, caráter condenatório impróprio (não gera reincidência, nem pesa como maus antecedentes, no caso de outra superveniente infração), abrindo ensejo a um processo autônomo de execução, que pode — legitimamente — desaguar na conversão em pena restritiva de liberdade, sem maltrato ao princípio do devido processo legal"[25].

Justificou-se no referido julgado que "o acusado, ao transacionar, renuncia a alguns direitos perfeitamente disponíveis, pois, de forma livre e consciente, aceitou a proposta e, *ipso facto*, a culpa".

---

24. Art. 84 da Lei n. 9.099/95.

25. STJ, RHC 8.198/GO, 5ª T., rel. Min. Fernando Gonçalves, j. 8-6-1999, *DJU*, 1º-7-1999, n. 124, p. 211; *Boletim Informativo de Jurisprudência Atualizada — CAOCRIM-MP/SP*, jul. 1999, p. 3.

Com efeito, a primeira crítica que devemos fazer é no sentido de que, ainda que se admita a conversão da multa em prisão sob o argumento de não se vislumbrar violação à regra ditada no art. 72 da Lei n. 9.099, que indica a impossibilidade de aplicação de pena privativa de liberdade na fase preliminar, já que a execução se encontra em outra fase (estando admitida, pois, a conversão sob tal enfoque), é de rigor concluir que a conversibilidade da multa em detenção restou vedada após a edição da Lei n. 9.268/96, inclusive no âmbito dos Juizados Especiais Criminais, pois não teria sentido proibir a conversão quando a pena for originária de processo submetido a outro juízo e permitir a conversão exatamente em apenamento decorrente dos Juizados Especiais, que sabidamente cuidam das infrações de pequeno potencial ofensivo. Seria vedar a conversão para delitos mais graves e permiti-la para os delitos mais brandos, o que ensejaria uma verdadeira inversão injurídica de valores.

Com a vigência da Lei n. 9.268/96, é absolutamente impossível converter pena de multa em privativa de liberdade, seja ela decorrente de condenação em qualquer juízo, e com mais forte razão se resultante de transação penal levada a efeito no âmbito de Juizado Especial Criminal Estadual (Lei n. 9.099/95) ou Federal (Lei n. 10.259/2001).Outra inquietação que não pode escapar à percepção refere-se à inovação determinada pelo art. 85 da Lei n. 9.099 quando autoriza a conversão da multa em restritiva de direitos. Fato inédito no direito brasileiro. Surgem então as seguintes indagações: se não for cumprida a restritiva de direitos, como é que se fará a execução? Conversão? Em quê?

Estamos convencidos de que é mais coerente o entendimento externado em v. Acórdão do Supremo Tribunal Federal no sentido de que "é inadmissível a conversão de pena pecuniária em restritiva de direito a réu condenado ao pagamento de multa, resultante de transação prevista no art. 72 da Lei 9.099/95, por ausência de critério legal, devendo tal dívida ser inscrita para cobrança judicial"[26].

Multa impaga deve ser executada nos termos da Lei n. 6.830/80. Já não há a possibilidade de conversão, seja em detenção, seja em restritiva de direitos.

A atual redação do art. 51 do CP, determinada pela Lei n. 13.964/2019, não restaurou a possibilidade de conversão da pena de multa em privativa de liberdade. A vedação persiste.

Necessário consignar, por fim, que, a respeito da providência cabível em caso de **transação penal não cumprida**, o Supremo Tribunal Federal editou a **Súmula Vinculante 35**, que tem o seguinte enunciado: "A homologação da transação penal prevista no art. 76 da Lei n. 9.099/1995 não faz coisa julgada material e, descumpridas suas cláusulas, retoma-se a situação anterior, possibilitando-se ao Ministério Público a continuidade da persecução penal mediante oferecimento de denúncia ou requisição de inquérito policial".

7. EXECUÇÃO PROVISÓRIA

A nosso ver, somente após transitar definitivamente em julgado a sentença condenatória é que se deve passar à execução da pena de multa, sendo devida a incidência de atualização monetária.

26. *RT*, 771/521.

Necessário reconhecer, por outro vértice, que em razão do entendimento das Cortes Superiores, adotado a partir de 17 de fevereiro de 2016, por ocasião do julgamento do *Habeas Corpus* 126.292/SP pelo Plenário do Supremo Tribunal Federal, e mantido quando do julgamento dos pedidos de liminares nas Ações Declaratórias de Constitucionalidade (ADC) n. 43 e 44 e do Recurso Extraordinário com Agravo (ARE) 964.246/SP, **que teve repercussão geral reconhecida**, passou a ser possível a execução provisória da pena de multa antes do trânsito em julgado definitivo, quando pendente de julgamento recurso especial ou extraordinário.

Ocorre que no dia 7 de novembro de 2019 o Supremo Tribunal Federal concluiu o julgamento das Ações Declaratórias de Constitucionalidade (ADC) 43, 44 e 54, que foram julgadas procedentes, e com efeito *erga omnes* inverteu seu posicionamento firmado em 2016, agora para determinar a impossibilidade de execução provisória da pena em razão de condenação em segundo grau de jurisdição. Desde então, **ressalvada a possibilidade de execução provisória na hipótese em que o réu se encontrar preso por força da decretação de prisão preventiva**, para que se instaure o momento execucional **é imperioso o trânsito em julgado definitivo da condenação**.

Esse entendimento também deve ser aplicado em relação à execução provisória da pena de multa.

8. ATUALIZAÇÃO MONETÁRIA

Há discussão com vistas a se estabelecer de qual data se deve contar o início da atualização. Sobre tal questão existem posições que levam em consideração: 1ª) a data do fato (valor da época do delito); 2ª) a data da sentença condenatória; 3ª) a data do trânsito em julgado da sentença para ambas as partes; 4ª) o 11º dia (o condenado é intimado para pagamento em dez dias, e a atualização incidirá a contar do dia seguinte ao vencimento do prazo); e 5ª) a data da citação para a execução.

Para nós a atualização deve ser contada da data do fato delituoso, pois foi nesse momento que ocorreu a lesão ao bem jurídico tutelado. A decisão judicial que lhe é posterior só reconhece a situação jurídica já consumada.

9. DETRAÇÃO

Nos precisos termos do art. 42 do CP, "computa-se, na pena privativa de liberdade e na medida de segurança, o tempo de prisão provisória, no Brasil ou no estrangeiro, o de prisão administrativa e o de internação em qualquer dos estabelecimentos referidos" no art. 41 do mesmo *Codex*.

Regula-se, assim, o instituto da detração.

Quando era admitida a conversão da pena de multa em privativa de liberdade, isso antes da Lei n. 9.268/96, era tranquila a jurisprudência a respeito da permissibilidade de detração em sede de pena privativa de liberdade decorrente de pena pecuniária não paga e então convertida por força do disposto no art. 51, § 1º, do CP.

Abolida a possibilidade de conversão, passou-se a entender já não ser cogitável a detração, isso porque impossível a conversão; antecedente e pressuposto lógico para a detração, porquanto incogitável detrair pena de multa com pena privativa de liberdade.

Respeitado o posicionamento diverso, entendemos que, apesar da vedação expressa trazida com a Lei n. 9.268, é possível a conversão da pena de multa tão somente para compensá-la em sede de detração com pena privativa de liberdade a tal sujeita. É que na hipótese a conversão virá em benefício do condenado, que não irá para a prisão (por conta da conversão) e terá valorado seu tempo de encarceramento pretérito para o fim de quitar total ou parcialmente a multa imposta, observada a proporção de um dia de encarceramento para cada dia-multa.

10. EXTINÇÃO DA PUNIBILIDADE SEM O PAGAMENTO DA MULTA

Por força do disposto no art. 164 da LEP, após transitar em julgado a sentença penal condenatória que tenha aplicado pena de multa, dela será extraída certidão, valendo esta como título executivo judicial[27].

A Lei n. 9.268/96 deu nova redação ao art. 51 do CP, e desde então a pena de multa passou a ser considerada dívida de valor, para fins de execução, sistemática mantida no atual art. 51 do CP, com a redação da Lei n. 13.964/2019. Mesmo assim, a multa imposta pelo juízo criminal não perdeu sua natureza jurídica de sanção penal.

Disso decorre que, mesmo depois de cumprida a pena privativa de liberdade ou a restritiva de direitos aplicada em substituição, se pendente de pagamento a pena de multa cumulativamente imposta, não é juridicamente possível a extinção dessa última sem que ocorra a regular satisfação do débito ou outra causa de extinção da punibilidade.

Não é ocioso enfatizar que a pena de multa será considerada dívida de valor apenas para fins de execução; para o propósito de definir a escolha do procedimento execucional incidente. Apenas isso.

Embora dividida por algum tempo, a jurisprudência do Superior Tribunal de Justiça já havia se posicionado repetidas vezes no sentido acima apontado, a definir que "A nova redação do art. 51 do CP não apenas proibiu a conversão da pena de multa em detenção, no caso de inadimplemento, considerando-a dívida de valor, mas também determinou a aplicação da legislação pertinente à dívida ativa da Fazenda Pública. (...) Somente se extingue o processo de execução criminal após o efetivo cumprimento da pena imposta, incluída a multa, salvo se sobrevier alguma causa extintiva da punibilidade, na forma do art. 107 do Código Penal"[28].

Esse também é o entendimento que prevalece na maioria das Câmaras Criminais do Tribunal de Justiça de São Paulo, a apontar que "O fato da multa sancionatória não quitada ser convertida em certidão da dívida ativa, não lhe retira a intrínseca natureza penal, motivo pelo qual, impossível declarar a extinção integral da punibilidade sem o adimplemento da importância devida"[29]. "Desse modo, não havendo, na

27. Renato Marcão, *Lei de Execução Penal anotada*, 6ª ed., São Paulo, Saraiva, 2017.

28. STJ, REsp 845.902/RS, 5ª T., rel. Min. Felix Fischer, j. 22-5-2007, *DJ* de 6-8-2007, *LEXSTJ* 218/381.

29. TJSP, AE 0053988-48.2014, 7ª CCrim., rel. Des. J. Martins, j. 30-10-2014.

lei, exclusão do caráter penal da multa, uma vez que a competência funcional para a sua execução não lhe determina a natureza, é inexorável que o pagamento da multa é *conditio sine qua non* para o cumprimento integral da pena e para a extinção do processo de execução penal"[30].

Em sentido contrário, por ocasião do julgamento do REsp 1.519.777/SP, ocorrido no dia 26 de agosto de 2015, de que foi relator o Min. Rogério Schietti Cruz, a Terceira Seção pacificou o entendimento do Superior Tribunal de Justiça a respeito do assunto, e passou a entender que: "Extinta pelo seu cumprimento a pena privativa de liberdade ou a restritiva de direitos que a substituir, o inadimplemento da pena de multa não obsta a extinção da punibilidade do apenado, porquanto, após a nova redação dada ao art. 51 do Código Penal pela Lei n. 9.268/1996, a pena pecuniária passou a ser considerada dívida de valor"[31].

Ousamos divergir de tal posicionamento, visto ser indiscutível que a pena de multa é pena de natureza criminal, assim estabelecida na Constituição Federal (art. 5º, XLVI, *c*); na Parte Geral do Código Penal (art. 32, III), e cominada em preceitos secundários de tipos penais incriminadores, não sendo razoável admitir que, enquanto abstratamente prevista disponha dessa natureza jurídica e, depois de aplicada, seja transfigurada em algo diverso. Admitir tal raciocínio implicaria aceitar que: prevista para ser aplicada como pena criminal, deixaria de ser assim considerada exatamente em razão de sua aplicação. Ausente, aqui, a necessária lógica.

O raciocínio adotado leva, inclusive, à seguinte situação, inusitada e inaceitável: diante de processo criminal instaurado contra pessoa comprovadamente pobre, julgada procedente a ação penal e aplicada tão somente pena de multa, de pronto poderá o juiz julgá-la extinta. E mais: sabendo que diante de fato determinado a pena de multa será a única aplicada em caso de condenação, tornar-se-á discutível a existência de interesse processual e justa causa para movimentar a máquina judiciária com vistas à aplicação de algo que não se considere pena criminal.

Em outro extremo: o mesmo instituto será considerado pena criminal em relação ao condenado em condições de saldá-la, e medida de caráter extrapenal em relação ao economicamente hipossuficiente, o que por si já evidencia grave e intransponível problema.

Embora "considerada" dívida de valor para fins de execução, certo é que a pena de multa não perdeu sua natureza jurídica — definida de maneira superior na Constituição Federal —; não se transfigurou; continua a ser pena criminal, e sua extinção permanece condicionada à integral satisfação do débito ou outra causa de extinção da punibilidade.

---

30. TJSP, AE 0014469-32.2015.8.26.0000/São Paulo, 13ª CCrim., rel. Des. Cardoso Perpétuo, j. 28-5-2015. *No mesmo sentido:* TJSP, AE 0182885-02.2011.8.26.0000, 3ª CCrim., rel. Des. Geraldo Wohlers, j. 13-12-2011; TJSP, AE 0063413-07.2011.8.26.0000, 4ª CCrim., rel. Des. Salles de Abreu, j. 23-8-2011; TJSP, AE 0066806-32.2014.8.26.0000, 6ª CCrim., rel. Des. Machado de Andrade, j. 27-11-2014; TJSP, AE 0059972-13.2014.8.26.0000, 8ª CCrim., rel. Des. Alcides Malossi Junior, j. 6-11-2014.

31. STJ, REsp 1.519.777/SP, Terceira Seção, rel. Min. Rogério Schietti Cruz, j. 26-8-2015, *DJe* de 10-9-2015.

Tanto isso é exato que o Plenário do Supremo Tribunal Federal reafirmou a natureza jurídica do instituto — pena criminal —, conforme se verifica em: STF, EP 12 ProgReg-AgR/DF, Tribunal Pleno, rel. Min. Roberto Barroso, j. 8-4-2015, *DJe* n. 111, de 11-6-2015; STF, EP 16 ProgReg-AgR/DF, Tribunal Pleno, rel. Min. Roberto Barroso, j. 15-4-2015, *DJe* n. 093, *DJ*, de 20-5-2015; STF, ADI 3.150/DF, Tribunal Pleno, rel. Min. Marco Aurélio, rel. p/ o Acórdão Min. Roberto Barroso, j. 13-12-2018, *DJe*-170, de 6-8-2019.

Capítulo XIX

DA EXECUÇÃO DAS MEDIDAS DE SEGURANÇA

1. NOÇÕES INTRODUTÓRIAS

A finalidade do direito penal é a proteção de bens e valores jurídicos fundamentais. Bem jurídico é o bem da vida; é o bem que se destina à satisfação das necessidades humanas, e nessa ordem de ideias o legislador penal busca proteger o direito à vida, à integridade física, à saúde, à honra, ao patrimônio etc.

Para a proteção dos bens jurídicos foram criados os tipos penais, que estabelecem modelos de condutas sujeitas à imposição de pena. Violando a norma, ou seja, praticando um comportamento conforme previsto no tipo penal incriminador, o autor da ação ou omissão estará sujeito à imposição da pena prevista para a violação. Contudo, se for apurado que ao tempo da ação ou omissão não dispunha da integridade de suas faculdades mentais, em vez de pena sofrerá medida de segurança, pois, a teor do disposto no art. 26, *caput*, do CP, "é isento de pena o agente que, por doença mental ou desenvolvimento mental incompleto ou retardado, era, ao tempo da ação ou omissão, inteiramente incapaz de entender o caráter ilícito do fato ou de determinar-se de acordo com esse entendimento", dispondo seu parágrafo único que "a pena pode ser reduzida de um a dois terços, se o agente, em virtude de perturbação da saúde mental ou por desenvolvimento mental incompleto ou retardado não era inteiramente capaz de entender o caráter ilícito do fato ou de determinar-se de acordo com esse entendimento". Nesse tema é preciso estar atento à advertência de Nélson Hungria no sentido de que, "se toda doença mental é uma perturbação da saúde mental, a recíproca não é verdadeira: nem toda perturbação da saúde mental constitui uma nítida, característica doença mental"[1].

1. Nélson Hungria, *Comentários ao Código Penal*, v. 1, t. 2, p. 331.

A origem das medidas de segurança é remota. Como assinala Bruno de Morais Ribeiro, "entre os romanos da época clássica, os infames (menores de sete anos) eram penalmente incapazes. Os impúberes não podiam ser responsabilizados penalmente por crimes públicos, e em relação a crimes privados decidia a maturidade individual do autor. Submetiam-se os menores impúberes à *verberatio*, medida admonitória. Já o *furiosus*, era equiparado ao *infans*, ficando submetido, no entanto, a um estado de custódia, *ad tutelam ejus et securitatem proximorum* (Digesto, I, 23.18.14); se os loucos não pudessem ser contidos por seus parentes, seriam encarcerados. O antigo Direito Canônico também considerava os loucos como penalmente incapazes"[2].

Bem por isso lembra Eduardo Reale Ferrari que, "a princípio, aplicada como meio preventivo às ações dos menores infratores, ébrios habituais ou vagabundos, a medida de segurança constituía meio de defesa social contra atos antissociais. Com uma visão de segurança social, não exigia sequer nenhuma prática delituosa, segregando o ébrio ou vagabundo em face do perigo e do mau exemplo que o indivíduo representava para a sociedade"[3].

Na lição de Maximiliano Führer, "referem os historiadores que foi o Código Penal Suíço, cujo projeto foi preparado por Karl Stoos, em 1893, o primeiro a mencionar expressamente a medida de segurança, sendo, neste particular, imitado rapidamente por praticamente todos os países do mundo (*mesure de sûretè, sicherungsverwahrung, misure di sicurezza, medida de seguridad*)"[4].

Com o correr dos tempos a medida de segurança passou a ser aplicada somente em face do cometimento de uma infração penal. Era o denominado sistema do duplo binário, onde a medida de segurança era aplicada conjuntamente com a pena em razão da perigosidade ou periculosidade evidenciada pelo agente.

Ultrapassado o *duplo binário* e adotado o **sistema *vicariante* ou *unitário***, no direito penal vigente a medida de segurança atua como decorrência do art. 149 do CPP. Na lição de Romeu Falconi, "é uma decisão judicial que substitui a pena convencional por tratamento de saúde ao imputado que sofra, ou venha a sofrer, de qualquer distúrbio mental, amparando-o com o não apenamento convencional, que somente é permitido aos mentalmente sãos, ao mesmo tempo que protege a sociedade da potencialidade criminógena que se presume possua o desajustado mental"[5].

Ensinou Chaves Camargo que "as medidas de segurança, como ocorrem no caso do Direito Penal brasileiro, podem ser privativas de liberdade, quando se pretende evitar ulteriores delitos, ou terapêuticas, de tratamento em liberdade, que apresenta caráter restritivo à pessoa do autor do fato, e que, também, se pretende evitar que volte à prática de outras ações antijurídicas análogas. Estas medidas são aplicadas, desta forma, tendo em vista a periculosidade do autor, ligadas, ainda, ao fato praticado"[6].

---

2. Bruno de Morais Ribeiro, *Medidas de segurança*, p. 10.
3. Eduardo Reale Ferrari, *Medidas de segurança e direito penal no Estado Democrático de Direito*, p. 16.
4. Maximiliano Roberto Ernesto Führer, *Tratado da inimputabilidade no direito penal*, p. 138.
5. Romeu Falconi, *Lineamentos de direito penal*, p. 297.
6. Antonio Luis Chaves de Camargo, *Sistema de penas, dogmática jurídico-penal e política criminal*, p. 37.

Não subsiste no sistema penal brasileiro qualquer possibilidade de aplicação de medida de segurança em face de pessoa imputável. A reforma penal imposta com a Lei n. 7.209/84 eliminou essa possibilidade. "Com a reforma penal de 1984, a medida de segurança passou a ser aplicada somente aos inimputáveis e aos semi-imputáveis, podendo substituir a pena privativa de liberdade quando for o caso, conforme inteligência dos arts. 97 e 98 do CP; assim, a Súm. 525 do STF, editada antes da citada reforma, subsiste apenas para vedar a *reformatio in pejus* no caso específico da medida de segurança"[7].

Apurada a inimputabilidade do acusado à data do fato delituoso, e presentes todos os indicativos que levariam à procedência da ação penal, de rigor seja prolatada sentença de absolvição imprópria (que em verdade deveria denominar-se "condenação imprópria"), impondo-se medida de segurança. São *pressupostos* para a aplicação de medida de segurança: a prática de fato definido como ilícito penal e a periculosidade do agente, que em relação ao inimputável é presumida, conforme decorre do art. 26 do CP.

Para Claus Roxin[8], as medidas de segurança, assim como a pena, têm fim preventivo.

É destacada a influência da Escola Positiva italiana em tema de medidas de segurança, fazendo-se sentir, ainda, os postulados da Nova Defesa Social guiada pelas reflexões de Marc Ancel[9].

2. CONDIÇÕES DA EXECUÇÃO

Segundo Bruno de Morais Ribeiro, "As medidas de segurança são verdadeiras sanções penais, pois participam da natureza da pena, tendo porém existência em função da perigosidade do agente. Penas e medidas de segurança são, portanto, a nosso ver, duas espécies do mesmo gênero: o gênero sanção penal. Por essa razão, o nosso sistema legal prevê a possibilidade de substituição da pena privativa de liberdade por medida de segurança, no caso de agente semi-imputável, e também a possibilidade da contagem do tempo de prisão provisória para fins de detração dos prazos mínimos de duração das medidas de segurança, além de prever que, extinta a punibilidade, não se imporá medida de segurança nem subsistirá a execução da que tenha sido imposta. Tais evidências contradizem frontalmente a opinião dos que defendem a diversidade de natureza jurídica de ambos os institutos"[10].

Vencido o período em que era possível a aplicação da medida de segurança sem a precedente prática de ilícito penal, vencido o duplo binário e apurada no processo de conhecimento a debilidade mental do réu na data do fato, e seu grau de comprometimento com a percepção da realidade, assim como sua capacidade de determinar-se de

7. STF, HC 75.238/1-SP, 2ª T., rel. Min. Carlos Velloso, *RT*, 749/590.

8. Claus Roxin, *Derecho penal*; parte general, t. 1, p. 104.

9. Marc Ancel, *A nova defesa social*.

10. Bruno de Morais Ribeiro, *Medidas de segurança*, p. 32.

acordo com esse entendimento, observado o devido processo legal com todas as garantias constitucionais, após o trânsito em julgado da sentença que aplicar medida de segurança, será ordenada a expedição de guia[11] para a execução[12].

Ninguém será internado em hospital de custódia e tratamento psiquiátrico, ou submetido a tratamento ambulatorial, para cumprimento de medida de segurança, sem a guia expedida pela autoridade judiciária[13], e a **expedição da guia** só pode ser ordenada após o trânsito em julgado da sentença.

Conforme destacado nos itens 152 e 153 da Exposição de Motivos da Lei de Execução Penal, o sistema agora proposto "contém apenas dois tipos de medidas de segurança: internamento e sujeição a tratamento ambulatorial. A guia expedida pela autoridade judiciária constitui o documento indispensável para a execução de qualquer uma das medidas. Trata-se da reafirmação da garantia individual da liberdade que deve existir para todas as pessoas, independentemente de sua condição, salvo as exceções legais".

O art. 2º, § 1º, da Resolução 113/2010 do CNJ determina que, estando preso o executado, a guia de recolhimento definitiva ou de internação deverá ser expedida ao juízo competente no prazo máximo de cinco dias, a contar do trânsito em julgado da sentença ou acórdão, ou do cumprimento do mandado de prisão ou de internação.

3. MEDIDAS DE SEGURANÇA EM ESPÉCIE

Observado o disposto no art. 96 do CP, no sistema penal vigente **as medidas de segurança são de duas espécies**: I — ***internação*** em hospital de custódia e tratamento psiquiátrico ou, à falta, em outro estabelecimento adequado; II — sujeição a ***tratamento ambulatorial***. Na primeira hipótese temos a medida de segurança *detentiva*, na segunda a *não detentiva*. Por força do disposto no art. 99 do CP, em ambas as hipóteses o executado deverá ser submetido a tratamento.

A internação, ou o tratamento ambulatorial, será por **tempo indeterminado**, perdurando enquanto não for averiguada, mediante perícia médica, a cessação de periculosidade. **O prazo mínimo deverá ser de um a três anos**, sendo que o magistrado deverá

---

11. "Art. 173. A guia de internamento ou de tratamento ambulatorial, extraída pelo escrivão, que a rubricará em todas as folhas e a subscreverá com o juiz, será remetida à autoridade administrativa incumbida da execução e conterá: I — a qualificação do agente e o número do registro geral do órgão oficial de identificação; II — o inteiro teor da denúncia e da sentença que tiver aplicado a medida de segurança, bem como a certidão do trânsito em julgado; III — a data em que terminará o prazo mínimo de internação, ou do tratamento ambulatorial; IV — outras peças do processo reputadas indispensáveis ao adequado tratamento ou internamento. § 1º Ao Ministério Público será dada ciência da guia de recolhimento e de sujeição a tratamento. § 2º A guia será retificada sempre que sobrevier modificação quanto ao prazo de execução."

12. Ver art. 107 da LEP; arts. 43 e 101 da LEP; arts. 26, 96 e seguintes do CP; Declaração dos Direitos do Deficiente Mental (Resolução n. 2.856, de 20-12-1971, da Assembleia Geral da ONU); Princípios para a Proteção dos Enfermos Mentais e o Melhoramento da Atenção à Saúde Mental (Resolução n. 46/119, de 17-12-1991, da Assembleia Geral da ONU).

13. Art. 172 da LEP.

utilizar-se dos seguintes critérios para a fixação do *quantum* da medida: 1) o grau de comprometimento da anomalia mental; 2) a gravidade do delito; e 3) a periculosidade evidenciada. Não é correto entender que o único critério a ser considerado deva ser o da gravidade da anomalia mental.

Para o **inimputável** a medida de segurança é *obrigatória*, conforme decorre do disposto no art. 26, *caput*, do CP. Para o **semi-imputável** é *facultativa*, podendo o juiz optar entre a redução da pena e a medida de segurança, como consta do parágrafo único do mesmo artigo.

As regras que determinam a aplicação de uma ou outra medida são bastante claras. Se o fato-crime praticado pelo agente for punido com reclusão, a medida de segurança aplicável "terá que ser obrigatoriamente a de internação"[14].

Conforme se tem decidido reiteradas vezes, "se o crime imputado ao réu inimputável é apenado com reclusão, a medida de segurança a ser adotada deve ser a internação em hospital de custódia e tratamento psiquiátrico, não havendo se falar em tratamento ambulatorial, ainda que ausente a periculosidade do agente, conforme inteligência do art. 97 do CP"[15].

Se a infração penal for punida com detenção, "a medida recuperativa deve ser o tratamento ambulatorial e não a internação, pois naquele poderá ter assistência e acompanhamento da própria família, o que certamente contribuirá para sua recuperação"[16].

Não obstante a existência de expressa disposição legal a respeito da matéria, há entendimento no sentido de que, "em se tratando de medida de segurança, deve prevalecer sempre como guia para a definição da terapêutica a ser executada, a conclusão pericial e não a natureza da pena, assim, se o perito médico especializado indica como suficiente o tratamento ambulatorial, mesmo para o inimputável ou semi-imputável sujeito ativo de infração penal punida com reclusão, é porque considera que ele não apresenta desajuste de ordem psíquica que represente perigo à sociedade, devendo-se evitar, sempre que legalmente possível, a internação em casa de tratamento, mesmo ante a expressa disposição do art. 97 do CP"[17].

Os defensores de tal posicionamento argumentam que a aplicação de medida de segurança ao inimputável reconhecido por sentença é obrigatória e deverá ser fixada de acordo com a periculosidade do agente[18], e, sendo assim, é cabível a imposição de tratamento ambulatorial ao inimputável que tenha praticado crime punido com reclusão, desprovido de maior gravidade, lastreado em parecer médico oficial, conclusivo a esse respeito.

A Terceira Seção do Superior Tribunal de Justiça decidiu que "Na aplicação do art. 97 do Código Penal não deve ser considerada a natureza da pena privativa de liberdade

14. *RT*, 741/694.
15. *RT*, 760/648.
16. *RT*, 743/705.
17. *RT*, 748/656.
18. *RT*, 753/736.

aplicável, mas sim a periculosidade do agente, cabendo ao julgador a faculdade de optar pelo tratamento que melhor se adapte ao inimputável"[19].

Não obstante os argumentos expendidos, pelas razões que já apresentamos, entendemos que tal forma de pensar não deve prevalecer.

Em linhas finais, registre-se que, apesar de não haver menção na Lei, é possível a aplicação de medida de segurança **quando a pena prevista for tão somente a de multa, ou em se tratando de multa cumulativa com privativa de liberdade**. No sistema vicariante a multa não poderá subsistir ao lado da medida de segurança.

É possível a aplicação de medida de segurança a inimputável autor de **contravenção penal** (art. 13 do Dec.-lei n. 3.688/41), e admite-se regressão e progressão em sede de medida de segurança.

A Resolução n. 113/2010, do Conselho Nacional de Justiça — CNJ, dispõe sobre o procedimento relativo à execução de pena privativa de liberdade e de medida de segurança.

A Recomendação n. 35/2011, do Conselho Nacional de Justiça — CNJ (publicada no *DJe* n. 129/2011, de 14-7-2011, p. 2-3), dispõe sobre as diretrizes a serem adotadas em atenção aos pacientes judiciários e a execução da medida de segurança.

4. AUSÊNCIA DE VAGA PARA INTERNAÇÃO

Na sempre autorizada visão de ALEXANDRE DE MORAES, "é extremamente simples a execução da medida de segurança, uma vez que, transitada em julgado a sentença em que foi aplicada a medida de segurança, o Juiz ordena a *expedição da guia para a execução* do internamento em hospital de custódia e tratamento psiquiátrico ou do tratamento ambulatorial. Expedida a citada *guia para a execução*, que deverá conter os requisitos previstos no art. 173 da LEP, iniciar-se-á a internação ou o tratamento ambulatorial"[20].

Embora não se possa negar o acerto da conclusão apontada, é certo que a relativa simplicidade da execução fica apenas no texto da lei, já que as dificuldades no plano prático são grandes, preocupantes e muitas vezes intransponíveis, pois pior do que a ausência de vagas em estabelecimentos destinados ao cumprimento de pena nos regimes fechado, semiaberto e aberto é a quase absoluta ausência de estabelecimentos e vagas destinados ao cumprimento da medida de segurança de internação.

Muito embora o art. 174 da LEP também determine que se aplicará, na execução da medida de segurança, naquilo que couber, o disposto nos seus arts. 8º (exame criminológico) e 9º (exame de personalidade), é certo que a regra permanece diuturnamente desrespeitada.

A estrutura, aqui, é inexistente. Impera o descaso.

Acometido de moléstia mental, aquele que recebe medida de segurança deve ser submetido a internação ou tratamento ambulatorial visando sua "cura". Ocorre, entre-

---

19. STJ, EREsp 998.128/MG, Terceira Seção, rel. Min. Ribeiro Dantas, j. 27-11-2019, *DJe* de 18-12-2019.
20. Alexandre de Moraes, *Legislação penal especial*, p. 197.

tanto, que em regra o tratamento ambulatorial é falho, e a internação, por sua vez, acaba sendo substituída por longo período em cárcere comum no aguardo de vaga em hospital de custódia e tratamento psiquiátrico. Inegável que a situação é caótica e gera constrangimento ilegal. Não se desconhece a possibilidade de o agente permanecer recolhido em estabelecimento prisional por *breve período*, até que se consiga vaga em estabelecimento adequado, sem que tal configure constrangimento ilegal. Aliás, nesse sentido até mesmo o art. 59 das Regras Mínimas para o Tratamento do Preso no Brasil, Resolução n. 14/94 do Conselho Nacional de Política Criminal e Penitenciária (CNPCP), dispõe que "o doente mental deverá ser custodiado em estabelecimento apropriado, não devendo permanecer em estabelecimento prisional além do tempo necessário para sua transferência".

O que não se deve admitir, entretanto, é a indefinição quanto ao prazo em que se pode permanecer no aguardo de vaga, pois "Constitui constrangimento ilegal a prisão de inimputável sujeito à medida de segurança de internação, diante da ausência de vagas em estabelecimentos hospitalares adequados à realização do tratamento, porque a manutenção desses estabelecimentos especializados é de responsabilidade do Estado, não podendo o paciente ser penalizado pela insuficiência de vagas"[21].

No dia 29 de junho de 2016 o Supremo Tribunal Federal editou a **Súmula Vinculante 56**, que tem o seguinte enunciado: "A falta de estabelecimento penal adequado não autoriza a manutenção do condenado em regime prisional mais gravoso, devendo-se observar, nesta hipótese, os parâmetros fixados no Recurso Extraordinário (RE) 641.320".

No julgamento do RE 641.320/RS, de que foi relator o Min. Gilmar Mendes, ficou decidido que o cumprimento de pena em regime mais rigoroso que o devido configura violação aos arts. 1º, III (dignidade da pessoa humana), e 5º, XXXIX (legalidade) e XLVI (individualização da pena), da Constituição Federal.

Sem desconsiderar a diferença que há entre *pena* e medida de *segurança*, é inegável que a melhor interpretação da Súmula Vinculante 56 deve alcançar a execução das medidas de segurança, de modo a impedir o cumprimento em estabelecimento inadequado.

5. DA CESSAÇÃO DE PERICULOSIDADE

Aplicada e executada a medida de segurança, logo que **alcançado o prazo mínimo de sua duração** o executado será submetido a exame de cessação de periculosidade, visando constatar se é necessária a continuidade do tratamento ambulatorial ou da internação, ou se já cessou a periculosidade de maneira a não mais se justificar a continuidade da medida anteriormente determinada.

Nesse sentido, dispõe o art. 175 da LEP: "A cessação da periculosidade será ave-

21. STJ, HC 284.520/SP, 6ª T., rel. Min. Rogério Schietti Cruz, j. 3-4-2014, *DJe* de 22-4-2014. No mesmo sentido: STF, HC 122.670/SP, 2ª T., rel. Min. Ricardo Lewandowski, j. 5-8-2014, *DJe* n. 157, de 15-8-2014; STJ, HC 207.019/SP, 5ª T., rel. Min. Gilson Dipp, j. 18-8-2011, *DJe* de 31-8-2011; STJ, HC 243.636/SP, 5ª T., rela. Mina. Laurita Vaz, j. 25-9-2012, *DJe* de 2-10-2012; STJ, HC 211.750/SP, 6ª T., rel. Min. Vasco Della Giustina, j. 11-10-2011, *DJe* de 26-10-2011; STJ, HC 200.972/SP, 6ª T., rela. Mina. Maria Thereza de Assis Moura, j. 2-4-2013, *DJe* de 11-4-2013.

riguada no fim do prazo mínimo de duração da medida de segurança, pelo exame das condições pessoais do agente, observando-se o seguinte: I — a autoridade administrativa, até um mês antes de expirar o prazo de duração mínima da medida, remeterá ao juiz minucioso relatório que o habilite a resolver sobre a revogação ou permanência da medida; II — o relatório será instruído com o laudo psiquiátrico; III — juntado aos autos o relatório ou realizadas as diligências, serão ouvidos, sucessivamente, o Ministério Público e o curador ou defensor, no prazo de três dias para cada um; IV — o juiz nomeará curador ou defensor para o agente que não o tiver; V — o juiz, de ofício ou a requerimento de qualquer das partes, poderá determinar novas diligências, ainda que expirado o prazo de duração mínima da medida de segurança; VI — ouvidas as partes ou realizadas as diligências a que se refere o inciso anterior, o juiz proferirá a sua decisão, no prazo de cinco dias".

Trata-se de **procedimento a ser adotado *ex officio***, devendo proceder-se à oitiva do Ministério Público e da Defesa previamente à decisão judicial, facultando a apresentação de quesitos para análise e resposta por parte dos peritos.

Muito embora o art. 175 fale que a periculosidade será averiguada *no fim do prazo mínimo de duração da medida de segurança*, é certo que a verificação poderá ser feita a qualquer tempo, mesmo antes de decorrido o prazo mínimo, conforme autoriza o **art. 176 da LEP** ao dispor que "em qualquer tempo, *ainda no decorrer do prazo mínimo de duração da medida de segurança*, poderá o juiz da execução, diante de requerimento fundamentado do Ministério Público ou do interessado, seu procurador ou defensor, ordenar o exame para que se verifique a cessação da periculosidade".

Em tal hipótese **a lei exige que ocorra provocação** do Ministério Público ou da Defesa, negando a possibilidade de determinação *ex officio* pelo juízo da execução.

Não se trata de um direito do executado de ser submetido a exame de cessação antes do vencimento do prazo mínimo de duração da medida. Como regra o exame deverá seguir o que determina o art. 175 da Lei. Apenas em hipóteses excepcionais, quando constatada a possibilidade de cessação da periculosidade antes do vencimento do prazo é que se determinará a realização. Se a medida de segurança visa o tratamento do agente, deixando ele de ser necessário, a qualquer tempo, não mais se justifica sua continuidade.

De tudo decorre que, "tendo sido imposta medida de segurança por um ano, em virtude da reconhecida inimputabilidade do agente, a não realização do exame de cessação de periculosidade antes de decorrido este prazo mínimo não configura qualquer constrangimento ilegal, conforme interpretação do art. 97, § 1º do CP"[22].

Importa destacar que a realidade prática destoa por completo da finalidade da lei, e a regra é que o submetido à medida de segurança, seja ela de que natureza for, não recebe o ***tratamento* apropriado** à sua recuperação mental, de maneira que a cessação, quando ocorre, advém mais de um acaso ou de condições particulares do agente do que do *tratamento* propriamente dispensado. Não é por outra razão que

---

22. *RT*, 773/579.

o item 158 da Exposição de Motivos da Lei de Execução Penal assim dispõe: "A pesquisa sobre a condição dos internados ou dos submetidos a tratamento ambulatorial deve ser estimulada com rigor científico e desvelo humano. O problema assume contornos dramáticos em relação aos internamentos que não raro ultrapassam os limites razoáveis de durabilidade, consumando, em alguns casos, a perpétua privação da liberdade".

De qualquer forma, se **constatada pericialmente a cessação da periculosidade** do agente, antes ou depois do vencimento do prazo mínimo de duração da medida, o juiz a declarará encerrada.

Se a medida aplicada foi a de internação, "uma vez atingida a finalidade da medida de segurança, com o fim da temibilidade que levou o agente a estabelecimento penal, cabe a desinternação de hospital de custódia e tratamento psiquiátrico, ou seja, impende acabar com a atividade punitiva do Estado; caso ainda necessário algum tratamento, que se realize em hospital comum, sem caráter aflitivo, tão só terapêutico"[23].

Aplicada **medida de tratamento ambulatorial**, ocorrendo a cessação da periculosidade, devidamente constatada em exame pericial, o juiz decidirá pela liberação do executado.

Na dicção do art. 178 da LEP, nas **hipóteses de desinternação ou de liberação** (art. 97, § 3º, do CP), aplicar-se-á o disposto nos arts. 132 e 133 da Lei, que cuidam, respectivamente, das condições do livramento condicional e da remessa de cópia da decisão ao juízo das execuções do lugar para onde o executado houver transferido sua residência, se assim lhe for permitido.

Embora determinada a desinternação ou a liberação, a extinção da medida ficará sujeita a uma **condição resolutiva pelo prazo de um ano**[24]. Nesse período, se o executado praticar *qualquer conduta* indicativa de que sua periculosidade persiste, não necessariamente um ilícito penal, será restabelecida a medida de segurança anteriormente aplicada, cumprindo ao Ministério Público em tal hipótese, na ausência de outro órgão indicado pela lei, providenciar o necessário visando o restabelecimento da medida e a submissão do executado a novos exames.

Por força do disposto no art. 179 da LEP, **somente após o trânsito em julgado da sentença é que o juiz poderá determinar a expedição de ordem para a desinternação ou a liberação**, o que autoriza concluir que, se o Ministério Público atacar com recurso tal decisão, enquanto não for julgado o agravo em execução e enquanto não ocorrer o trânsito em julgado definitivo, a medida deverá ser executada, e a ordem não poderá ser expedida.

6. PRAZO MÁXIMO DE DURAÇÃO

O entendimento que prevalece no Superior Tribunal de Justiça é no sentido de que o limite de duração da medida de segurança é o prazo máximo da pena abstratamente cominada ao delito praticado. Nesse sentido, diz a **Súmula 527 do STJ** que: "O tempo de

23. *RT*, 741/618.

24. Julio F. Mirabete, *Execução penal*, p. 637.

duração da medida de segurança não deve ultrapassar o limite máximo da pena abstratamente cominada ao delito praticado".

Segundo pensamos, independentemente da pena cominada ao delito praticado, o prazo máximo de duração da medida de segurança é de 40 (quarenta) anos, tal como se extrai do art. 75 do CP.

Capítulo XX

DOS INCIDENTES DE EXECUÇÃO

1. CONCEITO E GENERALIDADES

Incidentes são questões jurídicas supervenientes à sentença de condenação ou de absolvição imprópria, que atingem o processo de execução da pena ou medida de segurança, impondo ao juiz da execução o dever de resolvê-las no curso do processo executivo.

Dada a natureza das questões incidentes previstas na Lei de Execução Penal, elas poderão proporcionar tão somente a modificação dos rumos da execução, alterando seu curso, reduzir ou até mesmo extinguir a pena ou medida de segurança submetida à execução.

A Lei de Execução Penal prevê as seguintes ***espécies de incidentes: conversões*** (arts. 180 a 184), ***excesso* ou *desvio*** (arts. 185 e 186), *anistia* e *indulto* (arts. 187 a 193).

Importa destacar que o ***sursis*** deixou de ser mero incidente da execução e passou a constituir modalidade de execução da pena[1].

1. *RT*, 734/651.

Também o **livramento condicional** deixou de ser considerado incidente de execução com a Reforma Penal de 1984. Aliás, para Damásio E. de Jesus, "o instituto, na reforma penal de 1984, não constitui mais um direito público subjetivo de liberdade do condenado nem incidente da execução. É medida penal de natureza restritiva da liberdade. Não é um benefício. É forma de execução da pena privativa de liberdade"[2].

A ***competência* originária para dirimir as questões incidentais** ao processo de execução é do juízo das execuções penais, que por vezes poderá deflagrar a conversão *ex officio*, cabendo ao Ministério Público o papel fiscalizador e também postulatório (ver, p. ex., o art. 183).

2. DAS CONVERSÕES

2.1. Noção

No léxico, "converter" significa transformar, alterar, trocar, fazer mudar[3].

Por aqui, em sede de execução penal, tem o sentido de alterar ou substituir uma pena ou medida de segurança por outra, incidentemente, no curso da execução.

Na lição de Paulo Lúcio Nogueira, "a conversão consiste na substituição de uma sanção por outra no curso da execução"[4], sentir do qual não destoam Julio F. Mirabete[5] e Paulo Fernando dos Santos[6].

Conforme elucidam os itens 159 a 167 da Exposição de Motivos da Lei de Execução Penal, "A conversão se distingue da transferência do condenado de um regime para outro, como ocorre com as progressões e as regressões. Enquanto a conversão implica alterar de uma pena para outra (a detenção não superior a dois anos[7] pode ser convertida em prestação de serviços à comunidade; a limitação de fim de semana pode ser convertida em detenção), a transferência é um evento que ocorre na dinâmica de execução da mesma pena (a reclusão é exequível em etapas: desde o regime fechado até o aberto, passando pelo semiaberto). As hipóteses de conversão foram minuciosamente indicadas (art. 180 e s.) de modo a se cumprir fielmente o regime de legalidade e se atenderem amplamente aos interesses da defesa social e aos direitos do condenado. A conversão, isto é, a alternatividade de uma pena por outra no curso da execução, poderá ser favorável ou prejudicial ao condenado. Exemplo do primeiro caso é a mudança da privação de liberdade para a restrição de direitos; exemplo do segundo caso é o processo inverso ou a passagem da multa para a detenção[8]. A instituição e a prática das conversões demonstram a

---

2. Damásio E. de Jesus, *Código Penal anotado*, em CD-ROM.
3. Antônio Houaiss, *Dicionário Houaiss da língua portuguesa*, p. 827.
4. Paulo Lúcio Nogueira, *Comentários à Lei de Execução Penal*, p. 305.
5. Julio F. Mirabete, *Execução penal*, p. 640.
6. Paulo Fernando dos Santos, *Lei de Execução Penal*, p. 275.
7. Atualmente quatro anos, como veremos adiante.
8. A conversão da pena de multa em privativa de liberdade tornou-se impossível desde o advento da Lei n. 9.268/96, que deu nova redação ao art. 51 do CP.

orientação da reforma como um todo, consistente em dinamizar o quadro da execução de tal maneira que a pena finalmente cumprida não é, necessariamente, a pena da sentença. Esta possibilidade, permanentemente aberta, traduz o inegável empenho em dignificar o procedimento executivo das medidas de reação ao delito, em atenção ao interesse público e na dependência exclusiva da conduta e das condições pessoais do condenado. Todas as hipóteses de conversão, quer para agravar, quer para atenuar, resultam, necessariamente, do comportamento do condenado, embora sejam também considerados os antecedentes e a personalidade, mas de modo a complementar a investigação dos requisitos".

A *conversão* se ajusta ao *sistema progressivo* e afina-se com a necessidade de individualização das penas e das medidas de segurança, possibilitando a adequação da forma de cumprimento de cada uma delas dentro do processo de execução, nos limites da flexibilidade prevista no texto legal.

3. DAS CONVERSÕES EM ESPÉCIE

3.1. Conversão da pena privativa de liberdade, não superior a quatro anos, em restritiva de direitos

A Lei de Execução Penal dispõe em seu art. 180 que a pena privativa de liberdade, não superior a *dois anos*, poderá ser convertida em restritiva de direitos, desde que: I — o condenado a esteja cumprindo em regime aberto; II — tenha sido cumprido pelo menos um quarto da pena; III — os antecedentes e a personalidade do condenado indiquem ser a conversão recomendável.

De ver, entretanto, que, com o advento da Lei n. 9.714/98, o art. 44 do CP passou a admitir a substituição por restritiva de direitos da pena privativa de liberdade *não superior a quatro anos*, desde que atendidos os requisitos de ordem objetiva e subjetiva que elenca. Cremos, assim, que o art. 180, *caput*, da LEP restou derrogado, porquanto atingido pela nova redação do dispositivo penal acima indicado, de maneira que a partir de 25 de novembro de 1998 admite-se que a pena privativa de liberdade não superior a *quatro anos* seja convertida em restritiva de direitos, em sede de incidente de execução.

A conversão continua condicionada à satisfação de **três *requisitos objetivos***: *1º*) que a pena privativa de liberdade aplicada, seja ela de que natureza for (reclusão, detenção ou prisão simples), não seja superior a quatro anos; *2º*) que ela esteja sendo cumprida em regime aberto (desde o início ou em razão de progressão); e *3º*) que o executado tenha cumprido pelo menos um quarto da pena (observada eventual detração e/ou remição).

Além dos requisitos objetivos, o executado deverá atender a certos ***requisitos subjetivos***. Deverá ter *mérito para a conversão*. Deverá revelar-se merecedor do benefício, e para tanto serão analisados seus antecedentes e sua personalidade.

Atendidos os requisitos objetivos e se os antecedentes e a personalidade do condenado indicarem ser a conversão recomendável, o juízo da execução, após a oitiva do

Ministério Público e da Defesa, se ela não for autora do pedido, deverá decidir fundamentadamente[9] sobre a matéria, cabendo o recurso de agravo em execução contra tal decisão (art. 197 da LEP).

Saliente-se, por oportuno, que o incidente de conversão poderá decorrer de pedido do executado, por si ou por seu Defensor, de atuação *ex officio* do juízo da execução, e mesmo de requerimento formulado pelo Ministério Público, conforme lhe autoriza o art. 68, II, *e* (primeira parte), da LEP, sendo certo que nesta última hipótese não deverá ser ouvido como *custos legis*, como é intuitivo e lógico, sendo necessária apenas a oitiva da defesa antes da decisão judicial.

Falar em conversão da pena que está sendo cumprida no regime aberto para restritiva de direitos à primeira vista pode parecer medida gravosa ao condenado, já que no Brasil, quando se fala em *regime aberto*, logo se pensa em *albergue domiciliar*, o que não quer dizer a mesma coisa, evidentemente.

É claro que converter o albergue domiciliar em restritiva de direitos seria medida gravosa ao condenado; entretanto, é de observar que o cumprimento de pena no *regime aberto*, em *casa do albergado*, como manda a lei, é modalidade de execução mais severa que o cumprimento de restritiva de direitos, resultando daí que, *in casu*, a conversão daquela para esta é medida que se traduz benéfica ao condenado.

3.2. Conversão da pena restritiva de direitos em privativa de liberdade

Evidenciada a inescondível crise a que desde sempre se encontra submetida a execução[10] das penas privativas de liberdade, busca-se a aplicação de penas alternativas. Assim, são alternativas as medidas que não envolvam a perda da liberdade, entre as quais se inserem as penas restritivas de direitos.

A aplicação das penas restritivas de direitos leva em conta a presença de requisitos objetivos e subjetivos, revelando importante medida de política criminal, com uma justa e adequada punição longe do cárcere, observada a proporcionalidade, destinando-se àqueles condenados que praticaram infrações penais sem revelar acentuada

---

9. "A exigência de motivação dos atos jurisdicionais constitui, hoje, postulado constitucional inafastável, que traduz poderoso fator de limitação ao exercício do próprio poder estatal, além de configurar instrumento essencial de respeito e proteção às liberdades públicas. Com a constitucionalização desse dever jurídico imposto aos magistrados — e que antes era de extração meramente legal — dispensou-se aos jurisdicionados uma tutela processual significativamente mais intensa, não obstante idênticos os efeitos decorrentes de seu descumprimento: a nulidade insuperável e insanável da própria decisão. A importância jurídico-política do dever estatal de motivar as decisões judiciais constitui inquestionável garantia inerente à própria noção do Estado Democrático de Direito. Fator condicionante da própria validade dos atos decisórios, a exigência de fundamentação dos pronunciamentos jurisdicionais reflete uma expressiva prerrogativa individual contra abusos eventualmente cometidos pelos órgãos do Poder Judiciário" (STF, HC 69.013/PI, 1ª T., rel. Min. Celso de Mello, *RTJ* 140/870).

10. Renato Marcão, *Crise na execução penal*, disponível na Internet em: http://www.ibccrim.org.br; http://www.mp.sp.gov.br/caexcrim; http://www1.jus.com.br.

periculosidade ou severo desvio de personalidade, não reclamando resposta penal mais enérgica.

Presentes os requisitos, na sentença condenatória que aplicar pena privativa de liberdade o juiz substituirá esta por pena restritiva.

Dada sua natureza, a pena restritiva de direitos submete a possibilidade de sua manutenção dentro do processo executivo à satisfação de uma série de condições, de maneira que o desatendimento injustificado a uma delas pode determinar a sua *conversão* na pena privativa de liberdade inicialmente aplicada (e que acabou substituída pela restritiva).

Nesse caso, a finalidade da conversão, segundo Cezar Roberto Bitencourt, "é garantir o êxito das penas alternativas, *preventivamente*, com a *ameaça* da pena privativa de liberdade, e, *repressivamente*, com a *efetiva conversão* no caso concreto"[11], ou, como prefere Damásio E. de Jesus, a conversão visa "garantir a efetiva execução das penas alternativas"[12], assegurando a coercibilidade.

De tal sorte, preceitua o art. 181 da LEP que a pena restritiva de direitos será convertida em privativa de liberdade nas hipóteses e na forma do art. 45 e seus incisos do Código Penal.

Fala-se em ***conversão obrigatória*** nas hipóteses do art. 44, § 4º, do CP (descumprimento injustificado de restrição imposta), e em *conversão facultativa* na hipótese do art. 44, § 5º, do CP (hipótese em que o juiz *pode* deixar de aplicá-la).

Conforme disse Julio F. Mirabete, "De forma genérica, o artigo 45 do Código Penal previa a conversão de qualquer espécie de pena restritiva de direitos em privativa de liberdade quando: (a) sobreviesse condenação, por outro crime, à pena privativa de liberdade cuja execução não tenha sido suspensa; e (b) ocorresse o descumprimento injustificado da restrição imposta. Entretanto, com a nova redação dada a vários dispositivos do Código Penal pela Lei 9.714, de 25-11-98, a disposição passou para os §§ 4º e 5º do art. 44 do CP". E arrematou: "Trata-se, porém, de regras gerais, pois o artigo 181, da Lei de Execução Penal, em seus parágrafos, determina a conversão para cada uma das modalidades de restrição de direitos separadamente e especifica quais as hipóteses em que ela ocorre. Refere-se, assim, às penas de prestação de serviços à comunidade (§ 1º), de limitação de fim de semana (§ 2º) e de interdição temporária de direitos (§ 3º)"[13].

É importante ressaltar que, antes de converter-se a pena restritiva de direitos em privativa de liberdade, quando presente uma das hipóteses legais autorizadoras, deve-se possibilitar ao executado o exercício da ampla defesa de seus direitos.

Nessa ordem de ideias, é nula a decisão que converte pena restritiva de direito em privativa de liberdade, dentro do processo execucional, sem que se tenha designado audiência de justificação para prévia oitiva do executado, que deverá ser regularmente intimado para

11. Cezar Roberto Bitencourt, *Novas penas alternativas*, p. 172.

12. Damásio E. de Jesus, *Penas alternativas*, p. 102.

13. Julio F. Mirabete, *Execução penal*, p. 642.

comparecimento, assim como seu defensor. Não se pode tolher impunemente o exercício da ampla defesa e do contraditório, tampouco desrespeitar o devido processo legal.

Operada a conversão da pena restritiva de direitos em privativa de liberdade, "descontar-se-ão apenas os dias em que realmente tenha comparecido ao estabelecimento adequado, para prestar serviços à comunidade ou sofrer limitação do fim de semana, sem direito a qualquer vantagem complementar"[14].

Segundo dispõe a última parte do § 4º do art. 44 do CP, no cálculo da pena privativa de liberdade a executar será deduzido o tempo cumprido da pena restritiva de direitos, respeitado o saldo mínimo de trinta dias de *detenção* ou *reclusão*.

Conforme se verifica, o texto legal não incluiu a possibilidade de conversão em se tratando de *prisão simples*, pena privativa de liberdade aplicada às contravenções penais[15]. Na precisa visão de Cezar Roberto Bitencourt, "assim, a *prisão simples*, que é a sanção, privativa de liberdade, específica para *contravenções penais*, depois de *substituída* por pena *restritiva de direitos*, não pode ser *convertida* em pena de prisão, simples ou não, por nenhum fundamento ou nenhuma causa geral ou especial de conversão. Como a *interpretação extensiva* contra o infrator é inadmissível em Direito Penal, essa 'conversão' é impossível em se tratando de *prisão simples*, sob pena de agravar a situação do infrator sem previsão legal expressa"[16]. No mesmo sentido é a lição de Damásio E. de Jesus[17].

No que tange ao tempo mínimo de pena privativa de liberdade a cumprir após a conversão, a regra atual é mais benéfica que a anterior, que previa que a conversão era pelo *tempo total da pena aplicada*. De ver, entretanto, que, agora, ainda que a conversão se opere nos últimos dias da pena restritiva de direitos, o executado deverá cumprir no mínimo trinta dias de pena privativa de liberdade.

3.2.1. Conversão da pena de prestação de serviços à comunidade

A pena de prestação de serviços à comunidade será convertida quando o condenado[18]: *a*) não for encontrado por estar em lugar incerto e não sabido, ou desatender a intimação por edital; *b*) não comparecer, injustificadamente, à entidade ou programa em que deva prestar serviço; *c*) recusar-se, injustificadamente, a prestar o serviço que lhe foi imposto; *d*) praticar falta grave; *e*) sofrer condenação por outro crime à pena privativa de liberdade, cuja execução não tenha sido suspensa.

Para o início da execução da pena de prestação de serviços à comunidade, cabe ao juiz da execução determinar a intimação do condenado, cientificando-o da entidade, dias

---

14. *RJDTACrimSP*, 4/26.

15. Segundo o Decreto-lei n. 3.914/41 (Lei de Introdução ao Código Penal Brasileiro): "Considera--se crime a infração penal a que a lei comina pena de reclusão ou detenção, quer isoladamente, quer alternativa ou cumulativamente com pena de multa; contravenção, a infração a que a lei comina, isoladamente, pena de prisão simples ou de multa, ou ambas, alternativa ou cumulativamente".

16. Cezar Roberto Bitencourt, *Novas penas alternativas*, p. 171-172.

17. Damásio E. de Jesus, *Penas alternativas*, p. 103.

18. Art. 181, § 1º, da LEP.

e horário em que deverá cumprir a pena, conforme preceitua o art. 149, II, da LEP. Frustrada a tentativa de intimação pessoal para tal finalidade, por encontrar-se em lugar incerto e não sabido, e esgotadas todas as tentativas de localização do condenado para intimação pessoal, dar-se-á a intimação por edital. Desatendida esta, surge a ***primeira hipótese*** em que será possível a conversão da pena de prestação de serviços em privativa de liberdade, observados os parâmetros fixados na sentença condenatória no que tange à quantidade e ao regime.

Em razão da incidência dos princípios da ampla defesa e do contraditório, entretanto, é preciso que antes da conversão se possibilite à defesa apresentar *justificativa* para a não localização do condenado e para o não atendimento ao chamado judicial. Apresentada ou não a justificativa, e após a manifestação do Ministério Público, decidirá o juízo sobre a conversão.

A ***segunda hipótese de conversão*** decorre do *não comparecimento, injustificado*, à entidade ou programa em que o executado deva prestar serviço.

Se apesar de regularmente intimado e advertido o condenado deixar de comparecer ao local especificado, em homenagem aos princípios constitucionais já citados será instado a apresentar justificativa para sua conduta, após o que, com a precedente manifestação do Ministério Público, o juízo da execução decidirá pelo acolhimento ou não da causa justificadora eventualmente apresentada. Se inacolhida, operar-se-á a conversão.

Se o condenado recusar-se, *injustificadamente*, a prestar o serviço que lhe foi imposto, descortina-se a ***terceira hipótese de conversão***. É de notar, todavia, que nessa hipótese, assim como na anterior (art. 181, § 1º, *b* e *c*, da LEP), a lei exige a constatação de um *elemento normativo* do tipo de conversão, pois é preciso que em ambas o descumprimento seja *injustificado*. Havendo justificativa acolhível, e, portanto, *justa causa para o descumprimento*, a conversão não deverá operar-se.

A *prática de falta grave* constitui ***quarta hipótese de conversão***. No particular, é preciso notar que a Lei de Execução Penal distingue as faltas que são consideradas graves na execução das penas privativas de liberdade (art. 50 da LEP) das incidentes na execução das penas restritivas de direitos (art. 51 da LEP).

A **prática de fato previsto como crime doloso** constitui falta grave no cumprimento de uma ou outra (art. 52, *caput*, primeira parte).

Para que se opere a conversão sob tal fundamento, ***basta a prática*** da falta grave.

A ***quinta hipótese de conversão*** decorre de nova condenação imposta ao executado, à pena privativa de liberdade, cuja execução não tenha sido suspensa.

Importante ressaltar que somente no caso de condenação por outro *crime*, à pena privativa de liberdade, cuja execução não tenha sido suspensa, é que a conversão será cogitável, de maneira que *não será possível* cogitar da conversão nas seguintes hipóteses: *1*) condenação pela prática de contravenção penal; *2*) condenação por crime sem que se tenha aplicado pena privativa de liberdade; e *3*) condenação por outro crime, caso a execução da pena tenha sido suspensa (*sursis*).

3.2.2. Conversão da pena de limitação de fim de semana

A limitação de fim de semana consiste na obrigação de permanecer, aos sábados e domingos, por cinco horas diárias, em casa de albergado ou outro estabelecimento adequado, conforme dispõe o art. 48 do CP.

A pena de limitação de fim de semana será convertida quando[19] o condenado não comparecer ao estabelecimento designado para o cumprimento da pena; recusar-se a exercer a atividade determinada pelo juiz; não for encontrado por estar em lugar incerto e não sabido, ou desatender a intimação por edital; praticar falta grave, ou sofrer condenação por outro crime à pena privativa de liberdade, cuja execução não tenha sido suspensa (*sursis*).

As condutas acima apontadas já foram em parte analisadas no tópico anterior e revelam absoluto descaso do executado para com sua particular situação e com os destinos da execução de sua pena, todas a ensejar a conversão da pena de limitação de fim de semana na privativa de liberdade fixada originariamente na sentença, observadas as cautelas já apontadas[20].

3.2.3. Conversão da pena de interdição temporária de direitos

A pena de interdição temporária de direitos será convertida quando[21] o condenado exercer, *injustificadamente*, o direito atingido com a pena, não for encontrado por estar em lugar incerto e não sabido, desatender a intimação por edital ou sofrer condenação por outro crime à pena privativa de liberdade, cuja execução não tenha sido suspensa (*sursis*).

As hipóteses acima indicadas revelam inegável ausência de mérito por parte do condenado, a indicar a inviabilidade da execução da pena alternativamente aplicada, impondo-se sua conversão para a privativa de liberdade originária, com as cautelas tantas vezes ressaltadas anteriormente (ampla defesa, contraditório etc.).

Ressalte-se que na primeira hipótese de conversão prevista é necessário que o exercício do direito restringido com a pena seja *injustificado* (elemento normativo do tipo de conversão). Havendo justificativa plausível, a conversão não deverá ser imposta.

3.2.4. Conversão das penas de prestação pecuniária e de perda de bens e valores

A pena de prestação pecuniária consiste no pagamento em dinheiro à vítima, a seus dependentes ou a entidade pública ou privada com destinação social, de importância fixada pelo juiz, não inferior a um salário mínimo nem superior a 360 salários mínimos, sendo certo que o valor pago será deduzido do montante de eventual condenação em ação de reparação civil, se coincidentes os beneficiários. É o que diz o § 1º do art. 45 do CP.

---

19. Art. 181, § 2º, da LEP.

20. Princípios da ampla defesa, do contraditório e do devido processo legal etc.

21. Art. 181, § 3º, da LEP.

Discute-se sobre a **possibilidade de sua conversão**.

Nesse embate doutrinário há quem entenda, como CEZAR ROBERTO BITENCOURT, que a *prestação pecuniária*, a *perda de bens e valores* e a *multa* "são sanções penais da mesma natureza, isto é, todas as três são *penas pecuniárias*". E acrescenta o jurista: "Em princípio, devem receber idêntico tratamento político-jurídico, pois, afinal, além da mesma natureza, têm finalidade descaracterizadora e destinam-se a diminuir 'as riquezas' do infrator"[22].

Baseado em tais premissas, conclui pela impossibilidade de sua conversão em pena privativa de liberdade, já que a Lei n. 9.268/96 eliminou a possibilidade de conversão da pena de multa em privativa de liberdade.

Não é a mesma a posição de DAMÁSIO E. DE JESUS[23], para quem o descumprimento da pena de prestação pecuniária *acarreta sua conversão em privativa de liberdade*, pelo total da pena privativa de liberdade substituída, na hipótese de *descumprimento total*, ou proporcional ao valor da prestação já efetuada, na hipótese de *descumprimento parcial*.

É inegável que a ***natureza jurídica*** **da pena** de prestação pecuniária é a de *pena pecuniária*, muito embora o legislador a tenha inserido no rol das restritivas de direitos, conforme decorre do art. 43, I, do CP. Desse sentir não destoa nem mesmo DAMÁSIO E. DE JESUS[24]. Contudo, conforme nosso entendimento reformulado, é possível sua conversão em privativa de liberdade de modo a fazer retornar a condenação ao *status quo ante*.

Não ocorrendo o pagamento voluntário, e se a pena de prestação pecuniária decorrer de ***condenação em processo de conhecimento***, tenha ele tramitado perante o Juízo comum ou no Juizado Especial Criminal, deverá ser convertida em pena privativa de liberdade, observada a inicialmente aplicada, e esta será executada conforme os regramentos da Lei de Execução Penal.

É que em tal hipótese a prestação pecuniária foi aplicada em substituição à pena privativa de liberdade fixada na sentença condenatória, e, conforme dispõe o § 4º do art. 44 do CP: "A pena restritiva de direitos converte-se em privativa de liberdade quando ocorrer o descumprimento injustificado da restrição imposta".

A propósito, já decidiu a 5ª Turma do Superior Tribunal de Justiça que "é possível a conversão da prestação pecuniária em pena privativa de liberdade, nos termos do art. 44, § 4º, do CP"[25].

Há que considerar, todavia, que se a pena de prestação pecuniária decorrer de ***transação penal***, em sede de Juizado Especial Criminal (Leis n. 9.099/95 e 10.259/ 2001), o não pagamento não autoriza sua conversão em pena privativa de liberdade, e, na falta

---

22. Cezar Roberto Bitencourt, *Novas penas alternativas*, p. 132.

23. Damásio E. de Jesus, *Penas alternativas*, p. 107.

24. Damásio E. de Jesus, *Penas alternativas*, p. 139.

25. STJ, REsp 613.308/MG, 5ª T., rela. Mina. Laurita Vaz, j. 17-8-2004, *DJU*, 13-9-2004, p. 283, *Revista Síntese de Direito Penal e Processual Penal*, n. 28, Ementário Geral, p. 139-140. No mesmo sentido: STF, HC 122.563/MG, 2ª T., rel. Min. Teori Zavascki, j. 2-9-2014, *DJe* n. 179, de 16-9-2014; STJ, HC 264.368/MG, 6ª T., rel. Min. Rogério Schietti Cruz, j. 12-2-2015, *DJe* de 25-2-2015.

de previsão expressa, evidenciada a necessidade de execução específica, deverá ser observado o rito do art. 164 da LEP.

No Supremo Tribunal Federal prevalece compreensão diversa da nossa, atualmente expressa na Súmula Vinculante 35, que tem o seguinte teor: "A homologação da transação penal prevista no art. 76 da Lei n. 9.099/1995 não faz coisa julgada material e, descumpridas suas cláusulas, retoma-se a situação anterior, possibilitando-se ao Ministério Público a continuidade da persecução penal mediante oferecimento de denúncia ou requisição de inquérito policial".

Sobre a *possibilidade de conversão* da pena de *perda de bens e valores*, são válidas as mesmas reflexões acima anotadas.

3.2.5. Conversão da pena inominada (pena de prestação de outra natureza)

Nos precisos termos do § 2º do art. 45 do CP, a pena de prestação pecuniária poderá consistir em *prestação de outra natureza, se houver aceitação do beneficiário.*

Nos termos em que regulada, referindo-se o legislador à *prestação de outra natureza*, indica a possibilidade de qualquer outra imposição que não seja pecuniária (multa ou perda de bens e valores).

Conforme a lei, a pena de prestação inominada encontra-se *condicionada* à aceitação do beneficiário, e, referindo-se à pena de prestação pecuniária, temos como beneficiários: a vítima, seus dependentes ou entidade pública ou privada com destinação social. Ausente a concordância, não será possível sua aplicação.

Entende Damásio E. de Jesus que "não é necessário ao juiz fixar, em primeiro lugar, o *quantum* da prestação pecuniária"[26], para depois aplicar a prestação inominada em substituição. Argumenta o jurista que, se o juiz chegar "à conclusão de que é adequada ao caso, pode, suprimindo a fase de fixação desta, aplicar outra obrigação ao condenado"[27].

Quer-nos parecer, entretanto, que tal conclusão não é tão simples assim e esbarra na *condição* decorrente da literalidade do § 2º do art. 45 do CP, onde se lê que a pena inominada ou de prestação alternativa (ou de outra natureza) fica condicionada à *aceitação do beneficiário*.

Isso não quer dizer que não se possa imaginar a hipótese admitida por Damásio E. de Jesus, segundo a qual o juiz fixaria a pena inominada diretamente, sem antes fixar a prestação pecuniária e só depois substituí-la por prestação de outra natureza. Todavia, é preciso ponderar que a pena de prestação de outra natureza está condicionada à aceitação do beneficiário, a quem caberá optar pelo recebimento da prestação pecuniária ou outra determinada pelo juízo em substituição, conforme lhe aprouver. A escolha, aqui, não é do executado, que, embora possa até propor a prestação de outra natureza, só poderá cumpri-la se houver aceitação por parte do beneficiário, e se assim for fixada pelo

26. Damásio E. de Jesus, *Penas alternativas*, p. 145.
27. Damásio E. de Jesus, *Penas alternativas*, p. 145.

juízo da execução, a quem não cabe impor ao beneficiário a aceitação da pena de prestação pecuniária que bem entender.

Na aplicação da pena, mais prudente se nos afigura a inicial fixação da pena privativa de liberdade e, presentes os requisitos legais, sua substituição por prestação pecuniária[28]. Somente diante da comprovada impossibilidade de cumprimento desta poderá haver a fixação da pena de prestação de outra natureza (ou inominada), consultando-se o beneficiário quanto à aceitação da modalidade alternativamente cogitada. Nada impede, entretanto, que, na prática, após a confirmada impossibilidade de cumprimento da pena de prestação pecuniária, antes da fixação pelo juízo da execução da pena de outra natureza, sejam consultados o beneficiário e o executado, para que indiquem formas alternativas (inominadas) de cumprimento da pena de prestação de outra natureza.

Feitas tais considerações, resta destacar mais uma vez que a melhor doutrina tem sustentado que ***a pena de prestação de outra natureza* ou *inominada* padece de flagrante *inconstitucionalidade***, já que equivale a uma *pena indeterminada*, contrariando o *princípio da reserva legal* albergado no art. 1º do CP, de prestígio constitucional, conforme decorre do disposto no art. 5º, XXXIX, da CF.

Conforme asseverou Cezar Roberto Bitencourt, com sua inteligência de sempre, "em termos de sanções criminais são inadmissíveis, pelo princípio da legalidade, expressões vagas, equívocas ou ambíguas. E a nova redação deste dispositivo, segundo Damásio de Jesus, 'comina sanção de conteúdo vago, impreciso e incerto'. Nesse sentido profetiza Claus Roxin, afirmando que: 'uma lei indeterminada ou imprecisa e, por isso mesmo, pouco clara não pode proteger ao cidadão da arbitrariedade, porque não implica uma autolimitação do *ius puniendi* estatal, ao qual se possa recorrer. Ademais, contraria o princípio da divisão dos poderes, porque permite ao juiz realizar a interpretação que quiser, invadindo, dessa forma, a esfera do legislativo'"[29].

Pelas mesmas razões acima expostas, e considerando que a pena inominada ou de prestação de outra natureza está submetida tão somente aos critérios do juízo e aceitação do beneficiário, entendemos ser ela *inconstitucional*, o que impede admitirmos sua fixação e, de consequência, sua conversão.

Disso resulta observar que a análise anterior à conclusão agora apontada foi feita à guisa de orientação que possa interessar àqueles que entendem constitucional a pena de prestação de outra natureza ou inominada.

3.3. Conversão da pena de multa em detenção

Dispunha o art. 182 da LEP que a pena de multa seria convertida em detenção, na forma prevista pelo art. 51 do CP. Na conversão, a cada dia-multa corresponderia um dia de detenção, cujo tempo de duração não poderia ser superior a um ano (§ 1º),

28. Conforme o art. 44, *caput*, do CP, "as penas restritivas de direitos são autônomas e substituem as privativas de liberdade".

29. Cezar Roberto Bitencourt, *Novas penas alternativas*, p. 125.

sendo certo que a conversão tornar-se-ia sem efeito se, a qualquer tempo, fosse paga a multa (§ 2º).

Ocorre, entretanto, que a Lei n. 9.268/96 deu nova redação ao art. 51, *caput*, e revogou os §§ 1º e 2º, todos do CP, e também revogou art. 182 da LEP, de maneira que **em nosso sistema penal não existe mais a possibilidade de a multa ser convertida em detenção**.

Essa interpretação permanece íntegra na vigência do atual art. 51 do CP, modificado pela Lei n. 13.964/2019.

3.4. Doença mental ou perturbação da saúde mental superveniente

Tratando da inimputabilidade, dispõe o art. 26 do CP que "é isento de pena o agente que, por desenvolvimento mental incompleto ou retardado, era, ***ao tempo da ação ou da omissão***, inteiramente incapaz de entender o caráter ilícito do fato ou de determinar-se de acordo com esse entendimento". Em conformidade com tal regra, determina o art. 149 do CPP que, "quando houver dúvida sobre a integridade mental do acusado, o juiz ordenará, de ofício ou a requerimento do Ministério Público, do defensor, do curador, do ascendente, descendente, irmão ou cônjuge do acusado, seja este submetido a exame médico-legal".

Provada a existência da infração penal, a respectiva autoria atribuída ao acusado, e eventual materialidade, tendo sido adotado o sistema vicariante ou unitário, em vez de proferir sentença condenatória o juiz irá proferir uma sentença de *absolvição imprópria*, com a consequente *aplicação de medida de segurança*.

Pode ocorrer, entretanto, que ao tempo da ação ou omissão o acusado disponha da integridade de suas faculdades mentais, e ***após a infração*** acabe acometido por doença mental, antes mesmo da instauração do processo ou durante sua tramitação. Nessa hipótese, constatado pericialmente que a doença mental sobreveio à infração *o processo ficará suspenso até que o acusado se restabeleça*, observado o disposto no § 2º do art. 149 do CPP, conforme disciplina o art. 152 do mesmo *Codex*.

Pode ocorrer, ainda, que a doença mental ou perturbação da saúde mental apareça ***no curso da execução da pena*** privativa de liberdade aplicada, e, nessa hipótese, conforme determina o art. 183 da LEP, "o juiz, de ofício, a requerimento do Ministério Público, da Defensoria Pública ou da autoridade administrativa, poderá determinar a substituição da pena por medida de segurança".

3.4.1. *Duração da medida de segurança substitutiva*

Discute-se na doutrina e na jurisprudência qual o prazo de duração da medida de segurança aplicada em substituição à pena privativa de liberdade em razão de doença ou perturbação mental surgida no curso da execução.

Sobre o tema formaram-se duas correntes bem distintas. A majoritária, à qual nos filiamos, entende que a duração da *medida de segurança substitutiva* **deve corresponder ao prazo da pena corporal imposta** (substituída).

Nesse sentido o Tribunal de Justiça do Estado de São Paulo já decidiu que "a substituição da pena privativa de liberdade por medida de segurança quando, no curso da execução, sobrevém doença mental ou perturbação da saúde mental ao condenado, prevista no art. 183 da Lei 7.210/84, não guarda relação direta e imediata com a prática de um fato típico, nem está vinculada à periculosidade que a lei presume no inimputável. Pelo crime o agente imputável teve a retribuição da pena, na medida de sua culpabilidade. A doença ou a perturbação da saúde mental posterior à condenação definitiva não suprime, retroativamente, a imputabilidade presente no momento da prática do ilícito penal e que legitimou a punição. A chamada 'medida de segurança substitutiva' não se identifica e nem tem os mesmos pressupostos da medida de segurança prevista no art. 96, I, do CP, embora as providências importem a internação do doente ou perturbado mental em hospital de custódia e tratamento psiquiátrico. A medida de segurança prevista na lei penal, que se destina aos inimputáveis autores de fato típico e deita raízes no conceito de periculosidade, não tem prazo determinado e só cessa com a cessação da periculosidade. A 'medida de segurança substitutiva', ao contrário, aplica-se a quem foi julgado imputável e *substitui* a pena imposta. Sua duração não pode, por isso mesmo, e em respeito à coisa julgada, ser maior do que o tempo da pena. Se, ao término desta, o condenado, por suas condições mentais, não puder ser restituído ao convívio social, o juiz da execução deverá colocá-lo à disposição do juízo cível competente para as medidas de proteção aconselhadas por sua enfermidade"[30].

Seguindo a mesma linha argumentativa, o Superior Tribunal de Justiça tem decidido que "a medida de segurança detentiva aplicável nos termos do art. 183 da LEP não pode ter duração superior ao tempo restante da pena"[31].

A outra corrente sustenta que a medida de segurança substitutiva deve durar até que cesse a periculosidade. Argumenta-se que, "sobrevindo doença mental ao sentenciado, durante a execução da pena, a medida de segurança substitutiva desta, que tem a mesma natureza daquela que é imposta no processo de conhecimento, deve durar até que cesse sua periculosidade. Nesse caso, o término da pena não pode ser utilizado como marco final da medida, devendo prevalecer o prazo referido no § 1º do art. 97 do CP"[32].

É verdade que, a respeito da duração da medida de segurança, a **Súmula 527 do STJ** diz que "O tempo de duração da medida de segurança não deve ultrapassar o limite

30. TJSP, Ag. 71.408/3, 4ª Câm., rel. Des. Dante Busana, *RT*, 640/294. "Consolidou-se nesta Superior Corte de Justiça entendimento no sentido de que a medida de segurança prevista no art. 183 da Lei de Execução Penal é aplicada quando, no curso da execução da pena privativa de liberdade, sobrevier doença mental ou perturbação da saúde mental, ocasião em que a sanção é substituída pela medida de segurança, que deve perdurar pelo período de cumprimento da reprimenda imposta na sentença penal condenatória, sob pena de ofensa à coisa julgada" (STJ, AgRg no HC 531.438/GO, 5ª T., rel. Min. Reynaldo Soares da Fonseca, j. 12-5-2020, *DJe* de 18-5-2020).

31. STJ, HC 130.160/SP, 5ª T., rel. Min. Arnaldo Esteves Lima, j. 19-11-2009, *DJe* de 14-12-2009; STJ, RHC 2.245/SP, 5ª T., rel. Min. José Dantas, j. 10-2-1993, *DJU*, 31-5-1993, p. 10678, *LEXSTJ* 50/327 e *RSTJ* 50/400; STJ, HC 130.162/SP, 6ª T., rela. Mina. Maria Thereza de Assis Moura, j. 2-8-2012, *DJe* de 15-8-2012.

32. *RT*, 762/654, e *RJTACrimSP*, 42/33.

máximo da pena abstratamente cominada ao delito praticado", mas, segundo pensamos, tal raciocínio **não se aplica em relação à medida de segurança substitutiva**, de que ora se cuida.

Por fim, é importante ressaltar que, constatada a real necessidade, deve ser instaurado o incidente de insanidade mental no curso da execução da pena, sendo certo que a exclusão da culpabilidade decorrente de doença mental não pode ser reconhecida em *habeas corpus*.

Substituída a pena privativa de liberdade por medida de segurança, deverá ser providenciada a **transferência do executado para o estabelecimento adequado**, inclusive em razão das disposições contidas nas Regras Mínimas das Nações Unidas para o Tratamento de Presos (Regras de Mandela) e nas Regras Mínimas para o Tratamento do Preso no Brasil, Resolução n. 14/94 do Conselho Nacional de Política Criminal e Penitenciária (CNPCP), onde se lê, no art. 59, que "o doente mental deverá ser custodiado em estabelecimento apropriado, não devendo permanecer em estabelecimento prisional além do tempo necessário para sua transferência".

3.5. Conversão do tratamento ambulatorial em internação

O tratamento ambulatorial poderá ser convertido em internação se o agente revelar ***incompatibilidade com a medida***. Nessa hipótese, o prazo mínimo de internação será de um ano[33].

A incompatibilidade mais comum que se tem verificado na prática decorre do fato de o agente deixar de comparecer ao estabelecimento designado para o tratamento ambulatorial. Em tais casos é necessário que antes de determinar a conversão da medida em internação o juízo da execução faculte ao executado a apresentação de justificativa, em homenagem aos princípios da ampla defesa e do contraditório. Apresentada ou não a justificação, após a manifestação do Ministério Público deverá o juízo decidir sobre a conversão, e, muito embora a lei diga que o juiz *poderá* determiná-la, na verdade se trata de um *poder-dever*, sempre que evidenciada a necessidade.

A conversão poderá decorrer, ainda, do agravamento da doença mental ou da periculosidade do executado, constatada pericialmente e/ou revelada por qualquer conduta sua que a tanto se preste.

Chegando tal constatação ao juízo da execução, dependendo da conduta da qual decorra a incompatibilidade da medida, e ouvido o executado, o juiz decidirá sobre a conversão.

Ao contrário do que ocorre na hipótese de aplicação da medida de segurança substitutiva, conforme regulada no art. 183 da LEP, onde não se estabeleceu expressamente o prazo da medida, nas hipóteses de conversão do tratamento ambulatorial em internação o prazo desta será sempre de um ano, na dicção do parágrafo único do art. 184 da LEP.

---

33. Art. 184, *caput* e parágrafo único, da LEP.

Conforme entendemos, admite-se a "possibilidade de *regressão* e *progressão* da medida de segurança inicialmente aplicada, conforme o estágio de periculosidade do inimputável, a ser aferido no juízo da execução"[34].

4. DO EXCESSO OU DESVIO

4.1. Noções gerais

A execução das penas e medidas de segurança está cercada por um conjunto de garantias que interessam ao indivíduo e à sociedade. Segundo doutrina de René Ariel Dotti, "um dos princípios fundantes dessa direção radica na *legalidade da execução*. Consiste ela em se demarcar com nitidez o alcance da sentença e a reserva dos direitos do condenado não atingidos pela decisão"[35].

Temos assim que, entre outros, a execução penal submete-se ao *princípio da legalidade*, de maneira que todos os atos que a envolvem devem obediência aos limites do título executivo judicial decorrente da sentença penal condenatória ou de absolvição imprópria, observadas as disposições normativas que a informam (Código Penal, Código de Processo Penal, Lei de Execução Penal, regulamentos etc.).

É preciso ter em vista que a execução penal tem por objetivo efetivar as disposições de sentença ou decisão criminal e proporcionar condições para a harmônica integração social do condenado e do internado[36], e que ao condenado e ao internado serão assegurados todos os direitos não atingidos pela sentença ou pela Lei[37].

Pela própria natureza das atividades desenvolvidas dentro do processo executivo, é fácil concluir que por vezes poderão ocorrer *excessos* ou *desvios* na execução das penas ou medidas de segurança, que segundo a Exposição de Motivos da Lei de Execução Penal consistem na prática de qualquer ato fora dos limites fixados pela sentença, por normas legais ou regulamentares[38].

Ainda conforme a Exposição de Motivos, o excesso ou desvio "caracterizam fenômenos aberrantes não apenas sob a perspectiva individualista do *status* jurídico do destinatário das penas e das medidas de segurança. Para muito além dos direitos, a normalidade do processo de execução é uma das exigências da defesa social".

Cuidando do assunto, dispõe o art. 185 da LEP que haverá excesso ou desvio de execução sempre que algum ato for praticado além dos limites fixados na sentença, em normas legais ou regulamentares.

34. *RT*, 741/694.

35. René Ariel Dotti, *Bases e alternativas para o sistema de penas*, p. 463.

36. Art. 1º da LEP.

37. Art. 3º da LEP.

38. Sobre o tema, conferir itens 168 a 172.

Fala-se em ***excesso* ou *desvio individual* ou *coletivo***, caso ocorra em relação a um único sentenciado ou a diversos[39].

A lei não faz distinção entre excesso e desvio, todavia a diferença entre um e outro é inegável.

4.2. Do excesso

Haverá excesso sempre que na execução da pena ou medida de segurança se constatar **algo que vá além, que exceda ao decidido na sentença ou acórdão submetido à execução**, de maneira que o excesso será sempre prejudicial, gravoso ao executado. Assim, ocorre excesso de execução "quando o sentenciado é submetido a tratamento mais rigoroso do que o fixado na sentença ou determinado pela lei"[40].

O excesso é *quantitativo em relação ao título que está sendo executado*, pois vai além do que deveria.

Entre outros, na prática são comuns os seguintes exemplos de excesso: *1*) submeter o executado a regime mais rigoroso do que aquele a que tem direito em razão do fixado na sentença ou em decisão que concedeu progressão; *2*) manter em cadeia pública ou estabelecimento inadequado aquele a quem se impôs medida de segurança; *3*) submeter o executado a sanção administrativa além do fixado em lei.

4.2.1. Sobre o § 8º do art. 2º da Lei n. 12.850/2013

A Lei n. 13.964/2019 acrescentou ao art. 2º da Lei n. 12.850/2013 seu atual § 8º, que assim dispõe: "As lideranças de organizações criminosas armadas ou que tenham armas à disposição deverão **iniciar o cumprimento da pena em estabelecimentos penais de segurança máxima**".

Caso não seja corretamente interpretada, do modo como se encontra expressa, a regra pode dar ensejo à concretização de excesso na execução (LEP, art. 185) e manifesto constrangimento ilegal.

Com efeito, nos precisos termos do art. 2º, *caput*, da Lei n. 12.850/2013, "promover, constituir, financiar ou integrar, pessoalmente ou por interposta pessoa, organização criminosa", tipifica crime punido com reclusão, de 3 (três) a 8 (oito) anos, e multa.

As penas poderão ser aumentadas em **até metade**, se na atuação da organização criminosa houver emprego de arma de fogo, e a pena será *agravada* para quem exerce o comando, individual ou coletivo, da organização criminosa, mesmo que não pratique pessoalmente atos de execução, tal como se extrai, respectivamente, dos §§ 2º e 3º do mesmo art. 2º.

Logo, é possível condenação por crime de "organização criminosa armada", com a imposição de pena de reclusão inferior a 8 (oito) anos, a ser **cumprida inicialmente em regime semiaberto**.

39. Haroldo Caetano da Silva, *Manual da execução penal*, p. 312.

40. Haroldo Caetano da Silva, *Manual da execução penal*, p. 311.

Observado que os estabelecimentos penais de segurança máxima se destinam ao cumprimento de pena no regime fechado[41], resta evidente que a regra contida no § 8º do art. 2º da Lei n. 12.850/2013 diz mais do que deveria dizer, e por isso deve ser interpretada restritivamente, de modo a afastar qualquer possibilidade de sua aplicação em relação àqueles que não sejam condenados ao cumprimento de pena no regime fechado.

Ressalvadas as hipóteses de progressão e de regressão (LEP, arts. 112 e 118), o regime inicial de cumprimento da pena não pode ser modificado pelo juízo da execução, sob pena de violação da coisa julgada (art. 5º, inc. XXXVI, da CF).

4.3. Do desvio

O desvio é a mudança do curso normal da execução. Distingue-se do excesso na medida em que **se revela *favorável qualitativamente ao executado***, enquanto aquele sempre lhe será danoso.

Na acertada visão de HAROLDO CAETANO DA SILVA, haverá desvio "no caso em que o agente, condenado a cumprir pena em regime fechado, é mantido em regime mais suave — aberto ou semiaberto — ou recebe benefícios descabidos, como a saída temporária ou o trabalho externo sem escolta"[42].

Entre outras várias hipóteses, também haverá desvio, por exemplo, se for concedido ao executado o benefício da *permissão de saída* sem estrita observância das regras ditadas pelo art. 120 da LEP. De igual forma, também ocorrerá desvio no caso de concessão de *saída temporária* fora das hipóteses elencadas no art. 122 da LEP, ou por prazo superior a sete dias, ou, ainda que observado esse limite, se for renovado o benefício por mais vezes durante o ano do que autoriza o art. 124 da LEP.

4.4. Quem pode suscitar

Nos termos do **art. 186 da LEP**, podem suscitar o incidente de excesso ou desvio de execução: I — o Ministério Público; II — o Conselho Penitenciário; III — o sentenciado; IV — qualquer dos demais órgãos da execução penal, o que inclui da Defensoria Pública.

Sabendo que o Ministério Público e o Conselho Penitenciário *são órgãos da execução penal*, como está expresso no art. 61, III e IV, da LEP, revelam-se exorbitantes as disposições do art. 186, já que bastaria constar que podem suscitar o incidente de excesso ou desvio de execução *o sentenciado e qualquer dos órgãos da execução penal*.

---

41. No que diz respeito aos estabelecimentos penais federais de segurança máxima, diz o art. 3º, § 1º, da Lei n. 11.671/2008, com a redação da Lei n. 13.964/2019: "Art. 3º Serão incluídos em estabelecimentos penais federais de segurança máxima aqueles para quem a medida se justifique no interesse da segurança pública ou do próprio preso, condenado ou provisório. § 1º A inclusão em estabelecimento penal federal de segurança máxima, no atendimento do interesse da segurança pública, será em regime fechado de segurança máxima, com as seguintes características: (...)". O art. 11-B da mesma Lei arremata: "Os Estados e o Distrito Federal poderão construir estabelecimentos penais de segurança máxima, ou adaptar os já existentes, aos quais será aplicável, no que couber, o disposto nesta Lei".

42. Haroldo Caetano da Silva, *Manual da execução penal*, p. 312.

O rol de legitimados é *taxativo*, de maneira que não se admite, por exemplo, a instauração do incidente a pedido do assistente da acusação, cuja função se exaure com o trânsito em julgado da sentença condenatória.

Instaurado o incidente de excesso ou desvio de execução, *ex officio*, pelo juízo da execução, ou em razão de requerimento do sentenciado ou de um dos órgãos da execução penal (art. 61 da LEP), o procedimento deverá seguir nos moldes do art. 194 e s. da LEP.

Da decisão proferida pelo juiz no incidente de excesso ou desvio caberá agravo, a teor do disposto no art. 197 da LEP.

5. DA ANISTIA E DO INDULTO

5.1. Notas introdutórias

A anistia, a graça e o indulto são emanações da soberania do Estado, e por isso institutos considerados como *indulgentia principis* (indulgência soberana).

Embora o art. 107, II, do CP, estabeleça que a *anistia*, a *graça* e o *indulto* são *causas de extinção da punibilidade*, a Lei de Execução Penal (n. 7.210/84), que foi promulgada no mesmo dia que a atual Parte Geral do Código Penal (Lei n. 7.209/84), refere-se apenas à *anistia* e ao *indulto*, conforme é possível verificar na leitura dos arts. 187 a 193. O art. 2º, I, da Lei dos Crimes Hediondos (Lei n. 8.072/90), refere-se a *anistia*, *graça* e *indulto*. O art. 44, *caput*, da Lei de Drogas (Lei n. 11.343/2006), refere-se a *anistia*, *graça e indulto*. Por sua vez, o Código de Processo Penal referia-se à *graça* nos arts. 734 a 742, mas tais dispositivos foram revogados pela Lei de Execução Penal.

O problema não para por aí, já que o art. 5º, XLIII, da CF, refere-se expressamente à *graça*[43] e à anistia, para proibi-las nos casos que indica.

A solução para tamanha celeuma legislativa é encontrada no item 172 da Exposição de Motivos da Lei de Execução Penal, onde se lê que as disposições em torno da anistia e do indulto (art. 187 e s.) aprimoram sensivelmente os respectivos procedimentos e se ajustam também à orientação segundo a qual **o instituto da graça foi absorvido pelo indulto, que pode ser individual ou coletivo**.

Nesse caso, cumpre anotar a lição de Julio F. Mirabete, seguida por Fernando Capez, no sentido de na doutrina encontrarmos diferenciação entre a graça (sentido estrito) e o indulto, sendo que "a graça é de caráter individual e condicionada a prévia solicitação, enquanto que o indulto é de natureza coletiva e concedido de ofício"[44].

---

43. "O instituto da graça, previsto no art. 5º, XLIII, da Constituição Federal, engloba o indulto e a comutação de pena, estando a competência privativa do Presidente da República para a concessão desses benefícios limitada pela vedação estabelecida no referido dispositivo constitucional: STJ, AgRg no HC 486.603/SP, 5ª T., rel. Min. Joel Ilan Paciornik, j. 20-08-2019, *DJe* 30-08-2019; STJ, AgRg no HC 468.008/SC, 5ª T., rel. Min. Felix Fischer, j. 27-11-2018, *DJe* 3-12-2018; STJ, HC 458.735/MG, 6ª T., rel. Mina. Laurita Vaz, j. 04-10-2018, *DJe* 23-10-2018; STJ, AgRg no HC 423.047/SP, 6ª T., rel. Min. Sebastião Reis Júnior, j. 3-4-2018, *DJe* 9-4-2018; STJ, HC 411.328/SP, 6ª T., rel. Min. Rogério Schietti Cruz, j. 3-10-2017, *DJe* 9-10-2017" (STJ — Jurisprudência em Teses, Edição n. 139).

44. Julio F. Mirabete, *Execução penal*, p. 655; Fernando Capez, *Execução penal*, p. 145.

Assevera Feu Rosa que o indulto equivale à graça. A diferença reside em que a graça é individual, o indulto, coletivo[45].

Sem desconhecer a classificação doutrinária apontada, que insiste em manter entre nós o instituto da graça, mas convencidos de que a matéria deve ser analisada conforme sua regulamentação na Lei de Execução Penal, a seguir estudaremos a **anistia** e o **indulto**, que pode ser individual ou coletivo.

5.2. Da anistia

A anistia não se confunde com a *abolitio criminis*.

Como ato de soberania do Estado, a **anistia é um ato político** que tem embasamento constitucional. Insere-se no rol de competências exclusivas da União, a teor do disposto no art. 21, XVII, da CF. **Sua concessão é atribuição do Congresso Nacional**, conforme estabelece o art. 48, VIII, da CF. Refere-se, como regra, a crimes políticos, militares ou eleitorais, embora nada impeça sua aplicação a outros tipos de ilícitos penais, consistindo em medida de interesse geral, coletivo, inspirada por razões políticas.

Em razão de seu fundamento e desejado alcance, a anistia dirige-se a fatos e não a pessoas. Alcança e **extingue, com efeito *ex tunc*, todas as *consequências penais***, atingindo o *jus puniendi* do Estado, e pode ser concedida antes ou depois da instauração do processo. Dada sua natureza jurídica, ela produz o esquecimento total do fato, fazendo desaparecer as consequências penais, consistindo, por isso mesmo, em notável medida de política criminal.

Não atinge os efeitos extrapenais da conduta praticada, de maneira que, mesmo após a sua concessão, subsistem, por exemplo, a obrigação de reparar o dano[46] e a perda de bens, instrumentos e produtos do crime.

Na irretocável lição de Julio F. Mirabete, "concedida antes do trânsito em julgado da sentença, é denominada anistia *própria*; se lhe é posterior, é chamada *imprópria*. A anistia pode ser *geral*, beneficiando todas as pessoas que participaram de determinados fatos criminosos, ou *parcial*, excluindo do benefício, por exigir requisitos pessoais, alguns infratores. Pode ainda ser *condicionada*, quando exige a aceitação de obrigações por parte do beneficiário, ou *incondicionada*, quando não impõe qualquer restrição. Por fim, pode ser *irrestrita*, quando inclui todos os crimes conexos com o principal, ou *restrita*, ao excluir algumas dessas infrações"[47].

A *anistia condicionada é unilateral quanto à concessão*. Contudo, para que alcance o efeito de extinguir a punibilidade é *bilateral*, por pressupor a indispensável aceitação.

---

45. Antonio José Miguel Feu Rosa, *Execução penal*, p. 431.

46. V. art. 67, II, do CPP.

47. Julio F. Mirabete, *Execução penal*, p. 654.

5.2.1. *Procedimento*

A *competência para a concessão* da anistia é do Congresso Nacional, conforme dispõe o art. 48, VIII, da CF, sendo **veiculada por lei federal**.

Nos precisos termos do art. 187 da LEP, "concedida a anistia, o juiz, de ofício, a requerimento do interessado ou do Ministério Público, por proposta da autoridade administrativa ou do Conselho Penitenciário, declarará extinta a punibilidade".

O *ato judicial de declaração da extinção da punibilidade* reclama do juiz da execução especial atenção quanto ao alcance da anistia, conforme as modalidades anteriormente apontadas. Nesse sentido deve resguardar particular atenção, por exemplo, na hipótese de anistia condicionada, em que a declaração de extinção da punibilidade somente poderá ocorrer após prévia consulta aos interessados, buscando a aceitação ou não das condições impostas no ato concessivo, já que na hipótese de não aceitação a anistia não alcançará aquele que a recusar.

Porquanto estabelecidas em lei federal, as condições previstas não podem ser transacionadas com o(s) interessado(s) e são imodificáveis a critério exclusivo do juiz, exceto na hipótese de expressa autorização legal, apontada já no ato concessivo da anistia, onde se estabeleça a possibilidade de condições alternativas. Ressalte-se: desde que expressamente previstas.

Sempre que o Ministério Público não for o postulante da extinção da punibilidade em razão da anistia, deverá ser ouvido como fiscal da lei antes da decisão judicial que a declarar ou não.

Tal decisão poderá ser hostilizada com o recurso de agravo em execução, a ser apontado pelo interessado ou pelo Ministério Público, quando presentes os pressupostos recursais que veremos mais adiante, quando da análise do art. 197 da LEP.

5.3. Do indulto

Em seu tempo, escreveu Radbruch que "a instituição jurídica do indulto ou perdão significa por si só o inequívoco reconhecimento da fragilidade de todo o direito". E dizia: "Justamente por isso é que todas as épocas de tendências dogmáticas que prestaram culto à soberania absoluta e única da Razão, como a época do direito natural e a do Iluminismo do século XVIII, combateram sempre o direito de indulto, a começar em Beccaria, seguido por Kant, o qual via no perdão e no direito de perdoar ao criminoso 'o mais escandaloso de todos os direitos do soberano'"[48].

Como emanação da soberania do Estado, o indulto revela-se verdadeiro ato de clemência do Poder Público, consistindo em benefício **concedido privativamente pelo Presidente da República**[49], que, a teor do disposto no art. 84, XII, parágrafo único, da CF, **pode-**

48. Gustav Radbruch, *Filosofia do direito*, p. 335.

49. Com audiência, se necessário, dos órgãos instituídos em lei.
"O deferimento do indulto e da comutação das penas deve observar estritamente os critérios estabelecidos pela Presidência da República no respectivo ato de concessão, sendo vedada a interpretação

rá delegar tal atribuição aos Ministros de Estado, ao Procurador-Geral da República ou ao Advogado-Geral da União, que observarão os limites traçados nas respectivas delegações.

Conforme se tem decidido, "o indulto decorre de ato de favor, discricionário do Presidente da República, que não só pode deixar de concedê-lo, segundo seu livre critério de conveniência e oportunidade, como também lhe é lícito impor-lhe restrições e condições. Trata-se aí de competência constitucional (art. 84, XII) insuscetível de limitação por lei ordinária"[50]. Ante tal flexibilidade, pode-se excluir do âmbito da concessão infrações que, a critério de quem concede, pareçam incompatíveis.

Muito embora a concessão do indulto seja ato de competência privativa do Presidente da República, "o Decreto que concede o benefício à determinada categoria de sentenciados não é autoexecutável e se traduz em mera expectativa de direito, tanto que sua aplicação depende de decisão judicial, cabendo ao Juízo da Execução Criminal verificar o preenchimento dos requisitos exigidos para identificar quais daqueles condenados são alcançados pela benesse presidencial"[51].

O indulto pode ser *individual* ou *coletivo*. Na primeira hipótese será concedido a um só condenado, e na segunda alcançará vários condenados.

Nos precisos termos da **Súmula 631 do STJ**: "O indulto extingue os efeitos primários da condenação (pretensão executória), mas não atinge os efeitos secundários, penais ou extrapenais".

5.3.1. *Indulto individual*

O indulto individual (*graça*, para alguns doutrinadores) pode ser ***total*** (pleno, irrestrito ou ilimitado), hipótese em que alcança todas as sanções impostas ao condenado, ou ***parcial*** (restrito ou limitado), hipótese em que ocorrerá o instituto da ***comutação***, que implicará tão somente a redução ou substituição da sanção aplicada.

5.3.1.1. Procedimento

O *habeas corpus* não é a via adequada para requerer o indulto, que poderá ser **provocado por petição** do condenado, por iniciativa do Ministério Público, do Conselho Penitenciário ou da autoridade administrativa, consoante estabelece o art. 188 da LEP, cumprindo se inclua entre os legitimados a Defensoria Pública.

---

ampliativa da norma, sob pena de usurpação da competência privativa disposta no art. 84, XII, da Constituição e, ainda, ofensa aos princípios da separação entre os poderes e da legalidade: STJ, AgRg no HC 498.531/MS, 5ª T., rel. Min. Jorge Mussi, j. 19-9-2019, *DJe* 30-9-2019; STJ, AgRg no HC 478.806/SP, 6ª T., rel. Min. Sebastião Reis Júnior, j. 15-8-2019, *DJe* 30-8-2019; STJ, Rcl 37.592/SP, Terceira Seção, rel. Min. Reynaldo Soares da Fonseca, j. 22-5-2019, *DJe* 30-5-2019; STJ, AgRg no HC 489.977/MS, 6ª T., rel. Min. Nefi Cordeiro, j. 16-5-2019, *DJe* 28-5-2019; STJ, AgRg no HC 429.125/SP, 6ª T., rela. Mina. Maria Thereza de Assis Moura, j. 19-4-2018, *DJe* 11-5-2018; STJ, HC 414.181/DF, 5ª T., rel. Min. Felix Fischer, j. 23-11-2017, *DJe* 6-12-2017" (STJ — Jurisprudência em Teses, Edição n. 139).

50. *RT*, 748/540.

51. *RJTACrimSP*, 41/30.

A petição contendo pedido de indulto, acompanhada dos documentos que a instruírem, deve ser endereçada ao Presidente da República, pois é ele que detém competência para conceder, ou não, a *indulgentia*, e seu processamento ocorre no âmbito do Ministério da Justiça. Recebido e autuado, o pedido será encaminhado ao **Conselho Penitenciário** para a elaboração de parecer, exceto quando ele for o órgão provocante. Emitido e anexado o parecer, os autos retornarão ao Ministério da Justiça[52].

Seguindo a linha do art. 190 da LEP, "o Conselho Penitenciário, à vista dos autos do processo e do prontuário, promoverá as diligências que entender necessárias e fará, em relatório, a narração do ilícito penal e dos fundamentos da sentença condenatória, a exposição dos antecedentes do condenado e do procedimento deste depois da prisão, emitindo seu parecer sobre o mérito do pedido e esclarecendo qualquer formalidade ou circunstâncias omitidas na petição". Processada no Ministério da Justiça com documentos e o relatório do Conselho Penitenciário, diz o art. 191 que "a petição será submetida a despacho do Presidente da República, a quem serão presentes os autos do processo ou a certidão de qualquer de suas peças, se ele o determinar".

O indulto individual poderá ser concedido ou negado. Na primeira hipótese a autoridade a quem couber conceder (art. 84, XII e parágrafo único, da LEP) baixará o **decreto de indulto individual**.

Concedido o indulto e anexada aos autos do processo cópia do decreto respectivo, o juiz da execução (art. 66, III, *f*, da LEP) determinará a abertura de vista sucessiva dos autos ao Ministério Público e à defesa, a fim de que se manifestem, e, em seguida, em decisão motivada (art. 93, IX, da CF; art. 112, § 2º, da LEP), declarará extinta a pena ou ajustará a execução aos termos do decreto[53], no caso de comutação (redução ou substituição da pena), hipótese em que mandará atualizar a conta de liquidação de pena. Não há necessidade de nova manifestação do Conselho Penitenciário, que a essa altura já atuou como autor do pedido ou com a emissão de parecer. Necessário observar que a concessão do indulto **só alcança as penas abrangidas no decreto**.

É acertado conceder indulto aos doentes terminais, não só em razão da absoluta ausência de recursos médicos adequados nos estabelecimentos prisionais, mas sobretudo por questões humanitárias[54].

---

52. Art. 189 da LEP.

53. "Segundo a jurisprudência deste Tribunal Superior, para a análise do pedido de indulto ou de comutação de penas, o magistrado deve restringir-se ao exame do preenchimento dos requisitos previstos no decreto presidencial" (STJ, AgRg no HC 537.982/DF, 5ª T., rel. Min. Jorge Mussi, j. 13-4-2020, *DJe* de 20-4-2020).

54. "O indulto humanitário requer, para sua concessão, a necessária comprovação, por meio de laudo médico oficial ou por médico designado pelo juízo da execução, de que a enfermidade que acomete o sentenciado é grave, permanente e exige cuidados que não podem ser prestados no estabelecimento prisional: STJ, AgRg no AREsp 1.155.670/MS, 6ª T., rel. Min. Nefi Cordeiro, j. 24-4-2018, *DJe* 11-5-2018; STJ, AgRg no HC 421.877/SP, 5ª T., rel. Min. Jorge Mussi, j. 24-4-2018, *DJe* 4-5-2018; STJ, RHC 87.697/RJ, 6ª T., rel. Mina. Maria Thereza de Assis Moura, j. 14-11-2017, *DJe* 21-11-2017; STJ, HC 378.101/PR, 5ª T., rel. Min. Reynaldo Soares da Fonseca, j. 16-2-2017, *DJe* 21-2-2017; STJ, AgRg no HC 328.054/SC, 6ª T., rel. Min. Rogério Schietti Cruz, j. 17-11-2015, *DJe* 2-12-2015; STJ, HC 291.275/SP, 5ª T., rel. Min. Moura Ribeiro, j. 7-8-2014, *DJe* 14-8-2014" (STJ — Jurisprudência em Teses, Edição n. 139).

A decisão que concede indulto é de **natureza declaratória**[55].

5.3.2. *Indulto coletivo*

O indulto coletivo é um ato não provocado, portanto de manifestação espontânea da autoridade concedente, de regra o Presidente da República, veiculado por meio de decreto, e tem por objetivo alcançar um grupo de sentenciados que se encontrem em determinada condição jurídica[56].

Embora impessoal, normalmente se dirige a condenados sujeitos a determinado tempo de pena (p. ex., que a pena aplicada não seja superior a X anos); exige que o sentenciado tenha cumprido até determinada data certo tempo da pena aplicada, o que pode ser apontado como ***requisito objetivo***, além de reclamar a presença de ***requisito subjetivo*** (bom comportamento no ambiente prisional, primariedade, ausência de reincidência específica, personalidade não estruturada para o crime etc.). Bem por isso asseverou Haroldo Caetano da Silva que, "mesmo sendo ato de característica impessoal, genérica, o decreto concessivo pode exigir requisitos subjetivos e objetivos a serem atendidos por cada condenado em particular"[57].

A respeito do requisito subjetivo, importante destacar a **Súmula 535 do STJ**, que tem o seguinte teor: "A prática de falta grave não interrompe o prazo para fim de comutação de pena ou indulto"[58].

55. "STJ, HC 486.272/SP, 5ª T., rel. Min. Joel Ilan Paciornik, j. 4-6-2019, *DJe* 17-6-2019; STJ, AgRg no REsp 1.744.552/PE, 5ª T., rel. Min. Reynaldo Soares da Fonseca, j. 25-9-2018, *DJe* 3-10-2018; STJ, AgRg no HC 436.841/SP, 6ª T., rela. Mina. Maria Thereza de Assis Moura, j. 21-6-2018, *DJe* 1-8-2018; STJ, HC 392.183/SP, 5ª T., rel. Min. Felix Fischer, j. 20-6-2017, *DJe* 30-6-2017; STJ, AgInt no HC 276.043/SP, 6ª T., rel. Min. Nefi Cordeiro, j. 26-4-2016, *DJe* 2-5-2016; STJ, HC 226.565/RJ, 5ª T., rela. Mina. Laurita Vaz, j. 15-10-2013, *DJe* 25-10-2013" (STJ — Jurisprudência em Teses, Edição n. 139).

56. "A prática de falta grave não interrompe o prazo para aquisição do indulto e da comutação, salvo se houver expressa previsão a respeito no decreto concessivo dos benefícios: STJ, AgRg nos EREsp 1.238.180/SP, Terceira Seção, rela. Mina. Regina Helena Costa, j. 27-11-2013, *DJe* 9-12-2013; STJ, HC 194.573/SP, 6ª T., rela. Mina. Assusete Magalhães, j. 21-11-2013, *DJe* 19-12-2013; STJ, HC 259.417/SP, 6ª T., rel. Min. Rogério Schietti Cruz, j. 12-11-2013, *DJe* 29-11-2013; STJ, HC 275.762/RS, 6ª T., rela. Mina. Maria Thereza de Assis Moura, j. 8-10-2013, *DJe* 17-10-2013; STJ, AgRg no HC 275.754/RS, 5ª T., rel. Min. Marco Aurélio Bellizze, j. 3-10-2013, *DJe* 9-10-2013; STJ, HC 234.097/SP, 5ª T., rela. Mina. Laurita Vaz, j. 17-9-2013, *DJe* 25-9-2013; STJ, AgRg nos EREsp 1.259.091/RS, Terceira Seção, rel. Min. Jorge Mussi, j. 13-6-2012, *DJe* 21-06-2012" (STJ — Jurisprudência em Teses, Edição n. 7).

"A falta disciplinar de natureza grave praticada no período estabelecido pelos decretos presidenciais que tratam de benefícios executórios impede a concessão de indulto ou de comutação da pena, ainda que a penalidade tenha sido homologada após a publicação das normas: STJ, HC 496.728/RS, 5ª T., rel. Min. Reynaldo Soares da Fonseca, j. 9-4-2019, *DJe* 6-5-2019; STJ, AgRg no AREsp 1.374.816/ES, 5ª T., rel. Min. Ribeiro Dantas, j. 7-2-2019, *DJe* 15-2-2019; STJ, AgRg no REsp 1.648.321/MG, 5ª T., rel. Min. Jorge Mussi, j. 11-9-2018, *DJe* 19-9-2018; STJ, EREsp 1.477.886/RS, Terceira Seção, rel. Min. Joel Ilan Paciornik, j. 8-8-2018, *DJe* 17-8-2018; STJ, HC 417.676/SC, 5ª T., rel. Min. Felix Fischer, j. 24-5-2018, *DJe* 1-6-2018; STJ, AgRg no HC 409.517/SP, 6ª T., rel. Min. Nefi Cordeiro, j. 6-3-2018, *DJe* 14-3-2018" (STJ — Jurisprudência em Teses, Edição n. 146).

57. Haroldo Caetano da Silva, *Manual da execução penal*, p. 319.

58. "A prática de falta grave não interrompe o prazo para aquisição do indulto e da comutação, salvo se houver expressa previsão a respeito no decreto concessivo dos benefícios: STJ, AgRg nos EREsp 1.238.180/SP, Terceira Seção, rela. Mina. Regina Helena Costa, j. 27-11-2013, *DJe* 9-12-2013; STJ, HC 194.573/SP, 6ª T.,

Quanto a sua extensão, o indulto pode ser *total* ou *parcial*. Na primeira hipótese acarretará a extinção das penas; na segunda, a diminuição ou substituição das sanções, quando então teremos a comutação.

Quanto à forma, pode ser dividido em *condicional* (ou condicionado), quando o decreto "impõe condições ou obrigações a serem observadas e cumpridas por aquele que receberá o benefício, estabelecendo, por exemplo, um determinado período de prova ou restrição de certas atividades ou mesmo a substituição da pena por outra menos severa"[59], ou *incondicional* (incondicionado), hipótese em que não haverá "contraprestação" para a aceitação e gozo do benefício.

Seja total ou parcial, como regra geral o indulto não pode ser recusado. Todavia, em se tratando de ***indulto condicional***, é de considerar que para que possa alcançar a finalidade apontada no decreto concessivo ele reclama *aceitação*.

O indulto **pressupõe a existência de condenação**, e, diante de tal situação, é controvertida a questão referente ao alcance do indulto em se tratando de sentença condenatória que ainda comporte ataque recursal. Há quem entenda que, se a sentença condenatória já transitou em julgado para o Ministério Público, o que impede seja reformada para pior, porquanto vedada a *reformatio in pejus* havendo recurso exclusivo da defesa, é possível a incidência do indulto quando presentes os requisitos legais. Nesse sentido é a lição de Julio F. Mirabete, para quem "a melhor solução é a de que está indultado o sentenciado quando a decisão tiver transitado em julgado para a acusação"[60]. Contudo, como lembra o mesmo jurista, "na jurisprudência é praticamente pacífico que o indulto deve ser concedido, nessa hipótese, mesmo que o réu tenha recorrido da decisão condenatória, mas a doutrina é, em geral, contra tal entendimento"[61]. Sobre o assunto o Supremo Tribunal Federal já teve oportunidade de decidir que "é admissível em tese a aplica-

---

rela. Mina. Assusete Magalhães, j. 21-11-2013, *DJe* 19-12-2013; STJ, HC 259.417/SP, 6ª T., rel. Min. Rogerio Schietti Cruz, j. 12-11-2013, *DJe* 29-11-2013; STJ, HC 275.762/RS, 6ª T., rela. Mina. Maria Thereza de Assis Moura, j. 8-10-2013, *DJe* 17-10-2013; STJ, AgRg no HC 275.754/RS, 5ª T., rel. Min. Marco Aurélio Bellizze, j. 3-10-2013, *DJe* 9-10-2013; STJ, HC 234.097/SP, 5ª T., rela. Mina. Laurita Vaz, j. 17-9-2013, *DJe* 25-9-2013; STJ, AgRg nos EREsp 1.259.091/RS, Terceira Seção, rel. Min. Jorge Mussi, j. 13-6-2012, *DJe* 21-06-2012" (STJ — Jurisprudência em Teses, Edição n. 7).

. "A falta disciplinar de natureza grave praticada no período estabelecido pelos decretos presidenciais que tratam de benefícios executórios impede a concessão de indulto ou de comutação da pena, ainda que a penalidade tenha sido homologada após a publicação das normas: STJ, HC 496.728/RS, 5ª T., rel. Min. Reynaldo Soares da Fonseca, j. 9-4-2019, *DJe* 6-5-2019; STJ, AgRg no AREsp 1.374.816/ES, 5ª T., rel. Min. Ribeiro Dantas, j. 7-2-2019, *DJe* 15-2-2019; STJ, AgRg no REsp 1.648.321/MG, 5ª T., rel. Min. Jorge Mussi, j. 11-9-2018, *DJe* 19-9-2018; STJ, EREsp 1.477.886/RS, Terceira Seção, rel. Min. Joel Ilan Paciornik, j. 8-8-2018, *DJe* 17-8-2018; STJ, HC 417.676/SC, 5ª T., rel. Min. Felix Fischer, j. 24-5-2018, *DJe* 1-6-2018; STJ, AgRg no HC 409.517/SP, 6ª T., rel. Min. Nefi Cordeiro, j. 6-3-2018, *DJe* 14-3-2018" (STJ — Jurisprudência em Teses, Edição n. 146).

59. Haroldo Caetano da Silva, *Manual da execução penal*, p. 318.

60. Julio F. Mirabete, *Execução penal*, p. 657.

61. Julio F. Mirabete, *Execução penal*, p. 657.

ção de decreto de indulto coletivo, quando a condenação, embora pendente de recursos de defesa, já não pode ser exasperada, à falta de recurso da acusação"[62].

A nosso ver, conforme a fundamentação do recurso defensório interposto, somente após o trânsito em julgado definitivo da sentença condenatória, vale dizer, para a acusação e para a defesa, é que poderá o condenado ser indultado (no sentido de receber, de fato e na execução, os efeitos positivos do indulto anteriormente veiculado em decreto presidencial). Tal conclusão, em tese, é mais benéfica ao condenado, já que, como o indulto extingue apenas as consequências penais, e nos limites especificados no decreto concessivo, persistem os efeitos extrapenais, entre os quais a obrigação de reparar o dano, e, sendo assim, se incidente o indulto o condenado teria obstada a possibilidade de discutir na instância recursal eventual tese a ele mais benéfica que poderia afastar, inclusive, a possibilidade de ação civil *ex delicto*, na hipótese de ter reconhecida em seu favor a inexistência material do fato[63].

Sobre a possibilidade de indulto ao condenado que cumpra **suspensão condicional da pena**, embora não se desconheça a consistência dos fundamentos sustentados na doutrina e na jurisprudência, parece-nos mais acertado o entendimento no sentido de que "o *sursis*, sendo medida restritiva de liberdade, não impede a concessão do indulto, ainda que o sentenciado nunca tenha ficado encarcerado. Ademais, não se compreenderia a concessão do benefício aos que não mereceram suspensão da pena e negar aos que mereceram"[64].

O indulto também beneficia condenados que se encontrem em **livramento condicional** ou no cumprimento de **penas restritivas de direitos**.

No tocante à **pena pecuniária**, e aqui se incluem todas aquelas de *natureza pecuniária* (multa, prestação pecuniária e perda de bens e valores), é oportuna a lição de Damásio E. de Jesus no sentido de que "o indulto só abrange as penas a que faz referência. Tanto que o art. 192 da Lei de Execução Penal, que se aplica ao indulto, diz que o juiz 'declarará extinta a pena'. Assim, se o decreto silenciar a respeito da pena pecuniária, a ela, o indulto não se estenderá"[65].

O indulto tem **aplicabilidade na Justiça Militar**. A propósito, diz o art. 649 do CPPM que o condenado poderá recusar o indulto ou a comutação de pena.

Concedido o indulto, seja em que modalidade for, seus efeitos[66] podem alcançar inclusive pena decorrente de condenação por **crime de ação penal privada**, já que nestas

---

62. STF, HC 71.691/1, 1ª T., rel. Min. Sepúlveda Pertence, j. 9-8-1994, *DJU*, 30-9-1994, p. 26.169.

63. Conforme dispõe o art. 66 do CPP, "não obstante a sentença absolutória no juízo criminal, a ação civil poderá ser proposta quando não tiver sido, categoricamente, reconhecida a inexistência material do fato".

64. TJSP, Ag. 167.716-3/8, 1ª Câm., rel. Des. Oliveira Passos, *RT*, 712/396; TJRJ, Ag. 20/98, 3ª Câm., rel. Des. Indio Brasileiro Rocha, *RT*, 762/697.

65. Damásio E. de Jesus, *Código Penal anotado*, p. 334.

66. "O indulto extingue os efeitos primários da condenação (pretensão executória), mas não atinge os efeitos secundários, penais ou extrapenais. (Súmula n. 631/STJ): STJ, HC 392.766/SP, 5ª T., rel. Min. Joel Ilan Paciornik, j. 2-10-2018, *DJe* 15-10-2018; STJ, AgInt no RMS 56.016/SC, 6ª T., rel. Min. Nefi Cordeiro, j. 18-9-2018, *DJe* 25-9-2018; STJ, AgRg no RMS 56.014/SC, 5ª T., rel. Min. Felix Fischer, j. 15-3-2018, *DJe* 23-3-2018; STJ, AgRg no HC 266.215/SC, 5ª T., rel. Min. Ribeiro Dantas, j. 19-9-2017, *DJe* 27-9-2017; STJ, HC 368.650/SP, 5ª T., rel. Min. Reynaldo Soares da Fonseca, j. 13-12-2016, *DJe* 1-2-2017; STJ, HC 198.909/SP, 5ª T., rela. Mina. Laurita Vaz, j. 14-8-2012, *DJe* 23-8-2012" (STJ — Jurisprudência em Teses, Edição n. 139).

o Estado permite ao ofendido apenas o exercício do *jus persequendi in judicio*, em nítida substituição processual, e não o *jus puniendi*.

Admite-se a soma das penas, conforme determina o art. 111 da LEP, para o fim de se alcançar o tempo de pena indicado no decreto de indulto.

No Brasil, tradicionalmente o Presidente da República concede indulto em épocas festivas e/ou comemorativas, tais como Natal e Ano Novo. Recorde-se que por ocasião da primeira visita do Papa João Paulo II ao Brasil o então Presidente da República baixou decreto de indulto.

5.3.2.1 Procedimento do indulto coletivo

Não se tratando de indulto por provocação, e sim espontâneo, por iniciativa da autoridade concedente, o indulto coletivo dispensa a tramitação exigida para o indulto individual, que é provocado. Processa-se de forma singela, e, assim, se o sentenciado for beneficiado por indulto coletivo, o juiz, de ofício, a requerimento do interessado, do Ministério Público ou por iniciativa do Conselho Penitenciário ou da autoridade administrativa, providenciará seja anexada aos autos cópia do decreto, e declarará extinta a pena ou ajustará a execução aos termos do decreto, no caso de comutação[67].

Caso o requerimento não tenha sido formulado pela Defesa, antes de conceder ou negar o indulto o juízo deverá ouvi-la, cumprindo se adote o mesmo proceder em relação ao Ministério Público, conforme decorre do disposto nos § 2º do art. 112 da LEP.

Incumbe ao Conselho Penitenciário, entre outras atividades, emitir parecer sobre indulto e comutação de pena, excetuada a hipótese de pedido de indulto com base no estado de saúde do preso.

Em face da situação concreta dos autos (caso a caso), conforme avaliar conveniente, o juiz poderá determinar a remessa dos autos ao Conselho Penitenciário para emissão de parecer, no prazo que fixar. Sendo esta a hipótese, o ideal é que providencie a remessa antes das manifestações conclusivas do Ministério Público e da Defesa.

5.3.2.2. Sobre o parecer do Conselho Penitenciário

Nos precisos termos do art. 70, I, da LEP, incumbe ao Conselho Penitenciário emitir parecer sobre indulto e comutação de pena, excetuada a hipótese de pedido de indulto com base no estado de saúde do preso (indulto humanitário).

No **indulto individual**, a manifestação do Conselho é obrigatória (art. 190 da LEP).

Em se tratando de **indulto coletivo**, ressalvada a hipótese de determinação expressa no decreto presidencial, a colheita do parecer prévio não constitui providência obrigatória, tal como se extrai da redação dos arts. 192 e 193 da LEP, mas faculdade conferida

67. Arts. 192 e 193 da LEP. "Segundo a jurisprudência deste Tribunal Superior, para a análise do pedido de indulto ou de comutação de penas, o magistrado deve restringir-se ao exame do preenchimento dos requisitos previstos no decreto presidencial" (STJ, AgRg no HC 537.982/DF, 5ª T., rel. Min. Jorge Mussi, j. 13-4-2020, *DJe* de 20-4-2020).

ao magistrado, cuja utilização deve ser avaliada diante do caso concreto. Vale dizer: se depois de analisar a hipótese dos autos o juiz se convencer da necessidade, poderá determinar a remessa dos autos ao Conselho a fim de que emita seu parecer em prazo razoável, que então deverá fixar.

Há entendimento contrário no sentido de que não é dado ao magistrado determinar a colheita de parecer do Conselho quando estiver diante de indulto coletivo, pois em tal caso o julgador estará criando, indevidamente, requisito para o reconhecimento da benesse, de modo a usurpar funções e exercer competência que não é sua[68]. Não concordamos com tal forma de pensar, por entendermos que, na hipótese, não se trata de criar requisito diverso daqueles elencados no decreto de indulto, mas de providência autorizada no art. 70, I, da Lei Execucional.

É recorrente na prática judiciária a demora na emissão de tal parecer, de maneira a ensejar flagrante constrangimento ilegal ao condenado que, preenchendo os requisitos e estando em condições de ter seu direito judicialmente reconhecido, vê-se compelido a aguardar a prévia manifestação do Conselho.

É de se ver, entretanto, que o juízo das execuções penais não está vinculado ao teor do referido parecer, como de resto também não se encontra limitado aos termos do parecer do Ministério Público (que nem por isso lhe é dado dispensar), de maneira que, havendo demora injustificada na manifestação daquele órgão, deve determinar a abertura de vista dos autos ao Ministério Público a fim de que se manifeste, e em seguida proferir sua decisão[69].

---

68. "Nos termos da jurisprudência desta Corte, é dispensável o parecer do Conselho Penitenciário quando se tratar de indulto coletivo, sob pena de manifesta afronta ao princípio da legalidade, na medida em que impõe requisito não estabelecido no Decreto Presidencial, cuja elaboração é da competência discricionária e exclusiva do Presidente da República, consoante o disposto no art. 84, XII, da Constituição Federal" (STJ, HC 287.535/SP, 5ª T., rel. Min. Marco Aurélio Bellizze, j. 13-5-2014, *DJe* de 21-5-2014). "Segundo a jurisprudência desta eg. Corte, para a análise do pedido de indulto, o magistrado deve restringir-se ao exame do preenchimento dos requisitos previstos no decreto presidencial, uma vez que os pressupostos para a concessão da benesse são da competência privativa do Presidente da República. Uma vez preenchidos os requisitos legais para concessão do indulto previsto no Decreto n. 8.172/13, é vedado ao eg. Tribunal *a quo* exigir a manifestação prévia do Conselho Penitenciário, por absoluta falta de previsão legal" (STJ, HC 320.682/SP, 5ª T., rel. Min. Felix Fischer, j. 11-6-2015, *DJe* 23-6-2015).

69. "A sentença que concede o indulto ou a comutação de pena tem natureza declaratória, não havendo como impedir a concessão dos benefícios ao sentenciado, se cumpridos todos os requisitos exigidos no decreto presidencial: STJ, HC 486.272/SP, 5ª T., rel. Min. Joel Ilan Paciornik, j. 4-6-2019, *DJe* 17-6-2019; STJ, AgRg no REsp 1.744.552/PE, 5ª T., rel. Min. Reynaldo Soares da Fonseca, j. 25-9-2018, *DJe* 3-10-2018; STJ, AgRg no HC 436.841/SP, 6ª T., rela. Mina. Maria Thereza de Assis Moura, j. 21-6-2018, *DJe* 1-8-2018; STJ, HC 392.183/SP, 5ª T., rel. Min. Felix Fischer, j. 20-6-2017, *DJe* 30-6-2017; STJ, AgInt no HC 276.043/SP, 6ª T., rel. Min. Nefi Cordeiro, j. 26-4-2016, *DJe* 2-5-2016; STJ, HC 226.565/RJ, 5ª T., rela. Mina. Laurita Vaz, j. 15-10-2013, *DJe* 25-10-2013" (STJ — Jurisprudência em Teses, Edição n. 139).
"O deferimento do indulto e da comutação das penas deve observar estritamente os critérios estabelecidos pela Presidência da República no respectivo ato de concessão, sendo vedada a interpretação ampliativa da norma, sob pena de usurpação da competência privativa disposta no art. 84, XII, da Constituição e, ainda, ofensa aos princípios da separação entre os poderes e da legalidade: STJ, AgRg

Justificada ou não, a demora na manifestação do Conselho não pode ensejar constrangimento ilegal ao condenado, e constitui tarefa do Poder Judiciário adotar o necessário visando evitar tais situações de desrespeito a direitos fundamentais.

Com efeito, "A não apresentação de parecer pelo Conselho Penitenciário, opinando sobre a concessão de indulto, após abertura de prazo razoável pelo juízo da execução, não tem o condão de obstar a atuação do juiz na prestação jurisdicional, concedendo o benefício a sentenciado que preencha os requisitos objetivos e subjetivos para a obtenção do favor legal, pois, a jurisdição criminal, além de não estar adstrita ao conteúdo de tal parecer, não pode, também, render ensejo à eternização de processos, máxime em sede de execução penal, aguardando, indefinidamente, a manifestação do citado Conselho"[70].

5.3.3. *Comutação de pena*

A ***comutação* é o indulto parcial**, e, como tal, "é ato discricionário do Chefe de Estado, cuja extensão cabe a ele definir, razão pela qual não implica em ofensa aos princípios da legalidade, anterioridade ou irretroatividade da lei penal a exclusão do benefício aos réus condenados por crimes hoje considerados hediondos"[71].

Pode ser ***individual***, a requerimento do condenado, ou ***coletiva***, hipótese em que será concedida pelos legitimados para a concessão do indulto, alcançando, então, determinada classe de condenados.

---

no HC 498.531/MS, 5ª T., rel. Min. Jorge Mussi, j. 19-9-2019, *DJe* 30-9-2019; STJ, AgRg no HC 478.806/SP, 6ª T., rel. Min. Sebastião Reis Júnior, j. 15-8-2019, *DJe* 30-8-2019; STJ, Rcl 37.592/SP, Terceira Seção, rel. Min. Reynaldo Soares da Fonseca, j. 22-5-2019, *DJe* 30-5-2019; STJ, AgRg no HC 489.977/MS, 6ª T., rel. Min. Nefi Cordeiro, j. 16-5-2019, *DJe* 28-5-2019; STJ, AgRg no HC 429.125/SP, 6ª T., rela. Mina. Maria Thereza de Assis Moura, j. 19-4-2018, *DJe* 11-5-2018; STJ, HC 414.181/DF, 5ª T., rel. Min. Felix Fischer, j. 23-11-2017, *DJe* 6-12-2017" (STJ — Jurisprudência em Teses, Edição n. 139).

"A superveniência de condenação, seja por fato anterior ou posterior ao início do cumprimento da pena, não altera a data-base para a concessão da comutação de pena e do indulto: STJ, HC 508.384/SP, 5ª T., rel. Min. Leopoldo de Arruda Raposo (Desembargador Convocado do TJ/PE), j. 1-10-2019, *DJe* 9-10-2019; STJ, HC 496.402/SP, 5ª T., rel. Min. Felix Fischer, j. 11-4-2019, *DJe* 22-4-2019; STJ, AgRg no HC 441.553/ES, 5ª T., rel. Min. Reynaldo Soares da Fonseca, j. 19-3-2019, *DJe* 8-4-2019; STJ, AgRg no REsp 1.616.339/RS, 5ª T., rel. Min. Jorge Mussi, j. 27-11-2018, *DJe* 5-12-2018; STJ, AgRg no HC 435.164/SP, 6ª T., rel. Min. Nefi Cordeiro, j. 4-10-2018, *DJe* 23-10-2018; STJ, HC 450.713/SP, 5ª T., rel. Min. Joel Ilan Paciornik, j. 7-8-2018, *DJe* 17-8-2018" (STJ — Jurisprudência em Teses, Edição n. 139).

"O cumprimento da fração de pena prevista como critério objetivo para a concessão de indulto deve ser aferido em relação a cada uma das sanções alternativas impostas, consideradas individualmente: STJ, AgRg no AREsp 1.450.613/GO, 6ª T., rel. Min. Antonio Saldanha Palheiro, j. 15-8-2019, *DJe* 29-8-2019; STJ, AgRg no HC 409.107/PR, 6ª T., rel. Min. Nefi Cordeiro, j. 25-9-2018, *DJe* 9-10-2018; STJ, EDcl no AgRg no AREsp 298.957/SC, 5ª T., rel. Min. Jorge Mussi, j. 10-4-2018, *DJe* 20-4-2018; STJ, HC 433.280/SP, 5ª T., rel. Min. Reynaldo Soares da Fonseca, j. 13-3-2018, *DJe* 21-3-2018; STJ, AgRg no AREsp 966.139/PR, 5ª T., rel. Min. Felix Fischer, j. 20-2-2018, *DJe* 28-2-2018; STJ, AgRg no HC 424.716/SP, 5ª T., rel. Min. Ribeiro Dantas, j. 20-2-2018, *DJe* 26-2-2018" (STJ — Jurisprudência em Teses, Edição n. 139).

70. *RT* 773/602.

71. *RT*, 768/567.

O **procedimento** a ser observado deve seguir os mesmos trâmites do indulto — individual ou coletivo —, conforme o caso.

Concedida e documentada nos autos, no processamento do pedido é necessário se providencie a oitiva do Ministério Público e da Defesa, precedentes à decisão do juízo[72], que sempre deverá ser motivada (art. 93, IX, da CF; art. 112, § 2º, da LEP)[73].

Na comutação *não há extinção da pena*, implicando mera *redução ou substituição da reprimenda*; uma vez verificada, determina a retificação da conta de liquidação, para ajustá-la à nova realidade no tocante ao *quantum*, nos termos do decreto que a concedeu.

5.4. Crimes hediondos e assemelhados

Conforme determina o art. 2º, I, da Lei n. 8.072/90, os crimes hediondos, a prática de tortura, o tráfico ilícito de entorpecentes e drogas afins e o terrorismo são insuscetíveis de anistia, graça e indulto.

O art. 44, *caput*, da Lei n. 11.343/2006 (Lei de Drogas), diz que o crime de tráfico de droga (art. 33, *caput* e § 1º) e também os crimes previstos nos arts. 34 a 37 da mesma lei "são insuscetíveis de graça, indulto e anistia".

Importante registrar que a Lei n. 13.964/2019 inseriu no art. 112 da LEP seu atual § 5º, onde está expresso que não se considera hediondo ou equiparado o crime de tráfico de drogas privilegiado a que se refere o § 4º do art. 33 da Lei n. 11.343/2006 (Lei de Drogas). Antes dessa atual determinação normativa, o Superior Tribunal de Justiça já havia pacificado sua jurisprudência nessa mesma linha de pensamento[74].

Ao dar interpretação conforme a Constituição, o Pleno do Supremo Tribunal Federal já teve a oportunidade de declarar a inconstitucionalidade de dispositivo constante em

72. "A sentença que concede o indulto ou a comutação de pena tem natureza declaratória, não havendo como impedir a concessão dos benefícios ao sentenciado, se cumpridos todos os requisitos exigidos no decreto presidencial: STJ, HC 486.272/SP, 5ª T., rel. Min. Joel Ilan Paciornik, j. 4-6-2019, *DJe* 17-6-2019; STJ, AgRg no REsp 1.744.552/PE, 5ª T., rel. Min. Reynaldo Soares da Fonseca, j. 25-9-2018, *DJe* 3-10-2018; STJ, AgRg no HC 436.841/SP, 6ª T., rela. Mina. Maria Thereza de Assis Moura, j. 21-6-2018, *DJe* 1-8-2018; STJ, HC 392.183/SP, 5ª T., rel. Min. Felix Fischer, j. 20-6-2017, *DJe* 30-6-2017; STJ, AgInt no HC 276.043/SP, 6ª T., rel. Min. Nefi Cordeiro, j. 26-4-2016, *DJe* 2-5-2016; STJ, HC 226.565/RJ, 5ª T., rela. Mina. Laurita Vaz, j. 15-10-2013, *DJe* 25-10-2013" (STJ — Jurisprudência em Teses, Edição n. 139).

73. "Segundo a jurisprudência deste Tribunal Superior, para a análise do pedido de indulto ou de comutação de penas, o magistrado deve restringir-se ao exame do preenchimento dos requisitos previstos no decreto presidencial" (STJ, AgRg no HC 537.982/DF, 5ª T., rel. Min. Jorge Mussi, j. 13-4-2020, *DJe* de 20-4-2020).

74. "É possível a concessão de indulto aos condenados por crime de tráfico de drogas privilegiado (§4º do art. 33 da Lei n. 11.343/2006), por estar desprovido de natureza hedionda: STJ, HC 522.037/SP, 5ª T., rel. Min. Joel Ilan Paciornik, j. 15-8-2019, *DJe* 26-8-2019; STJ, HC 477.280/SP, 5ª T., rel. Min. Felix Fischer, j. 19-2-2019, *DJe* 26-2-2019; STJ, HC 480.309/SC, 5ª T., rel. Min. Reynaldo Soares da Fonseca, j. 12-2-2019, *DJe* 19-2-2019; STJ, HC 472.080/SP, 5ª T., rel. Min. Ribeiro Dantas, j. 6-11-2018, *DJe* 13-11-2018; STJ, AgRg no HC 434.071/SC, 6ª T., rel. Min. Rogério Schietti Cruz, j. 18-10-2018, *DJe* 8-11-2018; STJ, HC 458.735/MG, 6ª T., rela. Mina. Laurita Vaz, j. 4-10-2018, *DJe* 23-10-2018" (STJ — Jurisprudência em Teses, Edição n. 139).

decreto presidencial emitido com desconsideração a tais balizas normativas, como se verifica em: STF, ADI 2.795 MC/DF, Tribunal Pleno, rel. Min. Maurício Corrêa, j. 8-5-2003, *DJ* de 20-6-2003, p. 56[75].

Por fim, não é ocioso registrar que o Superior Tribunal de Justiça tem decidido reiteradamente que "É possível a concessão de comutação de pena aos condenados por crime comum praticado em concurso com crime hediondo, desde que o apenado tenha cumprido as frações referentes aos delitos comum e hediondo, exigidas pelo respectivo decreto presidencial"[76].

---

75. "O Supremo Tribunal Federal já declarou a inconstitucionalidade da concessão de indulto a condenado por tráfico de drogas, independentemente da quantidade da pena imposta [ADI n. 2.795 (MC), rel. Min. Maurício Corrêa, Pleno, *DJ* 20-6-2003]. Vedação constitucional (art. 5º, inciso XLIII, da CF)" (STF, HC 118.213/SP, 2ª T., rel. Min. Gilmar Mendes, j. 6-5-2014, *DJe* n. 149, de 4-8-2014). "O indeferimento de indulto à paciente, condenada por tráfico de drogas cometido após a vigência das Leis n. 8.072/1990, 8.930/1994, 9.695/1998, 11.464/2007 e 12.015/2009, está alinhado com a jurisprudência do Tribunal" (STF, HC 119.578/MS, 1ª T., rel. Min. Roberto Barroso, j. 4-2-2014, *DJe* n. 034, de 19-2-2014).

76. "STJ, AgRg no HC 406.582/SP, 6ª T., rel. Min. Rogério Schietti Cruz, j. 6-8-2019, *DJe* 12-8-2019; STJ, AgRg no HC 420.184/SP, 5ª T., rel. Min. Jorge Mussi, j. 25-6-2019, *DJe* 1-7-2019; STJ, HC 506.165/DF, 5ª T., rel. Min. Felix Fischer, j. 28-5-2019, *DJe* 4-6-2019; STJ, Rcl 37.592/SP, Terceira Seção, rel. Min. Reynaldo Soares da Fonseca, j. 22-5-2019, *DJe* 30-5-2019; STJ, HC 464.475/SP, 6ª T., rela. Mina. Laurita Vaz, j. 4-12-2018, *DJe* 19-12-2018; STJ, AgRg no HC 299.931/SP, 6ª T., rel. Min. Sebastião Reis Júnior, j. 21-9-2017, *DJe* 2-10-2017" (STJ — Jurisprudência em Teses, Edição n. 139).

Capítulo XXI

DO PROCEDIMENTO JUDICIAL

Sumário: 1. Introdução. 2. Procedimento. 3. Iniciativa. 4. Processamento. 5. Do agravo em execução. 5.1. Fungibilidade recursal. 5.2. Outras considerações.

1. INTRODUÇÃO

A legislação processual penal brasileira induz à conclusão no sentido de que adotamos o modelo de *procedimento tipificado*, em virtude do qual "não se admite a inversão da ordem processual ou a adoção de um procedimento por outro"[1].

Na lição de DEMERCIAN e MALULY, "o procedimento é uma garantia do exercício do direito de defesa, daí por que a Constituição estabeleceu que *ninguém será privado da liberdade ou de seus bens sem o devido processo legal* (art. 5º, inciso LIV, da CF)"[2].

A Lei de Execução Penal, entretanto, é anêmica em se tratando de regras para o *procedimento judicial*, dispondo do tema expressamente apenas nos arts. 194 a 196, sendo certo, ainda, que o art. 197 cuida do recurso de agravo, único previsto na lei, sem dispor nem mesmo sobre seu processamento.

A quase total ausência de regras expressas, e de técnica por parte do legislador, em se tratando do tema ***procedimento judicial***, não impede, entretanto, que se reafirme a necessidade de observância estrita a princípios constitucionais como o da ampla defesa, do contraditório, do devido processo legal etc.

2. PROCEDIMENTO

Diz o art. 194 da LEP que o procedimento correspondente às situações previstas na lei será judicial, desenvolvendo-se **perante o juízo da execução**.

Reafirma-se aqui a **jurisdicionalidade do processo de execução**, o que também resulta claro da leitura ao item 173 da Exposição de Motivos da Lei de Execução Penal, segun-

1. Antonio Scarance Fernandes, *Processo penal constitucional*, p. 115.
2. Pedro Henrique Demercian e Jorge Assaf Maluly, *Curso de processo penal*, p. 323.

do o qual "o Juízo da Execução é o foro natural para o conhecimento de todos os atos praticados por qualquer autoridade, na execução das penas e das medidas de segurança".

Em sede de procedimento é adequado lembrar que "o juiz competente para aplicar a Lei de Execução Penal ao condenado é o juiz sob cuja jurisdição estiver submetido o estabelecimento onde a pena é cumprida"[3], e que "a execução criminal tem incontestável caráter de processo judicial contraditório pelo que ao juiz não é lícito revogar benefícios concedidos sem base legal"[4]. Como decorrência lógica, perda ou redução de direito reclama que se permita o contraditório e o exercício do direito de defesa[5].

3. INICIATIVA

Conforme estabelece o art. 195 da LEP, "o procedimento judicial iniciar-se-á de ofício, a requerimento do Ministério Público, do interessado, de quem o represente, de seu cônjuge, parente ou descendente, mediante proposta do Conselho Penitenciário, ou, ainda, da autoridade administrativa".

A **legitimidade para provocar o procedimento** se estende para além da iniciativa judicial, cabendo, também, ao Ministério Público, ao interessado, ao Conselho Penitenciário e às autoridades administrativas invocar a prestação jurisdicional em face da natureza complexa da execução[6].

O **assistente da acusação** não é parte legítima para intervir na execução, pois sua função se exaure com o trânsito em julgado da sentença condenatória.

O **ofendido**, autor da ação penal privada de que eventualmente tenha resultado a pena em execução, também não é parte legítima para intervir no processo executivo, pois a ele o Estado outorga apenas o *jus persequendi in judicio*, que se exaure com o trânsito em julgado da sentença; e a execução penal é sempre de natureza pública incondicionada.

Mesmo em caso de execução provisória de pena imposta por crime de ação penal privada, onde ainda haja recurso da defesa pendente de apreciação em instância superior, e, portanto, ainda em aberto o processo de conhecimento, a iniciativa do ofendido encontra-se vedada no que tange à execução.

4. PROCESSAMENTO

Cuidando da marcha ou processamento, determina o art. 196 da LEP que a ***portaria* ou *petição* será autuada** ouvindo-se, em três dias, o condenado e o Ministério Público, quando não figurem como requerentes da medida.

---

3. TACrimSP, HC 307.582/5, 2ª Câm., rel. Juiz José Urban, j. 10-7-1997.

4. TACrimSP, HC 307.582/5, 2ª Câm., rel. Juiz José Urban, j. 10-7-1997.

5. STJ, RHC 7.387/RJ, 6ª T., rel. originário Min. Anselmo Santiago, rel. para acórdão Min. Luiz Vicente Cernicchiaro, j. 23-6-1998, *DJU*, 31-8-1998, p. 120.

6. Item 174 da Exposição de Motivos da Lei de Execução Penal.

Denomina-se *portaria* a peça inaugural do procedimento, baixada pelo juiz. Já a *petição* inicial é aquela apresentada por um dos legitimados para agir.

Se a matéria a ser decidida for exclusivamente de direito, ou de fato, ou mesmo de fato e de direito, mas não reclamar a produção de provas, após as manifestações do executado (por seu defensor) e do Ministério Público (quando não for o autor do pedido), o juiz decidirá de plano, no prazo de três dias.

Algumas vezes, entretanto, antes da decisão judicial haverá necessidade de dilação probatória visando à colheita de prova pericial, documental ou oral, hipótese em que, entendendo indispensável a realização da prova, o juiz a ordenará, decidindo após a produção daquela ou na audiência que para tanto designar.

Se a prova for pericial ou documental não haverá necessidade de designar audiência. Uma vez trazida aos autos, o juiz determinará a abertura de vista para a manifestação do Ministério Público e em seguida para a defesa, nessa mesma ordem visando assegurar a efetividade do princípio da ampla defesa. Cada um disporá de três dias para sua manifestação. Em seguida o juiz proferirá decisão em igual prazo.

Em se tratando de prova que deva ser produzida em audiência, o juiz designará dia e hora para sua realização, determinando a intimação do condenado e seu defensor, bem como do Ministério Público, para que compareçam.

Colhida a prova em audiência, o juiz dará oportunidade para que o Ministério Público e a defesa se manifestem. Em seguida proferirá sua decisão.

Se constatada certa complexidade na prova colhida em audiência, poderá o juiz facultar às partes, se assim desejarem, lançar manifestação por escrito, em forma de memorial, após o que irá proferir sua decisão.

Mesmo desviando, em parte, do que está previsto no art. 196 da LEP, cremos que as proposições acima são as que melhor atendem ao desejo de um procedimento cercado de garantias constitucionais, observado o **devido processo legal**.

No tocante aos **requisitos formais das decisões judiciais** proferidas no processo de execução penal, ousamos discordar de Julio F. Mirabete, para quem "a decisão deve obedecer, formalmente, aos requisitos exigidos para as sentenças judiciais (art. 381 e seus incisos do CPP)"[7].

Nosso entendimento, no particular assunto, está em sintonia com o que ficou decidido pela 6ª Câmara do E. Tribunal de Justiça do Estado de São Paulo no julgamento do Agravo n. 62.607/3, onde se consignou que "as decisões do juízo das execuções criminais têm características especiais, que as diferenciam daquelas proferidas nos processos comuns. (...) As decisões não têm força de coisa julgada e podem ser revistas, na medida em que a situação processual do sentenciado se modifique. Daí decorre não poderem ser, necessariamente, consideradas sentenças, mas simples despachos, embo-

7. Julio F. Mirabete, *Execução penal*, p. 675.

ra cercados, como toda manifestação judicial, de força coativa entre as partes. Assim, não se pode exigir que tais decisões contenham os mesmos requisitos das sentenças comuns, catalogados no art. 381 do CPP"[8].

Por fim, acrescente-se que, "embora não expressamente referida pela LEP, a motivação de todas as decisões do juiz da execução é exigência que decorre do texto constitucional (art. 93, IX, CF) e também da própria natureza desses provimentos, pois, do mesmo modo que na sentença condenatória deve o juiz indicar os motivos que levaram à fixação de seu *quantum* e forma de cumprimento, as alterações subsequentes adotadas no juízo da execução devem resultar de decisão fundamentada"[9].

Em harmonia com a Constituição Federal (art. 93, IX), o § 2º do art. 112 da LEP exige que a decisão que versar sobre pedido de progressão de regime, livramento condicional, indulto e comutação de penas seja sempre *motivada*.

A rigor, para que não padeça de nulidade, toda decisão judicial deve ser convenientemente fundamentada, e não apenas aquelas que se referem aos temas mencionados expressamente no dispositivo citado.

5. DO AGRAVO EM EXECUÇÃO

O agravo em execução é o **único recurso previsto na LEP**, mas não é o único admitido no processo execucional.

Das decisões proferidas pelo juiz no processo de execução caberá ***recurso de agravo, sem efeito suspensivo***[10], **exceto no caso de decisão que determina a desinternação ou liberação de quem cumpre medida de segurança** (art. 179 da LEP), quando então se processará com duplo efeito (devolutivo e suspensivo), pois a ordem de desinternação ou liberação só será expedida *quando a sentença transitar em julgado*.

O exercício do direito de recorrer está subordinado à existência de um interesse direto na reforma ou modificação do despacho ou sentença, e tem interesse apenas aquele que teve seu direito lesado pela decisão.

O recurso de **agravo é um *recurso voluntário*; *tem natureza de recurso em sentido estrito***[11], e como tal deve seguir a disciplina que o mesmo orienta, já que a Lei de Execução Penal não faz qualquer alusão ao seu procedimento. Deve ser apresentado no juízo de primeiro grau, e o rito procedimental a ser adotado é, pois, o do recurso em sentido estrito[12], e não o

8. *RT*, 631/298.

9. STF, HC 75.015/0-SP, 1ª T., rel. Min. Octávio Gallotti, *RJTACrimSP*, 38/505.

10. Art. 197 da LEP.

11. Sobre recurso em sentido estrito: Renato Marcão, *Curso de processo penal*, 6ª ed., São Paulo, Saraiva, 2020; *Código de Processo Penal comentado*, São Paulo, Saraiva, 2016.

12. "Nos termos da jurisprudência do STJ, à míngua de expressa previsão legal, deve ser observado o rito do recurso em sentido estrito quando do manejo do recurso de agravo em execução. Conforme o art. 587 do Código de Processo Penal, quando o recurso tiver que subir por instrumento, a parte fará a indicação das peças que deverão ser trasladadas, cuja extração compete à escrivania do Juízo de primeiro grau. Precedentes" (STJ, REsp 1.497.029/MG, 5ª T., rel. Min. Jorge Mussi, j. 12-2-2015, *DJe* de 25-2-2015). "Nos termos do art. 587 do Código de Processo Penal, 'a parte indicará [...] as peças dos autos de que pretenda traslado'. Se o agravante se desincumbiu do referido ônus processual, é defeso

do agravo do Código de Processo Civil. Discordamos, assim, de Ada Pellegrini Grinover, Antonio Magalhães Gomes Filho e Antonio Scarance Fernandes, que sustentam a aplicação das regras que orientam o rito do agravo do Código de Processo Civil[13].

Na falta de expressa previsão legal, por analogia, e com base no art. 2º da LEP, **o *prazo para a interposição* do agravo em execução é de cinco dias**, seguindo o que dispõe o art. 586 do CPP.

A propósito, o Supremo Tribunal Federal editou a **Súmula 700**, que tem o seguinte teor: "É de cinco dias o prazo para interposição de agravo contra decisão do juiz da execução penal". De tal sorte, fica reafirmado o entendimento da Suprema Corte no sentido de que o procedimento a ser observado na tramitação do agravo em execução é o do recurso em sentido estrito.

Conforme a melhor orientação, o agravo em execução "pode subir nos próprios autos, dispensada a formação do instrumento, quando não prejudicar o andamento do processo, nos termos do artigo 583, III, do CPP, cujo preceito, por sua razão de ser, também pode ser aplicado ao caso"[14].

A **petição de interposição do agravo**, endereçada ao juízo da execução, poderá vir acompanhada das razões do desconformismo, ou, se preferir, o agravante poderá apresentá-las posteriormente.

O ***prazo para a apresentação das razões*** do inconformismo é de dois dias, na forma regulada no art. 588 do CPP, caso as razões não tenham acompanhado a petição de interposição. Em seguida será aberta *vista dos autos ao recorrido por igual prazo*, para a apresentação de suas contrarrazões. Com a resposta do agravado ou sem ela, o agravo será concluso ao juiz, que, dentro de dois dias, reformará ou sustentará sua decisão, mandando instruir o agravo com os traslados que lhe parecerem necessários[15].

O recurso de agravo em execução submete-se, pois, ao ***juízo de retratação***, por força do *efeito devolutivo inverso* ou *iterativo*, conforme disciplina o art. 589 do CPP.

É controvertida a questão relativa à possibilidade de **interposição de mandado de segurança para assegurar efeito suspensivo** ao agravo em execução. Sobre a matéria existem duas posições: *1ª*) Cabe mandado de segurança para obter efeito suspensivo ao agravo. Aliás, a mesma corrente sustenta, inclusive, que "o Promotor de Justiça tem legitimidade *ad causam* para a impetração de mandado de segurança contra ato judicial visando à obtenção de efeito suspensivo em agravo de execução"[16]. *2ª*) Não cabe mandado de segurança para buscar efeito suspensivo ao agravo, afastando-se, inclusive, a legitimação do Ministério Público.

à instância originária não conhecer do agravo em execução por deficiência na instrução do recurso, porquanto compete ao escrivão a extração das peças indicadas. Precedentes" (STJ, HC 294.659/MG, 5ª T., rel. Min. Gurgel de Faria, j. 28-4-2015, *DJe* de 18-5-2015).

13. Ada Pellegrini Grinover, Antonio Magalhães Gomes Filho e Antonio Scarance Fernandes, *Recursos no processo penal*, p. 196.

14. *RJDTACrimSP*, 1/24.

15. "É atribuição do escrivão a extração do traslado das peças indicadas pelo Ministério Público, quando da interposição do recurso em sentido estrito (Código de Processo Penal, artigos 587 e 588)" (STJ, REsp 967.320/RS, 6ª T., rel. Min. Hamilton Carvalhido, j. 26-5-2008, *DJe* de 12-8-2008).

16. *RT*, 664/279.

Em casos excepcionais, **entendemos cabível** e até necessário o efeito suspensivo. Adotamos, portanto, a primeira posição.

Importante registrar, contudo, que a teor do disposto na **Súmula 604 do STJ**, o "Mandado de segurança não se presta para atribuir efeito suspensivo a recurso criminal interposto pelo Ministério Público".

Por outro vértice, e com os olhos voltados para a generalidade dos casos, determina o enunciado da **Súmula 701 do STF** que "No mandado de segurança impetrado pelo Ministério Público contra decisão proferida em processo penal, é obrigatória a citação do réu como litisconsorte passivo".

Por fim, cumpre registrar que a **decisão que negar seguimento ao agravo em execução** deve ser atacada via carta testemunhável (arts. 639 a 646 do CPP).

5.1. Fungibilidade recursal

Para cada espécie de decisão há uma espécie de recurso prevista em lei, como decorrência do princípio da unirrecorribilidade.

Cuidando do princípio da fungibilidade dos recursos, dispõe o **art. 579 do CPP** que, salvo a hipótese de má-fé, a parte não será prejudicada pela interposição de um recurso por outro.

Seguindo tal parâmetro, tem-se decidido, por exemplo, que, "se o recorrente ingressa com o recurso em sentido estrito, conhece-se como agravo em razão da identidade dos recursos e por incidência do princípio da fungibilidade recursal"[17]. Também há decisão no sentido de que pedido de correição parcial pode ser conhecido como agravo em execução, em face do princípio da fungibilidade[18], o mesmo ocorrendo em relação ao mandado de segurança[19].

Saliente-se, contudo, que, embora seja comum sua impetração em sede de execução penal e até exista espaço para seu cabimento, **o *habeas corpus* não pode ser utilizado como substitutivo do agravo em execução**.

5.2. Outras considerações

Entre outras hipóteses, ataca-se por agravo em execução a decisão: que extingue pena privativa de liberdade; sobre progressão de regime prisional; que indefere pedido de unificação de penas, e que indefere livramento condicional.

Admite-se a **sustentação oral** do agravo em execução[20] e os **embargos infringentes**[21].

17. *RT*, 660/309.

18. *RJTACrimSP*, 37/395.

19. *RT*, 760/754.

20. "(...) é pacífica a jurisprudência a entender que o rito do agravo em execução segue ao previsto para o recurso em sentido estrito, no seio do qual é assegurado o direito de sustentação oral (arts. 167 e 2º da LEP e artigo 610, parágrafo único, do CPP)" (STJ, HC 291.049/GO, 6ª T., rela. Mina. Maria Thereza de Assis Moura, j. 2-10-2014, *DJe* de 13-10-2014).

21. STF, HC 77.456/SP, 2ª T., rel. Min. Carlos Velloso, *Informativo STF*, n. 136. Sobre embargos infringentes: Renato Marcão, *Curso de processo penal*, 6ª ed., São Paulo, Saraiva, 2020; *Código de Processo Penal comentado*, São Paulo, Saraiva, 2016.

Capítulo XXII

DISPOSIÇÕES FINAIS E TRANSITÓRIAS

Sumário: 1. Divulgação indevida. 2. Emprego de algemas. 3. O condenado por crime político não está obrigado a trabalhar. 4. Falta de estabelecimento adequado para o cumprimento de prisão civil e prisão administrativa. 5. Direito ao esquecimento. Extinção da pena e anotações sobre a vida pretérita. 5.1. Art. 202 da LEP *versus* reabilitação criminal. 6. Implantação do sistema de execução penal.

1. DIVULGAÇÃO INDEVIDA

São invioláveis "a intimidade, a vida privada, a honra e a imagem das pessoas, assegurado o direito a indenização pelo dano material ou moral decorrente de sua violação", e "é assegurado aos presos o respeito à integridade física e moral", tal como determina o art. 5º, X e XLIX, da CF.

No âmbito da Lei de Execução Penal, o art. 41, VIII, assegura que constitui direito do preso permanecer a salvo de qualquer forma de sensacionalismo, e o art. 198, de maneira direta, proíbe que integrantes dos órgãos de execução[1] e servidores em geral divulguem ocorrência que perturbe a segurança e disciplina dos estabelecimentos, bem como exponha o preso ou internado a *inconveniente notoriedade*, durante o período de privação da liberdade.

Sob um olhar mais amplo, tais normas visam preservar, em última análise, a dignidade da pessoa humana, em atendimento à regra fundamental inserta no art. 1º, III, da Carta Política e à necessária disciplina dentro dos estabelecimentos penais.

A privação da liberdade não retira do indivíduo sua *natural condição* de sujeito de direito, e, tal como regulado no ordenamento vigente, a indevida exposição — por meio de divulgação na mídia ou qualquer outra maneira — rende ensejo à justa indenização, que deverá ser perseguida em regular processo judicial.

---

1. Nos precisos termos do art. 61 da LEP, são órgãos da execução penal: o Conselho Nacional de Política Criminal e Penitenciária, o Juízo da Execução, o Ministério Público, o Conselho Penitenciário, os Departamentos Penitenciários, o Patronato, o Conselho da Comunidade e a Defensoria Pública.

A depender de seu conteúdo, a divulgação indevida também poderá render responsabilização criminal e administrativa àquele que levá-la a efeito.

Não se deve perder de vista, ainda, que o art. 13 da Lei n. 13.869/2019 tipifica como crime de abuso de autoridade constranger o preso ou o detento, mediante violência, grave ameaça ou redução de sua capacidade de resistência, (inc. I) a exibir-se ou ter seu corpo ou parte dele exibido à curiosidade pública; (inc. II) submeter-se a situação vexatória ou a constrangimento não autorizado em lei.

2. EMPREGO DE ALGEMAS

O sistema normativo disciplina satisfatoriamente o emprego de algemas como aparato de contenção física, sempre de modo a impor restrições à sua utilização, mas ainda assim são constantes as violações impunes.

O art. 5º, XLIX, da CF assegura aos presos o respeito à integridade física e moral, e a adequada interpretação dos princípios da dignidade da pessoa humana (CF, art. 1º, III) e da proibição de tratamento degradante (CF, art. 5º, III), permite afirmar, no contexto desta nossa análise, que a momentânea privação da liberdade mediante uso de força e emprego de aparato que a tanto se preste configura providência que só deve ser admita em situações comprovadamente excepcionais.

Os itens 176 e 177 da Exposição de Motivos da LEP se referem ao uso de algemas em situações justificadas, como instrumentos de constrição física, e o art. 199 da LEP diz que o uso de algemas deve ser disciplinado em caráter geral e uniforme, por decreto federal.

A seu turno, dispõe o art. 284 do CPP que "não será permitido o emprego de força, salvo a indispensável no caso de resistência ou de tentativa de fuga do preso"[2].

Visando coibir os reiterados abusos no uso de algemas, o Supremo Tribunal Federal editou a **Súmula Vinculante 11**, que tem o seguinte teor: "Só é lícito o uso de algemas em caso de resistência e de fundado receio de fuga ou de perigo à integridade física própria ou alheia, por parte do preso ou de terceiros, justificada a excepcionalidade por escrito, sob pena de responsabilidade disciplinar, civil e penal do agente ou da autoridade e de nulidade da prisão ou do ato processual a que se refere, sem prejuízo da responsabilidade civil do Estado".

Nos precisos termos do art. 2º do Decreto Federal n. 8.858/2016:[3] "É permitido o emprego de algemas apenas em casos de resistência e de fundado receio de fuga ou de

---

2. Decreto Paulista n. 19.903/50, que dispõe sobre o uso de algemas.

3. O Decreto Federal n. 8.858/2016 regulamenta o art. 199 da LEP, e conforme traz expresso: "Art. 1º O emprego de algemas observará o disposto neste Decreto e terá como diretrizes: I — o inciso III do *caput* do art. 1º e o inciso III do *caput* do art. 5º da Constituição, que dispõem sobre a proteção e a promoção da dignidade da pessoa humana e sobre a proibição de submissão ao tratamento desumano e degradante; II — a Resolução n. 2010/16, de 22 de julho de 2010, das Nações Unidas sobre o tratamento de mulheres presas e medidas não privativas de liberdade para mulheres infratoras (Regras de Bangkok); e III — o Pacto de San José da Costa Rica, que determina o tratamento humanitário dos presos e, em especial, das mulheres em condição de vulnerabilidade".

perigo à integridade física própria ou alheia, causado pelo preso ou por terceiros, justificada a sua excepcionalidade por escrito". Já o art. 3º do mesmo diploma normativo dispõe que: "É vedado emprego de algemas em mulheres presas em qualquer unidade do sistema penitenciário nacional durante o trabalho de parto, no trajeto da parturiente entre a unidade prisional e a unidade hospitalar e após o parto, durante o período em que se encontrar hospitalizada".

A Lei n. **13.434/2017**, a seu turno, incluiu um parágrafo único no art. 292 do CPP, que assim dispõe: "É vedado o uso de algemas em mulheres grávidas durante os atos médico-hospitalares preparatórios para a realização do parto e durante o trabalho de parto, bem como em mulheres durante o período de puerpério imediato".

A propósito, impende reiterar a vigência do art. 13, I e II, da Lei n. 13.869/2019, que tipifica o crime de abuso de autoridade a que nos referimos no tópico anterior.

3. O CONDENADO POR CRIME POLÍTICO NÃO ESTÁ OBRIGADO A TRABALHAR

O trabalho do sentenciado tem dupla finalidade: *educativa* e *produtiva*.

As disposições da Lei de Execução Penal colocam o trabalho penitenciário sob a proteção de um regime jurídico. Antes da lei, nas penitenciárias onde o trabalho prisional era obrigatório, o preso não recebia remuneração, e seu trabalho não era tutelado contra riscos nem amparado por seguro social (item 53 da Exposição de Motivos da LEP).

Atendendo às disposições contidas nas Regras Mínimas da ONU para o Tratamento de Reclusos[4], a remuneração obrigatória do trabalho prisional foi introduzida na Lei n. 6.416/77, que estabeleceu também a forma de sua aplicação. Consoante o item 51 da Exposição de Motivos da Lei de Execução Penal, a Lei de Execução Penal mantém o texto, ficando assim reproduzido o elenco das exigências pertinentes ao emprego da remuneração obtida pelo preso: na indenização dos danos causados pelo crime, desde que determinados judicialmente e não reparados por outros meios; na assistência à própria família, segundo a lei civil; em pequenas despesas pessoais; e na constituição de pecúlio, em caderneta de poupança, que lhe será entregue à saída do estabelecimento penal (item 50 da Exposição de Motivos da Lei de Execução Penal). Acrescentou-se a essas obrigações a previsão de ressarcimento do Estado quanto às despesas de manutenção do condenado, em proporção a ser fixada.

As tarefas executadas como prestação de serviços à comunidade não serão remuneradas.

Para o condenado à pena de prisão simples o trabalho é facultativo, se a pena aplicada não excede a quinze dias, conforme estabelece o § 2º do art. 6º do Decreto-lei n. 3.688/41 (Lei das Contravenções Penais).

Estranhamente, o condenado por crime político **não está obrigado a trabalhar**, tal como indica o art. 200 da LEP.

4. Atuais "Regras Mínimas das Nações Unidas para o Tratamento de Presos (Regras de Mandela)".

4. FALTA DE ESTABELECIMENTO ADEQUADO PARA O CUMPRIMENTO DE PRISÃO CIVIL E PRISÃO ADMINISTRATIVA

Diz o art. 201 da LEP que, "na falta de estabelecimento adequado, o cumprimento da prisão civil e da prisão administrativa se efetivará em seção especial da Cadeia Pública"[5].

A Cadeia Pública, tal como oportunamente analisamos, destina-se ao recolhimento de presos provisórios (LEP, art. 102).

Diz o art. 5º, LXVII, da CF que "não haverá prisão civil por dívida, salvo a do responsável pelo inadimplemento voluntário e inescusável de obrigação alimentícia e a do depositário infiel".

Antes regulada no art. 733, § 1º, do CPC/73, a **prisão por dívida de alimentos** está agora tipificada no art. 528, § 3º, do CPC/2015.

No que toca à **prisão civil de depositário infiel**, o Supremo Tribunal Federal editou a **Súmula Vinculante 25**, que tem o seguinte enunciado: "É ilícita a prisão civil de depositário infiel, qualquer que seja a modalidade do depósito".

No ordenamento jurídico brasileiro, portanto, já não se revela possível a prisão de depositário infiel.

Quanto à **prisão administrativa**, cabe anotar que a Lei n. 12.403/2011 deu nova redação aos arts. 319, 320 e 324, II, do CPP, e deixou de fazer menção a tal modalidade de prisão, indicando claramente sua insubsistência no direito processual penal brasileiro.

5. DIREITO AO ESQUECIMENTO. EXTINÇÃO DA PENA E ANOTAÇÕES SOBRE A VIDA PRETÉRITA

A letra do art. 202 da LEP não permite qualquer margem à dúvida no que tange a seu alcance: "Cumprida ou extinta a pena, não constarão da folha corrida, atestados ou certidões fornecidas por autoridade policial ou por auxiliares da Justiça, qualquer notícia ou referência à condenação, salvo para instruir processo pela prática de nova infração penal ou outros casos expressos em lei".

Pelas mesmas razões justificadoras, também não poderão constar de tais documentos quaisquer anotações que se refiram a inquéritos policiais arquivados ou trancados; ações penais trancadas, processos em que tenha ocorrido reabilitação criminal etc.

Tais consequências decorrem automáticas, e em caso de descumprimento do comando legal é cabível mandado de segurança visando a correção do ato violador do direito assegurado.

5. Regras Mínimas para o Tratamento do Preso no Brasil. Resolução n. 14/94 do Conselho Nacional de Política Criminal e Penitenciária (CNPCP): Art. 62. Nos casos de prisão de natureza civil, o preso deverá permanecer em recinto separado dos demais, aplicando-se, no que couber, as normas destinadas aos presos provisórios.

Conforme tem decidido o Superior Tribunal de Justiça, "A instauração de procedimento criminal, por si só, já é situação que traz repercussão negativa sobre a vida de determinada pessoa, o que, por vezes, nem mesmo uma posterior absolvição tem o condão de desconstituir. Ainda que se tenha o correto indiciamento e a devida instauração de uma ação penal, sobrevindo eventualmente até mesmo uma condenação criminal, tem-se que seu registro não pode ser perpétuo, sob pena de se inviabilizar a reintegração social daquele que já cumpriu sua reprimenda. Não é por outro motivo que prevalece no Superior Tribunal de Justiça o entendimento no sentido de que os registros constantes nos terminais dos Institutos de Identificação Criminal devem ser mantidos em sigilo, o que já é por lei assegurado, independentemente de qualquer manifestação do Poder Judiciário, sob pena de violação do direito à intimidade"[6].

De tal modo, "Operada qualquer das hipóteses mencionadas — extinção da punibilidade pela prescrição da pretensão punitiva, arquivamento, trancamento, absolvição ou reabilitação —, aparenta vício de ilegalidade o livre acesso aos Terminais de Identificação por agentes públicos que não o juiz criminal, visto que a Lei de Execuções Penais, bem como o Código de Processo Penal, atentos à disciplina do Código Penal, fixaram o caráter sigiloso das informações penais acerca do reabilitado e daquele em favor de quem se tenha operado a extinção da punibilidade. Somente o juiz criminal, e para certos e determinados fins, é a autoridade habilitada a determinar o acesso aos antecedentes penais daqueles protegidos pelo manto da reabilitação, da absolvição ou da extinção da punibilidade pela prescrição"[7].

5.1. Art. 202 da LEP *versus* reabilitação criminal

O direito ao esquecimento — relativo, é certo —, que decorre da aplicação do art. 202 da LEP, **não se confunde com a reabilitação** tratada nos arts. 93 a 95 do CP, de alcance mais profundo.

Conforme dispõe o art. 94 do CP, além de assegurar ao condenado o sigilo dos registros sobre seu processo e condenação, a reabilitação criminal poderá atingir também os efeitos da condenação, previstos no art. 92 do *Codex* (vedada a reintegração na situação anterior, nos casos de perda de cargo, função pública ou mandato eletivo; declaração de incapacidade para o exercício do pátrio poder, tutela ou curatela), conforme determina o parágrafo único do art. 94.

6. IMPLANTAÇÃO DO SISTEMA DE EXECUÇÃO PENAL

Tal como dispõem os itens 183 e 185 da Exposição de Motivos da Lei de Execução Penal, "o art. 203 e seus parágrafos contêm preceitos de absoluta necessidade a fim de

---

6. STJ, RMS 37.140/PE, 5ª T., rel. Min. Reynaldo Soares da Fonseca, j. 18-8-2015, *DJe* de 25-8-2015. No mesmo sentido: STJ, RMS 28.838/SP, 2ª T., rel. Min. Humberto Martins, j. 1º-10-2009, *DJe* de 4-11-2009, Informativo STJ n. 409; STJ, RMS 42.972/SP, 5ª T., rela. Mina. Laurita Vaz, j. 22-4-2014, *DJe* de 30-4-2014; STJ, AgRg no RMS 44.211/SP, 5ª T., rel. Min. Moura Ribeiro, j. 5-6-2014, *DJe* de 10-6-2014.

7. STJ, EDcl no RMS 35.622/SP, 6ª T., rel. Min. Rogério Schietti Cruz, j. 17-12-2013, *DJe* de 3-2-2014.

se prover a execução das penas e das medidas de segurança dos meios materiais e humanos e dos mecanismos indispensáveis à fiel aplicação do futuro diploma. As unidades federativas, sob a orientação do novo diploma, devem prestar a necessária contribuição para que a frente de luta aberta contra a violência e a criminalidade possa alcançar bons resultados no campo prático, atenuando o sentimento de insegurança oriundo dos índices preocupantes da reincidência. O apoio da União é também fator poderoso para que o sistema de execução das penas e das medidas de segurança possa contar com os padrões científicos e humanos apropriados ao progresso social e cultural de nosso País".

Nada obstante a clareza de tais disposições, transcorridas mais de três décadas desde o início da vigência da Lei (LEP, art. 204), o Estado brasileiro *ainda* não implantou adequadamente seu sistema de execução penal. Imperam, nessa seara, descaso e vergonhosa incompetência administrativa.

Não há respeito a direitos assegurados na Constituição Federal e na Lei de Execução Penal; os órgãos de execução não foram aparelhados; não há estabelecimentos adequados e vagas suficientes para o cumprimento de pena nos regimes fechado, semiaberto e aberto; a execução das medidas de segurança, em regra, não atende às determinações do sistema normativo; o problema da "mulher encarcerada" não constitui objeto de preocupação e atuação específica do Estado etc.

O descaso — quase generalizado — atinge todos os campos da execução penal. Delineado pela retórica oficial desacompanhada de ações efetivas e inteligentes, o ambiente da execução penal segue em leito profundo e impuro, sufocado no lamaçal putrefato em que se encontram inseridas as violações a direitos e garantias fundamentais.

É pacífico o entendimento das Cortes Superiores no sentido de que "Incumbe ao Estado aparelhar-se visando à observância das decisões judiciais, descabendo inviabilizar o cumprimento da pena no regime menos gravoso a que tem jus o reeducando, o réu, ante a falência do sistema penitenciário"[8].

Por força e consequência dessa irrecusável realidade, são reiteradas as decisões do Supremo Tribunal Federal apontando que "a inexistência de estabelecimento prisional que atenda aos requisitos da Lei de Execução Penal para o cumprimento da pena no regime fixado na sentença, excepcionalmente, permite o recolhimento do condenado ao regime de prisão domiciliar previsto no art. 117 daquele diploma legal"[9].

Nesse mesmo sentido segue a compreensão consolidada na jurisprudência do Superior Tribunal de Justiça[10].

---

8. STF, HC 113.718/SP, 1ª T., rel. Min. Marco Aurélio, j. 9-12-2014, *DJe* n. 026, de 9-2-2015.

9. STF, HC 95.334/RS, 1ª T., rel. Min. Marco Aurélio, j. 3-3-2009, *DJe* n. 157, de 21-8-2009, *RTJ* 212/498; STF, HC 113.334/DF, 1ª T., rela. Mina. Rosa Weber, rel. p/ o acórdão Min. Dias Toffoli, j. 26-11-2013, *DJe* n. 55, de 20-3-2014.

10. "O Superior Tribunal de Justiça vem entendendo que, na ausência de estabelecimento prisional adequado, devem ser os presos encaminhados ao estabelecimento prisional destinado ao regime mais brando, até que surjam vagas nos locais adequados" (STJ, HC 221.708/RJ, 5ª T., rela. Mina. Regina Helena Costa, j. 11-3-2014, *DJe* de 18-3-2014). "Constitui constrangimento ilegal a prisão de inimputável sujeito à medida de segurança de internação, diante da ausência de vagas em estabelecimentos hospitalares adequados à realização do tratamento, porque a manutenção desses estabelecimentos especializados

Necessário considerar que **é juridicamente possível o ajuizamento de ações civis públicas** que tenham por objeto o aparelhamento do sistema de execução penal, iniciativa que *ainda* se espera seja eficazmente desempenhada pelos legitimados.

A Suprema Corte já decidiu que "É lícito ao Poder Judiciário impor à Administração Pública obrigação de fazer, consistente na promoção de medidas ou na execução de obras emergenciais em estabelecimentos prisionais para dar efetividade ao postulado da dignidade da pessoa humana e assegurar aos detentos o respeito à sua integridade física e moral, nos termos do que preceitua o art. 5º, XLIX, da CF, não sendo oponível à decisão o argumento da reserva do possível nem o princípio da separação dos poderes"[11].

Também conforme a Suprema Corte, "Considerando que é dever do Estado, imposto pelo sistema normativo, manter em seus presídios os padrões mínimos de humanidade previstos no ordenamento jurídico, é de sua responsabilidade, nos termos do art. 37, § 6º, da Constituição, a obrigação de ressarcir os danos, inclusive morais, comprovadamente causados aos detentos em decorrência da falta ou insuficiência das condições legais de encarceramento"[12].

Consideradas as emanações do art. 1º, III, da CF, não se deve perder de vista que o princípio da dignidade da pessoa humana constitui fundamento da República Federativa do Brasil e do Estado Democrático de Direito. Logo, sua vulneração faz surgir grave situação de instabilidade jurídico-institucional, da qual decorre iniludível o direito de ação.

é de responsabilidade do Estado, não podendo o paciente ser penalizado pela insuficiência de vagas" (STJ, HC 284.520/SP, 6ª T., rel. Min. Rogério Schietti Cruz, j. 3-4-2014, *DJe* de 22-4-2014).

11. STF, RE 592.581 RG/RS, Tribunal Pleno, rel. Min. Ricardo Lewandowski, j. 13-8-2015.

12. STF, RE 580.252/MS, Tribunal Pleno, rel. p/ o acórdão Min. Gilmar Mendes, j. 16-2-2017.

Bibliografia

ALBERGARIA, Jason. *Das penas e da execução penal*. 3. ed. Belo Horizonte: Del Rey, 1996.

________. *Direito penitenciário e direito do menor*. Belo Horizonte: Mandamentos, 1999.

ALMEIDA, Luiz Roberto de; SANTOS, Evaldo Veríssimo Monteiro dos. *O exame criminológico*. São Paulo: Lex, 1975.

ALVIM, Rui Carlos Machado. *Uma pequena história das medidas de segurança*. São Paulo: IBCCrim, 1997.

ANCEL, Marc. *A nova defesa social*. Rio de Janeiro: Forense, 1979.

ARAÚJO JUNIOR, João Marcello (Coordenador). *Privatização das prisões*. São Paulo: Saraiva, 1995.

ÁSSALY, Alfredo Issa. *O trabalho penitenciário*. São Paulo: Martins, 1944.

AZEVEDO, David Teixeira de. Penas restritivas de direitos: retrospectiva e análise das novas modalidades. In: *Penas restritivas de direitos*. São Paulo: Revista dos Tribunais, 1999.

BECCARIA, Cesare. *Dos delitos e das penas*. São Paulo: Hemus, 1983.

BENETI, Sidnei Agostinho. *Execução penal*. São Paulo: Saraiva, 1996.

BENTHAM, Jeremy. *Teoria das penas legais*. São Paulo: Logos, s/data.

BITENCOURT, Cezar Roberto. *Novas penas alternativas*. São Paulo: Saraiva, 1999.

________. *Falência da pena de prisão — causas e alternativas*. 2. ed. São Paulo: Saraiva, 2001.

CALON, Eugenio Cuello. *La moderna penología*. Barcelona: Bosch, Casa Editorial, 1958, reimp. 1974.

CAMARGO, Antonio Luis Chaves de. *Sistema de penas, dogmática jurídico-penal e política criminal*. São Paulo: Cultural Paulista, 2002.

CAPEZ, Fernando. *Execução penal*. 6. ed. São Paulo: Paloma, 2000.

CARVALHO, Salo de; WUNDERLICH, Alexandre. O suplício de Tântalo: a Lei 10.792/03 e a consolidação da política criminal do terror. *Boletim IBCCrim*, n. 134, ano 11, jan. 2004.

CÉLEM, Rosangela. *As relações sociais em prisão de tipo semiaberta — uma experiência em serviço social*. São Paulo: Cortez, 1983.

CLÁUDIO, Paulo; TOVO, João Batista. *Primeiras linhas sobre o processo penal em face da nova Constituição*. Porto Alegre: Sergio Antonio Fabris, 1989.

COGAN, Arthur. *Prisão especial*. São Paulo: Saraiva, 1996.

COSTA, Tailson Pires. *Penas alternativas*. São Paulo: Max Limonad, 1999.

COSTA JÚNIOR, Paulo José da; GRINOVER, Ada Pellegrini. *A nova lei penal e a nova lei processual penal*. 2. ed., refundida. São Paulo: Revista dos Tribunais, 1979.

DEL-CAMPO, Eduardo Roberto A. *Penas restritivas de direitos*. São Paulo: Juarez de Oliveira, 1999.

DELMANTO, Celso et alii. *Código Penal comentado*. 7. ed. Rio de Janeiro: Renovar, 2007.

DELMANTO, Roberto. Regime disciplinar diferenciado ou pena cruel? *Boletim IBCCrim*, n. 134, ano 11, jan. 2004.

DEMERCIAN, Pedro Henrique; MALULY, Jorge Assaf. *Curso de processo penal*. 2. ed. São Paulo: Atlas, 2001.

DIAS, Jorge de Figueiredo; ANDRADE, Manuel da Costa. *Criminologia — o homem delinquente e a sociedade criminógena*. 2. reimpr. Coimbra: Coimbra Ed., 1997.

DOTTI, René Ariel. *Bases e alternativas para o sistema de penas*. São Paulo: Revista dos Tribunais, 1998.

________. O sistema geral das penas. In: *Penas restritivas de direitos*. São Paulo: Revista dos Tribunais, 1999.

DOTTI, René Ariel; REALE JÚNIOR, Miguel; TOLEDO, Francisco de Assis; SCHECAIRA, Sérgio Salomão; AZEVEDO, David Teixeira; LOPES, Maurício Antonio Ribeiro. *Penas restritivas de direitos*. São Paulo: Revista dos Tribunais, 1999.

DUGUIT, Léon. *Fundamentos do direito*. São Paulo: Ícone, 1996.

FALCONI, Romeu. *Sistema presidial: reinserção social?* São Paulo: Ícone, 1998.

________. *Lineamentos de direito penal*. São Paulo: Ícone, 1997.

FARIA, Bento de. *Código Penal brasileiro comentado*. 2. ed. Rio de Janeiro: Record, 1959. v. 3.

FERNANDES, Antonio Scarance. *Processo penal constitucional*. 5. ed. São Paulo: Revista dos Tribunais, 2007.

FERRAJOLI, Luigi. *Direito e razão — teoria do garantismo penal*. São Paulo: Revista dos Tribunais, 2002.

FERRARI, Eduardo Reale. *Medidas de segurança e direito penal no Estado Democrático de Direito*. São Paulo: Saraiva, 2001.

FERRAZ, Devienne. *Execução penal — visão do TACrimSP*. São Paulo: Ed. Oliveira Mendes, 1998.

FERRI, Enrico. *Delinquente e responsabilidade penal*. Tradução de Fernanda Lobo, 1ª ed. São Paulo: Rideel, 2006.

FEU ROSA, Antonio José Miguel. *Execução penal*. São Paulo: Revista dos Tribunais, 1995.

FONSECA, Ney Moreira da; CRITSINELIS, Marco Falcão. *O Poder Judiciário municipal e a aplicação social da pena*. Rio de Janeiro: Forense, 1998.

FRAGOSO, Heleno; CATÃO, Yolanda; SUSSEKIND, Elisabeth. *Direitos dos presos*. Rio de Janeiro: Forense, 1980.

FRANCO, Alberto Silva. *Crimes hediondos*. 6. ed. São Paulo: Revista dos Tribunais, 2007.

FRANCO, Ari Azevedo. *Código de Processo Penal*. 2. ed. São Paulo: Jacinto.

FRANCOLINO NETO. *Penas restritivas de direitos na reforma penal*. Rio de Janeiro: Forense, 1987.

FÜHRER, Maximiliano Roberto Ernesto. *Tratado da inimputabilidade no direito penal*. São Paulo: Malheiros, 2000.

FUNES, Mariano Ruiz. *A crise nas prisões*. São Paulo: Saraiva, 1953.

GARCIA, Basileu. *Instituições de direito penal*. 2. ed. São Paulo: Max Limonad, 1954. v. 1. t. 2.

GOFFMAN, Erving. *Manicômios, prisões e conventos*. 5. ed. São Paulo: Perspectiva, 1996.

GOMES, Luiz Flávio. *Direito penal — parte geral — introdução*. São Paulo: Revista dos Tribunais, 2003. v. 1.

GOULART, Henny. *Penologia I*. São Paulo: May Love, 1975.

________. *Penologia II*. São Paulo: May Love, 1975.

GOULART, José Eduardo. *Princípios informadores do direito da execução penal*. São Paulo: Revista dos Tribunais, 1994.

GRINOVER, Ada Pellegrini. *Execução penal*. São Paulo: Max Limonad, 1987.

GRINOVER, Ada Pellegrini; GOMES FILHO, Antonio Magalhães; FERNANDES, Antonio Scarance. *Recursos no processo penal*. 3. ed. São Paulo: Revista dos Tribunais, 2001.

HENTIG, Hans von. *La pena*. Traducción de José María Rodrigues Devesa. Madrid: Espasa-Calpe S.A, 1968, vol. II.

HERKENHOFF, João Baptista. *Crime — tratamento sem prisão*. 3. ed. Porto Alegre: Livraria do Advogado, 1998.

HOUAISS, Antonio. *Dicionário Houaiss da língua portuguesa*. Rio de Janeiro: Objetiva, 2001.

HUNGRIA, Nélson. *Comentários ao Código Penal*. 3. ed. Rio de Janeiro: Forense, 1955. v. 1. t. 2.

JESUS, Damásio E. de. *O novo sistema penal*. São Paulo: Saraiva, 1977.

________. *Penas alternativas*. São Paulo: Saraiva, 1999.

________. *Código Penal anotado*. 13. ed. São Paulo: Saraiva, 2002.

________. *Código de Processo Penal anotado*. 19. ed. São Paulo: Saraiva, 2002.

________. *Direito penal*; parte geral. 26. ed. São Paulo: Saraiva, 2003. v. 1.

KAUFMAN, Hilde. *Principios para la reforma de la ejecución penal*. Buenos Aires: 1977.

KUEHNE, Maurício. *Doutrina e prática da execução penal*. 2. ed. Curitiba: Juruá, 1995.

________. *Lei de Execução Penal anotada*. Curitiba: Juruá, 1999.

________. *Alterações à execução penal. Primeiras impressões*. Disponível na Internet: http://www.iusnet.com.br/webs/IELFNova/artigos/artigo_lido.cfm?ar_ id=231; *Reforma criminal*, Coord. Luiz Flávio Gomes e Maria Patricia Vanzolini. São Paulo: Revista dos Tribunais, 2004.

LAGE, Cícero Carvalho. *Ciência criminal e penitenciária*. São Paulo: Leia, 1965.

LAGRASTA NETO, Caetano; NALINI, José Renato; DIP, Ricardo Henry Marques (Coordenadores). *Execução penal — visão do TACrimSP*. São Paulo: Oliveira Mendes, 1998.

LAMAS, Claudia Rocha; ASSIS, Jorge César de. *A execução da sentença na justiça militar*. Curitiba: Juruá, 2000.

LEAL, César Barros. *Prisão — crepúsculo de uma era*. Belo Horizonte: Del Rey, 1998.

________. *Pareceres reunidos*. Fortaleza: Expressão Gráfica e Editora Ltda, 2006.

LOMBROSO. Cesare. *L'uomo delinquente*. Printed in the USA: The Perfect Library, 1876.

________. *O homem delinquente*. 3ª reimpr., tradução de José Sebastião Roque. São Paulo: Ícone, 2016.

LOPES, Maurício Antonio Ribeiro. Penas restritivas de direitos: retrospectiva e análise das novas modalidades. In: *Penas restritivas de direitos*. São Paulo: Revista dos Tribunais, 1999.

LUZ, Orandyr Teixeira. *Aplicação de penas alternativas*. Goiânia: AB, 2000.

LYRA, Roberto. *Comentários ao Código Penal*. 2. ed. Rio de Janeiro: Forense, 1955. v. 2.

MAIA NETO, Cândido Furtado. *Direitos humanos do preso*. Rio de Janeiro: Forense, 1987.

MARCÃO, Renato. *Lei de Execução Penal anotada*. 6. ed. São Paulo: Saraiva, 2017.

________. *Tóxicos — Lei n. 11.343, de 23 de agosto de 2006, anotada e interpretada*. 11. ed. São Paulo: Saraiva, 2017.

________. Apontamentos sobre influências deletérias dos Poderes Legislativo e Executivo em matéria penal. *RT*, 806/431.

________. *Crise na execução penal*. Disponível na Internet: http://www.ibccrim.org.br, 25-11-2002; *RT*, 822/444.

________. *Curso de processo penal*. 6. ed. São Paulo: Saraiva, 2020.

________. *Código de Processo Penal comentado*. São Paulo: Saraiva, 2016.

MARCÃO, Renato; MARCON, Bruno. Rediscutindo os fins da pena. *RT*, 786/531.

________. Direito penal brasileiro: do idealismo normativo à realidade prática. *RT*, 781/484.

MARCÃO, Renato e outros. *Comentários à Lei do Mandado de Segurança*. 5. ed. São Paulo: Revista dos Tribunais, 2020.

MARQUES, José Frederico. *Estudos de direito processual penal*. Rio de Janeiro: Forense, 1960.

________. *Tratado de direito penal*. 2. ed. São Paulo: Saraiva, 1966. v. 3.

________. *Elementos de direito processual penal*. Campinas: Bookseller, 1997. v. 2.

MARQUES, Oswaldo Henrique Duek. *Fundamentos da pena*. São Paulo: Juarez de Oliveira, 2000.

MESQUITA JÚNIOR, Sidio Rosa de. *Manual de execução penal*. São Paulo: Atlas, 1999.

MIOTTO, Armida Bergamini. *Curso de direito penitenciário*. São Paulo: Saraiva, 1975. v. 1 e 2.

________. *Temas penitenciários*. São Paulo: Saraiva, 1992.

MIRABETE, Julio F. *Execução penal*. 9. ed. São Paulo: Atlas, 2000.

MORAES, Alexandre de. *Direitos humanos fundamentais*. São Paulo: Atlas, 1998.

MORAES, Alexandre de; SMANIO, Gianpaolo Poggio. *Legislação penal especial*. 2. ed. São Paulo: Atlas, 1999.

MORAES BARROS, Carmen Silvia de. *A individualização da pena na execução penal*. São Paulo: Revista dos Tribunais, 2001.

MUAKAD, Irene Batista. *Pena privativa de liberdade*. São Paulo: Atlas, 1996.

NEUMAN, Elías. *El problema sexual en las cárceles*. 3. ed. Buenos Aires: Universidad, 1997.

NOGUEIRA, Paulo Lúcio. *Comentários à Lei de Execução Penal*. 3. ed. São Paulo: Saraiva, 1996.

NUCCI, Guilherme de Souza. *Primeiras considerações sobre a Lei 10.792/03*. Disponível na Internet: http://www.cpc.adv.br.

________. *Manual de processo e execução penal*. São Paulo: Revista dos Tribunais, 2005.

NUNES, Adeildo. *O regime disciplinar na prisão*. Disponível na Internet: http://www.ibccrim.org.br, 28-7-2003.

OLIVEIRA, Antonio Carlos Moni de. (In)Convencionalidade do regime disciplinar diferenciado. *Revista dos Tribunais* (São Paulo. Impresso), v. 1, p. 121-144, 2015.

OLIVEIRA, Edmundo. *Polos essenciais da criminologia: o homem e seu crime*. Belém: Cejup, 1983.

PADUANI, Célio César. *Da remição na Lei de Execução Penal*. Belo Horizonte: Del Rey, 2002.

PIAZZETA, Naele Ochoa. *O princípio da igualdade no direito penal brasileiro*. Porto Alegre: Livraria do Advogado, 2001.

PIEDADE JÚNIOR, Heitor. *Personalidade psicopática, semi-imputabilidade e medida de segurança*. Rio de Janeiro: Forense, 1982.

PIMENTEL, Manoel Pedro. *Prisões fechadas — prisões abertas*. São Paulo: Cortez & Moraes, 1978.

________.. *O crime e a pena na atualidade*. São Paulo: Revista dos Tribunais, 1983.

PIRES NETO, Antônio Luiz; GOULART, José Eduardo. *Execução penal — visão do TACrimSP*. São Paulo: Ed. Oliveira Mendes, 1998.

PRADO, Amaurí Renó do. *Processo e execução penal*. São Paulo: Juarez de Oliveira, 1999.

PRINS, Adolphe. *La défense sociale et les transformations du droit penal*. Bruxelles: Misch et Thron, 1910.

RADBRUCH, Gustav. *Filosofia do direito*. 6. ed. Coimbra: Arménio Amado, 1997.

REALE JÚNIOR, Miguel. *Novos rumos do sistema criminal*. Rio de Janeiro: Forense, 1983.

________. *Mens legis* insana, corpo estranho. In: *Penas restritivas de direitos*. São Paulo: Revista dos Tribunais, 1999.

RIBEIRO, Bruno de Morais. *Medidas de segurança*. Porto Alegre: Sergio Antonio Fabris, 1998.

RODRIGUES, Anabela Miranda. *A posição jurídica do recluso na execução da pena privativa de liberdade*. São Paulo: IBCCrim, 2000.

________. *Novo olhar sobre a questão penitenciária*. São Paulo: Revista dos Tribunais, 2001.

ROXIN, Claus. *Derecho penal* — parte general. 2. ed. Madrid: Civitas, 1997. t. 1.

RUSCHE, Georg; KIRCHHEIMER, Otto. *Pena y estructura social*. Bogotá: Temis, 1984.

________. *Punição e estrutura social*. Rio de Janeiro: Freitas Bastos, 1999.

SALEILLES, Raymond. *A individualização da pena*. Tradução de Thais Miremis Sanfelippo da Silva Amadio. 1ª ed. São Paulo: Ridel, 2006.

SANTOS, José Heitor dos. *Aleitamento materno nos presídios femininos*. Disponível na Internet em: http://www.noticiasforenses.com.br.

SANTOS, Paulo Fernando dos. *Aspectos práticos de execução penal*. São Paulo: Leud, 1998.

________. *Lei de Execução Penal*. São Paulo: Leud, 1999.

SCHMIDT, Andrei Zenker. Crônica acerca da extinção do exame criminológico. *Boletim IBCCrim*, n. 134, ano 11, jan. 2004.

SHECAIRA, Sérgio Salomão. *Prestação de serviços à comunidade*. São Paulo: Saraiva, 1993.

SHECAIRA, Sérgio Salomão; CORRÊA JUNIOR, Alceu. *Pena e Constituição*. São Paulo: Revista dos Tribunais, 1995.

SICA, Leonardo. *Direito penal de emergência e alternativas à prisão*. São Paulo: Revista dos Tribunais, 2002.

SILVA, César Dario Mariano da. *Progressão de regime prisional e livramento condicional diante das modificações introduzidas pela Lei n. 10.763, de 12 de novembro de 2003, e pela Lei n. 10.792, de 1º de dezembro de 2003*. Disponível na Internet: http://www.cpc.adv.br/Doutrina/default/htm.

SILVA, Haroldo Caetano da. *Manual da execução penal*. Campinas: Bookseller, 2001.

SILVA, José Geraldo. *A Lei de Tortura interpretada*. Campinas: Bookseller, 1999.

SILVEIRA, Alípio. *O regime de semiliberdade (prisão-albergue) no Estado de São Paulo*. São Paulo: Leud, 1971.

________. *O "sursis" em regime de prova*. São Paulo: Leud, 1975.

SOUZA, Moacyr Benedicto. *O problema da unificação da pena e da medida de segurança*. São Paulo: Bushatsky, 1979.

SOUZA, Osni de. *Execução penal — visão do TACrimSP*. São Paulo: Ed. Oliveira Mendes, 1998.

THOMPSON, Augusto F. G. *A questão penitenciária*. Petrópolis: Vozes, 1976.

TOURINHO FILHO, Fernando da Costa. *Manual de processo penal*. 4. ed. São Paulo: Saraiva, 2002.

URIBE, Manuel de Lardizabal Y. *Discurso sobre las penas*. Madrid: Comares, 1997.

WACQUANT, Loïc. *As prisões da miséria*. Rio de Janeiro: Zahar, 2001.

ZAFFARONI, Eugenio Raúl. *Tratado de derecho penal*; parte general. Buenos Aires: Ediar, 1988. t. 5.

ZVIRBLIS, Alberto Antonio. *Livramento condicional e prática de execução penal*. São Paulo: Edipro, 2001.